2

韩国岁月话金融

杭琛 著

——一位银行人士的海外工作随想录

（第二版）

中国金融出版社

责任编辑：肖　炜
责任校对：孙　蕊
责任印制：程　颖

图书在版编目（CIP）数据

韩国岁月话金融（Hanguo Suiyue Hua Jinrong）——一位银行人士的
海外工作随想录（第二版）/杭琛著 . —北京：中国金融出版
社，2015.5

ISBN 978 - 7 - 5049 - 7927 - 8

Ⅰ.①韩…　Ⅱ.①杭…　Ⅲ.①金融市场—研究—韩国
Ⅳ.①F833.126.5

中国版本图书馆 CIP 数据核字（2015）第 075351 号

出版
发行 中国金融出版社

社址　北京市丰台区益泽路 2 号
市场开发部　（010）63266347，63805472，63439533（传真）
网上书店　http://www.chinafph.com
　　　　　　（010）63286832，63365686（传真）
读者服务部　（010）66070833，62568380
邮编　100071
经销　新华书店
印刷　保利达印务有限公司
尺寸　169 毫米 ×239 毫米
印张　22.75
字数　317 千
版次　2014 年 2 月第 1 版　2015 年 5 月第 2 版
印次　2015 年 5 月第 1 次印刷
定价　50.00 元
ISBN 978 - 7 - 5049 - 7927 - 8/F. 7487
如出现印装错误本社负责调换　联系电话（010）63263947

谨以此书献给

为中国的商业银行开拓全球金融市场业务而奋斗着的人们
To My Fellow Chinese Bankers Striding Toward Global Markets

Acknowledgments

My interest in the Korean peninsula's political and economic development began during my professional career as Chief Representative of China Construction Bank in Seoul from early 1996. My bank's Seoul Branch was set up in 2004 after several years' of hard preparatory work for laying the foundation for the current banking operations there. During this period of thinking forward, many questions came to my mind. How can the strengths of CCB be tied into the Seoul operations? What cross-border business currently taking place between China and Korea can be targeted for our operations? How is this segment of the market being serviced by the incumbents? How does CCB organize itself to service its clients in the Korean market? Though the best laid plans often go awry, as the CCB Banker in charge, I had to consider each of these important questions, and many more.

My reflections on my life in Korea and the Korean people run deep, but I had to distill the countless experiences and thoughts to a concise few in the book. It was not easy for me, so I must give my heartfelt gratitude to Mr. Dai Shuo and Mr. Xiao Wei of China Financial Publishing House. Without their gracious help and professional guidance, I would not have been able to complete this book. I also thank my bank, China Construction Bank, who offered me the wonderful opportunity to work in the Republic of Korea for 9 years. Furthermore, I will take this opportunity to express my thanks to many of my colleagues who are still working in CCB, who grounded me in the real-life work of the commercial banking business.

Many thanks go to my professor—Dr. Cheong Young Rok— who is currently working as Minister of Embassy of the Republic of Korea, Beijing, China. I also would like to express my appreciation to my friend, Sakai Stanley Paul, a well-known investment banker of former Bank of Boston for our long discussions on this topic. I look back fondly on my discussions with both gentlemen, which often went into the late hours of the evening. The most gratifying part of writing the book has been being able to acknowledge and absorb the many insights on the Korean peninsula that have developed during the second half of the 20th century.

Finally, I'll express my sincere thanks and respect to my parents, my wife and my daughter who always gave me full support. Many kind people have shared my difficulties and worries in life; and I have to extend my thanks to my rivals who, though causing such worries, have never stop making me better through their competitive spirit. Without these challenges, I would not have been able to complete this book. I know this is life! "What is life?" American writer Mark Twain told people in his book—*Autobiography of Mark Twain*. Mark Twain lived life with whole-hearted devotion, and with a strong sense of justice. Though my experiences and perspective pale by comparison, I hope to continue my life with these two principles firmly in mind.

Hangchen
January, 2015

再版序言

截至 2014 年末，建设银行在海外共设有 21 家一级机构，覆盖五大洲 18 个国家和地区。在英国《银行家》2014 年世界银行 1 000 强（一级资本）排名中，建设银行已经上升到第二位。自《韩国岁月话金融》一书 2014 年出版以来，我先后收到很多读者的读后感，大体可分为两个方面：一方面，读者可以了解到包括商业银行在内的我国金融机构在中国与某国双边外交关系中所发挥的重要作用。另一方面，读者可以了解到中国建设银行实施国际化经营战略步骤的定位与快速发展的历程。2014 年 10 月，习近平总书记、李克强总理、马凯副总理在建设银行成立六十周年之际，分别对建行工作做出了重要批示，充分肯定了建设银行的发展战略和建行为国家经济发展所作出的贡献，这些贡献是靠一代又一代建行人的无私奉献实现的。从国家战略层面看，中国建设银行海外分行的设立为我国经济外交作出了积极的贡献。一方面，相比我国与其他国家的双边经贸关系，中韩关系尤为重要。比如近期中韩自贸区协议的达成，对中韩两国的益处尤为明显。中韩自贸区将会加快两国在全球特别是东亚地区的价值链融合，为促进东亚和亚太区域经济一体化提供助力。从这一点上说明，当年建设银行韩国经营性机构的设立是一种正确的战略选择。另一方面，从韩国国家战略层面来看，中韩合作协同效应远超其他国家。在新兴市场中，韩国成为几乎唯一成功摆脱"中等收入陷阱"的国家。韩国不仅在制造业的产业结构提升、研发、生产率提高以及产业自主化等方面能为中国提供诸多可借鉴的经验，而且在通过发展服务业来扩大内需市场和实现经济高质量增长方面，中韩两国之间存在诸多合作与互补之处。从这一点上看，建设银行韩国分行在为两国企业提供服务上搭建了桥梁。

2014 年 11 月 11 日，中国国家主席习近平在北京举办的 APEC 会议期间，接见了出席亚太经合组织第二十二次会议的各国领导人，在会见韩国总统朴槿惠时，中韩双方领导人都阐述了进一步加强两国经贸往来的重要性与迫切性。这些充分证明了中国建设银行坚持"走出去"的发展战略是与时俱进的正确之举，建行在韩国设立分行为国家经济建设作出了积极的尝试与贡献，说明了建设银行的国际化发展战略与国家经济建设息息相关。

从双边外交层面看，中韩关系和谐发展是中国外交的重要组成部分。中韩自贸区谈判起始于2012年5月，是我国迄今为止对外商谈的覆盖领域最广、涉及国别贸易额最大的自贸区。根据谈判成果，在开放水平方面，双方货物贸易自由化比例均超过"税目90%、贸易额85%"。协定范围涵盖货物贸易、服务贸易、投资和规则等共17个领域，包含电子商务、竞争政策、政府采购、环境等"21世纪经贸议题"。

从商业银行海外经营方面看，建设银行韩国原汉城分行（今首尔分行）始终贯彻总行的发展战略，积极创新，我们深知，没有创新的银行是没有出路的银行。创新首先是思维上的革命，要有革新的意识和勇气，其次是产品和服务上的创新。对于首尔分行来讲，创新是各项业务健康持续发展的源泉和动力所在。该分行自建立至今已经十年，可谓"十年磨一剑"，而且是一把锋利的剑。

如今，随着国家"走出去"战略的实施，建设银行海外业务也将迎来发展的春天。从第一家伦敦代表处的设立，到海外机构增设屡创新高，建设银行的海外机构已构建起了多层次、多元化的海外机构网络，与1 432家境外代理行建立了业务联系，业务范围涵盖批发业务、零售业务和投资银行业务等多个领域。在全球经济一体化、利率市场化和人民币国际化的新形势下，建行"走出去"的步伐不断加大。2014年11月22日，中国建设银行新西兰子公司开业，12月5日，中国建设银行多伦多分行开业，这些新的海外经营性机构的建立，标志着中国建设银行海外机构布局又取得了新的突破。

如何"走出去"？第一，要树立增强配合企业"走出去"的紧迫感，现在的形势要求更快点"走出去"。根据建设银行最新海外发展规划，建行海外机构布局采取"坚持自设与并购并重"的思路，统筹协调，加快推进，构建多种形式和不同层次的海外机构网络。第二，在产品上要不断创新，比如在跨境人民币产品、国际保理类融资业务、大宗商品融资与套期保值、养老金投资国际合作等诸多海外产品和业务上必须加快创新和拓展的步伐。

　　首尔分行的十年只是建行"走出去"的一个缩影，预计 2015 年中韩将实现双边贸易额 3 000 亿美元。韩国主要的企业集团和大型银行都设有中国投资事业部，而中国企业对韩国的投资也出现了加速趋势。在韩中经济、贸易往来如此密切的背景下，人民币、韩元清算、结算、人民币投融资、区域养老产业金融产品的国际合作等各种金融产品的需求巨大。而这些都将成为首尔分行创造下一个"黄金十年"的巨大背景。以上事实说明了当年建设银行设立韩国分行的发展战略是正确的选择。如今，中韩两国都是亚洲基础设施投资银行意向创始成员国，在基础设施建设领域，建设银行有着丰富的实践经验，一定会在区域经济发展方面发挥其特长。因此，为了继续讲好建行故事，践行好建行梦、中国梦，为中国国有金融企业的国际化发展，建设银行必须作出更大的贡献。

杭琛
2015 年 4 月于北京

序

第二次世界大战后，尤其是冷战结束后，在世界各国以美元为主要储备货币、国际贸易结算也以美元为主要币种的全球经济体制下，一个国家的商业银行走出国门经营显得非常必要，特别是当本国经济发展到一定的阶段后，商业银行到境外开设自己的经营性机构就显得更为迫切了。根据2013年上半年的统计，随着我国在世界经济体中地位的不断上升，中资企业"走出去"的步伐仍在不断地加快，企业需求越来越多元化。除了以美元为主要货币的经济体制继续延续外，中国货币的国际化也已成为大趋势，尤其是人民币在周边国家和地区的影响力快速提升，这种现象必然会推进本土银行经营的国际化步伐的进一步加快。据预测，在2015年，我国跨境人民币结算业务在进出口的比重将会超过20%，人民币贸易与投资衍生出来的结算市场容量将超过8万亿元，相应的融资需求接近2万亿元，海外人民币债券规模可达到6 000亿元，人民币FDI规模将超过5 000亿元，人民币清算网络将覆盖全球近80个国家和地区。根据SWIFT（环球银行金融电信协会）报告显示，截至2013年6月，人民币全球支付货币排名已晋升至世界第11位。目前，中国建设银行的信用卡可经营美元、欧元、英镑、瑞士法郎、澳大利亚元、新西兰元、丹麦克朗、俄罗斯卢布、南非兰特、日元、韩元和港元等17种货币，其影响日益扩大。

就银行分支机构自身发展来说，商业银行到本土以外去经营不仅是金融企业向全功能、国际化发展的必然趋势，且好处颇多。商业银行建立海外机构后，一是可对银行的外汇资产进行保值，二是到海外经营可以锻炼队伍，提高商业银行职员的国际化程度和专业化业务水平，三是能够提升商业银行服务全球跨国公司的市场竞争力，更重要的是商业银行的境外机构能为走出国门的客户提供延伸服务。欧美国家的商业银行在20世纪50~60年代是这样做的，日本的商业银行在70年代是这样做的，韩国的商业银行在80年代也是这样做的。在机构初期设立形式上，大多数银行的做法都是先在选定的外国城市（金融中心）设立代表处，当条件成熟时，再将代表处升格为分行。中国建设银行海外经营性机构的发展也是采用了这种步骤，比如，建设银行香港分行、新加坡分行、东京分行和汉城分行都是以这种模式建立起来的。

实事求是地说，改革开放以后，我国的很多企业在20世纪80年代初期就已经走出了国门，比我们的商业银行迈出国门的时间至少早了十几年。到了20世纪80年代中期，以中建公司、中水公司、路桥公司、港湾公司、中油工程公司、中土公司、五矿公司、华纺公司、中国远洋公司等为代表的中资企业的足迹就已经遍及世界各地。由于这些中资公司在境外找不到我国的商业银行服务机构，很多业务不得不去找外国的商业银行办理。但随着20世纪80年代后期我国商业银行国际业务的开展，中国建设银行于1991年最先建立了英国伦敦代表处，随后日本东京代表处、韩国汉城代表处相继建立，这三家境外机构的建立，扬起了中国建设银行在境外设立机构的风帆。如今，经过20多年的发展，建设银行已经拥有包括香港、新加坡、法兰克福、约翰内斯堡、东京、首尔（原汉城）、纽约、胡志明市、悉尼、台北、迪拜、莫斯科、墨尔本、大阪、卢森堡15家海外分行或境外子公司，海外资产近1 200亿美元，地域辐射亚洲、欧洲、非洲、美洲、大洋洲等15个国家和地区，这些业绩的取得标志着中国建设银行已经迈进全功能、国际化商业银行的行列。

在建设银行众多的海外机构中，韩国经营性机构的发展道路经历了较特殊的历程。汉城代表处自1996年杭琛同志到任后才进入分行升格的市场调研工作，其分行筹办历程走过了不平凡的道路，原因是多方面的。具体地说，一是受总行整体战略规划对海外战略发展的影响，1996年韩国分行的筹备基调是在中国银行、工商银行没有涉足的城市建立分行。按照总行的指导方针，代表处当时主要调研在韩国建立分行的城市是韩国第二大城市釜山。二是代表处升格为分行受到了1997年韩国金融危机的影响，筹备工作被迫中断了一段时间。三是筹备过程中受到了1998~1999年半岛导弹危机的影响，分行筹备进程再度放缓。直到2000年韩国金大中总统成功访问平壤后，半岛局势才有所缓和。这时，汉城代表处及时抓住机遇并主动提议，在 2001 ~ 2003 年，开展了代表处升格为分行的各项筹备工作，最终使汉城分行成为建设银行的第六家海外分行。截至本书完稿时，作为中国最大的商业银行之一，一方面，建设银行坚持扩大海外业务和机构网络、不断拓宽服务渠道、丰富金融产品的国际化发展战略提升了全球化客户服务的能力。另一方面，建设银行的经营业绩赢得了市场和业界的普遍认可，截至 2013 年 9 月，资产总额达 2.44 万亿美元，前 9 个月实现净利润 288 亿美元，年化平均资产回报率 1.63%，年化平均净资产回报率 23.38%，资本充足率 13.52%，核心一级资本充足率 10.87%，不良贷款率 0.98%。建设银行在英国《银行家》杂志 2013 年"世界银行 1 000 强排名"中位列第 5；在美国《福布斯》2013 年全球 2 000 强上市企业排行榜中位列第 2。在 2013 年全球竞争力品牌中国 TOP10 评选活动中，中国建设银行与中国石化、中国移动、海尔、中国工商银行等 10 家海内外知名的中国企业荣获"全球竞争力品牌中国 TOP10"称号，这也是建设银行连续第四年获得此项殊荣，充分说明建设银行的国际化发展战略是正确的选择，海外机构的拓展产生了积极的效果。

当我拿到本书的初稿时，看到作者通过结合自己在韩国工作 9 年的特殊经历，特别是他对汉城分行筹备过程中倾注的大量心血，使我为之而感动。作者在韩国工作期间，对不同阶段的工作均做了详细的记载，尤其是在牵头负责筹备分行阶段，克服了人手少、工作量大的各种困难，使我看到了一批为中国的商业银行国际化事业而奋斗着的同仁们的无私奉献和他们的敬业精神。这种坚韧不拔的工作态度，是我国商业银行能够快速发展的内在动力，这种动力是我国商业银行在全球经济动荡中能不断发展壮大的源泉所在。今天，中国建设银行已经成为全球资产规模和市值均排名第二的商业银行，这与长期以来一批又一批为建设银行发展壮大而坚守在一线的境内外员工的艰苦努力分不开，作为曾担任过中国建设银行行长的一员，我为今天建设银行这些业绩的取得深感骄傲。从汉城分行的创建历程看，真可谓十年磨一剑，验证了一句话，即"历经坎坷不懈怠、努力敬业创辉煌"。在此，我对全过程参与中国建设银行海外机构拓展的同事们表示衷心的问候。作者在国外工作中的特殊经历，对即将走出国门参与我国商业银行海外分行建设的后继者来说，相信通过阅读本书，定能得到一些有益的启迪，我乐于将此书推荐给他们。

最后，我还想借此书出版的机会，再说几句心底里的话。

2014 年是一个值得庆贺的年份，对于每一个建设银行员工以及曾经在建设银行工作过的人来说，看到今日建设银行的发展壮大都会感到无比自豪，因为 2014 年是建设银行成立 60 年的大喜之年，60 年的岁月，当建设银行一步一步地走向成熟、发展壮大的同时，你与我也在一个一个的日子里收获了人生的精彩。大家还记得第一次成为建设银行员工的情形吗？还记得最初工作时那个储蓄所的模样吗？本书作者通过讲述自己在海外机构创业的经历，讲述了为建设银行国际业务发展所作出的贡献。60 年来，一代又一代建设银行员工通过自己的辛勤工作，为了建设银行的发展壮大，为了国家的经济建设，为了服务民生，默默地耕耘着、奉献着。让我们把记忆的闸门打开，讲述那些难以忘怀的经历和故事吧。

2014 年 1 月

1993 年，时任中国人民建设银行行长周道炯会见境外人士（右一为作者）

前　言

作为商业银行的一名职员，在我20多年的金融从业生涯中，有近10年的时间是在商业银行的海外机构工作，如果加上早前在中资企业海外公司工作的年限，在我的职业生涯中，有三分之二的时间都是在国外度过的。多年海外工作的经历，使我开阔了视野。一方面，我学到了市场经济体制下金融从业的专业知识，也学会了怎样在异国他乡生存的本领，更锻炼了我坚韧的性格，尤其是在韩国这个特殊的地方。在筹办中国建设银行汉城分行"十年磨一剑"的亲身经历及感受方面，对于没有这种经历的人来讲，是永远也想象不到的"滋味"。虽然这种滋味包含了"甜酸苦辣"、五味齐全，但最终中国建设银行汉城分行还是成立了，真可谓梅花香自苦寒来。另一方面，对于今天能亲眼看到中资商业银行上市后的新面貌，也曾亲眼目睹过亚洲金融危机的我来讲，越来越感觉到"金融"这两个字虽然听起来简单，却博大精深，需要用一生的时间去学习和弄懂它。总结我在海外分行工作时对金融的体验，使我不得不回顾建设银行国际业务及海外机构建设初期时所走过的历程。

中国建设银行自1988年开始介入国际银行业务，20世纪90年代初由专业银行向商业银行转型，1991年开始建立海外代表处，韩国汉城代表处是最早在他国建立的三家代表处之一。初期，建设银行由于从事海外银行业务的人员短缺、经验为零、国际战略在摸索中前进等因素的影响，海外机构发展规划在不同历史时期经历了不同的战略调整与定位。我把它分为五个特殊的历史阶段。第一阶段是在1991~1994年，那个阶段建设银行建立了四家代表处，即伦敦、东京、汉城和香港代表处。第二阶段是在1994~1997年，这个时期建设银行建立了新加坡、法兰克福代表处，这个阶段属于建设银行对海外机构拓展的探索阶段。1997年亚洲金融危机降临后，建设银行海外业务发展处于观望阶段，这个时期虽然筹备了纽约代表处，但其他国家的机构设立被迫暂缓。自1999年起，建设银行提出了超常规发展海外机构的战略设想，这个时期的战略指导思想是"在中国银行、工商银行没有涉足的世界金融中心城市设立建设银行海外机构"，随后，约翰内斯堡等机构相继建立。在2000年，又调整为"以国内业务为主、择机发展海外机构"的战略，汉城分行就是在这个时期开始真正进入筹备实质阶段的。以上事实说明，企业战略制定只是一种设想或规划，而要想将一项计划付诸实施，一线机构给总行提出的有说服力的建议才是该项计划能够实现的关键。所以，企业职员积极工作的主动性可以创造历史。正如稻盛和夫所说，一个职业经理人必须专心致志、一心扑在日常工作上对于企业发展才是最重要的。建设银行汉城分行十年磨一剑，工作现场（朝鲜半岛）就是最好磨炼精神的地方，对于一位银行职业经理人来说，在一个国家连续工作9年，一生中也许只会有一次。我前后用6年的时间筹备了韩国汉城分行，这在建设银行其他海外分行筹备过程中是非常罕见的，这是人提高心性的尊贵"修行"。从汉城分行筹备所走过的艰难历程看，我更坚信了一个道理，那就是机会永远都是留给有准备的人。如今，由于中韩之间的特殊联系，双边经贸往来已经从1992年建交初期的1亿美元发展到现在的近2 000亿美元的规模，建设银行汉城分行（今首尔分行）在建设银行所有海外经营性机构的资产规模已排在第二的位置上，说明2001年总行党委决定筹建韩国汉城分行的决定是非常正确的选择。

平时常听人们说，习惯决定你的未来，播下一种行动，收获一种习惯；播下一种习惯，收获一种性格；播下一种性格，收获一种命运。所以，习惯在人的一生中，左右着你奋斗的轨迹，决定着你事业的成功。身为一名曾长期在海外机构工作过的职业经理人，在两次长期出国工作期间，我都出色地完成了任务，实现了出国前制订的目标。去韩国工作前，我一直在想，我这一代人属于新中国那批伴随着"一条大河波浪宽"的歌声度过中小学时代，看着《卖花姑娘》、《南江村的妇女》、《摘苹果的时候》、《英雄儿女》等电影成长起来的一代人，对朝鲜半岛有着一种特殊的感情。但在1996年的春天，当总行党委选派我赴韩国任首席代表时，韩国对于我来说却是一个很神秘的国度，因为在朝鲜战争停战后近40年的隔阁，使中韩两国人民彼此间都感到十分陌生，根本不像今天中国人对它的熟悉程度。那个时候，我只知道韩国是亚洲的"四小龙"，在经济发展中创造了世界闻名的"汉江奇迹"，韩式经济发展模式一度还被他国当做成功模式用来效仿。而今天，人人都知道"江南 Style"，相当多的中国人都使用三星 GalaxyS4 手机。中韩双边的相互了解在建交才 20 年的时间里，快速得到了升温，这在我国的双边关系发展中是罕见的。这些成果与中韩两国的企业界、学术界和文化领域人士的努力有着紧密的关系，中国建设银行当初在韩国汉城设立机构，就是最早为之付出努力的中资企业之一。所以，在本书中，除了更多地介绍商业银行海外机构建设程序外，我也试图从生活感受等方面尽量多地给读者介绍一些我在韩国的所见所闻、感受与感想。

从内心讲，在海外工作和生活多年，各种感受都有，工作方面的感受又可分为韩国釜山、汉城分行筹备过程中的感受及对韩国金融危机的感受。

一方面，当在一个文化环境、法律环境与国内截然不同的国度生活和工作时，很多事都要从头开始。尤其是筹备一家商业银行的海外经营性机构，开业前有大量的工作需要完成。从总行批准到与国外监管机构的沟通，从寻找办公场所到系统的采购安装及调试，在开业前的一段时间里，还要招聘当地员工并对他们进行培训，这些工作至少需要一年半的时间才能完成。期间还要根据外部政治经济环境的变化，筹备小组需要不断地调整工作时间表。所有这些事项，你必须要一项一项地落实，一步一个脚印地走，才能使计划中的开业时间得以保证。

另一方面，经历了 1997 年亚洲金融危机后，我看到了国内外舆论对韩国金融体制的抨击，深刻地理解了金融体制或金融体系在经济转型国家特定发展阶段对经济腾飞所发挥的作用及作出的"贡献"，因为现代经济的发展离不开金融支持。然而，金融发展的不稳定又会出现风险或危机，也会给经济体系的正常运行造成巨大破坏。韩国在其经济发展进程中，政策性金融机构居于重要地位，韩国产业银行、韩国中小企业银行、韩国住房银行、韩国进出口银行、国民农业合作联社及国民渔业合作联社等都发挥了不可替代的作用。这期间，这类银行或金融机构起到了专业银行的作用，为所服务的行业提供了中长期信贷支持。

韩国金融体系在 1997 年暴露出的问题，根源在于内部各种弊端的长期积累。30 年经济快速发展创造的汉江奇迹，大企业集团的日益扩张等都是在政府的全力支持和保护下发展起来的。记得当时韩国经济研究院的报告显示，韩国前 30 大财团的自有资本比率仅为 18.2%，大部分资本来自直接或间接的银行贷款，而贷款利息远高于美国、日本等发达国家。韩国企业高管普遍有一种思想，即使大量借款，也要扩张企业，这种扩张导致企业问题成堆。截至 1997 年末，韩国的银行外债占到国家外债的三分之二，大约为 1 050 亿美元。那时韩国政府同银行之间的关系，好似上下级的关系，政府通过组织的层级控制，使银行为其服务，银行被赋予了政治、经济和社会职能，比如，它们负责动员组织和配置资金。关于这部分内容，我在书中做了一些介绍。

在本书中，我也谈到了金融外交的意义。客观地说，韩国、中国、日本是亚洲经济发展的火车头，当欧洲很多国家货币加入欧元体系后，我在韩国工作期间也常被学术界问到一个问题，那就是亚元体系何时能够建立？在这个问题上，我赞成美国国际经济研究所研究员、美利坚大学国际事务学院副教授 C. Randall Henning 的观点，即"东亚金融合作不仅有益于促进该地区的经贸发展、是一种谨慎的规避金融风险的手段，可促使东亚地区更加关注乃至愿意为加强区域监督与政策对话而努力，并可在较长的时间里支持东亚区域一体化进程，而且有助于支持东亚区域的政治目标"。但是，Henning 提出的观点忽略了由于历史原因给东亚三国造成的相互猜疑或不信任因素。Henning 还忽略了在现行的国际经济格局和国际金融体系下，美国仍扮演着举足轻重的角色。此外，一些人认为，东亚是世界主要地区中唯一没有自己制度性经济安排的地区。所以，我认为，除了历史因素、政治因素外，东亚经济一体化、向货币联盟方向发展将是一个漫长的过程。亚洲国家政府对区域金融合作未来的发展一直持有各种看法，主要是源于各自的经济规模、产业结构、对外贸易与投资摩擦及民族感情等。关于这方面的感受，由于受篇幅所限，我只在本书中点到为止。

此外，在国外工作期间，我亲眼看到了一些国家商业银行的兴衰历程，并对一些案例进行了研究，书中也有少量篇幅提到。结合我国商业银行上市后的快速发展，使我又有了一些新的思考。在研究了 1997 年亚洲金融危机、分析了 1998 年的巴西和俄罗斯的金融动荡后，回头分析了更为频繁地发生在新兴市场国家的银行危机时，似乎在不断地验证着一个事实，那就是伴随着利率放开、金融自由化的发展，很多国家的金融体制也在面临着这样或者那样的挑战。我建议大家都能读一读安德鲁·罗斯·索尔金所著的《大而不倒》一书，以增强银行从业人员的高度使命感和责任感。

中国建设银行自 2005 年率先在香港上市后，截至 2012 年末，总资产是 8 年前上市时的三倍。截至 2013 年上半年，资产回报率为 1.66%，股东权益回报率为 24.63%，不良贷款率在 1% 左右。那么，上述优良业绩是否就说明我们的银行已经成为国际上最优秀的银行了呢？我觉得现在回答这个问题还为时过早，这种情况很像韩国在金融危机前的某些情况，我们不能从上市前的盲目自卑（技术上已经破产）转变成现在的盲目自大（全球资产最大、市值最高且资产质量优良的先进银行）。那么，如何使商业银行在特殊经营环境下、在取得成绩后少走弯路？笔者有以下几点思考：第一，要对我国商业银行的资产进行多元化配置，在储备币种方面实时进行调整。第二，要充分利用好当前全球经济曲折复苏的机遇，加速推进境外物理机构的建设，向实现国际化的发展目标加速前进。第三，海外机构规划政策的制定必须要有连续性，不能盲目铺点。第四，要做好利率市场化和非银行金融机构的产品创新可能带来的冲击，银行的产品必须做到真正意义上的创新，为客户提供更多的可供选择的金融产品，始终走在市场和同业的前面。第五，在加速推进海外机构的建设过程中，必须同时加强对境外机构经营的风险管理，避免个别境外机构主要经营人因受急功近利思想的驱使而给日后带来的损失。要建立境外机构的风险管理规章制度，建立综合的考核评价机制和问责制，不断深化对风险容忍度的管理。第六，要加速推进专业化、国际化人才培养的步伐，使之与商业银行国际化、全功能方向发展步伐同步。

再谈生活方面的感受，比如，我在国外怎样利用读书等方式使"孤独、郁闷"变为"快乐和有价值的生活"？我又是怎样经历了文化碰撞后才逐渐融入当地社会？怎样通过努力扭转工作被动局面的？特别是在短期出国考察时，我是怎样利用难得的出差机会去了解异国他乡的文化？我尽量多地把这些经历都写进书里，这些经历对于即将走出国门的同行们来讲，具有一定的参考价值。

需要说明一点，本书内容大部分取自于我在海外工作时期的日记以及在国外报刊上用英文发表的部分文章，本打算在几年前出版，但由于涉及某些"商业机密"，故拖至今日。如今，岁月已逝，物是人非，那些"商业机密"已无价值，而有价值的是人生经历，我把这些都写在了书里，以飨读者。

最后，借此机会，我还想说一句话，中国建设银行全体员工为事业而奋斗着的精神，是我坚持写这本书的动力。希望在党中央和新一届政府的领导下，为实现中国梦、实现我国商业银行业务全方位发展的愿景（Vision），更为实现我国社会主义市场经济建设的既定目标，尽可能地学习和借鉴他国的经验，用他山之玉攻破坚硬之石，走出一条我国商业银行自己的发展道路。在国家"十二五"方针指引下，为使我们的商业银行能够迈出国门、走向世界，更好地贴身服务于已经"走出去"的中资企业，尽点微薄之力，这就是我编写出版本书的目的。

杭 琛

2014 年 1 月于北京"万明圆"书屋

目 录

第一部分
从西亚半岛到朝鲜半岛

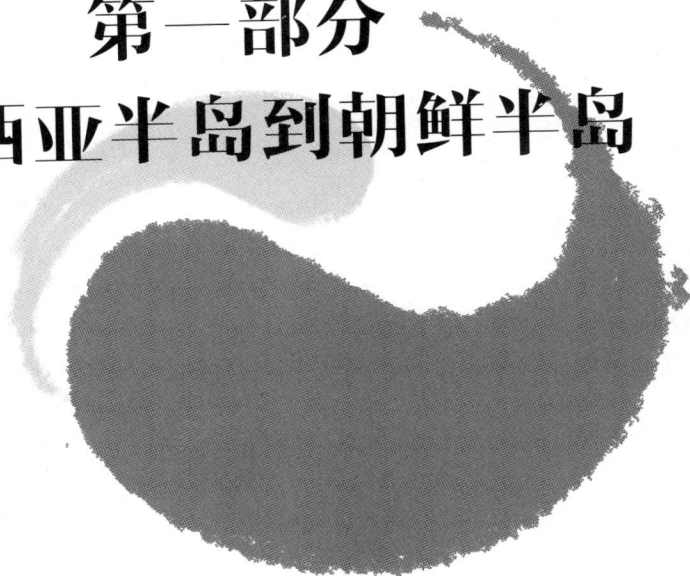

一、 与西亚半岛和朝鲜半岛结缘

> 导读：从亚马逊河谷到好望角；从古老的尼罗河畔到壮观绝景的尼亚加拉大瀑布；从中东到北非；从美洲到欧洲，很多国家都留下了我奔波的足迹，所见所闻使我了解了不同人类种族给这个世界所创造的文明和财富。但我最熟悉的国家是海湾六国中最富有的科威特和东北亚世界战略热点地区的韩国，因为我在这两个国家工作、生活的时间最长，一生中最美好的年华也都在那里度过。

结缘西亚半岛

自从干上职业经理人这一行后，我在长达20多年的职业生涯中，深受组织信任，两次被长期派往国外工作，加上短期出国工作的时间，我在海外机构工作长达17个年头，足迹遍及世界五大洲，使用过11本公务护照。这些经历对于至今仍严格实行出国政审制度的国企职业经理人来说，可谓经受住了"党和祖国的考验"。长期在海外工作，开阔了我的视野，增长了从业技能。因此，我把两次长期出国工作称为我职业生涯中的两次"远征"。

第一次踏出国门工作是在1983年3月，当时我是被国家部委派往阿拉伯半岛的科威特工作，在那里我一干就是7年，其中2年在中资工程公司项目组工作，5年在公司驻科威特城办事处和中国大使馆经济商务处"中资公司项目协调组"工作。那个时候，出国工作很是让人羡慕，特别是"八大件"的带回，改善了家人的生活，"八大件"包括彩电、冰箱、洗衣机、录像机、照相机、手表、缝纫机及自行车。现在看来，那些货品在任何一家国内商店都可以买到，中国已不再是以前那个封闭的国度。

第二次长期出国工作是在1996年4月，被派驻的国家是今天国人都非常熟悉的韩国，我在韩国一干又是9个年头。中韩两国于1992年8月建交，当时，中国人并不十分了解韩国。在韩国工作的9个年头里，我担任银行驻韩首席代表 7 年，把代表处升格成分行后，担任副行长的时间有两个年头。不知道是巧合还是上天的有意安排，两次远征去的都是半岛国家，一个是西亚的阿拉伯半岛，另一个是东北亚的朝鲜半岛。

在 20 世纪 80 年代第一次出国时，心里充满了好奇，因为那个年代我们中国人对国外的情况了解得很少，我们一行人经过卡拉奇转机，第二天才抵达科威特。在 20 世纪 90 年代第二次远征时，当我所乘坐的飞机盘旋在金浦机场上空时，心里倒有些紧张，因为那个时候是我们两国建交的初期，由于长期受到的教育和政治原因，使我不知道该用什么样的眼光看韩国。

从长期在海外工作的收获方面进行比较，工作领域从外经贸领域转到了银行管理与经营。我自己感觉到，企业工作的经历为我在银行工作奠定了基础，因为银行是服务于企业的中介机构。反过来讲，在银行工作 20 多年，又使我更深层次地了解了企业经营。回头看我这十多年的工作与生活经历，可以说是所学专业注定了我一生必定会到处奔波。我先是读的对外经济关系专业，后又读国际金融专业。

20 多年来，我先后到过 60 多个国家和地区，从亚马逊河谷到好望角；从古老的尼罗河畔到壮观绝景的尼亚加拉大瀑布；从中东到北非；从美洲到欧洲，很多国家都留下了我奔波的足迹，所见所闻使我了解了不同人类种族给这个世界所创造的文明和财富。但我最熟悉的国家是海湾六国中最富有的科威特和东北亚世界战略热点地区的韩国，因为我在这两个国家工作、生活的时间最长，一生中最美好的年华也都在那里度过，如果说它们是我人生中的第二故乡和第三故乡一点都不为过。

先说半岛国家科威特。它地处阿拉伯半岛东北部，是同我国建交较早的海湾国家，也是海湾合作委员会（GCC）成员国。

20 世纪 80 年代初期，科威特人口有 130 万人，60% 以上是外籍人，居民主要来自印度、巴基斯坦、菲律宾、埃及、美国、英国等国家，面积不到 18 000 平方公里。

当时，我在一家中资公司和我国驻科使馆经济商务处工作，任务是代表改革开放后刚刚走出国门的国企参加科威特的基础设施项目投标和施工建设，主要竞争对手是来自前南斯拉夫的工程承包公司及韩国的现代建设集团。那个时候，我国的企业在项目建设中通常扮演的角色是做"二包"（分包商），合作对象是美国的圣哥姆公司，日本的丸红公司、三井建设公司等大型国际企业集团。

第一次出国工作时，对于在我国改革开放初期就能被公派出国的我来说很是自豪，原因有二，一是由于国门刚刚开放，我们非常渴望了解国外的经济发展状况。当时，各单位对出国人员政审要求非常严格，中国人能够被公派出国的人又非常少。记得当时我们每一位管理人员都必须要经过严格的政审和业务考试后，才能被选派出国，让周围的人很是羡慕。二是我们肩负着时任中国人民银行行长陈慕华的重托，她在一次接见我们出国人员时说："你们每输出一名劳务人员，都可以给国家带来一份经济建设需要的外汇收入。"从中可见改革开放初期我国的外汇储备状况。

1983 年作者于科威特

20 世纪 80 年代初，国内每个有牌照的单位（当时我们把这些公司叫做"窗口公司"）都是本着为国家赚取外汇的精神，一拥而上前往中东淘金。这些公司几乎全部都是由原来的 40 个国家部委的基建总局改制而成立的施工企业，他们到国外主要承担的是工程建设项目。

由于受到技术标准的限制，那时我国"走出去"的企业在海外承揽的项目大部分为分包项目，也就是为欧洲、美国、日本等国的公司提供劳务。这些公司有原铁道部的中国土木工程公司、交通部的路桥和港湾公司（包括一航局、二航局等交通部所属的建筑公司）、原石油部的中油工程公司、水利部的中水工程公司、原航空工业部的中航技公司、化工部的基建局（今中国化学工程总公司）和中国建筑总公司等。

上述公司派往科威特的工程施工人员高峰时达到 10 万人之多，为此，中国民航（今中国国际航空集团公司）还专门开辟了中科航线。

中国工程师和工人在科威特从事着各种工民建项目，其中有高速公路项目，有经济适用房项目，有星级酒店项目，也有水利电站和医院及学校等项目，就连科威特著名的伊斯兰首脑会议中心也是由我们建成的。海湾战争爆发前，在那个领土面积不大的弹丸之地，到处都留下了我们中国工程技术人员的汗水。在 2010 年 4 月，当我以银行职业经理人的身份再次赴科威特工作时，我还专程前往曾工作过的工地回忆 20 多年前的往事。当我登上标志性建筑——科威特塔时，我看到了海湾战争给这个国家留下的创伤。

触景生情对往事的回忆，把我的思绪带入了那个年代。

在 1983 年 2 月，出国前我们被集中在丰台的一个旅馆里，封闭培训了整整两周的时间，内容包括国际工程招标规定、国际会计准则及外事纪律等。至今我仍清楚地记得，那时国家对选派出国人员非常关照。我一次就领取了（国家按照规定发放的）制装费 596 元人民币，这在当时对于个人来说是一笔非常大的数目，相当于一位中学教师一年半的工资收入。当拿到钱后，我都不知道该怎么花。按照国家规定要求，每位出国的管理人员必须买一套西装和中山装。因中东气候原因，596 元中有 6 元让大家买墨镜，可以说，能想到的国家都为我们想到了。

培训结束后，我和来自原铁道部太原轨枕厂（今中铁物资集团有限公司）的总工程师孙月清、铁道部成都桥梁厂（今中铁集团）的总会计师刘杰、铁二局（今中国中铁股份有限公司）的土建工程师熊上琛以及来自沈阳铁路机车车辆厂（今中国北车集团）的周玉文一行五人，先乘坐中国民航班机飞往巴基斯坦卡拉奇，在那里住了两个晚上后，再转乘巴航飞机前往科威特首都科威特城。那是我平生以来第一次乘飞机，也是第一次出国，我国驻科威特大使馆经济商务处的一等秘书于伟华到科威特机场接机。

那个时候，我们国家通往世界的航线少得可怜，更没有通往海湾六国的直航。前往海湾国家共有四条路线供选择，一条走卡拉奇，一条走曼谷，一条飞巴黎转机，还有一条经新德里后转科威特，但乘客需要在新德里住一个晚上。后来我在中东国家工作的 7 个年头里，这几条航线我都多次飞过，积累了了解其他国家文化的经验。

7 年的中东生活使我了解了伊斯兰国家。海湾国家的科威特、沙特阿拉伯、阿拉伯联合酋长国、卡塔尔等国都是信仰伊斯兰教的伊斯兰国家，北非的埃及、阿尔及利亚、突尼斯以及苏丹也是伊斯兰国家，亚洲的巴基斯坦、印度尼西亚（以下简称印尼）、马来西亚的多数人口也信仰伊斯兰教。

在我国的青海、宁夏、甘肃、新疆等省区，有很多人信仰伊斯兰教。即使是在欧洲，也有很多人信仰伊斯兰教。信仰伊斯兰教的人虽然国家、语言、肤色各异，但人生信仰和价值取向趋同，《古兰经》是必须学习的。我虽不信仰伊斯兰教，但我读过《古

作者在宁夏调研（右为作者）

兰经》，觉得很有道理。《古兰经》强调了伊斯兰教道德的基础与信仰，《古兰经》教导人们行善，而且不单是口头上称自己信什么，里面有一整套对人行为的完整规范指引。比如，信仰伊斯兰教的人需遵循"做事光明磊落、公正无私、任劳任怨、积极进取、洁身自重、宽宏且坚毅、劝善止恶、敬老爱幼、忠诚信仰"。

科威特是一个典型的信奉伊斯兰教的国家。在科威特，《古兰经》是最高的经典，是指导科威特人生活的纲领，也是国家立法制宪的依据。比如，科威特与其他信仰伊斯兰教的国家一样，银行存款没有利息，个人所得收入的 2.5% 必须按照一种基金的方式汇集起来，以资助需要帮助的人们。

在科威特，由于利息被禁止了，资金的供应者就变成了投资者，而不是放款人。作为分享利润的交换条件，金融资本的提供者与企业家共同分担企业经营中的风险，这样的制度被解释为"为了避免剥削"。

所谓的利润分享是来自中世纪的盈亏分摊制度，通常用双边合同约束参与者，服务于项目投资。任何亏损，只要不是项目管理方的失误和疏忽造成的损失，则由金融机构（提供资金方）承担，这就使得包括银行在内的各类金融机构在提供资金之前，必须对项目进行认真的论证。

伊斯兰金融体系哲学基础的影响远远大于生产和经济行为各要素的相互作用，使得银行等金融机构承担了较大的风险。科威特的银行根本享受不到 1985 年以前东南亚非伊斯兰国家 5 个点以上的利差收入。

由此可见，伊斯兰体系对伦理道德、社会宗教等规范进行了加强，为了整个社会的利益与公平，努力提高均等的公平，人们只有从职业道德、福利分配、社会和经济公正以及国家作用意义上才能理解这种制度。

相比之下，我国商业银行海外分行的总经理要容易干得多，盈利了是其领导有方，亏损了则埋怨市场变化，或将责任完全推给经济合作中的企业，从这一点来看，我国商业银行派往海外任职的总经理需要加强伦理道德和责任心的培养，避免急功近利等政治投机行为，才能保护好委托人的利益。

初识友好邻邦印象

韩国是资本主义体制下从计划经济向市场经济转轨较成功的国家，其战后民族经济的发展模式，被经济学界称为"汉江奇迹"，1993 年韩国还被评选为"亚洲四小龙"。1997 年亚洲金融危机前，国内经济学界对韩国模式评价很正面，学者曾建议我国效仿韩国发展模式，"小龙"发展模式一度成为业内谈话中的热点话题。

韩国的经济发展模式被国内经济学人士普遍称之为经济发展的"成功"楷模。为了深入了解韩国模式，出国前我查阅了当时国内能够看得到的所有的有关韩国经济发展的资料。但遗憾的是，那时国内介绍韩国经济发展模式的资料相当有限，能够看得到的材料大多是人云亦云的文章，其研究更多的是局限在表面上。

在一个人的职业生涯中，很多事情都是你事先无法预见的。根据总行工作安排，1996 年 4 月，我办好临时签证，赴韩国与前任首席代表交接工作。1996年6月，当我办理好长期出国手续，再次飞往友好邻邦韩国的时候，没想到开始了一干就是9个年头的第二次海外常驻，从此结缘朝鲜半岛。

我到韩国后发现，朝鲜半岛"三八线"以南的韩国，对我们中国人来说是既熟悉又陌生的一个国度，所谓熟悉是我们之间千百年来的政治经济来往和共同的文化根基；说陌生是因为朝鲜战争（韩国人称"韩战"）后，我们相互间隔阂了40年，使我们彼此之间缺少了解。

在韩国工作初期，我发现一个很有趣的现象，在每次与韩国人交流时，他们都用汉字告诉我说他们是"大韩民国"。其实，中、日、韩三国作为东亚的三个主要经济体，无论是按照国土面积还是按照人口多少排序，中国都是排在第一，但我们中国人从来对外不称呼自己为"大中国"，可日本人称自己是"大日本帝国"、韩国人也称自己是"大韩民国"。我心想，说"大"你并不一定比别人"大"，不说"大"也并不能说明你就不大。记得曾看过一本书，说自己大的国家或民族，通常都是岛国或半岛国家。

自20世纪90年代中期以来，随着我国改革开放带来的好处和国家经济上逐渐走向富强，国人的经济生活条件得到了很大的改善。我这次去韩国工作，国家有关发放制装费的规定被取消了，这笔费用被包括在个人在境外机构工作的工资里，表明我们国家的企业正在向国际化靠近。

二、 第二任首席代表

导读：在我国与韩国建交的第二年（1993 年），中国银行、中国工商银行和中国建设银行随即在汉城建立了代表处，我这次来韩国工作是接替我行即将到任的第一任首席代表夏翊同志的工作。长期出国对于一个成家后的人来说，需要克服许多的困难，而这些困难对于没有亲身体验过的人来说，是难以想象的。

重任在肩

1996～2004 年在韩国工作期间，我先是担任中国建设银行汉城代表处首席代表，主要工作是业务调研、处理纠纷、筹备经营性机构和迎来送往。在韩国工作的中期，我集中精力于汉城分行的各项调研和经营准备。在韩国工作的最后两年里，我成为建设银行汉城分行的负责人之一。

在我国与韩国建交的第二年（1993 年），中国银行、中国工商银行和中国建设银行随即在汉城建立了代表处，我这次来韩国工作是接替我行即将到任的第一任首席代表夏翊同志的工作。

韩国汉城代表处是中国建设银行在海外开设较早的三家代表处之一，成立于 1993 年 5 月，我是第二任首席代表。其他两家代表处是伦敦代表处和东京代表处。

出发前，我对代表处的情况做了研究与分析，阅读了大量有关朝鲜半岛政治、经济和金融方面的资料，目的就是为了能尽快将代表处升格为分行而努力工作。

在总行海外处查阅一期代表处的档案时，我发现，在汉城代表处筹建初期，由于相关人员对当地法律、法规缺乏了解，代表处被卷入到一场房地产纠纷之中。可以说，在我到任前，建设银行有关在汉城设立分行的工作几乎是处于停滞状态。由于派出去的人不熟悉海外环境，交了不少"学费"，仅代表处的职工住房，就给国家造成了不小的损失。

实事求是地说，在 20 世纪 80 年代至 90 年代初期，我国银行在国际化程度上远不如国内的一些公司。我曾工作过的那个部委所属公司早在 1984 年就在 22 个国家建立了自己的分支机构，类似的公司当时还有中建公司、中水公司、中油工程公司、中航技公司、路桥公司、港湾建设、中化公司、中国五矿以及华纺等。当时，我们的银行刚刚开始第一次转型，即从专业银行向商业银行转型。除了中国银行外，中国工商银行从中国人民银行分离出来，中国建设银行从财政部脱离，各家银行开始试探性地在海外建立机构。

对于我这次接受长期外派工作，从心里讲，我并不情愿。因为在整个 80 年代，我都在阿拉伯半岛工作，对家里人亏欠太多。再说，入行以来，我根本就没有再次长期出国的念头。在联系工作掉转时，当总行人事部机关管理处的李处长问我"可否出国"时？我明确表示不想出国。因为，长期出国对于一个成家后的人来说，需要克服许多的困难，而这些困难对于没有亲身体验过的人来说，是难以想象的。但在他人眼里，由于当时国内在物质生活方面与新兴工业化国家之间还是存在着一定的差距，普遍认为出国工作仍是件难得的"好事"。为了对得起组织上的信任，出发前我并没有向组织上说明自己的顾虑，这可能是我接受传统教育的原因。

自参加工作以来，我一直在半军事化的单位工作，从来就没有向组织上提出过任何的个人要求，对这次任命也是一样，心里虽然不愿意，但还是接受了"任务"，或许这与我曾在原铁道部工作时受到的教育和训练有关吧。

长期从事外经贸工作的我，早已养成了一种习惯，就是个人服从组织。那天晚上，回到家后与家人说了此事，便着手开始进行赴任前的各项准备工作。但在家人看来，以为我是自愿出去的。其实，她们对我的理解是错误的。在我与我妻子没认识前，我就在国外工作，结婚不到三周就重返国外工作岗位，到女儿四岁多我才回国，怎么是我自愿出国呢？再说，我不懂韩语，深知去韩国工作会是很不方便的。如果说是去讲英语的国家任职，说我是自愿的还情有可原。但为了工作和事业，只能舍弃一头，挑战自我。

韩国岁月话金融
—— 一位银行人士的海外工作随想录

出发前，为了了解韩国，我用了两周的时间，阅读了大量的有关韩国政治、经济、金融方面的书籍和资料，试图从中寻找韩国经济发展的特点与特征，以便为今后的工作做好各方面的准备。

到韩国后，我接待的第一个人是老行长周道炯，那时他已经是证监会主席，他那次访韩主要是陪同我国著名经济学家马洪、房维中等人参加国际会议。

在汉城与证监会主席周道炯先生合影（左一为作者）

与马洪等领导在汉城合影（左起第四为作者）

建设银行汉城代表处时期在韩国的定位

在代表处工作 7 年多的时间里，我一直担任首席代表，亲身经历了代表处的三个重要历史时期。1996～1998 年是第一个时期，主要工作是研究韩国经济、金融，处理国内分行与韩国银企交往中的业务纠纷，期间我学了很多民法知识。同时按照总行要求，准备撤销在韩机构。第二个时期是在 1999～2001 年上半年，当时，根据总行"超常规发展海外机构"的精神，探索在中国银行、中国工商银行没有开设分行的韩国其他城市建立我行经营性分支机构，这期间，我完成了在釜山设立建设银行分行的可行性报告。2001 年下半年至 2002 年是第三个时期，代表处贯彻总行"以国内业务为主，稳步开展海外机构的设立。也就是在这个时期，我抓住了机会，利用总行领导访问韩国的机会，详细汇报了在韩国建立建设银行分行的必要性，之后，得到总行批准。经过认真筹备，建设银行汉城分行在 2004 年 2 月正式对外营业。

在汉城代表处与朋友合影（居中为作者）

汉城代表处时期的主要工作是为两国经济金融合作牵线搭桥、介绍客户、迎来送往。但汉城代表处与其他代表处相比多了一项工作，那就是解决处理双边经济往来中的纠纷。与在欧美国家建立分行比较，虽说在韩国建立经营性机构一直没有被我行重视起来，但根据我到韩国后对韩国及中韩贸易的研究，中资银行在韩国建立经营性机构很有必要。因此，在以上

013

三个特殊历史时期，我没有使这个代表处仅停留在代表处的工作上，而是积极做好市场调研，每年都向总行提出建议，寻找时机将汉城代表处升格为分行。中国银行不仅有汉城分行，还成立了韩国安山分行，中国工商银行有汉城分行和釜山分行，两家中资银行在一个主权国家分别成立了两家分行，足以说明中国建设银行在韩国成立分行的必要性。正是基于上述考虑，在代表处工作的 7 年，我一直想方设法说服总行在韩建立经营性机构。

计划外诞生的海外分行

如果说建设银行汉城分行的成立，是靠一次偶然机会的把握，并不夸张。

在建设银行历年海外经营性机构的计划里，都没有提到过汉城分行，总行归口管理部门也都没有把汉城代表处升格为分行列入下一年的计划目标。尽管我在每次会上都提出过请求，但由于种种原因，汉城代表处升格为分行一事总是不能被列入建设银行海外经营性机构的发展规划中，所以我说它是"计划外诞生的海外分行"。

2001 年 4 月，行领导一行来韩国参加国际会议，一行人除了原行长外，还有国际业务部（当时已经改名为金融机构业务部）的姜总经理、深圳分行孙行长等人。我知道这是将汉城代表处升格为分行的一次机会，因此，我充分利用行领导来韩的机会，提前一个月就做好了准备。

在准备材料中，我把中国银行汉城分行、中国工商银行汉城分行的经营状况做了详细的分析，也把在韩国的 59 家外资银行及非银行金融机构的经营状况做了认真的分析，并做成书面材料，精美包装后等待向总行领导汇报。

总行领导到代表处听取汇报的那天，我详细向他汇报了韩国外资银行的整体情况，汇报了韩国经济结构改革 3 年后，整个国家经济的转型情况，着重汇报了中国银行汉城分行、中国工商银行汉城分行的经营状况。

自 1997 年亚洲金融危机爆发后，韩国已经被迫向外资银行业和证券业开放，外商直接投资（FDI）可在韩经营综合金融和投资信托业，与韩国同业展开竞争。建设银行应把握住建立经营性机构的机会。

截至 2000 年底，在韩外资银行分行共有 59 家，它们是以花旗银行、汇丰银行、渣打银行、日本三菱银行、新加坡星展银行为首的第一集团军，以德国商业银行、荷兰商业银行、澳大利亚商业银行为首的第二集团军；第三集团军是其他欧美国家资产规模排在世界 1 000 家大银行中等位置的商业银行；以中国银行、中国工商银行和中国建设银行为首的中资银行应该是第四集团军，此外，还有来自印度、菲律宾等国的个别商业银行等。

关于中资商业银行在韩业务开展情况，我重点汇报了中韩双边经济往来的特点。

中资银行在韩分行及代表处共有 5 家，它们分别是 1993 年成立的中国银行汉城分行，中国银行安山分行；中国工商银行汉城分行和釜山分行，加上建设银行汉城代表处共五家。从前两家中资银行在韩国设有分行的实际情况分析，以及韩国市场对于走向国际化经营的我国商业银行来说，设立分行是非常必要的。原因是中韩自 1992 年 8 月建交后，双边贸易从 1 亿美元迅速上升到 800 亿美元。未来，中韩贸易将排在中美、中欧（盟）之后，韩国将成为我国第三大贸易国。

对韩国来说，我国是韩国的第二大贸易国，仅排在韩美贸易之后。韩国的很多工业原料及农产品都从我国进口，比如山西、内蒙古的煤炭和产自山东的大葱、大蒜等。

韩国出口我国的产品主要为工业产品，有中大型机械、轿车配件、计算机、手机、家电及服装鞋帽等。在韩中贸易中，韩国为顺差。近千亿美元的双边贸易，对于中国资产排名第二大的商业银行——中国建设银行来说，没有理由不在韩国建立经营性分支机构，更何况建设银行还是三家中资银行中最早进入韩国市场的中资银行，早在 1993 年就在汉城设立了代表处。

我向总行领导汇报的另一个课题研究是"对过去 4 年中资银行在韩盈利的分析以及我对韩国经济未来 5 年发展的判断"。

在韩国经济处于低迷的时期，应该说也是境外投资者进入韩国市场大力发展的机会，1997 年 12 月，中国工商银行在汉城设立分行就是一个非常具有战略眼光的投资。除中国工商银行外，自那个时候起，美林、高盛等世界著名的投资银行也频繁来韩国考察，据说，很多投行都已把目光锁定在购买韩国大企业的不动产领域，我相信，几年后这类投资肯定会得到 3 ~ 5 倍的回报，因为韩国经济不会垮掉。从韩元对美元的汇率变化就已经表现出大幅回升的态势，已经上升至 1 300，假设这种趋势在未来两年回升到 1 000 的水平，投资者岂不是能获得丰厚回报？中国银行汉城分行自开业以来，年平均利润都在 500 万美元以上，中国工商银行汉城分行开业第二年税后利润就达到 700 多万美元，因此，抓紧成立建设银行汉城分行势在必行。

对于 1998 ~ 2000 年韩国经济的发展，国际大银行普遍看好。截至 1997 年底，国际大银行并没有因 10 月份韩国国内出现的经济波动而撤资。德意志银行对韩国的贷款为 23 亿美元，而同期给印尼的贷款仅为 14 亿美元；瑞士信贷、瑞士银行和瑞士联合银行对韩国的贷款分别为 6 亿美元、5 亿美元和 5 亿美元，而上述三家瑞士银行对印尼的贷款均为零；巴黎银行、里昂信贷及法国兴业银行给韩国的贷款都是 28 亿美元，这三家法资银行给印尼的贷款仅为 12 亿美元；汇丰银行给韩国的贷款是 20 亿美元，而给印尼的贷款是 14 亿美元；巴克莱银行给韩国的贷款是 8 亿美元，给印尼的贷款为 6 亿美元；渣打银行给韩国的贷款是 17 亿美元，给印尼的贷款是 10 亿美元。

从亚洲金融危机后韩国政府的改革措施看，未来韩国经济发展也是被看好的。

金大中政府在金融改革中，对政府机构做了重组。韩国政府不是靠撤销政府部门而削减机构，而是针对实际情况和需要改组部委，对原来的 2 个委员会、14 个部、5 个府办、14 个其他机构进行了改组，将其调整为 17 个部、2 个直属办公室和 16 个其他机构，成效显著，稳定了局势。在企业改革方面，对其要求明显提高了，要求企业管理增强透明度、强化董事会的作用、增强股东的话语权。

关于韩国政府在改革中对商业银行的重组，我从第一银行重组到住房银行收购东南银行、新韩银行收购东华银行、韩美银行收购京畿道银行、朝兴银行收购江原道银行和忠北银行以及国民银行收购大同银行和长信贷银行的情况都向总行领导——作了汇报。我还举例对韩国工业整改作了分析，顺带说明了韩国汽车工业的重组过程。汇报了整整一个上午，总行领导听得很认真。

由于准备充分，以上对韩国经济金融情况的详细汇报，令领导十分满意，总行行长在会上当场表示，同意将这个代表处升格为分行。

在送总行领导回国的路上，他对我说，这事还要回去经过党委会讨论。我感觉到汉城代表处升格为汉城分行的时间应该不会太远了。

后来，经过2年多的精心筹备，建设银行汉城代表处升格为汉城分行的推进工作有了很大的进展，筹备工作中的一些具体事项也一件件得到了落实。

2002年11月25日，在总行金融机构业务部的领导下，我代表筹备组对下一段的工作做出了详细的计划并上报行领导。

当时，结合实际情况，我主要做了以下考虑和工作安排。

根据行领导前一阶段批准的筹备工作安排，我带领筹备组对汉城分行效益前景再次重新进行了论证，同时相关工作也着手开始进行。筹备进行了两年多的时间。筹备过程中，由于市场发生了一些变化，汇率的变动使我对经营盈亏测算进行了反复的调整，得到了安永会计师事务所的认同。

第一项工作内容是汉城分行头三年业务的总体安排。业务范围包括贸易融资、贷款、同业拆借、信用证相关业务、证券投资等。在分行内设机构方面，我考虑了会计、信用证、结算、综合、IT、客户服务、贷款营销、交易室8个部门，如果把信用证和结算合并，部门可缩减为7个。在人员方面，头三年的职员数分别为20人、23人和29人。

在筹备小组会议上，我所做的第二项工作是关于汉城分行前景的再次论证。在头三年里，总行营运资金配给方面，暂定2 000万美元、2 000万美元和5 000万美元。资产规模分别是974亿韩元（8 855万美元）、2 227亿韩元（2.2亿美元）和3 080亿韩元（2.8亿美元），税后净利润分别是－6. 42亿韩元（－58.36万美元）、16.06亿韩元（118.73万美元）和32.52亿韩元（295.64万美元）（假设1美元＝1 100韩元），资产收益率分别是－0.66%、0.586%和1.056%，资本回报率分别是－2.92%、5.96%和5.91%。

我回总行汇报时所做的第三项工作，也可以说是对下一阶段工作的建议是"将汉城分行筹备工作转入实施"阶段，具体事项包括：

在 2002 年 11 月至 2003 年 1 月，有三项工作需要落实：①决定分行办公室选址方案；②聘请法律顾问及签署协议；③完成包括确定汉城分行负责人等在内的工作提议，其中包括申报文件的准备和递交，具体时间安排如下：

2003 年 2 月，也就是春节后，向韩国金融监督院递交申请，签署房租协议。

3～4 月，落实韩国金融监督院提出的事项，起草分行业务需求，电脑系统选型及完成办公室装修。少量招聘急需的人员。

5～6 月，建立业务处理系统，制定分行业务操作规程。

7～8 月，预计可获得韩国金融监督院的正式批准，然后马上安排开业仪式。

计划于 2003 年 9 月，汉城分行开业，这个时间是我回总行时，行领导对我们筹备组的具体要求。

针对上述安排，当时我向总行打了正式的书面报告，希望能够尽快获得上级领导的批准。

三、 备战汉城分行

导读：为筹备中国建设银行汉城分行，我在韩国工作时专门研究了韩国修改后的《企业会计基准及准则》。韩国新制定的《企业会计基准及准则》在韩国的出台，对于经济转型、企业向多元化发展的我国企业来说有一定的参考意义，特别是对于我国商业银行未来以银行业为主，逐步拓展基金、租赁、信托、保险及养老金业务意义会更大些。

学习韩国《企业会计基准及准则》体会

韩国借鉴国际经验，特别是借鉴发达国家的经验，不仅制定了相关法律，也制定了韩国新版的《企业会计基准及准则》。

1997 年亚洲金融危机后，韩国修订完善的《企业会计基准及准则》主要是针对企业内部总公司与分公司之间，会计间处理和对财务并表科目的设计，其中包括租赁业、建筑业、研究开发新产品以及技术创新所发生的费用的会计处理问题等，我对其中的一些具有韩国特点的定义进行了如下分析：

现金和存款，包括为资金的短期运用，或为在一年期上市有价证券。但是，不包括关联公司的有价证券以及由于发生拒付或中断操作等事由而丧失上市的有价证券。

在韩国，大额交易支票可作为现金纸币在市场上进行交易互换，通常有十万韩元、百万韩元及千万韩元的支票。这类支票由商业银行签发。

在新制定的《企业会计基准及准则》中，有其他账户资产科目，这类资产不包括现金和存款、有价证券、赊销款、应收票据、短期贷款、应收账款及应收收益等。

对建筑物、机械装备、船舶、车辆交通工具、备品及其他有形固定资产的折旧，应从其资产科目中的形式进行记载。但根据实际情况，从有形固定资产合计额科目中减去折旧金额。

对于创业费、开业前期准备费用支出、新股发行费用、企业债券发行费、研究开发费等统统列入递延资产。

在流动负债科目项下有账户超支、赊购款、应付票据、短期借款、应付账款、预定金、应付税款、对外借款、流动性长期负债等15项。

在韩国的《企业会计基准及准则》中，还有一项负债性准备金，这类准备金包括职工退休和辞职准备金、工程保证准备金等。在韩国，职员离职指在不管是雇主要求还是雇员提出辞职时，企业必须从负债性准备金中向离职人员支付辞职金。如果你在一家企业工作十年以上，一般雇主不会主动要你辞职，因为通常这种金额支出较大，在一个企业工作十年的职员如果辞职，他领取的这笔钱足够自己创业。我们汉城分行资金部的小金在分行工作八个月辞职，汉城分行就向其一次性多支付了两个月的工资。

对韩国《公司法》的认识

筹备汉城分行期间，我用了两个多月的时间研究了韩国的《公司法》。经查阅大量资料后，我系统地了解了韩国的《公司法》。我发现，18世纪随着韩国港口对西方列强的开放，朝鲜半岛传统的农业经济开始向商业经济转变。自1905年12月开始，韩国先后出台了几部特别的法律，比如《私设铁路条例》、《农工银行条例》等。1910年，日本侵入朝鲜半岛后，韩国在1912年3月先后出台了根据日本伪政府"朝鲜民事令"而制定的相关法律，其中《商法》、《票据法》、《有限公司法》完全按照日本相关法律制订。1945年8月第二次世界大战结束后，朝鲜半岛也相继结束了殖民统制，韩国政府在1962年1月20日制定了新的《商法》，改动最多的就是《公司法》。

20世纪60年代初，韩国开始制订、实行"五年经济发展规划"。20世纪70年代末至80年代初，韩国经济发生了巨大变化，成为亚洲"四小龙"之一，韩国模式还一度成为很多国家学习效仿的榜样，其具体表现在以下几个方面：第一，国家经济顺利实现从农业经济向工业经济的转换，农业人口从朝鲜战争停战后的97%下降到不足10%；第二，建立起大型企业和银行，创建民族工业及产品，现代集团、大宇公司和三星电子等一批综合性企业集团成为国家经济发展的支柱；第三，银行业在国家政策方针指引下，发挥各类专业银行的作用，同时自身规模也迅速壮大，资产在短期内得到了快速膨胀。从规模上讲，仅排在日本、中国的银行之后，从技术服务手段上讲，达到了世界先进水平，这些都得益于韩国政府在 1984 年对《公司法》的修改。因为，当时的《公司法》主导思想就是积极鼓励、弘扬发展民族产业。

在 1984 年韩国对《公司法》修改的过程中，仍强调政府要引导公司的组织建设和活动经营，在强烈的民族主义思想影响下，有些不切实际地要求企业发展走"大而全"的套路，突出本土化特点。也就是在这期间，浦项钢铁公司（POSCO）、现代造船等韩国企业跃居世界该行业中的第一，也正是这种经济结构和导向，造成了韩国 1997 年的经济金融危机。当时，韩国大企业高负债经营的致命缺陷被彻底揭露，一夜之间形成了国有商业银行的大量呆账、坏账。

1998 年初，韩国政府在申请到国际货币基金组织（IMF）580 亿美元贷款的同时，也受到来自国际货币基金组织要求其进行经济体制改革和公司结构治理的巨大压力，正是在这种背景下，韩国对原《公司法》进行了大量的修改。在本次修改中，强调了正确处理企业效益与发展之间的关系，突出了当前国际上普遍采用的评估股份制企业所使用的方法，修正后的韩国《公司法》主要做了以下几个方面的重大变化。

为了保护债权人的利益不受损害，债权人可对企业经营提出"异议"的期间从原来的两个月缩短为一个月（《商法》第 231 条第 1 款）；为切合实际，不再盲目追求企业股票的大面值，将股票面值从 5 000 韩元降到 100 韩元（《商法》第 329 条第 4 款）；建立新设股份的分立制度，进一步明确产权关系（《商法》第 329 条第 2 款）；将 1996 年证券交易法"股东提案制度"写入新的公司法中（《商法》第 363 条第 2 款）；为少数股权投资者建立请求的权利；引进先进国家股份制公司的"集中投票制度"；建立了董事会成员对个人资产超过 5 亿韩元以上的收入必须进行申报的制度；建立经营人岗位责任制；新成立的公司必须是股份制企业。

汉城分行建立后，经过学习和理解，我对韩国《公司法》又有了新的认识。在韩国新《公司法》的指引下，韩国国家经济状况得到明显改善，企业负债率大大降低，收益逐年增长，被世行和亚行评为亚洲金融危机后经济恢复最快的国家。截至 2003 年末，韩国外汇储备已接近 2 000 亿美元，经济总量超过 6 000 亿美元，国民人均收入达到 13 000 美元，超过了金融危机前的 10 800 美元的水平。

韩国企业结构调整五年来发生的巨大变化突出表现在以下几个方面：大宇公司被分成三个独立的企业，LG 集团与其各行业公司相对独立，集团内企业之间的相互担保没有了市场，三星集团将以发展高科技电子产品为主业；经营不良的银行不能继续得到政府的支持，迫使其进行重组、兼并或向外资银行出售，专业银行逐一被商业银行兼并；中小企业发展迅速，进入过去被大集团企业垄断的行业等。

以上变化不难看出，韩国新的《公司法》引导企业真正做到了向股份制企业的转轨。同时，伴随着"经济增加值"和"风险资本调整回报率"等新的管理理念的引进，使企业效率与效益在较短的时间内均得到改善，或许这就是韩国经济改革中能够取得成功的主因，使"韩国模式"再次成为其他经济转型国家学习、效仿的榜样。

对韩国《商法》的理解

作为银行职员，在国外工作，要熟悉所在国家的《公司法》，《商法》尤甚。包括《银行法》在内的韩国《商法》，其重要的发展阶段应该是从 20 世纪 50 年代朝鲜战争停战后及 60 年代韩国执行五年计划时开始建立和不断完善的。

1945 年第二次世界大战结束后，韩国政府废除了日伪时期的各种法律，最先实施的新法是 1950 年的《韩国银行法》，韩国新的《民法》和《商法大典》也分别于 1958 年和 1962 年颁布，这两部法典基本上是按照德国的《民法》和《商法》为蓝本并结合韩国的具体国情制定。之后，在韩国经济建设腾飞的 30 年里，韩国不断完善国家各种法律法规，1963 年制定了《医疗保险法》，并于 1977 年开始实施，1987 年公布了修正后的《大韩民国宪法》。关于韩国的《商法》，它是在 1961 年颁布的《市场法》

基础上，于 1962 年建立，之后于同年 12 月、1991 年 5 月、1994 年 12 月、1995 年 12 月和 1998 年 12 月修改过五次。我在韩国时，最新的韩国《商法》于 1998 年 12 月在国会通过。

1997 年亚洲金融危机后，韩国的企业发生了频繁的兼并及重组现象，包括商业银行在内的众多韩国企业进行了分立重组。根据时代的发展需要，韩国政府于 1998 年底对原有的《商法》进行了修正，对公司的分立和重组做了大量的法律条款补充。

韩国通过借鉴欧美发达国家的有关法律条款，使韩国的《商法》得到了进一步的完善。这里主要介绍的是韩国《商法》中对兼并重组的有关新规定，因为它对于我们从事银行业的职业人员来讲很重要。

亚洲金融危机后，韩国的商业银行重组较频繁。在韩国商业银行的重组中，出现了以下三种现象：

现象之一是商业银行在短期内发生了频繁的兼并，银行资产快速膨胀，比如"韩一银行"与"韩国商业银行"的合并，合并后的银行起名为"韩汇银行"。一年以后，"韩汇银行"又被"友利集团"收购，改为"韩国友利银行"，由于资产和服务网点方面的优势成为当今韩国第二大的商业银行。

现象之二是专业银行与专业银行合并成商业银行，如韩国"住宅银行"被"国民银行"兼并，成为韩国资产规模最大的商业银行，原专业银行的名称不复存在。

现象之三是开始向外国金融机构出售股权，这种现象初期不能被民族主义极强的韩国民众所接受，当时被描述为政府出卖经济主权，比如"韩国第一银行"被美国的"NEW BRIDGE 资本"的收购谈判由于来自"爱国主义"方面的阻力，经历了两年多的时间才最后签订协议。"德国商业银行"以参股方式加盟"韩国外换银行"又是一例被民族主义强烈的韩国人视为"出卖经济主权"的案例。

以上这些变化，都是在 1998 年修改韩国《商法》的基础上进行的，韩国在分立、兼并、重组上的做法是先立法、后改革，使改革有相应的法律可循。在韩国《商法》的修订中，主要补充了如下内容：

（1）企业分立合并时，必须制定出新设董事会的有关分立的计划报告书，上交政府有关部门审批备案。

（2）新的韩国《商法》要求企业宣布分立后，必须对外发布正式公告，公布相关信息。

（3）以新设立公司名称运营前，必须公布董事会成员的姓名、身份证号码等。

（4）董事会成立后，所有决定必须通过股东大会讨论，并向外界公布董事会章程。

（5）以新设立公司名称运营前，要求先公布计划发行的股份总数和每股金额。

（6）以新设立公司名称运营前，必须公布新增资本及有关财务比率。

（7）以新设立公司名称运营前，要求公布整合后的资产负债表。

（8）新设立的公司对所接收的被合并企业的固定资产须在5年内按照平均折旧法完成折旧。

（9）新设立的公司承继分立后企业的全部权利及义务，由新设立的公司承担被合并公司的全部债务。

（10）分立后的"清算"须在两周内完成，并交法院备案。

外资银行考察团赴大宇汽车参观（前排左起第四为作者）

四、 海外分行筹备进程中的主要工作事项

导读：一家海外分行开业前，很多工作既耗时又耗力，比如，首先要做好分行未来三年经营预测、办公室选址及装修、确定律师事务所及会计师事务所、运营系统选型及搭建、向当地监管机构做解释说明、寻找猎头公司合作等事项。每项工作都需要一个一个地落实，有时候还需要同步开展。我在筹备汉城分行时，由于人手短缺，工作中，不得不临时聘请了一些韩国朋友帮忙，才使得汉城分行各项筹备工作顺利开展。当然，各项工作都必须得到总行的支持。

中国建设银行汉城分行选址经过
（日记片段，2001 年 12 月 7 日，星期五）

一个繁忙的星期即将过去，今天又去看了一个楼宇。说句心里话，在汉城真正找到一个理想的办公地点并不太容易，中国建设银行汉城分行的办公用房选址已经困惑了我 8 个多月。之前，我先后看过江南、江北的六处房子。

虽然我于 2001 年 11 月就已经完成了"关于汉城分行（筹）租用办公用房有关事宜的请示"的报告草稿。在请示报告中，我筹备组推荐租用江北的"金融大厦"，其理由主要有二，一是地理位置极佳、交通便利；二是楼内的世界 500 强企业和金融机构较多，符合外国银行在汉城选址的文化。

汉城金融大厦位于韩国汉城江北区银行集中地区，地处市政府大楼北侧，与原汉城代表处所处的乙支路 1 街距离不远，在钟路街中间位置，是汉城市最新建成的现代化写字楼，现由新加坡政府投资公司收购后经营。

楼内全都是些世界级的大企业和金融机构，比如 SK 电信集团（SK Telecom）、三星证券（Samsung Securities）、教保生命财险公司（Kyobo Life Insurance）、万事达韩国（Master Card International）、美林韩国（Merrill Lynch）、百富勤韩国（BHP Korea）、施罗德韩国（Schroders Korea Ltd）、巴克莱银行汉城分行（Barclays – Korea）、渣打银行汉城分行（Standard Chartered Bank）、道富银行汉城分行（State

Street – Korea）、加拿大道明银行（Toronto – Dominion Bank）、德勤韩国（Deloitte – Korea）以及新加坡驻韩国使馆（Embassy of Singapore）和韩日世界杯组委会（World Cup Committee）等机构。租房者层次高，非常国际化。

我们建议初期分行租用面积够用就行，建议总行批准租用 600 平方米的面积（建筑面积约 1 050 平方米）。我认为，考虑到分行筹备总进度等因素，为了避免不必要的费用支出，我先没有主张立即签约，建议可先与业主签订意向书，在意向书中锁定房价。

下午我到现场看房后发现，我们计划租用的 7 层面积有 366.84 坪，约等于 1 210.57 平方米，使用面积为 214.75 坪，约等于 708.68 平方米。这个面积比我原计划多 100 多平方米，看来我们只能多租用 100 平方米了，这对于分行 BEP（盈亏打平）测算肯定是延长了时间。

通过交谈，我了解了韩国房屋租赁的习惯性做法，租房协议签订后，使用人需要按照面积交付一定的抵押金，分三次交纳，签约后交 30%，交房时交 30%，开始使用时交 40%，租期届满时，如不继续租用，业主将押金退还租户，但不计利息。需要说明的是，汉城金融中心除押金、租金外，物业管理费及其他费用由业主代为收取，由租户负担。所谓其他费用包括了水、电、气、通信、电视等费用。此外，租金和物业费等应交纳增值税，税率为 10%。

业主向我们报了不可讨价还价的租用费，其报价是 89 000 韩元/坪/月，一坪约等于 3.3 平方米，我们如租用金融中心的写字楼的计算价格应是 24.5 美元/平方米/月（不含物业管理费，其价格是每月每坪 3 万 3 千韩元，折每平方米每月 9.09 美元），这就是韩国 A 甲写字楼的行情。

在管理上，我认为金融大厦物业管理水平在韩国应是首屈一指的，这座大楼在今年 5 月总行考察小组实地察看的三座大楼中是最理想的。如果总行批准了我们的请示，汉城分行办公用房年费用为 48.8 万美元，须交给业主的押金为 28.35 万美元。

下一步我将要考虑的事情就是分行的营运系统了，因为运营系统是银行能否安全工作的前提和保障。

元旦前夕，拟向总行报告这些情况。■

汉城分行办公用房筹备

（日记片段，2002 年 12 月 26 日，星期四）

今天，我和总行通了电话，汇报事项还是汉城分行办公用房情况。

海外处的同事告诉我，在汉城分行筹备组报告的基础上，总行以金融机构部的名义给行里起草了签报，总行部门对我们筹备组的工作给予了大力支持和指导，工作很有效率。

起草这个签报的目的是对一些具体工作做出安排与落实，原因是因为未来分行的主要负责人尚未确定，但工作不能耽误。所以，很多事情我必须逐一进行处理，否则分行不能按照计划的时间开业。

筹备组报告的第一项内容是"关于未来汉城分行办公用房的租用楼层和面积发生变化事宜"。

由于汉城金融中心大厦可租的第 7 层和第 4 层面积均为 1 200 平方米，使用面积为 700 平方米，如我行按照原定方案租用 1 050 平方米，则单独剩下的 150 平方米今后难以出租，房东不大可能照此分割出租，即使同意，其价格也会较高。另外，未来汉城分行的贸易结算业务比较重要，需要较大面积的作业厅，同时考虑到为分行发展预留一定空间，我筹备组建议租用汉城金融中心大厦第 7 层现有的 1 210 平方米作办公室，比总行原核定的面积多出 100 多平方米，所以需要请示总行批准。

报告的第二项内容是"租期问题"。考虑到当前汉城地产价格处于上升阶段，为避免房租价格波动导致分行经营成本难以控制，筹备组建议租房合同期限定为 3 年。

第三是关于"签约时间"。我综合考虑了汉城分行的筹备进度，建议在 2003 年 1 月上旬签订租房意向书，然后抓紧与对方进行商务条款谈判，争取更优惠的租赁条件。拟于 2003 年 1 月底正式签约，预计 3 月份可起租，减去 2 个月的装修时间，5 月份我们可以搬入新址办公，这样与代表处的房子到期时间相吻合，规避了在一段时间内支付两处房租的费用。

第四项请示内容是"关于签约授权问题"。为了提高工作效率，请总行在未来分行主要经营人确定前，由总行授权我以汉城代表处首席代表名义与房主签约，待分行未来经营人确定后，再补充相关文件。

同时，为了保证各项工作的进展，我建议总行在租房合同生效后，拨付办公用房的抵押金、年租金等费用，共计 54 万美元。这笔费用不进入代表处账目，直接进入分行筹备专项账户进行分账管理，做到专款专用，规范管理。■

办公室用房租赁合同签约

（日记片段，2003 年 1 月 6 日，星期一）

　　由于总行难以按时确定汉城分行主要负责人，其来韩国到任的时间更是难以确定，而汉城分行的筹备工作又不能停下来。在 2002 年底，经总行特批，由我代表中国建设银行与业主签订了房屋租赁合同。至此，除了分行工作人员没有招聘外，一切开业准备就绪。这些工作经历为我积累了筹备海外分行的实战经验。

　　大厦的租赁合同非常复杂，共有 28 个大项条款（Chapter），4 个附件。合同中，对合同用词定义（Definitions and Interpretation）、租赁责任义务与限制（Assignment of Rights and Sub – lease, Demised Premises & Compliance with Management Regulations）、租金支付条件与要求（Date of Monthly Pay & Payment Currency）、抵押金（Security Deposit）、损坏赔偿（Compensation for Damage）、月支付租金及维护费等（Payment of Monthly Rent, Maintenance Fee and Other Expenses）、设备保护及维护费（Obligation of Management and Maintenance & Renovation or Re – construction）、安保管理（Security Management）、税收约定（Expenses and Taxes）、争议诉讼（Governing Law and Jurisdiction）、租赁期限（Termination of Lease）等逐一进行了描述。虽然我第一专业学的是法律，但还是用了整整三天的时间对上述条款进行了认真研阅，以确保建设银行利益不受任何损失。

　　计划经过三个多月的精心装修，2003 年 5 月，代表处搬入新址办公，因为行长明确要求我们汉城分行必须在当年的 10 月 1 日前开业。

　　至此，汉城分行除了大批人员没有招聘外，其他准备工作全部就绪。■

五、 外资银行在韩设立分行的业务数据要求及对系统的要求

> 导读：建立一家商业银行的海外分行或其他经营性机构，向当地监管机构提交申请前，主要有两方面的工作。首先要做的是规范财务报表的提供。在韩国，外资银行申请分行牌照时需要提供其海外经营性机构的网点，因为这是标志一家银行是否走向国际化的标准，对于申请行的资产负债和损益表是必须提供的。另一个重要的工作就是系统选型，因为系统建设是商业银行开展各项业务的前提。在韩国，这项工作的验收检查由韩国金融监督院负责。

外资银行在韩设立分行的业务数据要求

早在 2002 年 12 月，为我们提供服务的韩国律师事务所尹永圭律师就给了我一份编号为"OurRef. No. KG01"－102 的备忘录，对于我们正式递交申请提供了帮助。

主要要求外国银行法人代表的资料、监管人（Compliance Officer）的资料、母国的经营执照、总行高管层人员履历、近三年财务报表、近三年 BIS 比率、分行运营计划书、建设银行国际业务经营情况及海外分行情况、近三年资产负债表、申请银行所在国家与韩国的经贸关系和贸易量、分行筹备计划、分行内部组织架构等。其中，对外资银行在韩国设立分行的发展战略需要进行详细描述，比如，批发业务、零售业务、外汇业务、支付保障等都需要说明或解释。

对于上述要求，我认为外资银行需要提供海外经营网点是标志一家银行是否走向国际化的标准，对于申请行的资产负债和损益表是必须提供的，至于未来外国在韩分行经营战略和业务定位纯属走形式。因为经营过程中最主要的因素被"韩国政府"忽略了，那就是对外资银行分行主要经营人的上任审核和离任审核及处理建议。

　　韩国对外国在韩分行（支行）也有一些具体事项及要求。首先，这家分行要有符合条件的经营场所、足够的营运资本金、有效的组织架构、业务运营体系和监管规章制度。外国分行的经营计划需要事先得到认可，有关报表必须用当地语言和英文报送监管部门。在最低资本金要求方面，韩国沿用了 20 多年前的法律，即最低资本金是 250 万美元，但实际上这条法律要求早就被现实提高，现在新成立的外资银行资本金都在 3 000 万美元以上，放大了 10 多倍。

　　此外，还有一些特别要求，比如：每 15 名员工就需要聘用一名政府需要帮助解决的特殊人员等。韩国对银行的系统要求也非常高，也就是说，外国银行的系统必须报送韩国监管部门备案。为了准备建设银行汉城分行的系统，从安装、测试到培训后的上线试运营，我整整花了一年的时间参与该项工作。

　　汉城分行与其他海外分行不同，比别人多一种语言的财务报表。在韩国，建设银行汉城分行需要准备三份报表上报有关部门，一份中文的，一份英文的，还有一份就是韩文的报表。

在韩国设立分行对系统的要求

　　系统是银行提供服务的中枢神经，在分行开业前必须先搭建好系统平台。2003 年 1 月 13 日，我来到位于汉城金融中心大厦的分行新办公室，检查办公室装修，下一步就是系统建模阶段。在韩国，这项工作的验收检查由韩国金融监督院负责。

　　系统建设是金融系统开展各项业务的前提。为此，在筹备汉城分行的时候，我在系统搭建方面花去了大量的时间，根据总行的统一要求，我们选择了英国一家公司的 URBIS 系统。

　　下午，我与韩国金融监督院管理外资银行计算机（系统）方面的官员进行了深入会谈，会谈比我计划的时间多了 1 个小时，整个下午我都在他们的办公室里工作。

　　韩国有关当局对银行计算机安保要求规范且严格，要求我填写的表格包括十项内容：①业务名称；②预定投入使用日期；③系统概要描述；④

适用业务内容；⑤业务处理步骤；⑥使用系统厂商介绍；⑦系统及网络架构图；⑧管理规则/规定；⑨保护措施；⑩负责人及联系方式。

除了上述正式表格外，附件的要求也很详细，要求我们提供"事业目的和推进计划"、"技术提案设计书"、"信息通信架构图"、"具体的安保措施"、"安保组织架构"、"终端、客户信息保密"、"紧急情况应对方案"、"系统业务流程设计"、"密押合同"等。

按照《金融机构机房安保审议标准》，在韩国新开办的银行必须按照规定的时间内书面完成以下两项内容：第一，银行需要将机房的位置、业务流程、组织架构及管理守则等提交韩国有关管理部门；第二，银行必须要满足政府监管部门对银行系统的检查，这种检查包括设备检查、运行程序检查、安保检查、人员配置检查、信息检查和抗灾检查等。通过工作，我发现亚洲金融危机后的韩国政府把对银行的稳健运营看得是何等重要。

在我国，央行有大额支付转账系统和小额支付转账系统，由央行运作。而韩国央行——韩国银行直接运营的支付转账系统叫 RTGS 系统，电子零售支付的运营系统运营则委托给了 KFTC（韩国金融电信与清算协会），实行专业化管理后，形成了专业专注式的管理，降低了风险。

韩国的货币市场由 CP（商业票据）、TBS（国库券）、RPS（回购协议）、CDS（大额可转让存单）、MSBS（货币稳定债券）等组成了大范围短期金融市场，拆借市场属于银行同业市场，TBS、MSB、CDS 、RPS、CP 等都是通过公开市场交易，所有国债（BOND）和企业债（DEBENTURE）都是通过 ROK－Wire 政府与公共债券系统发行，再参与韩国银行往来账户科目进行结算。前面提到的支付转账系统 RTGS 叫"实时全额结算"系统，而 ROK－ Wire 则是一种"大额实时全额结算"系统，负载能力强、高效准确。

六、 如何做海外分行三年盈亏测算

　　导读：建设银行汉城分行是在总行的领导下，在总行各个部门的大力支持下，在经历了四年多的风风雨雨后才换来的成果，来之非常不易。作为筹备期间的负责人，我对这家海外分行有着特殊的感情。在筹备期间，花费我精力最多的是三年盈亏测算报告。

三年盈亏测算报告

　　建立商业银行海外经营性机构，最先要做的工作是对未来三年经营做出测算，也就是做一个 BEP 分析表。这个表的用途有三个，用途一是向总行计财部报送，请总行核准；用途二是向韩国金融监督院申报，请求批准；用途三是为未来经营机构实际经营作参考。

　　2002 年 12 月，作为中国建设银行汉城代表处升格为汉城分行筹备组的负责人，我在 1998 年、2001 年对汉城分行所做的"未来三年盈亏测算表"的基础上，根据总行要求，与安永韩国再次对经营分析进行了测算。

　　我们测算的内容主要是在一种财务假设的情况下做出的，因为分行开业时，市场肯定与测算时不一样，尤其是汇率波动较大的韩元。到时候必须要根据当时的汇率变动、总行拨付资本金的总量以及分行业务分布的具体情况安排，再做出具体的调整，但这种调整应该在可控的范围内。

　　该项工作具体包括：资产与资产组合构成、有形资产与无形资产的投资分析、人力资源组织构架、信贷风险管理、外汇风险管理、年度经营损益分析、收入来源分析、税收支出分析及分行经营支出估算等。至于分行的系统搭建，将单独另报韩国金融监督管理部门。

　　假定建设银行汉城分行资本金为 5 000 万美元，总行分两次拨付给分行。在 2003 年底，建设银行汉城分行经营 12 个月后的总资产应为 974 亿韩元，实际上这个测算只是为了申报使用。

　　除了对三年盈亏的测算外，筹备一家海外分行，前期还有很多工作需要做。为了对感兴趣的读者有所帮助，我将我在海外工作时，对设立一家分行需要做的工作用报表形式在附件中做了描述，因为在海外通用工作语言是英文，使用汉字不贴切，但为了区分报表，我对报表名称用中文进行了描述（参考附录2：2001年我对当地外资银行情况做的调查和对××银行汉城分行经营做的假设）。

这个BEP测算是一个比较保守的测算，目的是为了较好地把握分行运营，管理好风险。但如果激进些，做到一年亏、二年平、三年盈利应该不成问题，关键是要尽量减少分行的管理成本。

当然，努力在前两年将资产做到5亿美元也是有可能的。这种做法账面上肯定会在最短的时间内出现盈利，但四年一届任期后，分行经营肯定会出现空洞。而且，这种亏损未来十年也难以赚回，总行只有对前期亏损进行加速核销，同时还要追加资本金，才能使汉城分行不被韩国金融监管当局摘牌。

讨论 "汉城分行三年营业计划"
（日记片段，2003年2月19日，星期三）

今天，我又看了一下分行三年盈亏测算报告。我认为对于设计目标的实现，将取决于很多因素，第一是开业后市场需求的变化，第二是韩国经济恢复后的汇率变化，更重要的是未来分行经营人的指导思想和经营模式以及管理企业的文化等。

汉城分行是在总行的领导下、在总行各个部门的大力支持下，是在经历了四年多的风风雨雨后才换来的成果，来之非常不易。作为筹备期间的负责人，我对这家海外分行有着特殊的感情。在筹备期间，花费我精力最多的是三年盈亏测算报告。

在分行正式开业的三年前，根据韩国的经济情况及外资银行在韩实际经营状况，我每年都做出一个"三年盈亏测算表"，努力做到向有关部门报送一个最可行的计划。在这里，考虑到商业保密原则，我只能将我最初做的一个模拟测算表做一说明和解释，目的是为中国的银行人在对海外经营性机构做测算时，提供一个较切合实际的参考。

当年，在做汉城分行"三年盈亏测算（BEP）"时，我先后做过多个版本。从2001年11月至2002年8月，我到位于汉城江南的会计师事务所和律师事务所，多次讨论了"汉城分行三年营业计划"。

参考其他在韩外资银行的实际经营情况，我与会计师事务所及律师所的专家们对汉城分行的业务发展讨论过无数次，研究了外资银行在韩经营的规律后，我提出了"一年亏、二年平、三年盈（利）"的思路，得到了外部合作机构的认同。最后，我们确定了稳妥的业务发展规划，第一年资产规模应控制在1亿美元以内。

我们这家分行的主要业务包括贸易融资、贷款、同业拆借、信用证相关业务、证券投资等。分行拟设立会计、信用证、结算、综合、IT、客户服务、贷款营销与管理、资金交易室等部门。

初期，上述部门可根据业务特点，进行合并设置。头三年的职员总数分别计划为20人、23人和29人。向总行申请的营运资金分别是2 000万美元、2 000万美元和5 000万美元，资产规模分别是974亿韩元（8 855万美元）、2 227亿韩元（2.2亿美元）和3 080亿韩元（2.8亿美元），税后净利润分别是 −6.42亿韩元（−58.36万美元）、16.06亿韩元（118.73万美元）和32.52亿韩元（295.64万美元）。设计前提是假设1美元＝1 100韩元，资产收益率分别是 −0.66%、0.586%和1.056%，资本回报率分别是 −2.92%、5.96%和5.91%。■

七、 在韩国与事务所合作的感受

导读：企业文化就像个人性格，某种性格会成就一个人的事业，给股东（投资人）带来可观的回报，但同时也会毁掉一个人的前途，给股东（投资人）造成损失。企业文化中最重要的一环是领导这个企业的管理者的经营管理理念，即如何按照发展战略去实现设定的目标，如何建立学习型的企业文化，如何维护好客户关系等。在建设银行汉城分行筹备期间，我通过与会计师事务所、律师事务所的合作，从中悟出并深刻理解了建立优秀企业文化的重要性。

寻找会计师事务所感受

在汉城分行筹备过程中，我选择了安永会计师事务所（Ernst & Young）的韩国机构为我们提供服务，在选择过程中，我有机会全面了解了四大所的情况。

2002 年美国"安然"事件后，"安达信"会计师事务所暴露出的急功近利、行业道德等问题使其生命终止、标识不复存在，世界著名的"五大会计师事务所"变成了"四大会计师行"的新格局。

有人曾把安达信的结局描述为，"企业文化就像个人性格，某种性格会成就一个人的事业，但同时也会毁掉这个人的前途。"

全球业内人士在经历了"安达信事件"后，好像突然从醉梦中清醒，认识到金融企业的文化培育会对其长期稳定发展起到决定性的作用，越来越多的人士开始研究良好企业文化的建立。

"普华永道"的英文名称为"Price Waterhouse Coopers"，创建于两个世纪前，是全球最早的会计师事务所之一。在本世纪初，"普华永道"如同经历了多年发展、身经百战、汇集了众多支流后的"一条大河"，一跃成为世界会计师行业"四大河流"的"亚马逊"。2001 年，"普华永道"全球雇员就突破 15 万人，总收入达到 231 亿美元，变成了行业的龙头老大。

"普华永道"非常注意员工的职业教育和岗位培训工作，新入所的员工第一年的主要工作就是接受有计划的系统训练。针对不同层次的员工，公司为他们设计了不同的培训课程，帮助他们尽快熟悉业务并能通过注册会计师考试。对于"老员工"，"普华永道"也为其制定了职业发展规划，分阶段设计工作培训目标，以达到知识更新、提高技能之目的。由此来看，"普华永道"价值观的核心是"促进学习、提供机遇、鼓励职员迎接新的挑战"。有一位"普华永道"的员工发自内心地对朋友说："在'普华永道'你永远不会停止学习"，这就是"普华永道"长期以来培育的企业文化，它形成了员工与企业共发展的良好的"人生价值观"。

"客户至上"、"以人为本"是"安永"会计师事务所企业文化的精髓。作为我行筹备韩国汉城分行的合作方。"安永"的工作人员给我留下了深刻的印象。韩国"安永"工作人员主要来自留学欧美国家学成回国人员及韩国的三大院校——汉城大学、延世大学和高丽大学。因为，韩国高校的办学形式与我国不同，没有专门设立的财经院校，各综合院校的经济专业涵盖了财经、金融专业的全部课程。

通过与"安永"韩国工作人员一道工作，我感受到了国际一流会计师事务所的企业文化的内在魅力。每当我们共同工作时，他们的敬业精神都让我感动，我体会到了什么才叫做"以人为本"（A People First）。当我们因工作原因一起加班时，韩籍工作人员的上级经常打来电话关心他们的工作进度及合作中可能遇到的问题，这种无微不至的关怀，既给他们注入了动力，也体现出客户至上的"安永之声"。

"毕马威"英文缩写成"KPMG"，这家会计师事务所内部上下突出了视客户为上帝的企业文化。"毕马威"总是时刻教育自己的雇员"要想客户之所想、急客户之所急"，鼓励员工运用不断更新的专业知识，通过产品和服务创新，为事务所创造价值。

在"毕马威"，他们把与客户建立良好的关系视为首要工作。为了能够留住客户，事务所与客户打交道最频繁的高级经理们大部分时间都花在与客户的沟通上，他们的这种沟通分定期形式与不定期形式。通过沟通，高级经理们第一时间就能了解到客户的需求变化，然后立即修正服务模式，这些做法在客户面前充分体现了国际一流会计师事务所员工精湛的技能，长期以来，它赢得了包括全球 500 强在内的众多企业的信赖与长期稳定的合作。可以说，具备最新知识的"毕马威"员工是企业经营成功的关键，用"毕马威"高管人士的话说，"复合型人才队伍是 KPMG 最宝贵的'资产'"。

"德勤"会计师事务所的名字来源于英国人＋法国人＋日本人，这三个老外的名字英文拼写为"Deloitte ＋ Touche ＋ Tohmatsu"，翻译成中文为"塔齐＋德勤＋等松"。如果用带有文学色彩的语言，可将其描述为"绅士风度的英国人＋浪漫情调的法国人＋谦虚谨慎的日本人"的组合。

在"德勤"，多元的文化建设使其自成立之初就朝着国际化方向发展，形成了独一无二的企业文化。长期以来，企业文化的维护被视为"德勤"的"生命线"，历届高管都非常重视。我从一些研究资料中发现，"德勤"的企业文化贯穿于团队的价值观。如果说，团结合作是其经营成功的原因所在，那么，注重培训则是"德勤"成功的基础。

"德勤"有自己的培训中心，当新员工一入所，首先开始的工作就是接受人力资源部安排的统一培训，培训内容结合你即将进入的岗位而设定，比如，一级员工班、二级审计师班、审计经理助理班、高级审计经理班和高级经理班等。据说，"德勤"还有一个内部员工网络"KNET"，企业长达 100 多年的研究成果都能从里面搜索到，一位在"德勤"就职的朋友告诉我说："一个人若要读完里面的全部内容，需要花 200 年的时间"，可想而知，这是一个容量巨大的企业文化资产库。

通过与会计师事务所的接触，我从中学到了很多东西，发现了其共同的特点，那就是大多从业人员能够做到待人诚实有信，低调务实地做事，这个行业的领导重视员工的技能培训，并自始至终地鼓励他们终生学习。

寻找律师事务所体验一

在 2002 年 12 月，通过好友太平洋律师事务所的金钟吉先生介绍，我走访过汉城的几家律师事务所，得到的说法基本上是一致的。

我与金先生是在 1996 年认识的，他曾在北京大学读过研究生，对中国很友好。

律师事务所告诉我外资银行在韩国设立分行时，需要得到韩国金融监督委员会的批准。外资银行在韩国新设分行的被认可条件包括对总行的要求和对分行的要求。

总行需要准备的材料主要有四项：①要有本国监管机构同意在韩国设立分行的批件；②经公证后的银行经营执照；③近三年的资产负债表、BIS比率等报表；④有关在其他国家开办分行的历史记录，具有对海外分行整体管理的能力等。

对于筹备中的汉城分行，明确提出了五项要求：①最低资本金要求、有效的组织架构；②符合韩国监管部门要求的业务范围、营业计划、营业场所及计算机系统；③建立风险管理委员会、内控信贷审查委员会等机构；④三年盈亏计划；⑤全行子公司信息等。

寻找律师事务所体验二
（日记片段，2002 年 12 月 10 日，星期二）

上午根据韩国金融监督委员会的要求，我专程就设立分行事宜走访了这个政府机构。

下午回到办公室后，参考外资银行及中资同业申请在韩国开设分行的做法，我起草了聘请法律顾问的请示报告草稿。

我们计划聘请的律师事务所是汉城地平律师事务所（Horizon Law Group），这家事务所位于汉城市江南区大峙洞东邦大厦 10 层。

之前，我已经与这家律师事务所进行过多次商谈，根据商谈结果，地平律师事务所将向建设银行提供以下服务：①准备向韩国有关当局提交设立经营性分支机构的申请书；②准备、负责翻译与申请书有关的材料；③与韩国金融监督委员会交涉，负责递交申请书；④向建设银行解释与设立分行的有关当地法规；⑤审阅建设银行汉城分行办公室租赁协议并提出建议等。

根据上述①~⑤项服务，建设银行向地平律师事务所支付 3.5 万美元的服务费，分三期付款。根据韩国律师服务行业的惯例，第一次应付款 1.15 万美元，需在签订协议后的 15 天内（含节假日）支付；第二次付款 1.15 万美元，在向韩国政府部门提交申请后的 15 天内支付；其余款项共计 1.2 万美元，在建设银行设立分行的申请获得当地批准后 15 天内支付。

关于其他服务费（Out – of – pocket expense），除第①、②项费用外，还需支付他们为建设银行提供法律服务中发生的有关费用。后面经过艰苦谈判，将上限锁定为 2 000 美元。

从上述情况看，韩国的律师服务收费科目与标准类似美国同业的做法，但他们能否达到美国专业律师事务所的服务水平，还要有待在工作中进行检验。但不管怎么说，根据我在韩国工作 6 年多的经验与教训，聘请律师事务所是必需的，可避免未来工作中可能引起的法律纠纷。■

寻找律师事务所体验三

（日记片段，2002 年 12 月 30 日，星期一）

根据行领导"春节前递交申请，年内尽早开业"的指示精神。今天，我得到总行主管部门金融机构业务部的同意，下午我与汉城地平律师事务所的合伙人姜律师（Kang Kum Sil）对其服务合同及人员落实等事项进行了确认。沟通内容主要包括五项，即地平律师事务所提供法律服务的内容（Legal Service Scope），收费标准（Fee），解除合同条件（Term），保密条款（Confidentiality）及合同使用语言（Language）等。

韩国律师事务所的服务及收费，完全按照国际标准执行。在合同附件中，汉城地平律师事务所将其服务团队人员的职责与收费标准向我做了详细的说明。由申银素律师负责总协调，每小时收费 300 美元。李炳瑞律师负责法律文件起草和准备，每小时收费 200 美元。尹永圭律师、黄胜华律师负责会议安排和法律文件审核等事项，每小时分别收费 180 美元、160 美元。文素荷律师负责法律文本的英文翻译，每小时收费 200 美元。金盛子、崔桢植负责日常与我行联络工作，每人每小时收费 100 美元。

关于上述报价，我向事务所提出了我行的要求，首先必须保证服务质量，其次我强调市场价格应该结合工作结果再进行确定，但最高付款额限定在 5 000 美元以内。

回到办公室后，按照行内"一事一报"的原则，我给总行起草了"关于汉城分行筹备过程中聘请法律顾问有关事宜的请示"，获得总行批准后，希望新年后与其签订委托书。■

八、 怎样经营好海外分行

导读：在海外分行的经营过程中，经营人必须要有责任感。其中最重要的一条就是要解决好短期利益与分行长期稳定发展之间的关系，否则这家海外分行日后带来的麻烦将会一个接着一个地出现在总行行长的办公桌前。

经营海外分行需要注意的事项

过去，中资银行海外分行出现大额坏账、巨额风险敞口的案例举不胜举。这些说明两点：第一是经营人的问题，第二是总行对其当期考核奖励及问责制度缺失的问题。

对于经营中的短期行为与长期稳定发展这个话题，我始终坚持长期发展思维应在管理人的头脑中占首要位置，任何急功近利的做法，对于海外分行的未来发展都是有百害而无一利。实践证明，经营人如果仅靠短期内通过资产快速膨胀，取得账面利润的做法是非常危险的。

通常，一家新建立的海外分行，前三年的利润多为"账面盈利"，不能被视为企业的真正利润。在分行资产构成前，如果管理层对每一笔贷款的风险判断不准确，该笔资产日后形成的不良肯定就会浮出水面。经营中如果对风险估计不足，在前期分行经营的资产池中，出现坏账的可能性就会非常得大，分行前三年的"账面盈利"很可能会被日后暴露出的一笔坏账彻底冲掉。

假设一家分行前三年总资产上升到 10 亿美元，单笔贷款平均金额为 2 000 万美元。假设分行资本金为 4 000 万美元，年"账面盈利"分别为 20 万美元、200 万美元和 400 万美元，三年后累计利润为 620 万美元，如果日后出现一笔坏账，不但会彻底地将前期"账面盈利"冲掉，对后三年的经营也将会造成极大的压力。

根据韩国监管部门的要求，外资在韩分行必须将核定的坏账剥离，总行则必须追加资本金，才能使这家亏损的海外分行继续经营下去。因此说，前期账面利润不但不能被视为利润，对于造成损失的经营人，总行还必须要进行对其追责。2004年第四季度，我突然被调回总行工作，离开了我用多年心血浇注的汉城分行，心里还真有点舍不得。但我深信上帝是公平的，他在关闭一扇门的同时，也为你打开了另一扇窗。所以，我对一些事并不抱怨，认真思考回到总行后的工作安排，因为那时建设银行正在准备上市。

离开汉城分行回国后，2005年4月的一天，国际业务部请我参加会议，对汉城分行资产规模膨胀过快的问题进行了分析。分析得出结果，必须控制汉城分行的资产过快膨胀，防止急功近利。分析报告是这样做出结论的：截至2005年第一季度末，汉城分行的资产规模已达到5.42亿美元，在开业一年内达到如此高的规模，存在一定的风险。而同期，建设银行新加坡分行的资产为5.03亿美元，可新加坡分行比汉城分行早成立8年多。如果再拿出其他财务指标进行比较分析，比如ROA、税前利润、成本收入比等，汉城分行都不如新加坡分行。

不知是文化原因还是习惯性做法，我们东亚国家包括银行在内的企业，在监管上通常都是"事后"发现问题才处理，而世界上管理先进的银行都是在"事前"做好准备，"事中"发现问题后做出及时调整，而我们以前"事后"处理的模式常令总行很被动，这次总行国际业务部把工作做在了"事前"。

我认为，要想使我们的银行企业在跨国经营中不断发展，第一，国有商业银行就要彻底摆脱行政机关式的经营管理模式，向股份制商业银行学习，制定出以市场为导向且相对稳定的海外经营发展战略，明确目标，并努力去实现。第二，银行内部各级干部对银行企业的发展要有责任心，外派人员对待工作必须要有勇于奉献的精神，愿为银行的跨国经营做出尝试与努力。第三，干部队伍的视野必须开阔、知识必须不断更新，不断提高管理能力。

当然，要想经营好一家商业银行的境外分行，在经营中还应注意一些问题的研究和探讨。第一，由于银行跨国经营要广泛接触各类金融产品，海外分行的资产组合要做到相对合理才能在竞争中站稳脚跟、使业务保持稳步增长，取得比较优势。第二，只有经营广泛的金融业务和对产品持续创新，才能不断增加海外分行的收入，同时达到分散经营风险的目的。各总行在海外分行成立初期，要多给予政策支持和合理的资金供给。第三，当海外分行走过两年的发展道路后，应对其经营业绩按照国际惯例进行评估，比如，使用 ROA、ROE、SVA、RAROC 和 EVA 等比率进行比较研究，特别是与外资同业、中资同业在当地的经营情况进行比较分析，找出一条健康发展的道路。第四，经营好海外分行还必须做到时刻关注东道国的信用风险、系统风险、国家主权风险、地区政治风险、转移风险、汇率风险、利率风险等，在经营中把握好流动性，避免业务操作风险等。应注意到国外经营与当地竞争对手相比，我们将面临一定的附加成本，这些成本是由于文化、法律、制度和语言差别，缺少当地市场知识所引起的，我们从思想上、心理上必须要有所准备。

现代企业会计制度

（日记片段，2004 年 7 月 26 日，星期一）

今天，我主持分行有关部门研究韩国的会计制度，我发现，韩国的企业会计制度的更改与完善步伐几乎与世界发达国家同步。在韩国的现代企业会计管理中，更强调了"货币的价值"、"公司价值"、"结账分录"、"现金"及"现金流量表"等，从这些会计内容中，更能直观地看到企业经营的实际状况。而在国内，强调的还是资产规模。

货币的时间价值指什么？

在财务管理中，针对回报而言对现金流的测算虽然重要，但得到现金流的时点更显重要。因为获得现金流的时间和现金的多少决定了公司的价值。

人们可能听到过这样的表述，"今天的一英镑比明天的一英镑要值钱"。如果人们有两种选择，一种是现在可得到 100 英镑，另一种是一年后才能得到 100 英镑，相信多数人会选择前者。因为现在拿到就能进行投资，假设利率为 10%，现在的100 英镑在一年后就将变成 110 英镑。绝大多数人会做出钱早到手比晚到手的选择，同时还会做使钱晚些出手比早出手的选择。因为人们都比较现实，或者可以说是人们的直觉，认为钱有时间价值。

在未来某天，一年或两年后现金才能进账要比现在就能获得等值的现金缺少价值。道理非常简单，现在得到现金你可进行其他投资，随之又能产生新的现金流。再不行还可将这笔钱存起来，获取利息，增加其未来值。这就是与投资现金流密切相关的机会成本的概念，因为可替换的投资机会总是存在的。

何为公司价值？

当今所谈到的财务管理，说到底是一种价值的体现。强调了财务管理的驱动因素是为了创造价值，管理的最终目的也是通过商务投资活动中价值的增长为股东创造财富。所有财务决定都将围绕这个目的开展工作。

在做出投资和财务决定时，当没有对企业的现金流、期限及风险分析前，财务经理就不可能清楚地了解它将对股东价值产生怎样的影响，也不可能为股东创造价值。一旦做出投资和财务决定，就应在企业价值上反映出增加。对于上市公司来说，股东期望看到公司在市场上股价的增加而使其财富得到增长。上市公司股东价值的最大化是指长期股价能反映出公司市场价值的最大化，每个时点的股东财富是通过市场股价进行计算的。公司的市场价值可用下列等式表示：

$$MV = MVd + MVe$$

MV 是整个公司的市场价值，MVe 指市场股权（股东资本）的价值，MVd 是市场负债（政府债券和企业债券）的价值。这是建立在全部负债和股权通过金融市场上进行规范交易的前提下的。

结账分录非常重要。

负债表被称为是实账户或永久性账户，因为它们在会计期末不被结平至零。

相反，利润表账户被称为是名义账户或临时性账户，这些利润表账户是收益与费用账户，实际上就是业主权益的子账户。收益增加业主权益，费用减少业主权益。这些账户是用来在每期分类汇集收益与费用的信息。在期末，当它们完成了分类、积累等功能，它们每个账户的余额将结转至一个称为"损益汇总"（即当年利润）的账户中，然后结出净利润或净亏损，并将净利润或净亏损从本年度利润转入业主权益。这个结转过程称为结账分录。它将名义账户结为零，使它们为下一期重新使用做好准备。

如今"现金"的内容早已扩大。

现金是会计报表中最活跃的项目。它涉及绝大多数经营业务，这与现金的本质有关。因为它是交换的媒介，而且在会计实务中是用于计量的单位。

现金包括硬币、纸币和一些特别的、正式的、可被银行接受的作为存款的文件（如：可转让的已经背书的票据）。但应注意，仅是那些随时到期的正式票据才被归类为现金。所以，银行汇票、现金支票、保付票据（本票）和普通支票构成了会计意义上的现金。在商业银行定期存款账上的存款，若能随时使用，也应视做现金。备用金和企业各部门手中掌管的现金也应归类为现金，因为它们通常是为解决日常经营支出或归还流动负债。

现金流量表是检查企业经营状况的最直接的报表。

现金流量表的作用是给报表使用人提供一些没有在资产负债表、利润表和利润分配表中反映的财务信息。那是一些关于企业在会计期间现金及现金等价物的流入及流出的信息。这些信息可帮助报表使用人理解并评价企业生产现金与现金等价物的能力，并预告企业未来的现金流量。

现金流量指的是企业现金与现金等价物的流入流出。现金流量可分为三类：①经营活动的现金流量（CFFO）；②投资活动的现金流量（CFFI）；③融资活动的现金流量（CFFF）。

会后，我对上述管理内容进行了归纳，把这些分析与理解写入了工作日记，以便指导日后的工作。■

九、 我的三任秘书

导读：从 1996 年 4 月到韩国上任至 2004 年 10 月离任，在韩国工作的 9 个年头里，共有三位秘书与我一起共事，她们都是土生土长的韩国人，这三个韩国女孩子分别是朴实无华的郑慧贤、认真内秀的金贤贞和具有灵气的张贤帧。

朴实无华的第一位秘书小郑

我的三位秘书在工作中都十分努力，在生活上都比较成熟，不像中国同龄的女孩子，总是带着孩子气。比如在汉城当我一人生病时，她们都给过我很多的关照，让我体会到了韩国女性的贤惠。她们和多次去韩国探亲的我妻子和女儿也非常熟悉，我女儿在韩国延喜洞的美制国际高中毕业后，到北美去读大学，每次回北京都告诉我，她与她们一直保持着联系，她们之间成了很好的朋友。

第一位秘书小郑和我一起工作了近一年，小郑自学成才，是前任首席代表处老夏时期的秘书。她的丈夫是 1986 年汉城亚运会轻量级拳击冠军，身高 1.93 米，两口子和我相处得很好。

1996 年 8 月，我们从江北别墅驻地搬到江南公寓时，为了省一些钱，我们很多箱子都是自己从山上扛下来的，我自认为曾在山西插队时扛过 200 斤重的麻袋，这些对于我来讲不是个问题。可我没有想到，在就要搬完山上的箱子时，我的腰部不慎扭伤，整个人动弹不得。小郑得知后，晚上和她丈夫一起来到我居住的公寓，先是帮助我做好晚饭，然后让我躺在垫子上，由她的丈夫帮助我按摩。第二天，我的腰扭伤有了明显好转。事后，我请她两口子吃饭，当我问到她先生的按摩技术是从哪里学的时，她骄傲地告诉我说，从韩国国家队队医那里。呵呵……我着实体验了一把韩国国家级运动员队医的按摩手法。

1996 年 12 月，小郑因其婆婆催促其尽早传宗接代，不情愿地离职回家做了专职家庭主妇，为了表达谢意和我与她两口子的友谊，我到乐天百货商场为他们买了两份厚礼，送给小郑和她的丈夫。

其实，小郑是我的前任老夏在任时招聘的秘书，在韩中建交初期，小郑靠自学中文成才，加上她与一期代表处我们的人的频繁接触，能说较流利的汉语，很是让人佩服。

认真内秀的第二任秘书金贤贞

小郑走后，我共面试了三位韩国女秘书候选人，最后选定了毕业于韩国外国语大学的金贤贞。

金贤贞与小郑相比，虽长相一般，但她的心细体现了典型的东方女性特征，她在大学的成绩单上，各科成绩优良，是个才女。通过与小金四年多的朝夕相处，我了解了韩国外国语大学。

在韩国，外国语大学是一所以教授外国语及外国文化为主的新型大学，成立于 1954 年，主校区位于汉城（今首尔）的东大门区，乘坐地铁 15 分钟左右就能到达。

外国语大学在韩国是教授外国语的唯一高等学府。在韩国的外资企业都聘用了该校毕业生。外国语大学成立最初期只有 5 个系，它们分别是汉语系、英语系、法语系、德语系和俄语系。如今，韩国外国语大学已经发展为一所具有人文科学、社会科学、外语、外贸、经济等专业在内的知名综合类高校。外国语大学外语教育中心是韩国唯一一个能够提供 26 种语言教学的高校机构，包括德语系、拉丁语系、斯拉夫语系、亚洲语系、非洲语系和阿拉伯语系等。

1963 年以来，外国语大学同美国伯克利大学、日本京都大学等 51 个国家 107 所大学签订了学术交流协议，并进行了学生互换。这个时期是它将世界融进校园的世界化过程。1979 年，外国语大学再次扩充专业设计，院系扩展到各个领域。

在韩国人眼中，韩国外国语大学是一个融世界语言文化的小地球。独具的教育系统使得只要步入韩国外国语大学的学生就能熟练国际共享的英语和其他外语，同时掌握政治、经济、法律、哲学等人文社会科学以及生物工程、计算机工程等自然、工程科学等的专业知识。

截至 1996 年，外国语大学在汉城和龙仁两校区共有 18 000 多名学生在这里学习和生活，聘用了 80 多名外籍教授，拥有最优秀的教授团队。

外国语大学在维持学术优越性的同时，非常重视学术研究。外国语大学学生毕业后，工作在韩国的语言领域、国际地区领域、媒体领域、国际贸易领域。他们在各个领域均表现出了卓越的专业技能。

小金不是外国语大学应届毕业生，来代表处之前，曾有两年的工作经历。可以说，她是 1992 年 8 月中韩建交后，外国语大学的第一批学习中文的本科毕业生。

来建设银行前，小金曾在韩国汉城一家报社编辑部就职，担任报社记者，工作细致认真。在与

与秘书小金在一起（居中为作者）

我共事的三年中，有两年的时间建设银行代表处就我们两个人，我整天忙于外面的应酬和接待国内来的各类访韩团组，而她则把代表处的档案和台账等整理得井井有条，让人十分放心。总行历年来韩国的审计检查工作小组，对汉城代表处财务的规范管理都给予了充分的肯定。我在韩国汉城代表处工作期间，先后经历了 7 次总行的年度审计检查，次次合格。这虽说与我平时的工作谨慎态度有关，应该说与小金认真细致的工作也是分不开的。

小金和我一起工作时，我们两人不仅在汉城认真研究了汉城代表处如何升格为分行的事情，在 1998～2000 年，我们先后完成了《中国建设银行汉城代表处升格为分行的可行性调研报告》3 份，主动建议总行在韩设立经营性机构，我两人还南下釜山多次开展调研。在釜山，我们通过朋友介绍见到了釜山市市长，拜访了汇丰银行、花旗银行在釜山的分行，向总

行提出了"我行在发展壮大海外机构物理网点时，应该考虑在工行、中行没有涉足的地方建立我行经营性分支机构的设想"，这个建议得到了周小川行长的肯定。

2000年初，小金和相恋多年的男友结婚，由于丈夫是韩国优秀博士生，在大田市的韩国科学技术研究院工作。按照韩国对高科技人才的管理规定，他不能出国，配偶未经批准也不能在外资企业工作，因而她不得不辞掉在建设银行已经做了三年的秘书工作，前往大田工作。

2001年6月的一个周末，我到大田出差，小金和丈夫一起请我共进晚餐，我们在一块儿待了整整半天。他俩先带我参观了他们的新房，后带我参观了大田的市容市貌。在大田，我不仅仅是看到了韩国航天科技新城的市貌，更体会到了人世间的真情。

2003年，小金来汉城金融中心大厦找我，请我帮助她写一份报考汉城大学研究生院国际经济学专业的推荐信。我问她："为什么不去找外国语大学在教学上更有名气的本科老师去写，"她告诉我说："她的同学经常在《韩国时报》、《韩国商业周刊》和《先驱论坛报》上看到我写的商业银行经营管理与改革的论文，认为找有实战经验的人写推荐信，被学校录取的概率会高些。"

当时我虽然在分行系统搭建工作中忙得要死，可人家这么信任我，没有理由拒绝人家。当天晚上，我回到麻浦的公寓，认认真真地给她写了封推荐信。后来，我忙于分行开业，一直与她没有联系，也不知道她被学校录取了没有。

2005年3月，我回到总行工作已3个多月，我在南加州大学毕业的朋友——郑永禄带领他在汉城大学的18名研究生来北京搞教学实践，郑教授电话请我晚上见一面。当我赶到韩国人最喜欢去的北京中旅酒店时，郑教授向我一一介绍了他的学生。在相互介绍的过程中，我发现在他的研究生学生队伍中小金的身影，我们彼此先是很吃惊，很快几乎在场的所有人异口同声地用英语说了一句"It's a small world indeed!"（这个世界真是太小了！）老朋友偶然在中国相遇，我们谈了很久很久……

具有灵气的第三任秘书张贤帧

我在韩国工作的第三任秘书名字叫张贤帧，不是汉城人，父亲是大邱市小学的一位老师。她与我在一起工作了四年，分行成立后，根据她的请求，我把她安排到业务部门工作，在分行贸易融资部处理业务。

张贤帧也是韩国外国语大学中文系毕业的学生，金贤贞是张贤帧的前辈。

小张的长相属于那种典型的韩国女孩子，额头下一对眼睛虽小，但很有神儿，平时她笑起来眼睛几乎眯成一条弯曲的线条，几乎找不到她的眼睛。有时候她笑起来会哈哈地笑个不停，活泼可爱。

2003 年上半年，我在领导筹备汉城分行时，总行派来一个由李彪处长带队的 3 人工作小组（李彪现担任韩国分行总经理），他们在韩国工作了三个多月。李彪组长、汪洋、莫相群都愿意和小张聊天，那个时候，中国建设银行汉城分行的办公室里每天都充满了大家的欢声笑语。

秘书张贤帧（前排左）夫妇
在作者汉城的家中过春节

平日里，小张的头发总是不断地变换色彩，有时候黄色，有时候黄色略带点棕色，很有当代年轻人的朝气。她在建设银行汉城分行工作时，经常约我女儿一起出去玩，相处得如同姐妹。别看她乍看起来大大咧咧，其实还是蛮细心的。

她的姓汉字笔画和我国的张姓一样，国内的朋友经常会问到我，韩国还有姓张的？在韩国，张姓、金姓、朴姓是韩国姓氏三大姓，没什么奇怪的，这就如同我国的张姓、王姓，遍及全中国。

　　小张既经历了我行汉城代表处的岁月，也经历了我行汉城分行的岁月，汉城分行现任总经理李彪在 2010 年 8 月回来看望我时，告诉我说"小张现在已经是分行贸易融资部的骨干，她在韩国金融业的银行业务考试中，成绩名列前茅。"我听后十分欣慰，并祝愿小张再接再厉，在业务上能更上一层楼。

十、 汉城文化从适应到融入

导读：初到韩国时，我曾碰到很多在国内时没曾想到过的问题。我告诉自己，首先，要尽快熟悉韩国的文化，这样才能在这里生存。其次，必须尽快掌握韩国的金融情况，以便为今后代表处升格为分行做好各方面准备。可刚到汉城时，在处理前期代表处的房产纠纷上，就足足花了我一年多的时间。原因很简单，前期代表处人员被当地人骗了。

雨中曲

来韩国的头两年，有几件事的确让我很难理解。

第一件事我管它叫"雨中曲"，这件事带来我对韩国"的哥"文化的不理解。

1998 年 6 月 11 日，我从延世大学出来后，天上突然下起了雨，我急忙跑到距离校门口不远的新村（Sichon）地铁站躲避。在路口，我看到了这样一幕。

当时，雨似乎越下越大，一位抱着小孩的妇女拦下了一辆出租车，几秒钟后，出租车扬长而去，没有搭载这位妇女和小孩。我看到那位妇女脸上流露出一种"笑"，我不知道这是什么心情的笑。

这种场景或许韩国人已经习以为常，但我感到很吃惊，这是韩国的一个特别现象——出租车司机拒载。在中国，当时面的都不敢的行为，我在韩国看到了。

回到驻地后，我把所看到的经过写入了日记，如实谈出了自己的感受。

两天后，我又给《韩国时报》投递了稿件，题目为"甜蜜的笑，还是苦笑？"这篇日记感受刊登在《韩国时报》1998 年 6 月 18 日的版面上，我希望这种现象在韩国以后不要再出现。其实，这只是一种希望而已，因为你改变不了人家，只能改变你自己。后来我发现，在韩国出租车司机拒载是经常发生的事情，韩国人已经习以为常了。

在韩国有一点很好，人们可以自由发表自己的看法和观点，《韩国时报》就有一个叫"Opinion，Thoughts of the Times"的版面。在这个版面上，刊登的大部分都是外国人眼中的韩国之类的稿件。除了先前我在该报发表的"我看韩国"的观点后，自那以后的8年多时间里，我在那个版面又发表了60多篇文章，成为该报的特约撰稿人。

我那篇文章的标题是"甜蜜的笑，还是苦笑？"（见附录1）。我在文章中主要表达的内容是：

韩国经过35年的高速发展，使汉城这座城市成为世界知名的大都市。这座城市成功地举办了1986年的亚运会和1988年的第24届奥运会，汉城在国际上的知名度和形象极大地得到了提升。我在科威特城通过电视观看到了那一届奥运会，至今那首"手牵手"的主题曲仍然清晰地记忆在我的脑海里。

在汉城的乐天商城、现代商城及其他商业中心，人们随处都能看到微笑的面孔，常常可听到"……斯密达"的热情问候。每当我在位于明洞的乐天商城购物，听到商城播放出的甜美问候时，我都不由地停下自己的脚步。在我看来，这是韩国人的一种精神，人们在大韩航空、韩亚航空飞机上和韩国的国家铁路的列车上，均可看到这种韩国微笑。

但我个人的经历也让我看到了韩国人的另一类笑，那就是打车时的笑。在韩国，经常能看到人们打的时，叫停一辆灰色出租车被拒载后而又去耐心地拦截另一辆出租车的情景。这时我常问我自己，到底谁是上帝？上帝应该是乘客而不是为其提供服务的出租车司机。我在中国和世界其他国家时，从未见过拒载现象。汉城市政府应该对出租车建立一个有效的监督机制，乘客有权对拒载的司机进行投诉，因为出租车是一座城市的镜子。

我不懂韩语，为了避免出现被拒载的情况，我经常打黑颜色的车（较高级的出租车）。这类出租车服务较好，而且还有发票（灰色出租车没有票），我不在乎他们多收费，我希望看到的是他们对乘客的微笑。

坦率地说，被拒载后的感受肯定不好。记得我的同学有一天在我居住的阿布古炯洞公寓聚会后，我送他们上街打车时，他们在路边不停地喊"新村、新村、新村！（延世大学所在的区）"，直到拦下一辆愿意带他们去新村的出租车。

拒载是韩国的一种文化吗？如果是，我必须要学习我的同学们的耐心，以便尽快适应在韩国的生活。

我相信韩国乘客遭到拒载时心情也不好受，他们打车被拒载的"笑"是一种苦笑，不是韩国人内心的笑。在韩国，灰色出租车司机把自己视为上帝，这是韩国特有的情景。

在韩国，开车时还有一个让人感觉非常不舒服的情况，韩国人开车在路上想怎么停就怎么停，尤其是灰色出租车。我不知道交管部门为什么不对停车地点进行有效管理、划出停车区域。我建议在十字路口和岔路口应禁止停车，在丁字路口、商厦门口及公共汽车站也应严禁停车。由于汉城道路不宽，对于上述地点，临时停车也要严格限制。

我的第二个建议是在汉城市区要严禁鸣笛，因为韩国人通常脾气很急，激情可使韩国人进军法国世界杯，但到了2002年韩日世界杯时，开车急脾气是不好的。为迎接2002年世界杯，韩国政府应完善出租车管理制度，改善道路状况。只有这样，灰色出租车的毛病才能改掉。

朋友，别太急

初到韩国工作时，还有一件"不能理解的事"就是1997年代表处账户被查封。

该事件的纠纷发生在1996年，韩国一家企业因在中国投资失败，血本无归，国内经办行是建设银行，韩方在中国败诉。

但他们回到韩国后，竟然要求地方法院冻结了我代表处的账户，弄得我对外无法支付房租，造成了一定的负面影响，影响了我行代表处的工作。

没有办法，我只能在他们的报纸上谈一下外国人对这种做法的看法，文章的题目是"朋友，别太急"。

我在文章中详细描写了韩国人做事时经常表现出的一种急切心情，以及他们非常极端的手段等。

文章刊出后，一位老华侨给我打来了电话，说希望以后能再次看到我的文章。

这位老华侨告诉我说，韩国华侨的资产大部分都被韩国政府无理占有了，现在在这里的中国人，都是小买卖。韩国有很多怪现象，不符合国际惯例。

韩国的华侨与欧美华侨也不一样，他们不是来自广东、福建等南方城市，而是来自我国的山东省。20世纪70年代，朴正熙政府为了铲除华侨对韩国经济的掌控，变相没收了他们的财产，致使很多华侨流浪到加拿大和美国寻找第二次海外创业机会。

我想，在对待外国人资产方面，在世界朝着"地球村"方向发展的今天，韩国政府不应鼓励民族主义的抬头。在社会和谐方面，韩国作为曾经举办过奥运会的国家，不应该出现与其国家地位不相匹配的现象。我那篇文章的标题是"朋友，别太急"（见附录1），文章落款是"中国建设银行汉城代表处首席代表——杭琛"。

文章中有句话是这样写的："身为在汉城工作的外国人，我曾被韩国足球队队员在国际大赛中那种勇往直前的精神所感染，他们的表现给我留下了非常深刻的印象，或许从中我也领会到了'大韩国人、身土不二'的民族精神。"但是，由于经济纠纷而查封外资机构账户的做法明显不妥，给韩国人带来负面的影响。韩国人身上的一些负能量，影响了韩国人和外国人之间的关系。其实，一个人的行为受文化、意识形态、民族传统、政治环境甚至气候等诸多因素影响，不同地区的人们有着其不同的处理方式是件正常的事情，但韩国人一些过于草率的做法，后果是不好的。总行知道韩国查封了代表处的账号，曾决定关闭汉城代表处。后来，行长更换，出于两国外交关系的考虑，这个代表处才得以保留下来，也使我在几年后能在这片热土上为建设银行创办第六家海外分行的梦想得以实现。

我之所以建议代表处升格为分行有很多原因，我亲眼看到中韩恢复外交关系以来，通过政府和民间的努力，双边贸易增长迅速的趋势。我在韩工作时，中国和韩国已分别排列在其第三和第二大贸易国的位置。如今，人们在中国可以买到很多产自韩国的产品，电子产品更是渗透到我们的生活中，比如在全国流行的三星牌手机及电视机，现代汽车等产品，仅 LG 公司在中国就建立了 68 家工厂，韩企在中国的经营获得了巨大的成功。据说，有上千家韩资企业在中国建立了分支机构，有 9 家韩资银行分别在北京、上海、大连及青岛建立了分行或代表处，许多韩企从中韩合作中受益。

但是，在过去 5 年的合作中，双方商人间也产生了一些纠纷和误解，这些纠纷和误解虽然属于正常现象，但我们应找到正确的解决方式。

韩国人一遇到纠纷就到法院诉讼的做法令人难以理解，而中国人遇到纠纷时则是先进行协商。你或许常听到中国人说"慢慢来"，这或许是中国人促进和谐的一种方式，因为，任何问题都不能在一夜之间获得解决。就法律而言，两个国家之间的法律肯定会有区别，这种差异包括文化、思维方式、不同背景的人与人之间的个人行为等。

即使在一个国家，由于地区文化不同，人们的思维也会出现差异。比如，我的父亲来自中国南方的安徽省，而母亲则是北方人，文化背景不同。他们经过几十年的磨合，相互间多了尊重，少了争执。

我知道，经济发展后，韩国法制建设体系要比当前中国的法制建设完善，韩国较完善的法律体系使其国家处在发达国家和发展中国家之间。因此，许多韩国人在生意上与中国商人发生纠纷时，总是寄希望通过起诉解决纠纷，我觉得韩国人在解决问题时通常过于急躁。韩国人在决定海外投资前，需要事先了解被投资国的文化、投资环境、那里的人们的思维方式、当地的私法与公法情况，特别是对中国延边地区的投资要认真分析。

我在汉城居住的前 18 个月里，处理了无数的中韩企业纠纷，这类纠纷多发生在中小企业之间，我被动地卷入了我国国内分行、支行与韩企之间的纠纷当中，对此我一度曾感到有些力不从心。

我曾告诉韩国好友，我随时都会面对韩企的威胁，因为如果你没能满足他们时间上的要求，他们就会请求汉城法院冻结你公司的账户。起初，我真不知道如何处理，但后来，我对此已经习以为常了，虱子多了不怕咬嘛。从积极的一面讲，通过处理纠纷，我学到了很多韩国法律知识。

　　但总是被卷入处理纠纷占用了我太多的时间，我来韩国的主要工作是促进和推动双边的金融合作，身为建设银行的首席代表，我并没有权力处理过去几年来在韩国境外发生的所有纠纷。当然，遇到纠纷时，银行需要先做认真的调查，但这项工作需要时间。况且，国与国之间的司法有很大的差异。

　　那么，我是如何处理韩国朋友期待规定的时间内需要解决的纠纷呢？

　　我告诉韩国朋友"代表处仅仅是代表处而已"，如果汉城法院根据韩国诉方的请求而冻结我行的账户，我将无能为力，所能做的事情只能是等待，因为韩国法院有这种权力。然而，在法院作出判决前，纠纷并不能按照韩国人期望的时间得以解决，通过法院诉讼双方均受损失。双方在法庭出庭，只能加深误解。韩国人和中国人都根深蒂固地信仰孔子，我们在商业往来中，需要和谐的文化。

　　在韩国工作时，我处理最多的是信用证纠纷，这类纠纷错综复杂。我发现，文化差异、道德水准、误解、公司管理不规范以及当地政府干预等是造成纠纷的主要因素，我个人是没有能力解决所有这些纠纷的，但我深知我必须要面对不能说服性情急躁的韩国朋友的现实问题。我能做到的是口袋中经常保持有50万韩元的现金，当账户被冻结时，买张飞机票飞回中国。

　　韩国商人在从中国商人那里收不到钱时，首先表现出的是急躁，他们从来不对其派到中国去的管理人员的管理能力以及错误决策进行有效的监督和管理。我怀疑他们个人从合作项目中受益，而公司却损失了钱，中方合作伙伴不应对项目的管理承担全部的责任，韩方派驻项目的管理人员必须承担责任。

　　东亚国家企业在其项目实施过程中，公司赔钱、个人赚钱是常有的事情。韩资企业内部管理有缺陷，当其管理受到指责时，不对其韩方人员追究责任，而是一味地指责中方合作方。有些人不知道中国对不同地区有不同的投资保护政策。

　　古罗马有句名言，这就是"入乡随俗（When in Rome, Do as Romans do）"，中国也有句名言，这就是"尊重别人，才能赢得他人的尊重"。中国是韩国巨大的潜在市场，中国人是韩国人的朋友、好朋友。虽然冷战的40 年使我们彼此间感到有些生疏，但我们有共同的文化根基。

驻地公寓被盗

我在韩国遇到的另外一件事就是驻地公寓被盗。

1997 年亚洲金融危机后，韩国治安普遍出现了问题。1998 年 1 月，当我回国参加建设银行全年工作会议的时候，驻地公寓被盗，约 2 000 美元现金、3 000 元人民币现金及手表、计算机和刚买的高级西服、皮箱等全都被窃走。

当我在北京开会期间接到秘书金贤贞的电话后，我即订票赶回汉城处理此事。

回到汉城后，我先找了附近的派出所，两名警察来看了现场，当他们知道我是外国人时，待了几分钟就离去了，并告诉我说找涉外警察局来处理。

大约等了两个多小时，涉外警察局来了几个人，看了看后告诉我说，不属于刑事案件，小偷只是 Kids'burglar（孩子窃贼），以后你注意就是了。

这件事情让我很不理解，我想，要是在中国的外国人公寓被盗，警察会非常重视，并会努力侦破。涉外警察走后，我告诉自己，这就是韩国，你必须适应。

十一、 平壤行

导读：中韩建交前，中国人对韩国的认识更多的是从介绍朝鲜战争的书中获得的。我也属于新中国那批伴随着"一条大河波浪宽"的歌声度过中小学时代，看着《卖花姑娘》、《南江村的妇女》、《摘苹果的时候》、《英雄儿女》等电影成长起来的一代人，对朝鲜半岛有着一种特殊的感情。在韩国工作的 9 年时间里，国内来的团几乎都向我提出一个要求，希望去板门店看一看，我记不清从 1996 年到 2004 年间，我到底去过多少次"三八线"了。

特殊战略位置的半岛

1997 年 7 月第 2 周，总行又来了一个工作团，根据他们的要求，我带大家到板门店参观。

对于板门店之所以来了又来，一是韩国除了汉城和济州岛外，没地方可去；二是因为审计工作团的刘处长和王处长的父亲分别是 63 军和 42 军的离休军人，都参加过抗美援朝战争。

我们一起回想起小学和中学时代，能看到的影片大多是关于那场战争的题材，比如《英雄儿女》、《上甘岭》、《南江村的妇女》等影片我不知看了多少遍，那场战争在我们这代中国人头脑中留有非常深刻的印象。

童年的记忆

在我的童年时代，抗美援朝给我留下了很深的记忆，曾记得母亲多次说过她报名参军时的经过。

我的母亲于 1950 年 8 月 7 日毕业于当时北平的秀萍医院护士学校，毕业后在第七医院工作。

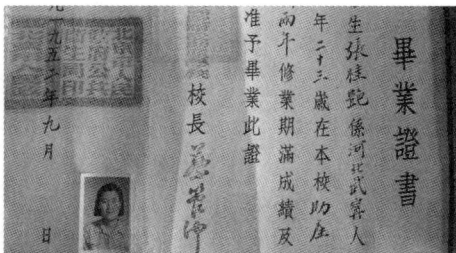

作者母亲（1952 年北京助产卫校毕业证书）

她毕业时，朝鲜战争刚刚爆发，前线需要大批护士，作为新中国第一代医护人员，她积极响应国家号召，报名参军，并获得医院批准，参加了志愿军救护队培训班的救护训练。后由于其他原因，未能赴朝参战，在北京私立向安医院学习助产，可见当时的青年"保家卫国"的决心有多大。

与专家交流

在韩国工作期间，外交学院的曲星副院长和宫少鹏教授都来过韩国出差，他们两位是国际政治问题研究的专家，更是我的好友。

宫少鹏教授是我读研究生时的导师，他是我国著名的国际问题专家，经常受邀在中央台国际频道评论时政，尤其是对中东问题及朝鲜半岛问题的讨论，他有独到的见解。

1998年8月8日，他接受韩国国防部的邀请来韩国考察，工作后的周末，我自费陪他到韩国的济州岛游览，在那里，我们的话题自然离不开朝鲜战争。

我们这次谈论的话题不是原来在学校谈的那个话题，因为总是纠缠"谁打第一枪"的问题已经没有本质意义。美国学者布鲁斯·卡明也曾提出，争论朝鲜战争谁打第一枪的意义不大？他认为，韩战（朝鲜战争）爆发前，双方在"三八线"附近小的军事摩擦和冲突肯定发生过多起，这种推理判断较符合当时的实际情况。

根据已经解密的资料显示，仅在1950年3月3~10日的一周内，双方在"三八线"上就发生了18起武装冲突事件。因此，我俩主要围绕"美中两国当时介入朝鲜战争的原因及为什么中美两国在朝鲜战场兵戎相见"展开了讨论。

在朝鲜战争爆发前的1年，世界发生了两件大事，一是苏联第一颗原子弹试验成功，打破了美国的核垄断；二是中国共产党领导的武装力量推翻了蒋介石的统治，宣告中华人民共和国成立，巩固和加大了全球共产主义阵营的力量，改变了世界上两大阵营力量的对比。这两个重要事件，促使美国调整其安全战略。根据杜鲁门总统的指示，由其国务院和国防部共同制定出台了美国《国家安全委员会第68号文件》。

　　《国家安全委员会第 68 号文件》把抗衡苏联、遏制共产主义描述为美国的防务及外交战略，对双方在军事、政治、文化、制度等各方面的强点和弱点均做了详细的比较分析，成为美国"冷战"时期整个全球战略的蓝图。

　　1999 年 8 月，外交学院副院长曲星先生来韩国开会，他是我国留法归国的 20 名优秀青年学者之一，在外交学院讲授"对外关系"课程，我和秘书在汉城接待了他。

　　曲教授对学术要求非常严谨，在我陪他参观完战争纪念馆后送他去机场的路上，在时间已经很紧的情况下，他还要让我带他到美军仁川登陆的地点去看看，他这种认真的学风，给我留下了深刻的印象。当然，我也不会错过良机向专家请教对朝鲜半岛热点问题的看法。从机场回到驻地后，我把我们两天来讨论的观点用文字做了记录。

　　战后在朝鲜半岛发生的局部战争，最终导致了中美之间的军事冲突和较量，美国更将中国视为威胁美国利益的侵略性国家。因此，美国对中国曾一度采取了长达 20 多年的包围、遏制的外交政策。可以说，这场战争对中美两国关系在朝鲜战争停战后的一段时期内产生了非常重要的影响。

　　朝鲜战争停战以后，美国与韩国建立了军事盟国关系，美军长期驻扎韩国保护其在朝鲜半岛和东北亚的利益。由于中国对朝鲜从政治上给予支持、经济上给予长期无偿援助，这又构成了中美两国在朝鲜半岛分裂和寻求统一的不同时期中扮演着特殊角色的原因。这种角色在苏联解体后更显突出。

　　中韩邦交正常化以来，两国在经济利益上受益匪浅，带动了包括军事领域合作在内的其他各项合作与发展，对维持地区安全起到了积极的作用，韩国表示不参加美日的 TMD 战区导弹防御系统就是最好的例子。同时，为了限制朝鲜发展核武器，美国对朝鲜政策也作出一定让步。不可否认，中美在朝鲜半岛的交叉合作与接触，对缓解朝鲜半岛和东北亚紧张局势起到了推动的作用。

　　这次与曲星教授谈话也得出一个共识，即按照国内过去 40 年在国际关系和对外关系领域研究朝鲜战争"谁打第一枪"的问题已经没有意义。我们应从朝鲜内战为什么会扩大成局部战争角度分析半岛问题。假如在1950年6月25日美国当地时间下午2时，联合国安理会关于朝鲜问题紧急召开的会议中，苏联代表雅克夫·马立克如果没有缺席，情况将会怎样呢？起码美国及领导的联合国军队介入朝鲜战争就没有合法的外衣。

平壤之行

1999年以前，我去过很多国家，但就是没有机会去朝鲜，朝鲜是我一直期望去看一看的国家。与韩国相比，朝鲜面积略大些，12万平方公里的领土，但人口不到韩国的一半，只有2 200万人。在韩国工作3年后，1999年9月6日我终于实现了这个愿望。由于我的护照上盖满了韩国边防站的出入境章，这次去朝鲜，我办了一张通行证。我从延边附近的口岸乘火车前往平壤，在朝鲜度过了9天的时光，这是一次难忘的旅行。

一周多的考察，整个朝鲜及平壤这座城市都给我留下了特殊、深刻的印象。

1999年9月6日一大早，我们从离延边最近的火车站乘火车去朝鲜，480公里的路程竟然走了36个小时。一路上火车经常停车，最长的一次停了5个多小时，经向列车员询问，站场调度员告诉我们一会儿是供电原因，一会儿是编组问题，反正总是有合理的"理由"。

自列车进入第一个朝鲜境内的火车站时，我看到了车站房屋上方的醒目红色标语，翻译告诉我说，上面写的是"21世纪的太阳——金正日将军"。

与朝鲜列车员在一起（左二为作者）

据韩国媒体统计，朝鲜金日成父子总共有100多个封号！都是为伟大领袖歌功颂德的革命口号。

韩国岁月话金融
—— 一位银行人士的海外工作随想录

在列车行驶的路上，我看到我们乘坐的"国际列车"条件算是最好的，其他与我们所乘的火车擦肩而过的旅客列车，车厢顶上和车厢底部都趴满了人，多数车厢没有玻璃，看上去觉得很乱，很像我国"文化大革命"最乱时期的旅客列车。

30多个小时后，列车抵达首都平壤，路上看到的"乱"都看不到了，城市干净整洁，人们精神面貌很好，路上跑的小轿车虽然数量不多，但大多是老式奔驰和日本尼桑，估计是通过易货贸易进口的。

参观平壤少年宫（右一为作者）

在朝鲜，我随团参观了金日成将军的故乡，爬上了著名的妙香山，参观了金日成纪念堂、千里马广场，登上了"主体思想"塔，参观了平壤幼儿园，还品尝了著名的朝鲜冷面。这里的人民给我的印象是把敬爱的领袖金日成同志看做传奇式的英雄、民族的太阳、伟大领袖和伟大的慈父。

平壤的许多地名、建筑物以金日成的名字命名，朝鲜的货币上还印着金日成像。许多邮票也印着金日成像。可以说，金日成像无处不在，令我想起中国"文革"时的"红海洋"——到处是毛泽东像、《毛主席语录》、毛泽东像章的情景。

在街上，我发现朝鲜人人佩戴金日成或者金正日像章，出于好奇，我问他们从那里能帮助我买两个领袖像章？他们的回答是领袖像章是配给的，不是商品可用金钱所能够买到的。

当我参观人民英雄纪念

与人民军战士在一起（右一为作者）

园的时候，我发现平壤每三人中就有一名人民军，因为我对兄弟的人民军印象非常好，就主动上前搭讪，没有想到我遇到的却是非常客气的回避。

旁边的导游告诉我，人民军有铁的纪律，不与外国人攀谈。可是，我还是不死心，我想，难道我们曾一道并肩战斗过的"战友"就这么无情吗？

我不顾导游的阻止，走近一位女兵，当提出和她一起留影时，我被她拒绝了。我灵机一动，唱响了中国人民志愿军战歌，之后，她愉快地接受了我的请求，与我合影留念，我们还进行了友好的交流。看来，沟通是需要对相同文化的认可。

在平壤庆祝朝鲜国庆节

（日记片段，1999 年 9 月 9 日，星期四）

今天是入朝第三天。晚上 6 点，我来到千里马广场与朝鲜各界人士欢庆朝鲜国庆，我与热情好客的朝鲜人民一起载歌载舞，庆祝共和国的生日。整个广场聚集了 20 多万人，欢乐的歌舞使我们几乎忘记了时间，我和朝鲜群众在广场上共同度过了近两个小时的欢快时光。

从精神上讲，我非常喜欢朝鲜人民的生活，人们生活虽不算富裕，但有一种团结向上的精神，其实，人活着除了追求更好的物质生活外，更重要的还有精神生活。我坚信，一旦外部环境改善，朝鲜的经济将会发生很大的变化。我们中国人不想看到一个局势动荡的东北亚。

在国内，很多人都对地区的稳定给予关注，但发生战争或冲突的原因应归纳为以下几点：一是为了争取国家独立和民族解放；二是国家受到侵略；三是国内政权不稳或国内经济问题；四是为了对外掠夺，争取资源……笔者认为，从东北亚地区的战略格局看，韩国目前只是一个"配角"，独立的外交意志有限，发生事端后外交上回旋的空间不大。在军事上，韩国和朝鲜基本上都不敢轻举妄动，美国方面也不会轻易开战。美国在东北亚局势上的表态，是为了彰显其在东北亚的作用，制约地区大国、拉拢盟友而已。从朝鲜方面看，坚持主体思想是一国政策的选择，无可非议，经济改革进程的快慢完全是朝鲜内政管理问题。至于朝鲜不断宣布国家进入战争状态，那仅仅是对美韩频繁军演的回应。

国家与国家之间，需坚持"和平共处五项原则"才能避免战争，那么人与人之间又该怎样呢？人与人之间也应如此，需要互相理解，才能和谐相处。■

作者于 1999 年摄于金日成家乡

从韩国一侧进入板门店参观

从朝鲜一侧进入板门店参观

十二、 我看韩国的教育文化及访问交流

导读：韩国的高等教育普及程度广泛、成绩突出，在亚洲首屈一指。韩国全国登记在册的大学共有 118 所，在这些高校中，汉城大学、延世大学和高丽大学名列前三，在 1999 年亚洲高校排行榜中，汉城大学、延世大学和高丽大学分别被排在第 3、第 9 和第 17 名的位置。除此之外，韩国科学技术开发院还被列为亚洲第一技术院校。韩国的高等院校星罗棋布，构成了国家普及教育庞大的网。这是韩国国际化的基础，更是民族经济腾飞的基石。我在韩国工作时，不仅取得了延世大学的国际经济学硕士学位，还经常应邀前往韩国的大学交流，结交了很多政界、经济界和企业界的朋友，受益匪浅。

一个特别重视教育的民族——大韩民族

（日记片段，1998 年 12 月 17 日，星期四）

每年的 12 月中旬都是韩国高考日，今天也不例外。昨天下午，接到韩国交管局的通知，本周三实行交通管制。

韩国人非常重视教育，或许这就是韩国振兴的主要原因之一吧。

韩国地理面积 9.9 万平方公里，人口 4 700 万，在面积和人口上，等同于我国的一个中等省份，但其 1995 年的 GDP 约为 4 500 亿美元，接近于我国同期的 50%。韩国很多工业技术、产品及产量在世界上都处于领先水平，三星公司的电子产品和现代集团的汽车几乎行销全球各地，在发展规模上大有超过日本索尼公司和丰田公司的迹象。1995 年，韩国的浦项钢铁公司产量就居世界前三，年造船总吨位世界第一。试想，如果没有高科技的企业和受过良好教育的国民组成的企业职工队伍，以上工业技术的快速升级是根本不可能办得到的事情。

在韩国，小学和初中全部实行义务教育，高中也几乎分布在各个居民社区内，学生就学非常便利。此外，韩国还有许多特殊学校，比如为残疾人设立的学校也分布在各地，至于什么英语补习学院及儿童钢琴学校等在汉城更是到处可见，韩国境

韩国岁月话金融
——一位银行人士的海外工作随想录

内学校星罗棋布，构成了国家普及教育的巨大的网络。另外，据美国 ETS 的官员称，韩国学生的 TOEFL、GRE 和 SAT 成绩在被美国高校录取的外国学生中高居榜首。

韩国的高等教育成绩突出，KDI 商学院被称之为亚洲第一商学院，每年为我国的天津南开大学、北京对外经济贸易大学、吉林大学等高校，新华社及商务部等国家部委培养教师和各类高级管理人才 8~10 名，该校的口号是"为办成亚洲的肯尼迪政治学院而奋斗"，由此可见韩国重视发展教育的雄心壮志。

韩国高校设有学士、硕士和博士生培养点，高校教师必须拥有博士学位方可上岗，在韩国没有博士学位根本就不可能被聘为教授职位。韩国高校教育水准很高的另一种原因是因为 80% 以上的教授拥有美日英法等国的学位。另一方面，从韩国高校的毕业文凭和学位几乎全部被美国的高校认可这一点看，韩国的教育在亚洲国家中是比较先进的，几年前就已经全部实现电化教学，质量是比较高的，当然，这里不排除韩美政治关系因素的作用，但是，起码可以说明韩国全民对高等教育的重视程度。根据联合国教科文组织最近的统计，韩国是世界上读写能力最高的国家之一，人们公认，受过良好教育的韩国人民是韩国过去 30 年中实现经济快速增长的主要动力。

平日里，经过与韩国朋友的访谈，我发现韩国人之所以如此崇尚教育，是因为韩国政府和企业在重视学历方面远远超过西方发达国家。韩国人普遍认为，一个人的学历是决定这个人地位和能力的最起码标准。韩国人往往为了赢得好的学历，终生奋斗。在汉城，很容易发现你的同事中有很多人在工作一段时间后，又去考研

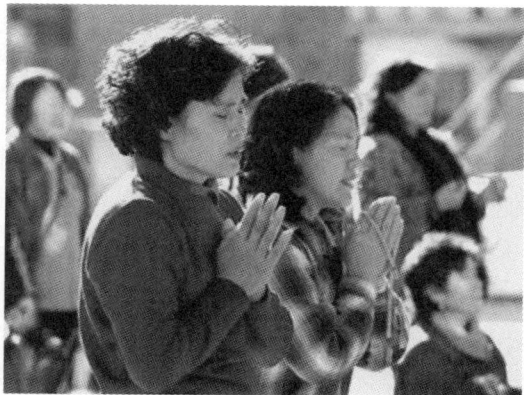

考场外为孩子祈祷的韩国家长

究生，其目的就是去更新知识，以面对未来的挑战。韩国每年高考激烈竞争的程度是其他国家无法与之相比的。为什么这么重视教育，主要有以下原因：

一是韩国是一个重视亲情的民族，父母对子女的爱与众不同，集中表现在对子女的培养方面，这种情谊深长的镜头在韩国的电视剧中常常可以看到。韩国大多数父母常把自己未能实现的理想转嫁到子女身上，期望子女能够成龙为凤，替

他们去实现没有实现的夙愿。二是韩国人喜欢争斗或竞争，我的很多朋友也常常对我讲，"没有竞争的社会将会使人变得懒惰，使民族变得衰退"，在这一点上，我们从韩国足球队队员在 400 米长的足球场上的拼命奔跑中就早已感受到，如果说韩国人靠球技好才获得好的成绩，倒不如说一半是靠他们球员在场上的拼抢得来的。

我得出一个结论，韩国振兴，重在教育。■

第二母校延世大学

由于前期代表处租用房子的损失，也可能是受到当时国内对韩国经济出现危机的误判，在 1997 年我回国参加全行工作会议时，总行领导告诉我用一年的时间处理纠纷，之后关闭汉城代表处。那时我心里的滋味很是不好受，因为当初来韩国工作时，我暗下决心，一定要把代表处升格成分行。

为了不浪费时间，我决定去大学深造。并试图通过对韩国经济全面、深入的了解，向总行领导提供一份来自"一线"的分析。我始终认为，在韩国设立分行是非常必要的。

我的请示很快得到了总行的批准，我报考了韩国延世大学全日制研究生并被录取，专业是"国际政治经济学"。这样的安排，使我在韩国处理前期代表处收尾事务的同时，生活也得到了充实。我一边工作、一边读书，充分利用这个特殊的时期，使自己的知识得到了更新，完

在导师李基锋办公室（左一为作者）

成了我行在韩设立分行的可行性报告。延世大学成为我的第二母校。

延世大学，是韩国历史最悠久的大学，在韩国作为最有领导力的高等学府而闻名。在延世大学两年全日制的脱产学习，不但使我更新了知识，也结交了很多外资银行在韩国工作的同业朋友。毕业后，我对韩国经济发

展模式做了认真的分析，并向总行提供了多份研究报告。后来，总行更正了撤销代表处的决定。

在总行的支持下，经过努力，汉城代表处升格为建设银行第六家海外分行。如果当初我不去努力的话，也许就不会有汉城分行。这是一个典型的"impossible is possible"的案例。

在延世大学，给我们上课的教授大多毕业于美国的常青藤院校，少数教授毕业于巴黎大学等欧洲名校，学校对学生的要求非常严格。在1998年亚洲名校排行榜中，延世大学在全亚洲排名第九位，我亲身感受到在延世大学完成学业的难度。

延世大学是韩国第一个设立国际学院研究生课程的

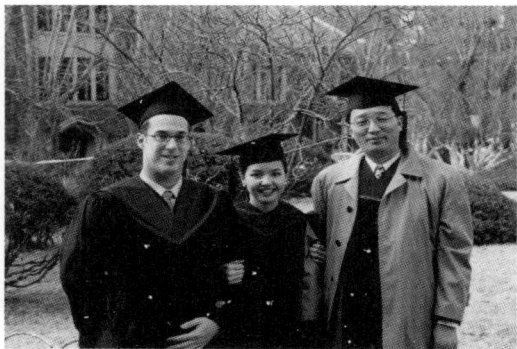

在延世大学研究生毕业时
与同学的合影（右一为作者）

学校，全部课程均使用美国的教科书。入学考试那天，报名的人很多，非常火热。

笔试通过后，面试我的是该院的院长文正元教授和李炯宏教授。文教授毕业于美国马里兰大学，后来成为金大中总统的特别经济顾问。李炯宏教授是哈佛大学政治经济学的博士，是出生在美国的韩籍学者，隔着墙听他讲英语，你根本不知道他是亚洲人的面孔。后来我才知道，他是在美国出生的韩国人，是KBA。能作为他们的学生，我很荣幸。

在国际学院，我们班上的学生有来自美国、加拿大、瑞典、荷兰、英国、法国、澳大利亚、俄罗斯、日本等几十个国家的本科毕业生，也有一些在韩工作的外资银行职员及韩国大企业的中高管职员，那一届学校只录取了两名中国学生，一名是来自重庆外国语学院的毕业生，这名同学后来被现代集团录用，另一名就是我。

在韩国高校的生活，使我在国际化气氛中学到了许多在国内工作时没有机会学到的文化与知识，也更加认识到自己学识的不足。

入学初期，单从语言上讲，我学习起来就感到非常的辛苦，毕竟英语是其他同学的母语，再加上基督教文化影响等因素，我们中国学生和他们不在同一个起点上，第一学期成绩明显落后于其他同学。

延世大学创建于1885年，是当今韩国著名三大学府之一。延世大学与汉城大学和高丽大学比较，更西方化和国际化。她是从一所教会医学院发展起来的，历史比汉城大学和高丽大学要悠久得多。由于是美国传教士创办的学校，延世大学毕业生到美国高校读研受到全美国大学的欢迎。

在20世纪70年代，在韩国人民反对独裁统治的年代里，这所大学还成为韩国人渴望西方式民主的象征，她在接受西方思想和推动韩国民主的历史进程中所起的作用是他人无法取代的。记得在我中学时代，电视新闻几乎每天都报道韩国学生抗议独裁政府的学潮。1996年，当我初次进入延世大学时，还闻到了几日前韩国警察驱散延世大学学生示威人群的催泪瓦斯的味道。

延世大学的前身是延禧大学校和广慧院以及世博兰斯医学校。1957年1月，延禧大学校和世博兰斯医学校正式合并，从原校名中各取一个字，命名为延世大学。一个多世纪以来，延世大学培养了众多贡献卓越的人才。

延世大学是一所以基督教精神为准则而设立的高等学府，地处汉城新村，距离汉城市中心只有4公里，占地近96万平方米。这所具有109年历史的大学是韩国最负盛名的私立大学，已经培养了20多万名毕业生。目前在校学生人数约3.8万人。延世大学内设有文学院、工程学院、国际学院等16所学院以及教育、经济等11所研究生院。延世大学文科学院一直是韩国历史上优秀的人文教育基地。学院的欧洲语言系和社会科学系设有韩语言文学、汉语言文学、英语文学等11个专业。

延世大学是韩国历史上第一所进行留学生交换的学校。迄今已经与世界上400多所大学签订了留学生交流协议。已经有来自105个国家、近4万名留学生在这所建于1959年的韩国语学堂进行学习和交流，韩国高校的语学堂类似于美国高校入学前的语言培训学院。延世大学在办学过程中不断推行教育制度的改革。自1996年起，学校开始实施学部制度，旨在拓展学生的视野以及拓宽今后就业的机会。尤其值得一提的是延世大学的国际研究生院（GSIS），它成立于 1987 年，其办学宗旨就是推进延世大学的国际化进程。

延世大学研究生学院是韩国高校中最先使用全英文授课的研究生学院，为外籍留学生提供了全英文教学的硕士和博士课程，是全亚洲一所非常著名的专业高等教育学府，这所大学是韩国学生梦寐以求的学府，也是美国籍韩国人回到韩国后读研的首选研究生学院。

回国工作后，我仍很怀念在延世大学的学习生活，我不仅在这所亚洲名校学到了世界经济学最新理论知识，更有意义的是我通过这个平台结交了不同国家、不同文化背景的同学，并从他们身上进一步了解了外国人的思维方式，与他们结下了深厚的友谊。

说句实话，来韩国前，我自认为自己英文还算不错，因为在参加工作初期，曾担任过领导人的翻译，曾经有在科威特生活过多年的经历，韩国的工作和生活对我来说，应该不会有任何问题。但现实告诉我，使用英语分析政治、经济问题，我与我的同学比起来，在第一学期我只能甘拜下风。但这些并没有使我屈服，反而成为我日后学习加倍努力的动因。自第二学期后，我不但在课程选择上比其他同学多选了一门课，第三和第四学期的成绩在班上也超过了其他同学。

我在国内原来是学英文的，也曾当过英语教师，可是与班上那些毕业于斯坦福大学、哈佛大学的同学相比，明显感到了自己的不足。这种不足主要体现在两个方面：一个是英文的实际运用方面（非考试英语）；另一个是如何制作演示 PPT 以及上台演讲。

在国内，中国人取得好成绩主要是看你会不会考试，而在韩国延世大学国际学院读书，考试成绩一半以上是来自学生在他的 PPT 演示时的现场表现，其中也包括学生对现场提问的准确回答。

最初，同学中那种带有美国加州卷舌的发音、语速快的英语令我听起来觉得美妙，学起来觉得好玩，但理解起来就未必全懂了。因为，除了语言本身外，还有我们东方人对英语国家宗教与文化了解甚少的原因。对此，我虚心学习，尽量多与同学们接触，逐渐适应了英语国家同学思考问题的方式，熟悉了他们解决问题的路子。

班上同学 Grace Kim 出生于美国，本科毕业于斯坦福大学经济学专业，我们在一个团队（Team）学习时，她给了我很多的帮助。现仍在汇丰银行汉城分行工作的同学迈克尔和在渣打银行汉城分行工作的马格瑞特，也都是出生在美国的韩国人（KBA），是他们帮助我了解了欧美文化，这些对我后来的工作很有益处，我非常感谢他们。

至今，我们同学间仍保持着联系。在北京举办 2008 年奥运会时，韩国的金车臣、美国的麦克、英国的马格里特、荷兰的瑞斯等同学专程来北京观看比赛时，都到总行来看我，我们在一起回顾了当年在延世大学学习时的愉快时光。

延世大学——你是我的第二母校！你给了我很多需要的知识，也为我建起了与欧美同学之间友谊的桥梁。

韩国人与中国人在人际关系上的异同

（日记片段，1998 年 12 月 19 日，星期六）

到韩国工作三年以来，工作之余，我以外国人的身份融入这里的大学和社团，从一个"圈外人"的观察视角看"圈内人"的交流沟通，发现了韩国人与中国人在人际关系上的异同。

与西方文化相比，由于受到儒家思想的影响，中韩两国在社交上的确是大同小异。因为重视人际间关系是东亚文明的传统根基，今天的西方人都会用中文说"Guanxi（关系）"这个词，但是由于外来文化的影响及民族生活习惯的不同，中韩两国人民在沟通交流文化上也有很多不同之处。

中国文化发源于农耕社会，重视家庭伦理，讲究与人为善。中国人际关系的特点是极度重视人情观念，人情可以说是媒介，也就是说社会交往时是靠人情来维持的；另一个原因就是中国人重视熟人文化，做事依靠熟人，靠人际关系，买东西靠熟人，找工作靠熟人，甚至相亲也要靠熟人介绍的才觉得好，让人放心。

当今韩国社会的特征是讲究家长的绝对权力，以及社会中垂直的等级观念。韩国社会等级构成是纵向的，等级观念非常严重，不同阶层的人有着截然不同的社会沟通表现形式；韩国的上下等级观念非常严重。在学校，无论是大学还是中小学，高年级的校友总是"欺压"低年级的学生。大学毕业后，进入公司较早的同事、年

龄较长的人，哪怕就高你一级、早一年、大一岁，那他（她）在与人交往中也会有意无意地表现出这种文化，低年级的人必须称学长为"선배님（前辈）"。"前辈"不单单是一个称呼，更重要的是他们的话你必须服从，哪怕"前辈"的话是无理要求，你也不能当面反驳，不然的话你就成了集体中的另类。在韩国的外国人，如果你不遵守这种"文化游戏规则"，时间一长，你也会受到社会的另眼看待，最终沦为"왕따（被孤立的人）"。

1992 年 8 月，中韩建交后，双边往来发展非常快，韩国人逐渐了解了其西海（我国的东海）对面的中国人，也就创造出一个韩文新词儿"관시"，韩文读音为"gwansi"，这个词儿是韩国人用于描述中国社交基础而创造出的一个词语，并且被写入韩文词典，就是中文中的"关系"。

韩国人用"关系"这个词来表述中国社交现象在很多韩国人脑子里认为是很贴切的。他们认为，中国的人际关系是一张大网，每个人都是这张网的一个小小的结点，人与人之间的关系就是一条条的线把每一个结点连接起来的通道。因此，这样就形成了一张庞大的关系网。在这张网上，每一个结点都不是独立的，全都分布在网域中，只有范围、层次、区域之区别，牵一发而动全身。

中国与韩国最大的不同是，无论你是年纪长、幼，地位高、低，人与人之间的交往彼此之间都会十分客气，尤其是陌生人之间的初次交往。但韩国则不同，交往中要先了解对方的毕业院校、毕业年限，然后会很自然地分出高低，产生出"前辈"与"后辈"之间的等级。

韩国的人际关系是两条交缠的线，一条称之为"年龄线"，因为韩国社交基础的第一条规则是建立在彼此间年龄大小基础上的，人们根据年纪的长幼来决定使用"존댓말（敬语）"还是用"반말（非敬语）"。韩国人在交流中，同时会很快决定各自对话中的地位。交往中，无论是不是之前关系亲密与否，同龄人可以无条件地亲密起来，双方的对话也随意一些。这就是为什么韩国人一般在第一次见面的时候，不论男女，都要先问一下对方的年龄，这不是一种不尊重，而是一种礼节的表现。

另一条线称之为"地位线"，这条线主要适用于职场，在学校中也可以看得到。在职场上，地位的高低决定了说话的方式，韩国人的上下等级之间，尊卑非常严格，由于下级要尊重和服从上级，就形成了严格的等级关系。让中国人无法理解的一点是，在韩国职场，下属遭到领导的训斥时，你必须无条件地全盘接受，而且绝无反驳。同时作为上级，他（她）可以不顾下级的想法就会直接训斥你。在韩国，无论你是在政府机构还是在企业里就职，上、下级之间有着清晰的等级界线，任何人都不可逾越，即便是在下班后的时间，如果上级有事，下属也是不可回绝的。

顺便解释一下，韩语中的"반말（非敬语）"和"존댓말（敬语）"的区别与汉语不同，汉语中也有"你"和"您"等一些单词上尊敬的区别称呼，但韩国的等级观念要比中国表现得更明显。比如在家庭内部，晚辈对长辈要毕恭毕敬，说话必须要用敬语；给长辈东西时要用双手；不能在长辈面前主动吸烟、饮酒，除非得到长辈的允许，长辈让喝才能喝。此外，晚辈走路要避让，不能抢先行走；长辈责骂晚辈时，晚辈要服从接受等。正是从语言交流这些最基础的社交开始，我逐渐地看出了韩国人之间的等级和层次，对韩国人的人际关系有了较深刻的了解。

人们常说，性格决定命运，观念决定前途，知识引领潮流，圈子决定成败。那么，文化语言呢？它肯定也会对人们的行为产生一定的影响。

"决定语言和思维是客观存在的，与一个民族所处的地理环境影响和社会历史形成有着很大的关系。"正是由于这些原因，才使我们这两个东亚近邻在人际交往上有了明显的区别。而看待这种差异的方式，更多需要的是理解和尊重。我们需要从根源上了解两国文化形成的背景，并通过彼此间的了解，尊重对方的文化。■

与韩国汉城大学师生交流

（日记片段，1999 年 3 月 4 日，星期四）

应郑永禄（Cheong，Young Rok）教授的邀请，今天我来到汉城大学与学生进行交流，主讲"国际贸易中的 O/A 及 C/S 结算方式"。郑永禄教授原是延世大学的教授，年初，前往汉城大学任教，我和他在延世大学相识，一直保持着很好的关系。

郑先生毕业于南加州大学，1995～1998 年担任韩国驻华大使特别经济顾问，其长兄是韩国前任政府的财长，在韩国政治、经济界有些名气，我们两人经常在一起讨论金融问题。

站在冠岳山上，我发现这座 1946 年建校的大学校园非常美丽，整个校园占地约有 5 万平方公里，据说当年的在校生已经超过三万人。从山顶往下望去，汉城大学一流的各类建筑物和现代化的教学大楼格外醒目。汉城大学在韩国的地位，相当于北京大学在中国人心目中的地位，这所大学一直是韩国高等人才的聚集地。

汉城大学与延世大学一样，被称为韩国三所最好的高校之一。如果说有着百年校史的延世大学因受美国文化影响而毕业生备受美国研究生院欢迎的话，汉城大学则为韩国政界、商界培养了一批杰出的人物，学校的宣传材料告诉人们，金泳三、李会昌和李仁济都是该校的学生。

在韩国，政治人物无论是在台上还是下台后，通常都有褒有贬。金泳三在 1992 年曾当选韩国总统，入主青瓦台，有人曾把金泳三说成是"韩国历史上不可多得的卓越政治家、思想家和杰出的国家领导人"。但也有人说他是个"自相矛盾的政治人物"，在他下台后，有一次当他在公共场合出现时，有人公然向他脸上投掷鸡蛋。但不管怎么说，金泳三是韩国自 1961 年军事领导人统治结束以来的第一位民选总统，在推进国家民主进程上，作出了一定的贡献。他推动的银行存款实名制，为消除高官腐败起到了一定的监督作用。而二李则是在金泳三下台前，与金大中竞争总统宝座的两党领袖，是叱咤韩国政坛的一老一少政治明星人物。

我从 20 世纪 90 年代后期 O/A 及 C/S 结算方式在国际贸易往来中逐渐呈现出增多的势头讲起，更多地讲解了国际贸易融资等金融知识，与汉城大学学生度过了快乐的一天。韩国学生提出最多的问题是如何处理韩中贸易中的纠纷问题。■

作者应邀在韩国讲学

"民俗村" PK 水乡 "宏村"
（日记片段，1999 年 4 月 27 日，星期二）

很多韩国人总是过高地宣传本民族文化，但是我还是觉得中华文化更富有内涵，历史更久远，就拿"宏村"与韩国"民俗村"做个比较吧，因为我知道韩国游客喜欢爬黄山，更喜欢去"宏村"的南湖书院。在安徽的南湖书院，每个景点都标有韩文。

今天，20 世纪 80 年代曾与我同在原铁道部一起工作时的"战友"任亚芬来韩国出差，亚芬的英文名字叫 Grace·任。我之所以用"战友"来描述我们之间的同事关系，主要还是因为铁路是一支半军事化的产业军。我们当时加入铁道部时，铁路系统的纪律非常严明，上级对我们这些学生要求也很高，早期的职业生涯塑造了我们日后的工作作风与风格，做事雷厉风行，务实真干。

Grace ·任在世界 500 强企业"杜邦中国（Dupont China）"任副总裁。在我与她同在原铁道部共事的那段时间里，也就是在 1989 年 12 月，我们共同完成了美国摩托罗拉公司与铁路企业在华建立的第一个合资公司——中国铁路通信信号公司上海铁路通信工厂内的卡斯柯通信公司。我们还一起参加过世界银行、亚洲开发银行对铁道部投资项目的管理，一起参与了诺基亚、爱立信、阿尔斯通及日冲电信与铁道部的合作项目，彼此之间了解颇深。

我们在一起共事时，手持一张全国各站的铁路年票，走遍了全中国。可以说足迹从北京到华东，从华东到华南，从东北到西南，尤其是新（乡）—菏（泽）—兖（州）铁路专线的世界银行贷款项目，留下了我们更多的足迹。考虑到第二天正好是个周末，她又喜欢看韩剧，我就带她到韩国的民俗村参观，让她先感受一下韩国的民俗文化。

我们驾车约 30 分钟到达韩国民俗村，该村位于京畿道龙仁市器兴邑甫罗里，占地 30 万坪（1 坪约等于 3.33 平方米）。这里生动地再现了朝鲜半岛不同阶层的文化和生活。村内有传统住宅 260 余座，可以看到朝鲜时代的官衙、铁匠铺、陶窑洞、书房、年糕店以及 99 个房间的贵族住宅等。我们欣赏了丰富多彩的韩民俗表演，跳板、打陀螺、荡秋千等尽收眼底。为了尽可能多地让她了解韩国民俗文化，我买了 14 000 韩元/人的通票。

在韩国民俗村留影

由于韩国民俗村完好地再现了韩国传统文化遗产，这里成为大部分韩国历史古装剧的拍摄地，《大长今》中治疗得了天花的孩子等许多场面都是在这里完成拍摄的。我们一边走，一边谈，话题从分手到现在，从业务到生活，很是愉快。时间飞快地过去，当回到江南韩国杜邦分公司为她安排的希尔顿酒店时，已经是晚上 7 点多了。

我和 Grace · 任的丈夫也十分熟悉。80 年代，我在原铁道部中土公司科威特办事处工作时，她丈夫小黄在中土公司利比亚办事处任职。Grace · 任也与我的太太十分熟悉，我们与现在中国铁通公司工作的董事赵粤海先生、在中交集团担任副总的应尔强、在中铁通信信号公司担任高管的施卫忠以及在中邮总公司就职的应尔康等人见面时，简直就是无话不谈，大家亲如手足。我们那个年代的友谊，是在风华正茂之时建立起来的，十分纯洁。如今，20 多年过去了，大家为了事业和人生目标，有的离开了铁路，有的在铁路已经担任高级管理人员，而我现在则在银行工作。

吃晚饭的时候，Grace · 任问了我一个问题"你怎样看韩国的民俗村与我国江南的民俗村"。这使我联想到她是宁波人，1982 年她从长沙铁道学院毕业时，曾在南京铁道医学院任教，人家是知识分子嘛，我怎么把这点给忘记了呢？

我对她说，我国的江南水乡"周庄"、"同里"、"乌镇"和"宏村"我都曾去过。"周庄"和"乌镇"以其小桥流水的特色成为江南著名的水乡。然而，皖南著名水乡"宏村"的文化底蕴则更深，它以我国传统乡土民居聚落建筑为特色，以富丽精美的清代建筑著称，与"平遥"、"丽江"一道相继被列入世界文化遗产名录。如果说"平遥"古镇代表了我国北方商镇的特色，那么，带有徽州居民生活特色的"宏村"则为中华民族的文化书苑增添了一朵弘扬读书精神的奇葩。我之所以提到安徽"宏村"和山西"平遥"，不单单是因为它们都是世界文化遗产的缘故，还因为这两个地方给予了我生命、培育了我的文化。

出生地太原被称为"龙城"，唐王朝就发祥于此地。李渊、李世民父子定都长安后，因晋阳古称唐国，遂定国号为唐，并先后封太原为"北都"、"北京"，与京都长安、东都洛阳并称"三都"、"三京"。到了五代十国时期，后唐、后晋、后汉、北汉等都以太原为开基发迹

作者在平遥城内（右二为作者）

之地，封为国都或陪都，故史书记载"先有晋阳，后有汉唐"。在古太原历史上，汉文帝刘恒、唐太宗李世民都是由此起家，汉文帝刘恒8岁来到太原为代王，16年后即位并开创文景之治，成就西汉盛世，汉景帝刘启则是出生在晋阳。

我虽然出生在山西，但祖籍在安徽定远，也算是半个"南方人"。记得在山西上小学时，由于山西"细粮"供应困难，给南方人每月特供的两斤大米，只给在南方出生、在北方生活的父亲，没有我和弟弟的份儿。后来，我在填写籍贯时，干脆把自己写成了山西人。但不管怎么说，我对安徽和山西都有着浓厚的感情，因为我身上流着徽商的"血"、熏陶着晋商的"情"。

什么是"情"？我的一位开办自己企业的挚友说得好，"情"就是"一种凝聚、一种环境、一种沟通、一种博爱"，志同道合的人在一起聊天就是一种快乐。

在安徽，我祖母的父亲、叔父都曾是清朝时期安徽省军队的高级指挥官。祖父杭海（席洋）先生早年也参加了辛亥革命，追随孙中山先生。他少年时期从安徽通过严格考试后，先后到上海、广州和南京深造，之后在国民政府里担任立法院院长孙科的秘书和铁路专员。解放前我祖父是国民政府立法委员，解放后为山西省文史馆馆员。在安徽，祖父的家院就和"宏村"非常相像，充满了深厚的中华文化底蕴，只不过祖父家在安徽定远的"东门后街"，庭院规模要小于"宏村"而已。

"宏村"坐落在黄山市，位于黟县城西北角，距屯溪65公里，距黟县县城11公里。该村始建于北宋，是一座典型的古老徽州乡村，距今已有900多年历史。因当年的徽州乡村社会看中风水和家族观念，600年前村民又引水进村，形成了现在的村落模式，村后靠山，村口前后有湖泊，村内有小溪。宏村历史文字资料是这样描述这个村落的，"'宏村'背面倚靠雷岗山，可挡北风之烈，东山导于左，羊栈岭措于后，互成犄角之势，三面临水，村基开阔，阡陌相连"。

水，是"宏村"的筋脉，村内小溪不仅解决了百姓的各类生活用水，也对气温有调节作用，设计别具一格。到过"宏村"的人们都知道，整个村落被一条小溪环绕，小溪九曲十弯，穿过每户门前，最后流入村口的湖泊。由于"宏村"家家门前有清泉，宏村村民就是靠这条小溪生存，世代繁衍。

走入村子，可以发现村民处处与水为伴，一尺多宽的沟渠紧挨着每家的墙角，流过每家的门前，渠中水引自山上清澈的泉水，为村民提供生活用水。缓缓流动的清泉伴着民居，很是安详。这些沟渠到今天依然保持着活力，村民依然像百余年前一样，在水中洗肉、洗菜、洗衣……据村里人说，村民取饮用水、洗菜、洗衣，都有各自规定的时间，绝不能混淆，管理有序。也许正是因为有了这样的意识，这里的水才能保持长久的活力吧！此外，在"宏村"村口，还有一个湖泊叫"南湖"，占地约 30 多亩，是人工建造的，因为当地人认为金城环抱的村落能聚气生财，是吉祥之兆，风水宝地。

水，在"宏村"是物质的，更是精神的。在"宏村"，家家户户有祠堂，那里的人们有重视教育的传统。"宏村"里的这些祠堂每个占地平均 500 多平方米，园林化情调是黟县西递古民居的艺术特色。小庭院内地面或铺设青石板，或用不同颜色的鹅卵石铺成图案。祠堂两层均为砖木结构，每座祠堂都有露天的天窗，供采光和通风用。祠堂前面甬道长 12 米，两侧通常为莲花梁托，硕大月梁，木雕精美，气势恢宏。每个祠堂都有门厅，占地大约 70 多平方米，门厅的柱础特别，石柱上有木制柱托，是典型的宋代建筑风格，在祠堂内，人们可以抬头望明月，俯首观游鱼，其乐无穷。记得有人说过，"西方人就像蒲公英，飞到哪里就在哪里扎根；而中国人则是一只风筝，飞得再远，也有一条细长的线牵着，那就是故乡。"每年都有一些从"宏村"走出去的人们返乡，应该说，"宏村"里的 132 个祠堂是最吸引那些从村里走出去的人们回乡的地方，因为他们的童年和少年时的大部分时光都是在那里度过的。"宏村"的祠堂、名园不仅体现了乡村的自然美景，更体现了"宏村"根深的文化底蕴。

"南湖书院"是"宏村"文化的杰作，书院总面积 4 500 平方米，厅堂高大宽敞，气宇轩昂，湖光山色，开阔胸襟。近 200 多年以来，几多学子，在"非为报应方为善，岂为功名始读书"的哲理思想指导下，启蒙于此。因此，可以说 600 多年前"宏村"人的人生哲学对物欲横流今天的人们也应该是有借鉴意义的。虽然时间在飞跃，科技在日新月异地发展，但人还是人，天还是天，

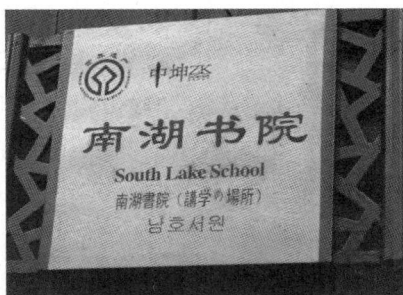

"宏村"南湖书院

地还是地，天地总是在笑说人别太张狂，顺其自然，返璞归真，才是正道。

"情"是"宏村"的又一特点。在任何社会和制度下，都可使人与人之间增进理解，使一个企业增强凝聚力。当你去过"宏村"后，发现那里的村民关系很和谐，民风淳朴、邻里间的人缘关系敦厚。仿佛使你看到了你看不到的东西——"宏村"的无形资产，那就是家族情、乡土情、人情。

Grace·任听了我滔滔不绝的对比描述后，对我说，"'宏村'村民的亲情、乡

情、人情在当今社会发展和建立现代股份制企业、培育企业文化方面也是非常值得借鉴的"。我和 Grace·任都认为，我们俩今天虽然都已经经商 20 载，但是祖国经商的传统文化必须传承，比如晋商的"诚信为本"、徽商的"贾儒结合"等。我始终相信一条道理，任何社会制度下的社会及企业，"以人为本"是一个社会和谐、企业成功的基础，是一个社会安稳进步的保障。我相信，"宏村"水脉必将会继续代代相传，中华文化"学能时习而有专"。

对于我们在中国共产党领导下建设社会主义市场经济架构的历史时期，我们的各级政府、企业都应该提倡和学习"宏村"精神，建立学习型的企业与和谐社会。如果人人都能像"宏村"人那样，做到"几百年人家无非积善，第一等好事只是读书"的话，中华民族几千年文化延续就可保持强劲的动力，徽商的"儒"思想就会保持下去，徽州商人的特点是鲜明的，商人一旦赚钱，要么教子读书、获取功名；要么捐官建房、光宗耀祖，代代相传。■

韩日世界杯汉城会友

（日记片段，2002 年 7 月 7 日，星期日）

2002 年世界杯在 5 月 31 日至 6 月 30 日期间由亚洲两个国家合办，这两个国家是韩国和日本。一个月以来，很多国内来的朋友都来找我，连续陪同朋友看球，还真有些累了。

三友大哥等朋友来韩国看世界杯，团组中除了三友大哥外，还有田书记夫人、毕业于北方交大的金光赫、高莹等，我提前一个月就买好了票。中国队首场比赛那天，我们一行 7 人租了一辆面包车，从汉城开车来到光州，观看中国足球队的比赛。

2002 年世界杯时与狂热的韩国球迷合影

进入赛场前，我为大家买来了印有国徽的中国啦啦队的队服和帽子。

整场比赛中，哥斯达黎加队的前锋队员罗纳德·戈麦斯（Ronald·Gomez）表现出众，为哥斯达黎加队首开纪录，最后比赛结果为 0:2，虽然结果令从千里迢迢赶来助威的我国广大球迷失望，但这也是预料当中的事，实力不如人嘛。

其实，不但体育比赛如此，金融服务也要靠技术、产品、服务等实力来说话。

国内来的朋友感觉到，韩国人非常团结，民族感极强，这种民族感的表现形式，从"世界杯"比赛现场就能看到。

在 2002 年韩日联合举办的"世界杯"的比赛中，每当有韩国队出场比赛，汉城市中心威士町广场上都是一片红色的海洋，只要是韩国队将球带过半场，"Bi Sheng Korean（韩国人必胜）"的喊声就响彻夜空。如果韩国队进球，狂欢的场面在整个地球上都是难以见得到的。当韩国队冲进 16 强时，韩国人在广场上搭建起了大型舞台，在树上装上高音喇叭，之后的场场比赛都是一片令人激动的狂欢。有两次下班，我根本无法回家，因为交通全部被堵死，我干脆索性买了一件红色的并标有 Be the Reds！的 T 恤，加入了人的海洋。

最后，韩国队取得了第四名的好成绩，这是继 1966 年朝鲜队挤进 8 强后，亚洲队在世界杯上取得的最好成绩，被永久地记入了"世界杯"的史册。赛后，主教练希丁克被韩国人视为功臣，在韩国高校硕士研究生的"领导艺术（leadership）"课程上，被人们视为领导成功的楷模。

看球期间，我还陪同老朋友一起参观了汉城龙山战争纪念馆，也讨论了历史上中韩关系等一些问题。

汉城龙山战争纪念馆位于汉城的中心地带，共有四层展厅，一层从半岛远古时代介绍，一层是近代史展厅，两层为朝鲜战争展厅，韩国人叫韩战展厅。

纪念馆从外观看上去十分壮观，在正面两侧建有两

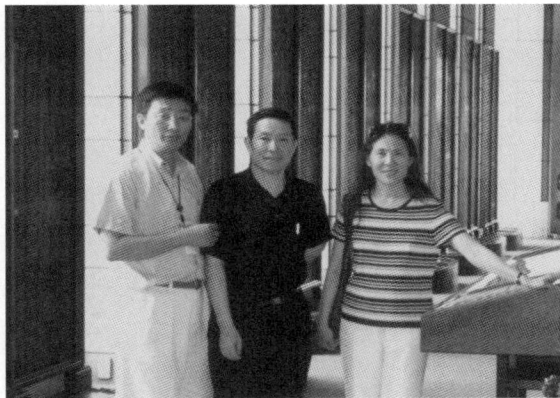

**与三友大哥、珊姐在汉城龙山
战争纪念馆合影（左一为作者）**

道"护城河"，水质清澈。正门前的广场有我们天安门广场的五分之二大，当初联合国军 16 个朝鲜战争参战国的国旗分挂在广场弧形地段两侧。此外，两侧还摆放了"二战"以来使用过的 20 多种战机及 30 多种坦克和装甲车实物。

关于远古展厅和近代史展厅，我们在国内的中学历史课中都早已学过，从南北朝到宋代的这部分内容和国内的教材所介绍的有些类似，但也有一部分突出介绍了朝鲜半岛的"5000年文明史"，给参观者的感觉是民族主义超越了历史。■

与韩国延世大学师生交流

（日记片段，2003年3月6日，星期四）

应延世大学国际学院文正元（Chung－in，Moon）院长的邀请，今天我回母校韩国延世大学交流，主要是给延大商学院的学生讲解"银行与企业的贸易纠纷"，今天是惊蛰。

这次我被邀请回母校，主要交流的题目是如何解决"韩中贸易纠纷"。

我知道，近些年来快速增长的中韩贸易使韩国成为与我国贸易量第三大的国家，但随着国际贸易的增长，中韩的双边贸易纠纷也时有发生，在代表处时期，我亲自处理过多起。在交流中，谈到"信用证UCP500"条款。

信用证是随着国际贸易的发展而产生且日益完善起来的一种国际贸易结算方式。由于在原有商业信用的基础上加上了银行信用，因而为世界上多数国家的银行和商人普遍采用。所谓信用证是指一家银行（开证行）按照其客户（开证申请人、买方）的需求和指示，或自己主动向另一方（受益人）卖方所签发的一种书面约定。根据这一约定，如果受益人满足了约定的条件，开证行将向受益人（卖方）支付信用证中约定的款项，即信用证是银行开立的有条件的承诺付款的书面文件。虽然在信用证下银行对单据规定了"单证一致，单单一致"的付款条件，但由于信用证适用领域的跨国性及银行审单时强调的是信用证与基础贸易分离的书面形式上的认证，即银行业务处理中只管单据，不管合同，也不问货物，银行只要收到与信用证条款表面相符的单据即须付款。至于交易是否真实，货物是否存在，银行均不负责。因而暴露了信用证最明显的天然存在的"漏洞"，以至于常为不法商人行骗所利用，客观上使信用证方式存在一定的风险。

国际商业银行的国际贸易结算业务通常是通过其海外分行提供信用证服务进行的，这类业务不但可以为银行带来可观的手续费收入，也可带来较理想的利息收入，但如果运用不好，就会被欺骗，给银行带来风险，造成损失。因此，全面熟悉掌握此项业务对于经营这类业务的银行一线职员来说非常重要，这方面的知识和操作技巧不仅仅是单纯对业务流程熟悉程度的问题，更涉及银行职员对风险防范的意识及对应变的处理能力。从具体的进出口业务角度讲，参与的企业来自各个方面，有生产厂商、进出口商、运输公司、保险公司等。

从银行提供的服务和收费方面讲，处理单据/付款涉及海内外多家机构，总体上讲有通知行（Advising Bank）、保兑行（Confirming Bank），细分为押汇银行（Negotiating Bank）、付款银行（Paying Bank）、转押汇银行（Processing Bank）、寄单银行（Remitting Bank）和清算行（Reimbursing Bank）。银行的手续费收入主要来自通过提供各类信用证（L/C）服务，而信用证结算种类也有多种，最常见的有付款交单（D/P）和承兑交单托收（D/A）。在这些业务中，银行根据业务的笔数进行计价收费。

从有关法律事项和防范风险层面上讲，原则上银行在任何时候都不介入出口商和进口商之间的买卖纠纷。但是从我行以往的业务分析，纠纷是存在的。为了防范风险，使资金不受损失，银行经办人员首先要做到严格审单，同时注意由于货物市场价格变化引起的付款争议，这样就可以规避风险，使银行摆脱可能被迫卷入的法律诉讼。目前，国际上经办此项业务的主要法律依据就是《跟单信用证统一惯例》——UCP500。

自1933年国际商会公布《跟单信用证统一惯例》以来，已经先后做过数次修改，在1951年至1983年32年的时间里，前后修改了4次。1983年公布的版本为《跟单信用证统一惯例》400号，1994年1月1日，《跟单信用证统一惯例》500号又在400号的基础上做出重要修改，新增了一些规定，现在使用的是《跟单信用证统一惯例》500号版本，它成为世界各国银行和贸易公司处理信用证问题的法律依据，采用的国家和地区共有165个。

从专业角度来讲，由于信用证往往会涉及很多特定专业术语，修改前的UCP400中有些术语是模糊的，容易因理解不同引起纠纷，UCP500对一些模糊词汇及特定术语作出了较明确的解释，UCP500具体在以下六个方面做出了修改，增加了新内容，由于受篇幅限制，本文对这些修改只做概要性提示，具体内容修改可查阅英文原文。

一、总则与定义部分增加了两点新内容

1. 经办行处理信用证的独立性；

2. 强调了信用证本身的独立性。

二、信用证通知部分有八点新规定

1. 确认信用证的不可撤销性；

2. 强调并加重了通知行的义务与责任；

3. 规定了信用证修改的处理方式；

4. 确认议付信用证项下汇票的受票人必须是开证行或由其所指定的银行；

5. 确认受益人对信用证修改的处理方式；

6. 对受理单据的银行增加了限制；

7. 进一步明确了议付内涵；

8. 增加了对于预先通知的有关规定。

三、责任义务方面的七点新规定

1. 确认了银行审单标准；

2. 规定了审单范围；

3. 限定了银行的审单处理时间为七个工作日；

4. 界定了银行处理单据的范围；

5. 确认开证行可商申请人接受不符点单据的范围；

6. 规定了开证行、保兑行拒收单据的时间；

7. 确认了银行服务费提供方式。

四、单据部分六点调整

1. 规定了正本单据的署名方法；

2. 确认了副本单据的相关规定；

3. 指定了辨别真伪方式；

4. 对运输单据增加了若干规定；

5. 对保险单增加了两项规定；

6. 修正了对商业发票的三点规定。

五、其他部分的三点变化

1. 受益人支取信用证金额允许有 5% 的减幅；

2. 对装运及装运日期有了新规定；

3. 严格限制使用"迅速"、"立即"、"尽快"等装运术语。

六、可转让部分四点变化

1. 对转让银行行为加以限制（UCP400 无规定）；

2. 对保留修改权等加以明确；

3. 转让银行对修改拒绝的通知具有同意和不同意权利；

4. 第二受益人对信用证的修改具有同意和不同意权利。■

参观韩国中央大学有感

（日记片段，2003 年 12 月 20 日，星期六）

一大早，老朋友罗炳录带我参观了位于韩国汉城汝意岛的国会总部。参观后，我们又驱车来到位于汉城市中心铜雀区的韩国中央大学，他向我详细介绍了这所大学的情况。

中央大学是韩国近 200 所高校排名中排在延世大学、汉城大学和高丽大学这三大院校之后的一所著名综合类大学，历史悠久。这所大学给我留下了深刻的印象。

中央大学始建于 1918 年，是一所具有悠久历史传统的韩国著名学府，在历年的韩国大学评比中，韩国中央大学综合排名均在前十位。

包括汉城中央大学本部及在京畿道安城市的第二校区，学校共有 18 个本科专业和 14 个研究生院。拥有 2.7 万名本科生，3 900 名硕士和博士研究生，600 名教授和 400 名员工。中央大学设有文学院、理学院、工程学院、法学院、政治经济学院及教育学院等。

文学院专业包括韩国语文学、英美文学、德国文学、日本文学、历史、哲学、社会福利学和儿童福利学等专业。教育学院有教育学、婴儿教育、英语教育、物理教育、家庭经济教育等专业。在韩国，中央大学文学院和教育学院的社会福利、儿童福利专业、婴幼儿教育专业最为著名，听说韩国幼稚园半数以上的老师毕业于中央大学的文学院和教育学院，由此可见这所大学该项专业在韩国的影响力。

与其他韩国大学一样，韩国中央大学的工程学院设有土木工程专业、机械工程专业、电子与计算机工程专业及化学工程专业等。据说，在 20 世纪 60 年代韩国重化工经济政策的第二个"五年计划"里，中央大学工程学院为韩国提供了大批的所需人才。

中央大学的法学院和工商管理学院与延世大学和汉城大学比较则显得逊色些，中央大学法学院只设有法律和公共管理学专业，而延世大学则设有国际私法、国际公法、民法、经济法、刑事诉讼法等各项法学和法律专业。中央大学的商学院，也只有会计学、国际贸易学专业。

中央大学除了教育学院闻名韩国外，其艺术专业、新闻专业及影视表演专业更是学校的优势学科。多年来，中央大学戏剧系、影视系和摄影系均在韩国大学排名中列第一位。韩国很多著名演员都毕业于这所大学，崔秀英、高雅拉、白承贤、崔真实、金喜善等著名韩国演员或是毕业于中央大学影视表演专业，或是在那里进修过。

韩国中央大学在艺术以及影视表演的地位很像我们中国的北京电影学院、中央戏剧学院和上海戏剧学院。为此，由国家投资，在中央大学为韩国建立了国家艺术教育系统，中央大学还拥有自己的艺术博物馆和正在建设中的数码资源中心、巨型多媒体中心以及政府计划投资的设计管理中心等。

实际上，韩国中央大学对于中国人来讲并不陌生。1969 年 8 月 17 日，国民党元老孙科先生访韩期间，时任韩国总统的朴正熙亲自主持仪式，在孙科参加的仪式上，中国革命先驱孙中山先生获得了韩国最高勋章"建国功劳勋章"。韩国人用此方式来表达他们对中国人民的感谢，感谢孙中山先生领导下的国民政府支持韩国早期复国运动所作出的功绩。的确，在民国时期，中华民国政府曾为韩国流亡政府在浙江、上海等地提供了活动场所及资金帮助，这些场所至今仍保存完好。在那次孙科访韩期间，孙科还参加了纪念韩国（朝鲜）独立运动家金九的活动，当场被韩国中央大学授予了名誉博士学位。金九是韩国家喻户晓的早期爱国人士，他在上海成立了"大韩民国临时政府"，并担任最高领导人，他在中国转战南北，坚持抗日运动。今天，在韩国的小学课本里，有专门介绍金九爱国活动的课文。

提起民国往事，我的祖父杭海（席洋）先生（字：云涛）早年就是追随孙中山先生革命的国民党元老之一，他担任孙科秘书多年，是国民党立法委员。他早年还是南社①成员、上海《闻报》编辑，在金陵大学执教多年，与邵力子、上官悟尘、蒋鼎文、杭立武以及被毛泽东主席命名为"一字先生"的罗元贞教授或是同事或是挚友。

辛亥革命时期的祖父

---

① 南社，1909 年 11 月 13 日创建于苏州，发起人是陈去病、高天梅和柳亚子三人。他们都是同盟会会员，孙中山先生之忠实信徒。南社成员以同盟会会员为骨干，多是知识界革命激进分子，其活动中心在上海。辛亥革命前夕，在绍兴、沈阳、广州、南京相继成立南社分社，分别称做越社、辽社、广南社和淮南社。武昌起义后，又在上海、广州、杭州、北京、南京等地设通讯联络部门，称做南社分支机构。此时社员已有 300 人之多。此后，入社者日众，最多时达到 1 200 余人。辛亥革命前后，在孙中山先生"驱除鞑虏! 恢复中华"的号召之下，创办报纸、出版刊物，鼓吹革命，宣传民众，拥护共和之声浪，遍及全国各大城市，势如潮涌。在数十家报刊中，其创办人、主持人、编辑和负责撰述重要文稿的南社社员，计有百数十人，故南社荣获同盟会宣传部表彰，时有"文有南社，武有黄埔"之盛誉。

韩国岁月话金融
—— 一位银行人士的海外工作随想录

罗元贞教授与祖父感情颇深，平时习惯地称席洋先生为"云涛"。后来，我父亲被铁道部调往山西工作，经常与在山西大学历史系工作的罗教授有联系，也和祖父在京的其他民国好友保持着联系。记得在我幼年的时候，父亲每次到京出差，都带我去看望全国政协委员邵力子和上官爷爷。

罗元贞教授是广东人，毛主席之所以称罗教授为"一字先生"，那是因为他曾大胆地帮助主席在诗词中改过一个关键的字眼。我的祖父在"文革"中被迫害致死后，罗教授在为怀念我祖父所写的诗词中，按照其称我祖父惯用的"云涛"的名称，在《雪中漫步寄云翁东郊》一诗中，写道"同谁霜鬓共飘萧，朗笑高吟久寂寥。九陌难寻东郭履，一时无语望云涛。""何来凤柳遍天涯，道韫才华自昔誇。此絮由公拢作被，好如孤鹤入芦花。"这首诗在祖父诞辰百年的时候，首次发表于《山西文学》上。

不仅仅是罗教授给予祖父很高的评价，祖父的其他好友对他的评价也很高。祖父杭海（席洋）先生的另一位好友赵云峰先生在祖父百岁诞辰的时候，写了一篇题为《我的同盟良师》的文章，刊登在 1988 年 6 月 24 日《山西政协报》第 4 版，缅怀孙中山先生等老一辈中国革命的先驱。赵老的文章《我的同盟良师》摘录如下：

杭席洋先生，名海，安徽定远人。早年曾随孙中山先生从事革命活动。由于德才兼备，刚正不阿，胆识过人，颇受中山先生所赏识与器重。

民国初年，在孙中山先生主持下，由席洋先生领衔主编《平民》期刊，宣传革命。孙中山先生亲为刊物题签。当时，林森、孙科等许多要人均在刊物封面上签名留念。创刊号上，席洋先生曾题七律一首："平民底事有新刊，只以人心石比顽。大笔淋漓秦汉后，布衣踯躅皖淮间。轮埋莫斥豺当道，嵋负宁期虎出山。片纸风行殊未易，瓣香常祝朵云还！"

革命激情，溢于言表。当时和者甚众。抗战期间，刘仁航先生曾携周恩来同志亲笔信赴延安和席洋先生参加革命工作，中途，刘因搭轮不幸失事遇难，迄未如愿。

席洋先生博学多才，雅擅吟诗撰联，与南社柳亚子先生等均称莫逆，酬唱颇多。席洋先生昵称柳为七哥，可以想见两人交情之笃。先生除主广学会等高级讲席外，还荣任中华国学研究院副院长等职。

席洋先生著作甚丰，诗作特多，自号"万诗楼主"；联作更富，素有联圣之称。"下笔千言，倚马可待。"先生足以当之。

记得癸卯冬，有一天下午我去先生寓所看望，正巧先生去政协开会未归，我才留了几句话，托邻人转达。先生返寓后，马上驰函赠书嵌名诗一首："云树苍茫人去远，峰峦飘渺子来迟。诗狂日暮吟梁甫，偏荷常山赵氏知。"

心迹相亲，于此可见。实则我比先生小三十五岁，而先生与我则结成忘年之交，令人感佩。二十年前，我曾有诗悼念杭老。今天在纪念席洋先生百岁诞辰的时候，谨以原诗末句"几人凭吊万诗楼"作结。■

2015 年春节期间，作者探访 92 岁高龄的赵云峰老人，左一为赵云峰（山西省政协委员）、中间为郭华荣（原《青少年日记》主编）、右二为作者。

参观韩国开发研究院

（日记片段，2004 年 1 月 3 日，星期六）

前天外交学院同学张云来韩国出差，我没有时间带他出去。今天是周六，一早我带他到"韩国开发研究院（Korea Development Institute）"参观。

这是一所较特殊的机构，有点像我国的"社科院"，我曾在韩国开发研究院（KDI）完成了金融银行学方向 MBA 的全部课程。学校主要设有三个专业，它们是国际经济学专业、国际政治学专业和国际 MBA 专业，学校也开设了上述专业的博士课程。

韩国 KDI 商学院坐落在韩国 KAIST（国家科学技术研究院）院内，是亚洲金融危机后，为了研究东亚经济、金融模式而创办的一所国际经济研究机构，可授予硕士学位和博士学位，是我国教育部承认的韩国高等研究机构之一。

2000年我有幸获得奖学金参加 KDI 的金融银行学方向 MBA 课程的学习，我发现，这里与以前我在大学研究生院学习比较，确有不同之处。

特点一：这里的教授清一色地毕业于美国常青藤院校，而且多数是具有 10 年以上的在国际知名银行、麦肯锡等高级咨询公司工作过的经济、金融及管理方面的专业人士。

特点二：它面向全世界招生，我的同学有来自美国、俄罗斯、罗马尼亚、越南、蒙古、哈萨克斯坦、中国、巴基斯坦、斯里兰卡、印度、菲律宾、英国、保加利亚、加拿大、韩国等国家的人，多数人都是在这些国家政府的经济部门或银行工作了 10 多年且有一定经验的学员，大家在一起学习、讨论，主要是围绕案例进行研讨，每次都感到收获不小。

特点三：学校采取全英文授课，估计这在亚洲也是不多见的。因为，据我所知，香港中文大学、香港科技大学、国立新加坡大学商学院也有英文教学，但同时采用汉语进行教学，这些院校属于双语教学院校，而 KDI 完全与他们不同。

特点四：所有教学围绕案例进行，比如：管理学课程就有可口可乐公司的内部管理文化；CISCO 的发展历程及东亚企业管理文化与欧美公司管理文化的差异等。金融课程有美国商业银行的发展研究、韩国第一银行的重组、大宇集团企业的资金链供应管理等。

另外，这所院校的学习环境非常好，两个人一个宿舍、四个人一个学习室，学校的电脑机房可谓韩国高校中最先进的。

学校还建有一流的网球场、羽毛球馆等。两年来，我经常和来自我国的外经贸大、南开大学、吉林大学的同学一起参加学校的各项活动，在这里学习、生活环境幽雅，经济研究课题超前。

毕业于哈佛大学肯尼迪学院的 KDI 副校长李胜周每次都在学校的开学典礼上自豪地称，"KDI 是亚洲的'哈佛大学肯尼迪学院'"。■

我知道的水源三星文化
（日记片段，2004 年 1 月 4 日，星期日）

今天是周日，我带国内来的同学去了三星，再次体验到三星的管理文化。

晚上，我拿起笔想写出自己的感受，女儿在一旁看到后，把我早前的日记本递给了我，我翻开日记本，看到了我当时写下的感受。

应三星集团人力资源部郑部长的邀请，今天，我到位于水源的三星公司总部交流我国专业银行向商业银行模式转变后的服务变化，一位驾驶着三星 520 型轿车的师傅，把我从代表处接到了水源。

在韩国很有意思，大宇公司的人买大宇制造的汽车，比如大宇王子等品牌的车子。现代公司的员工买现代公司产的汽车，比如索纳塔、伊兰特轿车。而三星为了攀比，也开始涉足汽车制造业，三星 520 型轿车是刚刚下线不久的三星轿车品牌。

在韩国四大集团企业中，三星集团与现代集团、大宇集团、LG 集团同为韩国大型家族式企业，在世界 500 强中，都有显著的位置，三星最有名的产品品牌是电子产品。

在三星，李建熙董事长出面礼节性地接待了我。随后，我来到一个大的会议室，与三星中高层管理人员、三星中国子公司主要负责人进行了交流，交流活动持续了 4 个多小时，讨论也非常热烈。

在交流过程中，我发现三星非常重视员工培训。在提升创新能力、竞争力培训方面，三星投入了大量的资金，每年按照计划由计划财务部直接划拨给人力资源部。这种投入和务实的培训是三星成功的关键所在，在这方面，三星是全球做得最好的企业之一。一方面，由于三星建立了长期的企业学习型文化，使三星的各项业绩逐年提高。记得第一次去那里交流是在我刚到韩国上任后不久。我是在 9 月份去的，从当时的公司统计数据看出，1966 年前两个季度的业绩创历年来同期最高纪录、大幅增长，较上一年同期分别上升 30% 和 37%。通过分析发现，以上业绩主要来自于新一代电子产品生产及销售的增长。由于固定收益和股票资本市场的强劲表现，同期三星的业绩超过其他韩国大企业。

另一方面，优良业绩的取得来自于公司对市场的准确定位，更来自于员工的创造力。而准确的定位来自高素质的员工队伍。因为，三星高层始终这样认为，员工必须是最称职的行业专家。他们通过在企业内部建立学习型团队，形成了整个企业的学习气氛，充分发挥了员工工作上的创造性思维能力。在三星，人力资源部平时总是利用一切可能的机会对员工进行培训。长期以来，三星员工从上到下，通过学习、培训等手段，不断提高竞争能力，使企业具有快速的应变能力，从容应对剧烈的市场变化。所以说，建立学习型企业文化是三星发展壮大的秘诀。

实际上，自 20 世纪 90 年代以来，三星在同业中一直保持着领先地位，大有赶超日本索尼公司的趋势，三星正在朝着全球最具实力的电子产品生产商的道路昂首阔步地前进。三星的电子产品不仅卖到周边国家，还远卖到了开普敦、圣保罗，几乎在世界各国，你都能买到三星的电子产品。在世界各国的商店里，有索尼，就有三星，没有索尼，也有三星。

由于重视学习、不断提高员工的技能，三星受到各行各业的广泛认可，它拥有包括众多世界知名公司在内的客户群体，阿尔卡特、美国在线、时代华纳、戴尔、富士、IBM、英特尔、美国强生、LG 电子、默沙东医药、摩托罗拉、NEC、百事以及飞利浦、莫里斯等都是三星的大订单客户。

三星的经验告诉我们，建立企业学习型团队的重要性，电子行业企业要随着市场的变化，通过在岗培训和对新生事物的认可，不断转变领导者和员工的思想观念、思维方式和行为模式，增强业务整体管理能力、业务发展能力和市场竞争能力。电子行业企业的发展应建立在一种扁平的、人性化的、可持续发展的组织基础之上，它的主体是包括个人在内的整个组织，它应该具有持续学习、与时俱进的能力。

如今，三星集团公司已在全球范围内建立起了创造新产品、探索最新融资方式、提供最佳售后优质服务的良好声誉，而声誉的产生是通过公司杰出员工的贡献，周到的客户服务和准确的市场定位，三星文化已经被世界上很多的同行所借鉴。

另外，国人或许已经知道，三星还有一支著名的足球队，名字就叫"水源三星"，韩国的很多世界级球员都曾在这个球队效力，朴智星就是其中的一员。■

第二部分
我看韩国政治经济体制

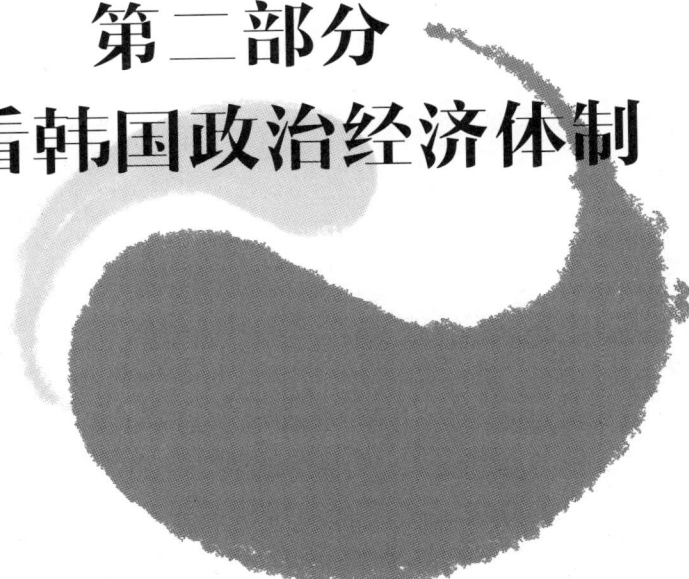

一、 最影响韩国历史的三位总统

导读：促进一个国家、民族经济的发展和繁荣，主要取决于领导人的领导思维和他对国家的管控能力。在韩国的历史发展过程中，应该说最影响韩国政坛和经济发展的总统有三位，他们是韩国建国初期亲美独裁的李承晚，促使韩国经济快速发展的朴正熙，以及化解金融危机、促进半岛局势缓和的金大中。

在韩国工作、生活占去了我整个职业生涯中四分之一的时间。这期间，我亲眼目睹了韩国金融危机和韩国式的金融改革，体验了金泳三时期、金大中时代和卢武玄任期后韩国政治经济转型特殊历史时期的变革，也经历了中国建设银行从决定撤销驻韩机构，到经过我的努力最终把汉城代表处升格为汉城分行的特殊历史阶段，可以说，这种经历在我一生中都是难得的阅历和宝贵的人生财富。

在这9年的时间里，我一直思考着一个问题，那就是"什么样的经济和政治制度及政治管理方法最能够促进一个亚洲国家（民族）经济的发展和繁荣呢？"这个问题在学术界和政界长期以来就是个一直没有统一结论的话题。

我认为，促进一个亚洲国家民族经济的发展和繁荣，主要取决于领导人的领导思维和他对国家的管控能力。在韩国的历史发展过程中，应该说最影响韩国政坛和经济发展的总统有三位，他们是韩国建国初期亲美独裁的李承晚，促使韩国经济快速发展的朴正熙，以及化解金融危机、促进半岛局势缓和的金大中。

亲美独裁的李承晚

李承晚是朝鲜（韩）半岛在大多数人没有读过书、不了解西方世界的历史年代里，以启蒙的精神，召唤朝鲜民众反帝反封建的先驱者，他是大韩民国第一任"民选"总统。

李承晚生于 1875 年，于 1965 年去世，是韩国历史上第一位总统制度下的国家总统。

我第一次听到李承晚的名字是在我小的时候，当时的小女孩跳皮筋时，有首儿歌是这样唱的，前面两句话我记得不清楚了，最后一句是"坚决打倒李承晚"。当然，这种称呼是在特定的历史条件下，对立着的双方中一方对另一方大人物攻击所使用的语言。

李承晚是一个极具戏剧性的人，他一生跨越了韩国在 19 世纪、20 世纪中最为动乱的年代。在他身上具有两面性，一面他有着根深蒂固的儒家思想，另一面他又是一位极力倡导西方自由的鼓吹者，他为了推进韩国民主，在 1899 年被当局关进监狱 5 年。但历史就是这样捉弄人，李承晚在 1960 年被愤怒的韩国学生打倒，政权被人民推翻。当今，他在韩国民众心目中的形象很有意思，评价他为独裁者的人要多于说他是推动民主自由的人。

李承晚受过最好的教育，在他被判入狱的 5 年里，他首次通过大量阅读书籍杂志，了解了西方世界。他拥有乔治华盛顿大学的本科学位、哈佛大学和普林斯顿大学的硕士学位和博士学位。

在李承晚的一生中，有 37 年在美国度过。他多年的美国教育背景、他坚持反共的立场和他在日伪时期强烈的反抗精神，让美国人看中了他，使他成为美国托管时期的韩国总统，而那一年他已经 75 岁了。

李承晚流亡美国后，虽然逐渐转变为一名基督教徒，他的妻子也是基督教徒，是一位奥地利人。但李承晚的天性并没有改变，他向往权力的野心并没有因为年事已高而有丝毫的减退。

在韩国民众眼里，他是一个阴险狡猾的危险人物。他不合潮流，运用陈腐的观点和所谓的民主机制达到其荒谬绝伦的专制。在一些美国人眼里，他是一个"激动好斗的独裁者"。

李承晚执政后，对一些韩国反对分裂的斗士进行了残酷的镇压。曾参与在中国上海成立朝鲜半岛临时政府的政治人物金九，在日伪统治半岛时期，积极领导人民反对日本的殖民统治。在韩国举行大选后，面对李承晚在半岛南部的阴谋，金九向半岛人民发表了《向三千万同胞泣诉》的声明，反对半岛南部进行的独裁选举，组织半岛56个政党和社会团体举行会议，表示不承认半岛南部的独选结果，要求外国军队从半岛撤军。

上述行为激怒了李承晚，1949年6月，李承晚为了铲除异己，指使陆军少尉安斗熙在一个叫京桥庄的地方，刺杀了主张朝鲜（韩）半岛统一的、被称为"国父"的金九，从而巩固了其亲美的政治统治。

历史证明，李承晚这样的资产阶级政治人物，当他身处反帝反封建的革命时代时，是民族中优秀的革命旗手、人民的代表。在《卢泰愚传》中，把李承晚的成功归于其奥地利妻子，两人从《共产党宣言》中寻找到共同的理想，后来又成为基督教徒。李承晚自己说"我越来越醉心这类外国宗教教义，私下里，我开始认为耶稣在某些方面几乎可与孔子并列（理查德·艾伦《韩国的李承晚》，英文原名：*Korea's Syngman Rhee*）。"但李承晚做了国家元首之后，在领导民族复兴的同时，他自命不凡，搞起个人独裁来，大肆拘捕和杀害不同政见者，在韩民众中的威信大大下降。

但不管怎么说，1898年7月8日李承晚在培才学堂（今培才大学）学习期满时，用英语首次发表了《论朝鲜的独立》的长篇演讲，赢得了600多位韩国政商界的掌声。在日本统治朝鲜半岛的20世纪30年代，组成中国上海第一个朝鲜流亡政府的人是李承晚。在美国扶持下，大韩民国第一任"民选"总统还是李承晚。因此，可以说李承晚对韩国建国初期的政治倾向有着重要的影响。

促使韩国经济快速发展的朴正熙

朴正熙出生于1917年，童年时代是在极其艰苦的环境下度过的，那个时候的朝鲜半岛人民在日本殖民统治下主要从事农业经济，他们饱受欺压，一年下来收入少得可怜。在这种条件下，朴正熙的父母给他灌注了一种精神，那就是自尊心和自信心，使他从小就坚信，任何困难都是可以克服的。

韩国在李承晚执政后期，骚乱频频发生，有可能毁灭这个国家。1960年4月28日，一个以内阁首脑许政为首的过渡政府从形式上接管了李承晚政权，但令韩国民众不解的是，人们看到许政政权成为李承晚统治的一种延续，使其在执政伊始就失去了人民的支持与信任。尤其是许政政权秘密动用军用飞机将李承晚及其家人送往夏威夷，这一行动激怒了韩国人民，国内上下一片抗议声。李承晚时期的副总统李起鹏为了避免在大庭广众之下受到羞辱和法庭的审判，携全家人在汉城市郊的私人休养地集体自杀身亡。

为了打击发对派，许政公开宣布，要立即惩处那些参与非法选举的人。但他很快发现，由于自己的行为使他在政治上处于一种极为尴尬的境地。由于他曾与李承晚政府过往密切，而那些韩国民众反对的腐败官员多数又是他的政治幕僚和好友，这些使得许政在处理这些人时总是高抬贵手。因此，他虽然成为韩国形式上的元首，但却失去了实际的政治权力，行政权则由总理为首的内阁授权确认，因为总理是由国会投票产生的。在一贯由总统说了算的韩国，这段历史成为其政治体制中一个特殊的历史阶段。

朴正熙军事政变前，半岛局势非常复杂。在美国人眼里或用美国人自己的话说，在这个时期，朝鲜半岛由于受到半岛北部的政治宣传对韩国的影响，美国人对韩国的局势非常不满。参议员迈克·曼斯菲尔德明确表示，希望局势稳定，使整个半岛根据奥地利中立化模式，真正统一起来。

美国驻联合国代表阿德莱·史蒂文森也公开表示，美国将同意朝鲜共产党人坐在联合国的会议桌旁，来讨论半岛统一问题，前提是，共产党政权无条件承认联合国维和部队的权威和决定。美国的表态使处于学潮中的韩国大学生极为兴奋，但学生们天真的理想主义意识与其政治经验、阅历和历史革命感极不相称。学生们认为，韩战（朝鲜战争）对他们来说只是一种模糊的童年回忆，可他们哪里知道美国人表态的意图以及这种表态不但是朝鲜所不能接受的，更是民族主义极强的朴正熙也不能接受的。

在民族危难之时，1961 年 5 月 16 日凌晨 4 点，朴正熙率领 3 600 名军人向首都汉城进军，用发动军事政变取得了国家政权。后来，朴正熙在他所著的《国家、革命与我》一书中描述了这场动人的壮举，书中他这样描述当时的情景"天已黎明！是这场革命的象征，是我们国家的象征！是一个不同以往的崭新的早晨！踏在金浦的革命路上，我凝望着晨辉，冉冉升起的太阳伴随着我们前进。我永远也不会忘记队伍中那些年轻革命军人脸上的神情，他们是在冒着生命危险追寻国家革命"。在他领导下，军队进驻汉城后，很快接管了国家政权。

朴正熙从本质上具有一种极其鲜明而且非常简朴的特点，临时接管政权后，他对许多高官那种喜好奢华的习惯极为蔑视。来到汉城初期，很多军队高官及前政府高级官员前来拜访他，朴正熙不管你官衔有多高，都拒绝为来访者举行豪华铺张的欢迎和告别大会，尽管他明白这种做法不讨官员们的喜欢。朴正熙的这种风格是他在军队担任低级军官时养成的，得罪了许多过去的上级。

在韩国立国后的一段时间，韩国从 1945 年到 1959 年，李承晚政权总共得到 23.9 亿美元的经济援助，这在当时是一笔巨款。而这笔钱却没有被用在经济建设上，国家经济表现萧条、年年衰退，数百万人没有工作。1959 年占人口总数 90% 的农民虽然创造了 GDP 的 40% 产值，但他们仍挣扎在贫困及饥饿线上，年年的通胀更是折磨着全体韩国人。那时，韩国已经从原来的粮食出口国变为粮食进口国。当然，现在看来，一个国家若要从农业国向工业化国家转变，保证经济转型中人民的生活水平稳步提高，对任何一个执政者来说都是一个非常严峻的考验。

朴正熙于 1962 年开始在韩国实行"五年计划"，他的努力使韩国在短短的 30 年时间里，创造了举世闻名的"汉江奇迹"，使国家由一个贫弱的农业国家变为富强的工业国家；由一个在美、苏、中、日势力夹缝中求生存的附庸性质的小国变成世界第 11 大经济体，在东亚地缘政治中占有重要的一席之地，打下了后期发展的根基，因此，美国学者曾把朴正熙称为"斯巴达式的刚强军人"。

当然，任何事物的发展都有其不足之处。在韩国实行"五年计划"过程中，由于朴正熙几乎是在零基础上促进经济发展的，许多执行中存在错误在所难免。其中，最为严重的错误就是货币改革政策的改革没有获得成功。1962 年 6 月 10 日，新投入市场的韩元与旧币的兑换率为 10:1，这使韩国全国立刻陷入一种全面的经济混乱和难以遏制的通胀之中。这说明了金融政策制定者在新货币政策出台前，一定要尽可能多地考虑到可能发生的不利事件。对此，朴正熙把所有错误都揽到自己身上，保证了推行"五年计划"的顺利进行，鼓舞了士气。

朴正熙是个不讲空话、注重行动的实干家，他素来对那些以堂皇之言来哄骗上级愚弄下属的人嗤之以鼻。有一次，朴正熙在调查"新农村社会运动"取得的成绩时，客观地指出，"落后的状况在一夜之间的根本改变纯属幻想，我们不能指望一夜间改变落后，'新农村社会运动'中绝不允许'急功近利'"。

正是在他的正确管理下，韩国完成了从一个贫穷落后的农业国家转型为发达的工业国家；从依赖外国贷款和进口，发展到每年有上百亿美元贸易顺差的国家，成为一个在高新科技产品上能与世界工业强国竞争的国家。在 20 世纪 80 年代，韩国曾以亚洲"四小龙"闻名于世，令世人刮目相看。从朴正熙"独裁"统治中，韩国经济得到快速发展的结果看，韩国这类国家在实现经济转型的特殊时期需要独裁手段。

意志坚韧不拔的金大中

与朴正熙相比，金大中在其政治生涯中，他所经历的坎坷可谓世界历史上罕见，有些像曼德拉，极其富有传奇性。

在金大中的政治生命中，有 6 次被监禁入狱竟然还能生还，在 16 年中有 55 次被软禁，还有 2 次被流放到异国他乡。在 1971 年一场策划的车祸中，金大中竟能死里逃生。在 1973 年韩国政府情报人员策划的东京绑架中，他又险些被沉入大海。在 1980 年"光州事件"后，金大中被判了死刑，但最终他都挺了过来，或许是上天在保佑金大中。一生中，他经历了他人难以想象的挫折与磨难，才使他的意志如此坚不可摧。金大中的经历在当今世界政治人物中，只有曼德拉可与他比肩。金大中 73 岁时能够当选为韩国总统并带领韩国人民走出金融危机，足以证明他的执着和能力。

为了韩国人民，金大中完全是靠其在政治上坚韧不拔的奋斗和领导才能，在 1998 年 12 月 25 日走上韩国最高统治权力的巅峰。金大中曾对我说过，他的偶像是范仲淹。我国北宋名臣范仲淹任副宰相时，励精图治，一心为民。在他主导的庆历新政期间，社会稳定、百姓和乐，许多已废弛不办的事情都兴办起来，不愧为有思想、有能力的政治家、文学家和军事家，范仲淹两岁的时候就失去父亲，家中贫困无依。他年轻时就有远大的志向，常常用冷水冲头洗脸，经常连饭也吃不上，就吃粥坚持读书。做官以后，常常谈论天下大事，奋不顾身。以至于有人说他坏话而被贬官，由参知政事降职为邓州太守。面对现实，应当怎样做官呢？他经常朗诵自己作品中的两句话："先天下人之忧而忧，后天下人之乐而乐"。

金大中就是这样的人，他早年贫困，其心目中树立的远大理想与范仲淹有很多类似之处。金大中早年生长在韩国的木浦，由于家庭的破落，其早年生活十分窘迫。1954 年 30 岁的金大中开始参与政治活动，从此开始了其长达 40 多年的政治生涯，他反对李承晚的傀儡政策和朴正熙的独裁统治，被誉为韩国民主斗士的象征。他当选总统、宣誓就职后，走进了青瓦台总统府，并在 2000 年因促成朝韩两国首脑的首次会谈而获得 2000 年诺贝尔和平奖。

在任内，金大中对韩国的政事一件一件地理顺，尤其是实现了为促进南北统一的平壤之行。虽然，金大中刚上台就遇上了韩国的经济危机，但他头脑冷静，以开放、民主、国际化的思维解决了经济危机、金融危机、外汇危机、管理危机等一个个棘手问题，最终带

朴正熙（左）与金大中（右）

领韩国人民走出危机。三年后，韩国经济恢复并且超过 1997 年亚洲金融危机前的水平。人民对他的评价是"敦厚、锲而不舍和坚韧不拔。"

金大中竞选那天，我在居住的江南阿布古炯洞社区投票站，亲眼目睹了韩国民众的总统民选投票进程，当时我饶有兴趣地询问一位选民，"你认为最有希望当选总统的人会是哪位候选人？"他对我说"应该是金大中。"阿布古炯洞是韩国的富人区，也就是今天的"江南 Style"作者生活

的地段，这个地段的民众足以左右韩国民主选票的天平。

那一年，韩国新政治国民会议的总统候选人金大中以 40.4% 的得票率，最终战胜了大国家党候选人李会昌和国民新党候选人李仁济，当选韩国新一任总统。

这种结果来得很不容易，因为李会昌曾连续参加总统竞选，经验丰富，而且他代表的是韩国上层社会和韩国经济腾飞后的经济利益受益者群体，选票在两次民意测验统计中都列第一。而国民新党候选人李仁济当时不到 50 岁，不仅在年龄上占了优势，其所代表的韩国新一代人的吸引力也是不可低估的。

屡败不衰的金大中在年逾古稀之时，第四次参加总统竞选终于步入青瓦台总统府。金大中与李承晚一样，都是在 70 岁后才当选为韩国总统的。李承晚当上总统时是 75 岁，金大中走马上任时是 73 岁。

虽说两人都是 70 岁当选韩国总统，但意义截然不同。李承晚是在特殊年代有外部势力干预扶持下成为韩国总统的，而金大中则是在世界民主政治得到较大进步与发展后，靠民主选举产生的韩国总统，是真正意义上的民选总统。

当金大中已经确定选举获胜后，好像上天也相信了他的能力。12 月 19 日，汉城股指比上一个交易日下跌了 21.7 点，收市于 397.02 点（The Korea Times，Dec. 20，1997）。但有趣的是，金大中故乡全罗道地区的企业股票看涨，人们惊奇地说道，"难道股市"也要政权交替吗？

金大中当选后，突出强调了韩国政府扶持中小企业的重要性。由于放出了风声，大财团的现代、大宇、三星、LG、SK 等巨型企业的股指平均下跌了 6% 左右。美元与韩元汇率则以 1：1 530 开市，在一度上升到 1：1 660后，收市于 1：1 550（The Korea Times，Dec. 20，1997）。利率方面，公司债年利比 17 日上升 2.38%，达到 26.14% 的水平。

很多实例都证明，人只要有信心，什么困难都不会畏惧。金大中上任初期，韩国经济正面临金融危机，对于金大中来说，面临的挑战可想而知。但金大中靠其坚强的毅力和理念信仰，靠其对政治经济的管理能力，赢得了韩国民众的信服，这就是信心的力量。

平易近人的金大中

（日记片段，1997 年 9 月 23 日，星期二）

延世大学学生金乐是金大中办公室的秘书长，今天，下课后她带我去汉城乐天饭店（LOTTE Hotel）参加一项活动。在那里，我和美国同学 MIKE 与即将参加韩国总统竞选的金大中先生进行了长达 40 分钟的谈话。小金是金大中政党办公室的负责人之一，对中国人很友好。

金大中先生今年已经 72 岁了，但他看上去精神很充沛，他告诉我："40 多岁才开始学习英语，是在监狱里学的"，我听后很受感动。

我对金大中先生说，"20 世纪 70 年代我在中国读中学时，从电视新闻中经常听到您的名字，在中国，像我这个岁数的人都知道您，您是很多人心目中崇拜的英雄。在那个年代，在我国的电视新闻节目中，每天都能看到有关的新闻报道，今天能面对面向您请教一些问题，我非常高兴"。

金大中先生听后很高兴，与我谈了 40 多分钟。当然，他谈的最多的是他理解的"民主"。

金大中的思想特征鲜明，谈话强调了人民性、民主性、自由性和国家的开放性。

在我问他如何认识韩国经济快速发展等话题时，他认为过去韩国的几届政府都过度地干预了经济发展，这种干预几乎包括各个领域，从市场定价、投资分配、信贷供给及劳资关系。金大中认为，一个发达的国家必须要走向贸易自由化，韩国政府应该鼓励国外企业来韩国投资，韩国 chaebol（家族企业）必须走出国门才会有大的发展。

交谈中，我向他谈了我对韩国金融体系的粗浅观点，韩国银行虽成立于 1909 年，但实际上发挥作用是在 20 世纪 60 年代韩国实行第一个"五年计划"时开始，韩国的《银行法》是在 50 年代制定的，60 年代初修改完善后就基本上没有大的改动。在中央计划经济的指导下，在 20 世纪 60 年代中后期，韩国的银行业发展有些类似于我国银行领域在 20 世纪 70 年代末和 80 年代初的架构，属于政府主导下快速发展的金融繁荣与经济增长模式。也就是说，韩国的 18 家商业银行建立初期是从专业银行起步的，比如，1961 年韩国成立了中小企业银行，顾名思义，很容易使人了解它的作用与服务对象。韩国在 1963 年成立了国民银行，成立目的是为家庭和个人提供金融服务的专业银行。1967 年，韩国成立了外换银行，该行在 30 多年的服务功能方面，非常类似我国的中国银行，专注于外汇业务。此外，像韩国产业银行、住房银行、第一银行等无一例外地从名称上就可以知道其服务的目标客户群体，这样的金融体系早晚会改革。

他听了我的话后，略微点点头，我感觉他是一位能认真听取年轻人观点的长者。

通过谈话，我觉得他是一个胸怀大志的人，虽然没有上过正规的大学，但是他的知识非常渊博，虽是一党领袖，谈话却平易近人。我想，韩国就要盼来一位有能力的领导人了。

分手时，他接受了我的建议和邀请，安排时间到我的母校——北京外交学院进行一次演讲。■

作者与金大中总统的合影（左为作者）

二、 韩国经济发展过程中的 "五年计划"

导读：1999 年，因为《黑龙江经济参考》的约稿，我系统地研究了韩国经济发展模式，并在《黑龙江经济参考》上发表了自己的看法。韩国与我国一样，在经济起飞阶段，也就是在 1997 年亚洲金融危机前，实行的也是"五年计划"经济发展模式。我们国家是在 1953～1957 年实行的"一五"计划，而韩国的第一个"五年计划"则是在 1962～1966 年实行的。之后，韩国在 30 多年的时间里执行了七个"五年计划"。在实行"五年计划"期间，韩国政府按照规划，在强烈的"爱国主义"精神方针指引下，重点落实各个阶段急需发展的产业，制定出了一系列向工业化国家发展的目标。

如何理解民族经济发展模式

在韩国工作期间，我总算明白了计划经济和市场经济的概念。

邓小平曾经说过，市场经济不是资本主义制度下的专利，社会主义也可搞市场经济。反过来讲，计划经济也不是社会主义国家经济发展的专利，资本主义制度下的韩国，自 20 世纪 60 年代初期开始，也实行了计划经济发展模式。

无论是我国社会主义制度下的计划经济还是韩国资本主义制度下的计划经济，其首要工作是计划的编制。计划与实际情况是否相符？计划能否实现国家的战略意图和政策？计划能否有效地实施？以及计划的变更或调整及其影响会怎样？都是政府需要考虑的首要问题。

回顾世界经济发展史，民族工业经济发展时期形成的企业集团，在各国都有不同形式的表现。这种现象最早源自欧洲，在一个国家实现政治改革、经济结构转型进程中，人们都能看到集团企业的影子，欧洲的瑞典、德国和法国有这种现象；拉美的墨西哥、巴西也是如此；亚洲的印度、巴基斯坦和菲律宾更是这样。因此，韩国出现具有其民族特色的集团公司，是与其长期的民族文化历史紧密联系有关。

韩国大企业崛起之路

在这个世界上，人们看到很多国家的经济被大家族企业、大集团所左右，这种现象在韩国更为明显。如今，没有人不知道现代、大宇、三星、LG、SK、韩进、双龙、汉华、Kumho、乐天、东上、大林集团公司。可以说，这些公司在韩国政治、经济生活中无处不在。韩国的这些公司，都是在"五年计划"实施进程中发展起来的。

同我国一样，韩国在经济发展过程中，靠制定"五年计划"并按照计划逐步实现国家经济建设目标。但与我国不同的是，韩国的第一个"五年计划"是在 1962 年开始实施，而我国的第一个"五年计划"则是在1953～1957 年实施，那个时候我还没有出生。

"五年计划"引方向

我国是在社会主义计划经济思想原则指导下建立的社会主义国家经济建设"五年计划"，而韩国则是在强烈的民族主义思想指导下建立起的资本主义经济建设"五年计划"。但从"五年计划"实现目标看，政府对五年内计划完成的目标十分明确。

我国"一五"时期的基本方针和任务是以重工业为主、以轻工业为辅，通过发展农业，促进民族工业的进步。

当时，由于考虑了抗美援朝因素，中央制定了"边打、边稳、边建"的以重工业发展为主的建设目标。而韩国的第一个"五年计划"是在朴正熙执政时期的 1962 年才开始执行的，比我们晚了 11 年。其计划目标是着手建立一个能够使韩国迅速脱离经济贫穷落后的恶性循环状况，为自立经济打下基础，为建立韩国经济发展模式而寻找方法。

"一五"期间，在朴正熙"干总比不干强"的思想指导下，韩国主要采取了以下一些措施：

第一，充分而有效地利用闲置资源，努力提高土地利用率（因韩国可耕地有限，而且大面积的可耕地面积几乎没有），提高农业的产值，创造就业机会，通过大力发展农业，主动积极地去改变农村长期以来的落后状况。

第二，建立进口替代模式，通过积极开展对外贸易来打开国际市场，目的是改善国家收支结构，积极寻求获得更多的外汇资源，为日后民族工业的起步创造条件。

第三，为改善国家因战争而被破坏的基础设施，充分利用其地质地貌发展水泥工业，以为满足未来工业发展提供支持。

第四，利用民间和社会资本，鼓励扶持民族企业。这个时期，现代集团、大宇集团和一大批私营企业开始实现业务转型，即从家庭作坊式和单一的业务结构模式向集团及多元化企业模式转型。例如，现代集团原来是一家小型的建筑公司，大宇集团最早是一家成衣厂等。

这些企业在学习和引进美国、日本先进技术的同时，开始寻找发展韩国经济的道路。这期间最需要提到的是，日本向韩国提供了必要的资金援助，而对于日本向韩国提供资金一事，我是在延世大学研究院文正元教授提供的秘密资料中发现的，而我们以前一直以为韩国经济建设初期，主要资金提供国是美国。

韩国模式显成效

韩国的第一个"五年计划"成效显著，最后的年度国民生产总值居然超过了原计划，达到180.6亿美元，人均国民生产总值也超过原计划，达到613美元。经济年增长率为8.5%，超出了7.1%的计划。工业产值以年15%的增长率向前发展，工业产品出口近3亿美元，突破了几乎是零的对外贸易的落后状况。韩国的就业人口在"一五"期间年年增长、国民储蓄增加，人民的基本生活需求得到了基本的满足，可见，"一五"为韩国经济发展开了一个好头。

韩国的第二个"五年计划"是从1967~1971年实行的。在"二五"期间，韩国的政策一是要农业从单一结构向深层次、多样化转换。同时，大力开发水利资源，为农业发展提供保障。二是集中发展石化、钢铁和机械工业，为工业化真正起飞奠定基础。而我国的第二个"五年计划"是在

1958～1965 年实施的，这期间，实际执行是从 1961～1965 年，因为 1958～1960 年，我国领导层面对经济指标有所争议。出于政治考虑，也就是以反对"右倾保守"为由，将指标扩大。我国修改后的"二五"计划各项经济主要指标都大大提高，钢铁产量要达到 1 200 万吨、煤炭 2.4 亿吨、原油 800 万吨、发电量 500 亿度、化肥 450 万吨……这个计划脱离了实际。"二五"期间，我们除了高端军工产业有所突破外，其他计划均出现了问题。

而韩国在"二五"期间，由于计划得当，加上国际因素，韩国的石油化学工业、钢铁和机械工业均有了快速的发展，浦项制铁公司就是在这个时候真正起家的。

与此同时，全国的合成纤维工厂和机械制造厂等如雨后春笋般地出现在各地，满足了一些工业领域的需求。工业的发展使得就业率大大得到提高，这阶段，韩国形成了自己国家工业体系雏形。

在"一五"和"二五"期间的十年时间里，韩国实现了从"进口替代型"向"出口导向型"战略发展的转变。

"三五"之后变飞跃

韩国的第三个"五年计划"是从 1971～1976 年实施的。这时期是我们的"四五"时期，我国正处在"文革"后期，经济建设几乎停滞不前，没有可比性。而全球经济当时也受到了石油危机的冲击，整个世界经济一片暗淡，但韩国基本上没有受到什么影响。

韩国"三五"计划目标是以追求特定行业快速发展进行设计的计划。这时期，韩国的重化工业和汽车制造、造船等都得到了快速的发展，为出口创汇作出了突出的贡献。这个计划为韩国之后 20 年的经济发展打下了坚实的基础。

1998 年，大宇集团组织外资银行驻韩机构主要负责人前往位于韩国西南部的大宇群山汽车制造厂参观，我和中国工商银行汉城分行副总经理孔祥国、中国银行汉城分行副总经理孙鲁伟都参加了那次活动。参观后，我对韩国的汽车工业发展速度感到惊讶。

截至 1997 年底，大宇群山汽车制造厂年产汽车 350 万辆，与当时同期我国的汽车制造厂产能相比，令人震惊。

在整个活动中，大宇集团先是安排我们乘坐大宇汽车生产的大巴士，从汉城向南挺进，途中我们参观了大宇造船厂，大宇兵工厂。

参观造船厂后，给我留下的印象是韩国短期内将在造船总吨位上超过世界第一的荷兰。在韩国，不仅大宇有造船厂，现代集团重工的造船厂比大宇重工规模更大，生产能力更强。

在参观大宇兵工厂时，我们用大宇生产的冲锋枪进行了实弹射击，感觉非常好，不管是性能还是外观，都比 AK47 强多了。在那里，我们还乘坐了大宇重工生产的轻型坦克及装甲车，从颜色和带有 UN 的标识上，我断定这是大宇重工接到的联合国订单，专门为维和部队生产的坦克。

韩国在第三个"五年计划"期间成绩的取得，主要是政府突出强调了重化工业的快速发展思路。在朴正熙总统《重化学工业宣言》的号召下，提出了"重化工业立国"的方针，为此，政府制定了对该行业有利发展的优惠专项税收制度。

此外，为追求发展均衡，韩国在国家工业化发展的同时，没有忽视对土地的管理。韩国在 1964 年光进口粮食就达到 110 万吨，但在 1976 年，韩国的粮食供应能够达到 70% 的自给，这也是"三五"计划实现的目标之一。

"四五"之后促转型

韩国的第四个"五年计划"是在 1977～1981 年，在改善经济结构方面，其主要目标为：一是投资资金的自给自足，减少对外的依赖。二是增强产品出口在国际市场的竞争力，使国家外汇收入得到必要的保障。1977 年，韩国出口额突破了 100 亿美元，当年国民生产总值（GNP）增长 9%。三是促进了产业结构的调整，实现了工业强国的目标。而我国在"四五"（1971～1975 年）期间，由于处在"文革"后期，计划两次做出调整。

韩国在"四五"期间，积极鼓励和支持技术开发，政府鼓励企业自主技术创新，制定相关政策，对技术革新给予奖励。自那时起，韩国的工业产品在全世界与日本产品展开了激烈的竞争，这让我终于找到了 80 年代当我在科威特工作时，为什么能够看到市场上有大量的韩国工业产品的答案。在 1986～1987 年，韩国 LG 牌的洗衣机，三星的收录机等电子产品靠其价格优势，迅速占领了整个中东市场。这期间，我在科威特、约旦、埃及、阿联酋等国看到的是韩日家用电器产品各占一半江山的局面，令人吃惊。

而在那个时候，我国和韩国还没有建交，中国人对韩国是十分陌生的。但我在中东地区能够见到韩国的建筑工人和"大韩航空"的漂亮空姐，在科威特当我们碰到韩国工程师时，双方都想接触，但又都担心政治问题，我们只能私下交谈。韩国工程师对中国人很友好，我们每次交谈中，韩国人总愿写一首唐诗送给我。

1988 年底，当我即将完成在中东的任期时，我公司毗邻营地的韩国现代建设工程公司的金京函工程师前来送我，为了表达他的情感，他将亲手用汉字书写的"海内存知己，天涯若比邻"送给我。这两句诗源自我国唐代诗人王勃的诗《送杜少府之任蜀州》："城阙辅三秦，风烟望五津。与君离别意，同是宦游人。海内存知己，天涯若比邻。无为在歧路，儿女共沾巾。"没想到，韩国人对我国初唐四杰诗人王勃如此熟悉，这说明了中韩两国共同文化的渊源。

为了相互鼓励，我知道韩国人对两位我国光照千秋的圣人——文圣孔子和武圣关公都非常喜欢，我在他的笔记本上写下了"希望中韩两国人民的友谊能经历风雨的考验，跨越千年久传不衰。"我还在他的笔记本的第二页上，写下了我们都熟悉的千锤古训，关公教子的四句话"读好书，说好话，行好事，做好人"。

"五五"、"七五" 快提速

韩国在"五五"到"七五"的十五年时间里，工业发展速度迅猛，使韩国成为世界经济强国之一。截至 1996 年底，韩国人均收入突破了一万美元大关，国际贸易量位于世界第十三位，汽车制造业成为世界第五大国，造船总吨位瞄准了世界第一的位置。

　　我估计，在未来五年里，韩国电子工业产品的发展大有超过日本之势头。这个阶段，韩国由于国家经济结构的成功转型，社会和谐也得到了促进。韩国政府通过对国民进行教育，使各类企业对建立社保体制有了深刻的理解，提高了国民的养老保障待遇，在国家经济转型过程中，促进了整个社会的和谐发展。社会的和谐，促进了下一轮次的经济结构转型，形成良性循环。

　　从朴正熙时代开始制定并实行的"五年计划"起，在30多年后，韩国一跃成为一个被世界普遍关注的国家，把这个功劳归功于朴正熙理所当然。

　　1961年5月16日，朴正熙在描述韩国时是这样说的："当时我感到，好像把一个被窃空的国家或是一个破产了的商行甩给了我，让我去收拾。"韩国今天的富强应该归功于朴正熙，是他在1961年上任后彻底改变了这个国家。

　　从韩国的实践看，我在延世大学读研时曾提出了一个观点，亚洲国家和地区要想使民族经济高速发展，在一定的历史时期，国内不能发生动荡或内乱，强硬的政府体制是实现经济腾飞的前提和保障，因为我们亚洲国家和欧美国家体制形成有着根本的不同。

三、 我看韩国的政治经济体制

导读：韩国的政治体系有其特色，修改后的《宪法》规定总统只能任期一届，也就是五年的任期，这就对政策制定的连贯性提出了挑战。韩国的大企业具有多元化结构的鲜明特点，大家族企业的发展模式形成了韩国的工业基础，以"现代集团"和"三星集团"为代表的韩国企业是国家民族工业的支柱。同时，银行在韩国经济腾飞时期，扮演了重要的角色。

一看韩国政治体制

1998 年 6 月 19 日，延世大学邀请了青瓦台总统办公室秘书朴先生（Park Jin）博士给我们介绍韩国的政治体制，使我对韩国的政治体制有了进一步的了解。

韩国虽然不完全像美国那样属于一个三权鼎立的政治体系，但是，韩国总统的权力是受到一定约束的，国会是制衡总统权力的最有影响力的机构。

韩国宪法第一条第二款规定："大韩民国的主权属于全体人民，一切国家权力均来自于人民"。宪法条款界定了韩国是一个民主国家，最明显的体现就是确定了军队在政治斗争中的中立原则，韩军属于国家，是国军，不属于任何政党。

在执行宪法规定方面，可以说韩国国会充分扮演了"民主"先导的作用。在韩国，国会的地位普遍受到国内外政治家的关注，因为韩国国会是韩国国民代表的机构；是一个立法机关；更是政府的制衡机构，韩国国会与政府、法院、宪法法院等机构共同构成国家最高权力的中心，彼此相互联系，又相互制约。

韩国是总统制国家，但国会实际的权力很大，它对总统任命的总理有同意和不同意的权力，它不是橡皮图章。韩国国会有权被告知包括总理在内的各级政府官员的聘任，国会有权向被质询者提出管理质询，有权弹劾总统等。

韩国政府与政治的体现是由宪法、国会、总统、政府机构的组织与权限、法院及行政文化等诸多方面构成。韩国宪法贯穿并继承了 1919 年"3·1"运动建立的大韩民国临时政府的法统和 1960 年"4·19"起义所显示的抗拒非正义的民主理念，在宪法序言中，特别强调了韩国上海临时政府的法统，那就是追求和平统一和民主改革及独立的精神。

韩国国会的权限主要包括：①立法权限；②财政权限；③对政府的监督权；④国庆检查权；⑤政府部长的选任权和审批权以及对总统的弹劾权等。韩国国会位于汝矣岛，白色的弓形建筑非常别致。在韩国，国会的权力相对较大，内部的斗争也较复杂。我的朋友罗炳禄先生曾两次带我进入国会，因此，我认识里面一些人，有时候，大家一起坐下来喝茶，讨论经济、探讨民主在人类社会中的演变等问题。

韩国在追求国会民主制度的社会进程中，希望建立两院制的制度，但与英国、美国等两院制有着根本的不同，韩国实际上执行的是一院制。在韩

韩国国会争斗场面

国的"民主"式体制下，国会的权力较集中，决策出现分歧和判断出现偏差的情况出现频率也高于其他一院制的政府。因此，在韩国，看到国会争斗的场面，甚至动武的镜头国民已习以为常。

1998 年 9 月 20 日那个周末，我通过两天的阅读，对韩国的政治体制有了一定的理解。韩国的政制体制为创造"汉江奇迹"起到了积极的推动作用。其基本因素包括：稳定的宏观经济环境的创造；高储蓄和集中投资的效果；高质量的人力资源的创造；任人唯贤的官僚体制；收入的公平分配；出口导向型经济模式的产生及对外商投资的接受等。韩国在特定时期，通过成功引进外商直接投资，成功地完成了国家向工业化的转型。

韩国岁月话金融
—— 一位银行人士的海外工作随想录

在韩国政府中，总统的权力最大，因为国家实行的是总统制而非内阁制，国务总理协助总统的工作，而总统又是靠民选产生的，所以，总统的思想、智慧、创新是韩国一个时期政治经济发展的舵手。自光复后，韩国先后产生了六位有影响力的总统，他们是倔强孤傲的政治家李承晚，强人朴正熙，独裁统治者全斗焕，在黑暗中转折的卢泰愚，在创新旗帜下的金泳三，塑造新国家的金大中。给我留下最深印象的是朴正熙和金大中，前者是在冷战时期我所受教育留下的印象，后者是我在韩国金融危机中认识的朋友。

1997 年 11 月 15 日，鉴于韩国正面临的经济危机，国际货币基金组织负责人康德苏来到韩国，以国际大救星的姿态来与韩国政府商量向韩国提供资金援助。韩国政府会不会顺势开口呢？这成为当时多数银行界人士所普遍关心的问题。韩国人如果不张口借钱，相信美国政府肯定会坐不住的，很多韩国民众开始担忧。但我对新一届政府充满信心，相信金大中的能力，因为，金大中在 1983～1984 年就通过哈佛大学出版社出版过经济论著《大众参与经济》，他懂经济，在韩国历届总统中，唯有金大中写过专门谈经济的书籍。

据说，以往在韩国政府与国际组织的接触中，美国人最了解韩国人的心思。

韩国的 KBS 电视台驻美国记者已经向国内透露了美国政府和一些金融机构已经开始制定援助韩国的规模，韩国可能会得到 600 亿美元的援助。其实，在外汇储备大量减少后，韩国要想维护稳定与发展，除了向国际组织借款外，已经没有其他选择了。一些人士认为，能借来钱就说明了韩国在国际政治中角色的重要性。

1997 年 12 月 20 日出版的《朝鲜日报》刊登了媒体对刚刚上任总统金大中的采访。采访中当被问到"总统先生对国际货币基金组织的援助如何看待时"，金大中回答得很直接，他对记者说"现在国家最重要的是要恢复经济，增强民众对政府的信任。我相信，政府换人后，领导将会得到很大的改善。对于与国际货币基金组织签订的合作方案与协议，必须要诚实地尽快落实。"

采访中，有记者问到"经济外交的具体计划和日程时"，金大中首先从美日中关系开始回答记者，"会尽快与布什总统、桥本龙太郎首相、江泽民主席进行进一步磋商。"这番讲话表明了金大中政治上的老练。他的目的很明显，就是力图先从三个大国入手，建立关系，改变韩国当前的困境。

他的全篇发言发出一个信号，新政府将从三个方面开展外交工作。第一，加强与周边大国的友好关系；第二，求得合作，妥善商量解决东北亚问题；第三，希望得到大国援助与支持，重建韩国经济。

金大中总统的发言，使我三个月前与其谈话时对他能力的判断得到了证实，他在政治上的成熟、勇气与诚实，令我感觉到韩国有希望了。

根据有关资料，亚洲金融危机前的1997年，韩国国民家庭年收入已经达到2.8万美元，人均收入为1.3万美元，比1996年增长6.4%，已经接近发达国家水平，但是亚洲金融危机的冲击和通货膨胀会使金大中上台第一年面临严峻的挑战。金大中政府将面临一系列的问题，他需要考虑如何使国家经济尽快恢复，以及如何偿还国际货币基金组织的580亿美元贷款等。

实际上，早在1998年1月，金大中就已经开始组建新政府，我在青瓦台的朋友向我透露说，金大中的改革主要体现在以下几个方面。第一，鉴于他对主管经济金融副总理的负面看法，新政府将不再设立这个职位；第二，将财政经济院改为财政经济部；第三，对韩国的金融体制进行改组，可能会对原央行的职能一分为二，即：韩国银行只负责国家宏观经济政策研究、货币政策制定等政策性工作，对于银行的监督与管理，将划归新成立的韩国金融监督院。如果新的金融体系搭建完成，韩国的金融监督与管理将会彻底摆脱政府干预，实现转型。

在报纸刊登的新闻中，议会成员几乎包括政府经济部门的所有"一把手"，有对外经济贸易部门的部长、财长、央行行长、金融监督院院长等十几人。1998年3月5日，按照国际货币基金组织的要求，韩国政府宣布了一条重要消息，今后将会定期召开由总统主持的"经济政策会议"，这意味着总统对经济权力的上收，因为，以前类似的会议都是由主管经济的副总理主持召开，金泳三时代，总统对经济形势了解有限，造成当金融危机都已经到来时，政府的大部分官员还都处在麻木不仁的状态，形势迫使金大中亲自挂帅主持经济工作。

由此看来，韩国的总统还将会在经济政策制定中发挥强势作用。

二看韩国银行体系

民族经济腾飞时期，银行扮演了重要的角色。在 1997 年亚洲金融危机时，在韩国 1 500 亿美元的外债中，银行外债占了三分之二。

一方面，像一些经济转型国家政府一样，韩国政府在经济转型过程中，为保证企业发展中对资金的"有效利用"，对银行进行了严格的控制。这样一来，当企业成为交易市场的主体后，在组织过程中，参与者变成了政府和它控制下的银行。政府同银行之间的关系，类似于政府中介下及它所控制下的银行与企业之间的关系。

政府在组织层面控制着银行体系的运作，其组织结构是典型的层级结构。在这个层级结构中，政府与银行变成了上下级关系，政府与银行之间存在着密集的双向的信息流动。在政府控制下，银行被赋予了众多的政治、经济与社会职能，从动员组织资金到配置资金，救助困难大型企业，银行不得不执行政府的经济金融政策，向财政透支，征收通胀税等。银行成了一个半商业化半政治化、半独立半依附的组织机构。

韩国经济转型时期这种特有银行体系的存在状态，与银行同政府之间的层级制结构不断地相互适应和补充，在相当长的时间内，表现出其内在的合理性和稳定性。

另一方面，在实施工业经济发展计划时，韩国政府同时也意识到单纯依靠商业银行已经无法满足经济重建急需的大量资金。为了配合实施政府的"五年计划"，加大政府对金融企业的控制，韩国对原经济体制下的银行法规进行了较大的修改，通过各类专业银行的建立，为企业融资开辟了多种融资渠道。

依照这一发展思路，韩国不断组建各类专业银行。1954 年成立了韩国开发银行，保证向经济重建和战后的大规模经济建设提供资金。1967 年又先后组建成立了韩国住房银行、国民银行等专业银行，以保证居民住房、教育、国民保健和社会福利事业的发展。之后，随着国家经济的恢复发展，进出口成为韩国经济持续发展的关键。韩国于1976年4月，在外换银行的基础上又成立了进出口银行，主要负责进出口项目的资金融通。因为，20世纪70年代后期，政府把各类韩国生产的产品出口当做压倒一切的任务。

这类具有政策性特征的韩国专业银行还有韩国中小企业银行、国民农业合作联合会、渔业合作联合会等，它们分别活动于与其名称相对应的经济领域。主要为满足这些相关产业和战略部门的资金需求，为其提供中长期信贷，配合政府政策促进经济持续稳定地发展。

韩国通过以上各类专业银行的建立，使韩国逐步向多样化的融资体制过渡，形成了具有韩国特色的专业银行体系。

在国家经济快速发展时期，韩国的专业银行类别齐全，几乎应有尽有，细分为韩国产业银行（KDB）、韩国国民农业合作联合会（KAAC）、韩国进出口银行（EXIB）、韩国中小企业银行（KICB）、韩国住房银行（KHB）、韩国外换银行（KEB）、国民银行（KKB）、水产业中央联合会、畜产业协同中央联合会、相互信用金库和韩国信用保证基金库（KCGF）等，在韩国经济发展过程中，这些银行各司其职。

但不管如何改变银行结构，最后借款责任方都变成了银行。从1997年10月下旬开始至11月19日，韩元每天都在下跌，11月20日跌至1 139韩元兑换1美元，到了1998年1月21日，已跌至1 723韩元兑换1美元（The Korea Times，Jan. 21，1998），与1997年年初相比，跌幅达104.9%，跌破韩国民众心理承受大关。当时，韩国排名前30位大企业自有资本充足率仅为18.2%，因为韩企的大部分资本都是直接或间接地来自银行贷款，而贷款利息远远高于美国和日本等发达国家。

韩国企业的指导思想是，即使借款，也要迅速扩充企业规模。截至1997年底，在国家1 500亿美元的外债中，银行外债就占了三分之二。这种状况迫使后危机时期韩国政府开始大刀阔斧地整顿银行机构。表1是整顿开始后第一轮被兼并的银行统计情况。

表1　　　　　　　整顿开始后第一轮被兼并的银行统计情况

金融危机以来的韩国国内银行间合并情况：

＊韩国住房和商业银行＋东南银行⇒韩国住房和商业银行

＊新韩银行＋东华银行⇒新韩银行

＊韩美银行＋京畿银行⇒韩美银行

＊韩国商业银行＋韩一银行⇒韩汇银行

＊韩亚银行＋忠清银行＋宝莱银行⇒韩亚银行

＊朝兴银行＋江原银行＋忠北银行⇒朝兴银行

＊国民银行＋大东银行＋长期信用银行⇒国民银行

资料来源：根据作者在韩国研究时的笔记整理。

三看韩国国有企业的特点：多元化结构明显的韩国国企

与美国国有企业在国民经济中微不足道的影响及与日本国有企业分为行政财产和普通财产比较，韩国的国有企业最明显的特征就是多元化的结构。

在韩国，政府企业包括邮电局、铁路厅、农村振兴厅等都属于国企。另一类国企就是政府投资的机构，比如：产业银行、中小企业银行、住宅银行、韩国烟草公社、韩国电力公社、韩国石油开发公社、大韩住宅公社、韩国电气通信公社、韩国水资源公社、韩国土地开发公社、韩国农渔振兴公社、韩国观光公社等也都是国有企业。

自1962年实行"五年计划"以来，韩国实行了计划经济使国家从农业转为工业化发展道路。截至1992年的30年发展期间，国有企业的预算规模随着国有企业公司的不断成立使其在向自由市场经济发展的进程中反而不断增大，到1993年，仅韩国中央国有企业的总数就达到了138家，职工总人数39万人，其在国民经济中所起的作用越来越大。1993年度国企总预算规模为81亿韩元，相当于政府一般财政预算的2.1倍。由此可见，我们以前对韩国所谓市场经济的认识有偏差，换句话讲，韩国过去30多年的发展是计划经济主导下的市场经济体系。

韩国国有企业都是根据政府有关法律建立的，有限公司类的国企则依照《商法》成立。通常是政府先立法，然后国企根据所谓的《特别法》建立。浦项制铁就是一个典型的例子，政府为此专门制定了《浦项制铁特别法》，除此之外，韩国电力公社、韩国通信公社都是根据类似法律建立的。

韩国国企主要分布领域为交通运输、电力、金融保险及其他服务行业，基础设施比重占大头。其经营成果由政府承担，政府通过国有专业银行进行信贷投放和管理。管理者由政府委派，但实际上企业的运行需要按照政府批准的事业报告计划执行，最高经营层没有决策权。韩国国企的薪酬由企业自己决定，利润可以用于该企业的发展，国家只收缴法人税。

1998 年 10 月 6 ~9 日，我利用中秋节假日的时间，总结了一下韩国政府在经济发展中的作用。

新兴工业国家的政治经济学观点认为，政府在经济发展中的作用会导致两个结果。一是出于政府整体利益的考虑，政府会促使私营经济实体为政府目标服务。二是政府官员的占有欲最终会导致政府干预经济，使民族经济朝着政府希望的方向发展。韩国就是这样一个国家。通常，任何市场经济国家的政府，都是通过法律规范企业的经营活动，来维护市场竞争原则，政府作为一个供应者、参与竞争者、消费者，同企业间发生着相互作用的关系。政府作为一个供应者，可把它拥有的大量资源给企业；政府作为参与或竞争者时，扮演的是投放产品和提供服务支持的角色；当政府作为一个消费者，就是从企业那里购买产品和服务，包括办公设备、电子产品及军事采购等，所有上述行为，都对企业经营活动有重要的影响。

四看韩国家族企业的特征：
三大家族企业的发展形成的韩国工业基础

在 1997 年亚洲金融危机前，一提起韩国，人们首先想到的就是现代、大宇、三星的名字，几乎无人不晓。它们属于三个大的家族。

1997 ~1998 年在韩国出现金融动荡期间，我认真研究了韩国家族企业的发展历程。

韩国的社会都是以家族、家系为中心形成的，在韩国经济实现从农业化国家向工业化国家转型的 30 多年发展进程中，对家族和家庭的忠诚始终是韩半岛民族的价值观之一。但与日本经济发展时期的家族集团大企业

（Zaibatsu）不同，英文给韩国集团大企业的名称是 Chaebol，它们的发展模式有类似之处。但这些日韩企业与欧美国家的私营大企业有所不同，比如杜邦公司（Du Pont）和摩根集团（Morgan），美国这类公司对于附属企业的经营不像日韩集团公司干预得那么多。

民族工业经济发展时期形成的企业集团在各国都有不同形式的表现，这种现象最早源自欧洲。在一个国家实现政治改革、经济结构转型进程中，人们都能看到家族集团企业的"大影子"，欧洲的瑞典、德国和法国有这种现象；拉美的墨西哥、巴西也如此；亚洲的印度、巴基斯坦和菲律宾更是这样，为此，日本、韩国出现这类集团公司是与其长期的民族文化联系紧密相关的，但其特点鲜明。

美国学者给 Chaebol 是这样做的定义："拥有两家或更多家的具有独立法人地位的集团公司，能生产多样化产品、提供多元化服务的企业。"在韩国这类集团企业特点有五个：其一是产权归属一个家族、管理单一；其二是独立于他人的企业；其三是产品多样化、行业多元化；其四是融资渠道不局限于一家银行的企业；其五是与政府关系紧密。

当今，世界各地的人们和韩国人一样，几乎没人不知道现代、大宇、三星、LG、SK、韩进、鲜京、双龙、汉华、Kumho、乐天、东升、大林等这些在韩国注册的家族企业集团公司。可以说，这类公司在韩国人的政治、经济生活中无处不在，影响着韩国人的生活，它们在韩国经济发展过程中，扮演着重要的角色。

韩国这类 Chaebol 企业成长速度非常惊人，自 20 世纪 80 年代后期以来，它们已经成了与日本 Zaibatsu 竞争的强劲对手。当初我在科威特工作时，就已经看到了这种趋势。我们中国人在科威特工作的头几年里，回国时买的几乎都是日本产品。而在后几年，回国时买的是韩国产品。如今，世界上的人们不仅知道"二战"前后发展起来的日本"三菱、三井、丸红"等日本家族集团公司，进入 90 年代后，人们更多地知道了"现代、大宇、三星和 LG"等韩国家族式集团企业。在多数韩国家族大企业里，大股东不仅仅是集团企业的拥有者，而且也是其附属企业决策的制定者，这种决策有的是间接地受到影响，更多的是直接干预。

一方面，虽然韩国的集团企业是以私营企业大公司领头发展起来的，但就企业集团本身而言，它是一种先进的组织形式。它的产生和发展是市场经济快速发展的结果，是社会化大生产和专业化分工的必然产物，是工业化与现代化达到一定阶段共有的经济现象。在韩国，这些企业集团成为推动生产力发展的重要组织形式，成为国家的经济命脉。

另一方面，韩国的家族集团公司如同"八爪鱼（octopus）"，如有机会，它们什么都生产，比如大宇公司生产的产品，大到船舶、坦克、直升飞机、重型装载机、飞机部件；小到汽车、计算机、彩电等，大宇还经营建筑业和房地产业。三星公司既生产重型机械，也生产彩色电视、冰箱、微波炉等民用电子产品，还生产芯片等世界上最流行的新一代电子产品。我听说三星最近也在研发三星牌轿车，它也有建筑公司，经营不动产。此外，三星还能造船，有自己的基地。LG 主营炼油，也生产计算机、家电等，它还生产牙膏等日常生活用品等。至于韩国现代集团就更不用说了，大宇、三星、LG 生产的产品，现代公司都能生产，它们不生产的产品，现代也生产。但这些韩国企业的内部决策机制单一，家长决定后，高管只属于执行层面。

五看韩国政企关系与文化：执政时作出贡献，下台后发现腐败

在韩国，随着经济的发展，政企关系也在不断地演变。

韩国当今的政企关系是在全斗焕、卢泰愚执政时期形成的。由于韩国国内民主呼声的不断兴起，形成了今天新型的韩国企业文化。韩国的家族大企业不仅把持操控了自己的集团，也影响了国家政治决策，比如银行对大企业的资金供给上就宽松得多，在金融危机前的很长时间内，韩国家族大企业为韩国政治稳定与社会和谐作出了贡献。这个时期的韩国政府被描述为"为阶级服务的工具（*the Korean state is an instrument of class domination*）"（文正元，变化中的韩国政企关系，延世大学出版社）。

在朴正熙统治的 20 世纪 60～70 年代，韩国的政企关系是一种计划经济模式下的关系，企业是政府政策的落实者，政企高层之间没有特殊的腐败关系。在 80 年代全斗焕时期，韩国政治、经济、社会发生了很大的变

化，企业对政府官员的行贿事件屡屡发生，企业高管企图通过非市场竞争的手段获得政府的政策支持，家族大企业希望获得更多的进出口权、行业增长决策权和处理就业失业的权力。然而，全斗焕政府希望韩国的大企业在落实政治、经济目标等方面仍能替政府承担一些义务。

在 20 世纪 90 年代金泳三统治时期，韩国的民主化进程有了快速的发展，对企业的透明化管理政策也一个接一个地先后出台，为了防止腐败，韩国实行了存款实名制。而到了金大中时代，一个管理逐渐透明的政府出现在韩国人面前。韩国金融危机迫使政府接受外资进入韩国的民族企业，外国文化的引入为韩国企业的公司治理结构调整增添了催化剂。现在，韩国企业的内部管理越来越透明，一个新型的政企关系文化正在这个国家悄悄地改变着韩企的传统文化，使它们在国际市场的竞争力明显得到提升。

除了以上特点外，韩国在经济转型时期政府与银行的关系也给我们提出了一些思考。20 世纪 60 ~ 80 年代，韩国的专业银行和政府之间是一种上下级关系，政府与银行之间存在双向的信息流动，韩国的银行在政府控制下被赋予了众多的经济、政治及社会职能，它们不得不按照政府的指令，动员资金和配置资金，帮助国有企业的发展。那个时期的银行，在韩国已经成为一个半商业化、半政治化、半独立、半附属的机构。人们曾把韩国金融危机归咎于腐败，归咎于不正常的政企关系。其实，每个国家的大企业在特定的经济发展时期，都与政府有着一定的联系，而韩国更为典型罢了。

韩国金融危机的爆发，根源于内部各种弊端的长期积累。在经济快速增长的 30 年里，韩国经济虽取得了巨大的成就，但各大企业集团都是在政府全力支持和保护下迅速发展起来的。在韩国经济发展的特殊时期，诞生了很多的非银行金融机构，而这类机构后来全都变成了大家族企业的全资子公司，比如三星生命保险公司、现代证券公司等。这类公司在韩国大企业的公司融资方面，发挥了巨大的作用。

六看韩国企业集团金融制度：快发展、高负债的模式

朝鲜战争结束时，韩国经济已经濒临崩溃。但韩国从 1961 年起，仅用

了 30 多年的时间，就创造了举世闻名的"汉江奇迹"，截至 1996 年底，韩国一跃成为世界人均收入过万元（美元）的"发达国家"或发展中国家的领头羊。

在韩国经济快速发展的 35 年里，应该说，韩国企业集团的金融制度起了重要的推动作用，尤其是其专业银行的作用，包括银行在内的金融机构，通过"积极有效"地运作，使韩国政府推进经济政策过程中所需资金得到了满足。韩国的这种制度与我国企业制度不同，韩国的大企业都有自己的非银行金融机构，一方面为企业直接融资开辟了通道，另一方面，集团企业子公司之间的相互拆借，使集团企业负债率长期居高不下。而在我们国家有关制度规定中，企业之间是严禁相互拆借的。

韩国这种企业集团制度存在着很多的问题，韩国集团企业之间的相互持股及资金拆借，造成 1997 年韩国金融危机时众多韩国企业负债率过高的奇特现象，有的企业负债率高达 450%，简直让人难以置信。由于这种集团内部企业之间以及和银行之间的特殊关系，从表面上看，韩企发展欣欣向荣，解决了短期的资金需求问题。但这种模式下的经济快速膨胀，形成了日后的经济泡沫现象。

韩国金融危机中第一个宣布倒闭的韩宝集团，它的主办银行是韩国第一银行。所以当韩宝出现问题后，第一银行很快就成为韩国金融机构第一个被整改的商业银行。如果仅从韩国的主银行制度功效角度评估，韩国的银行在国家经济快速发展时期，对实体经济的贡献是功不可没的。

韩国的实践证明，相互持股制度短期内在防止企业被他人收购、扩大企业经营人控制支配权等方面的确发挥过重要的作用。但主银行制度的功能发挥是在企业资金短缺、证券市场不发达的条件下才有效，相互持股需要企业以持续盈利状态作为前提或保证。

过去我们在分析韩国经济快速发展的 35 年特征时，强调的是美国对韩国的经济援助。其实，从延世大学的经济档案中，明显地看到了韩国在经济起步初期，主要资金来自日本，因为，在 20 世纪 70 年代日本经济得到快速发展后，作为战败国的日本，在只能发展经济的时期积累了大量的资金。

韩国岁月话金融
—— 一位银行人士的海外工作随想录

由于日资对韩国经济发展的支持，韩国在金融支持企业发展模式上，拷贝了日本的主银行制度，其特点主要表现在以下几个方面：

第一，韩国在实行"一五"初期，企业资金匮乏，生产设备的购置从银行那里难以得到足额的资金，这给工业发达的日本企业提供了机会，很多日产设备在这个时候以只收30%的预付款出口到韩国。比如，现代汽车的第一条生产线就是以这种方式从日本三菱发动机公司引进的。在韩企投入生产后，用销售利润偿还购买设备的款项，余款70%则由韩企的主办银行进行担保。

第二，韩国大企业间的间接融资比率下降，直接融资比例上升，出现了"脱媒现象"。大企业从银行的部分借款被以资产融资方式取代，使得企业用于设备的投资减少，低成本获取的现金资产，多数被用于投机，从中获得收益。

第三，韩国中小企业间接融资比率上升，直接融资方式在这个时期几乎被人们抛弃。

第四，变相的间接融资比率上升。企业通过发行企业债券（Debenture），解决了部分资金的供给。在这个时期，相当一部分企业债券由银行以及集团企业的非银行金融机构购买。

韩国的主银行制度在特殊时期为韩国经济发展解决了一些问题，使得国家宏观经济政策落实顺利，微观经济发展预期乐观。更使得国家政治的稳定，这种稳定可尽可能地消除经济社会政策的不确定性，避免经济活动可能出现的不连续状况。但同时也造成了韩国的商业银行在1997年金融危机时暴露出来的"自有资本充足率普遍偏低"的现象。当时，韩国半数以上的银行自有资本充足率低于5%。

四、 经济转型时期韩国专业银行的职能与作用

导读：在韩国工作时，经过研究，我发现韩国的经济发展过程是典型的计划调节与市场调节相互作用下的经济增长模式，这种模式是韩国政府对某种标准经济增长理论的成功实践。通过分析韩国经济发展时期专业银行的职能与作用，我看到韩国专业银行与政府推行经济政策之间存在着密切的联系和作用。

韩国专业银行的资金来源

韩国在经济转型时期，成立了很多的专业银行，比如：住房银行、外换银行、产业银行、国民银行、农协金融公司、渔业金融协会等。

韩国专业性金融机构的资金来源主要由四部分组成，即由政府提供资本金、借款、发行债券和吸收存款。韩国的专业银行主要是由韩国政府根据国家经济发展的整体规划创办，所以韩国政府向专业银行提供资本金。韩国专业银行资金来源的第二条渠道是向外国金融机构借入中长期资金。第三条渠道是通过在金融市场上发行债券筹措资金。第四条渠道是通过吸收存款解决。

初期，韩国的专业银行只吸收会员存款，后又发展到吸收社会公众存款，主要是储蓄存款。比如，韩国的住房银行、国民银行、农业合作联合会等均办理个人储蓄业务。

韩国专业银行的资金运用

对于韩国个别专业银行资金运用的方式前面曾提到过，主要有投资担保。直接、间接贷款并举是韩国专业银行发放贷款的主要方式。如韩国中小企业银行，投资业务主要服务于韩国政府的社会政策目标。担保业务目的在于为政策扶持对象广辟财源、筹措发展资金，并对那些非政策性金融机构从事政策性贷款活动给予支持。此外，韩国专业银行还采用国际上通

用的做法，较多地采用诸如贴现与再贴现、利息补贴、信贷保险等方式运用资金。

韩国专业银行与政府及企业之间的关系

由于韩国经济发展模式是政府主导型模式，所以韩国的专业银行与政府的关系十分密切。韩国政府在金融体系中的作用特别大，它往往通过各种方式影响甚至直接干预专业银行开展业务活动。

根据凯恩斯学派的理论，完全的市场机制是利用"看不见的手"对经济进行调节。而韩国的这只手有时却看得见，而且力量更大。

美国经济学家 J. 布坎南在经济学名著《公共财政》一书里，按性质归纳了三种政府干预经济活动的模式，其中一条就是追求公共利益最大化。韩国专业银行很像这类经济实体，韩国专业银行主要是按照政府意图行事，为政府经济政策提供服务。

1962～1966 年，韩国开始实施经济发展的第一个"五年计划"，其基本目标是"打倒贫困"，克服当时在国民经济中已明显出现的消费性经济结构畸形发展问题。计划规定："在发展消费资料及其中间产品的进口替代的同时，加速发展电力、水泥、炼油、肥料、化纤等支柱产业"，以尽快建立独立自主的工业化体系经济基础。为此，韩国政府通过专业银行除了大力充实社会间接资本外，对那些愿意投资于这些企业与进口替代部门的私人企业给予引进外资的优先权，提供低息银行贷款。

此外，韩国政府还通过差别关税制度、进口许可证制度、外汇管理制度来限制最终消费品的进口，保护国内进口替代工业企业。

到了 1987 年的第六个"五年计划"时，韩国经济成功地实现了转型，使韩国的一些企业无论是从企业规模，还是从高新技术的使用与研制，都达到世界一流水平，比如三星电子、现代汽车、LG 化学等企业。可以说，"五年计划"的成功实现，是韩国经济起飞的关键，离开专业银行的资金支持是很难办到的。

韩国企业通过专业银行金融支持的成效

在政府宏观政策指导下，韩国专业银行通过其运作，有效地弥补了公有经济部门存在的资金供求缺口，在国家经济转型时期保证了国家经济增长速度。这种金融支持政策主要突出表现在两个方面：一是通过"供给效应"及"租金效应"的作用，加快了公有部门的资本形成，即公有部门中政府重点扶持的企业获得了大量的企业发展资金，加快了部门、行业的资本形成，防止了经济转型过程中普遍存在的"L"下降。金融支持政策对改革经济结构和调整产业升级产生了积极的影响，是政府主导型国家经济调整政策的资金基础。二是通过专业银行的差别信贷、优惠利率政策，加快了重点产业、行业的发展，使韩国经济增长中的瓶颈约束被有效地克服，加快了先导产业的培育。

另一方面，在韩国经济转型时期，专业银行向一些项目提供的信用担保实际上使专业银行成了企业风险的分担者，尤其是主经办行制度，使银行的风险加大。比如大宇集团就是利用政府对大企业发展的鼓励政策，通过对外借债快速发展起来的。大宇的经营方式代表了相当一部分韩国企业通过高额借贷保障发展。这类企业在金融危机中有很多已经倒闭，造成韩国一些专业银行出现大笔坏账，需要相当一段时间才能消化吸收。

仁者见仁、智者见智。长期以来，学者一直对韩国的经济高速发展政策有两种不同看法。其一是韩国高速发展得益于市场友善性（market-friendly）、出口主导型发展战略；其二是来自政府介入的资源配置政策。下面是我对韩国专业银行的作用进行的分析：

一是对政府调节经济提供必要的物质基础，其作用是非国有金融机构无法取代的。国家在经济转型时期，只有国有金融机构不是完全从本企业盈利的考虑出发，只有国有专业银行机构不折不扣地执行政府的政策。比如，为了消除贫困，需要向贫困居民发放低息贷款的韩国住房银行。

二是由于基础设施和基础产业项目往往需要大量的资金支持，而且这些项目的建设周期较长，投资回报率可能不高，有时甚至发生亏损。这时候只有国有专业银行来投资、以贯彻落实政府经济发展政策。比如韩国的开发银行，它对项目的投资是从国民经济的全局来考虑的。

三是某些高科技企业前期投入大，投资风险也相对较大，也要靠政府的专业银行扶持发展。因为韩国专业银行的投资是从提高国民经济的整体水平和提高国民经济的产业结构升级来考虑的。

四是在社会公益方面，为居民提供福利服务，如韩国国民银行、中小企业银行等。

需要说明的是，韩国的专业银行金融体系是模仿日本建立的，但又与日本不同。韩国专业银行机构有自己的特点，集中经营与分散经营相结合，具有执行政府政策的专业银行性质与商业银行业务相结合的特点。

在经济转型时期，韩国政府的大部分政策性金融业务都是由专业银行来经营完成的。韩国经济企划院制定的发展战略目标，实际上构成了政策性贷款的准则。由于政府对金融机构的高压控制，银行只能听从于政府指令和规定，将政策性贷款投向政府发展战略和计划所规定的项目。韩国专业银行贷款过于庞大，曾经达到金融机构贷款总额的50%，主要是投放于造船、钢铁、汽车制造业、石化和重工机械等行业。

改革前的韩国专业银行体系具有以下特点，即实行以公共金融、政策金融为主的政府主导型"官制金融"。它们用政府资金、按政府政策为企业和居民提供金融服务。

韩国的专业银行就是专门为贯彻和配合政府社会经济政策或意图，在某一特定业务领域从事融资活动的金融机构。开展业务活动时必然与政府部门及其他机构发生各种各样的联系。因此，对专业银行业务活动、运行机制以及外部关系的研究，有利于进一步了解它们在国家经济和社会发展中所发挥的作用。在所有经济转型国家中，韩国能够在较短的时间内，从一个农业国家一跃成为世界工业经济强国，应该说专业银行发挥了其他金融机构所无法替代的作用。它们在特定的环境下使韩国政府经济政策得到贯彻落实，在推动、保持韩国经济快速发展的历史阶段功不可没。

在过去的40年里，韩国经济发展有30年的时间是在强势政府（军人政权）的政策指导下，在保持政治稳定的前提下，通过组建国有专业银行，来推进国家经济工业化的改造。可以说，各类专业银行在韩国国家经济发展的转型阶段，有效地将政府职能与市场职能相结合，构成了韩国混合型经济实体的特点，创造了"汉江奇迹"。

韩国专业银行不仅在推动产业结构调整、保持经济的高速增长方面确实起到了积极的推动作用，而且在韩国经济转型时期所担当的重要角色和作用更是显而易见的。其作用基础是政府对经济发展速度的高度重视、对银行信贷资金配置的广泛干预。韩国的专业银行通过财政投资、财政投资贷款等形式，为韩国国内企业的固定资本形成作出了巨大的贡献。

当韩国国家经济转型完成后，一些专业银行的使命也相继完成，韩国的一些专业银行在金融危机后已经转为商业银行。这些银行如果按照商业银行"三性"标准衡量就会发现诸多问题：如规模小、NPL（不良贷款）较多、盈利性较差、工作效率低、CAR（资本充足率）达不到巴塞尔协议的要求，等等，必须做出改革才能在日益竞争激烈的环境下继续生存。

韩国产业银行及作用

韩国产业银行是专门为企业提供中长期融资服务的专业银行，由政府建立，业务范围类似于股改前中国建设银行的业务，它由韩国政府从财政资金中拨付资本金，属于政府全资所有。

长期以来，韩国产业银行一直担负着向基础产业和重点行业提供长期资金的重要职能，在20世纪70～80年代，韩国产业银行提供了重化工业所需全部资金的一半。由此可见，韩国产业银行在韩国经济发展过程中的重要作用，它通过从事担保业务，为企业拓宽了融资渠道。

1997年亚洲金融风暴后，韩国产业银行进行了改组，开始参加一些风险投资项目。在参与项目的筹建过程中，也购买一定数量的股本，成为企业的股东。在资金短缺时，其投资既能增加资金供给，又能在客观上向其他投资者展示政府支持的意愿，吸引更多的投资，起到了"通知效应"。

韩国国民农业合作联合会及作用

韩国国民农业合作联合会相当于我国的农业银行加上农业发展银行的职能，也属于政府金融机构。在农业合作联合会建立初期，业务主要是负责向农渔经济提供低息贷款，以满足农业、渔业发展资金需求。同时还提供特别政策性贷款、补贴或补偿，配合实施政府农业、渔业经济政策的实施。

韩国的国民农业合作联合会不同于欧洲一些国家农业银行的"金字

塔"结构，也不同于日本的农林渔业金融公库的"单一机构"，而是一种"复合型"结构。它充当了向韩国农业、渔业提供全方位金融服务的角色，除提供直接、间接贷款外，还为所属各分支机构办理资金调拨、调剂，同时负责监督管理。它与各级政府联系密切，特别是与地方政府联系紧密。此外，韩国国民农业合作联合会还参与制定并实施政府农业、渔业经济发展计划，协调与农业有关的政策等。

韩国进出口银行及作用

韩国进出口银行由政府全资建立。在韩国经济转型中的作用和美国、日本的进出口银行类似，但不同于法国，它政策性更强，主要业务活动就是办理出口信贷，履行国家经济发展规划赋予的使命。在韩国工业经济发展过程中发挥了巨大的作用。20世纪60～70年代，韩国认为国家经济要持续稳定地增长，就必须逐步实现本国产品代替进口商品，主张保护国内产业，大力推广本国产品代替进口产品的政策，提出了"身土不二"的口号（就是只买韩国的产品）。之后韩国工业、民用产品逐步由进口转而发展为出口，使韩国发展为出口导向型工业经济国家。

20世纪90年代以前，韩国总统每个月都要主持召开一次"出口振兴扩大会议"，以解决企业出现的困难，鼓励、表彰对出口作出贡献的企业和有关人员。由此可以看出政府对出口的重视程度。从1971年到1991年，韩国出口每年平均增长达到27.7%。1992年的出口额是1962年的1 372倍。因此，韩国企业取得的成绩，应归功于进出口银行的税收鼓励政策、资金支持政策和低息贷款政策。

韩国中小企业银行及作用

韩国中小企业银行成立于1961年，是韩国政府控股的银行。成立的目的就是为韩国的中小企业提供全方位的金融服务，在国家经济发展过程中，在为韩国中小企业发展提供资金方面起到了主导作用，对于促进中小企业的发展，乃至整个国家经济的发展作出了巨大的贡献。

在业务发展方面，韩国中小企业银行的业务领域包括现代国际商业银行所有的业务，比如，出口信贷业务、国际保理业务、进出口结算业务、外汇业务、票据贴现、外汇担保、指导企业海外投资等无所不及。在企业管理方面，韩国中小企业银行突出强调流动性管理、信用风险管理、市场风险控制等方面，风险管理在韩国属于最先进的银行之一。

了解韩国的人们知道，在韩国大力发展重化工业的 17 年里，韩国的中小企业属于被政府遗忘的角落，政府没有意识到中小企业对经济发展的重要性。韩国的中小企业发展起步阶段应该在 20 世纪 70 年代后期，自那时起，它们在国家经济发展过程中扮演了重要的角色。1997 年亚洲金融危机前，韩国中小企业已经发展到 267 万个，占全国企业总数的 99.1%；雇员总数达到 826.2 万人，占韩国就业总量的 74.2%；在韩国对外贸易中，中小企业的出口额占总出口额的 42%。

韩国中小企业的界定有明确的标准，对制造业来说，雇员在 300 人以下、资本总额在 800 亿韩元以下的企业被定义为中小企业。但对于不同行业，又有其特殊的条款，根据韩国 1986 年公布的《韩国中小企业组织法》所确定的原则，韩国现行中小企业标准除了上述对制造业所确定的标准外，对运输业、建筑业在人数上的标准也定义为 300 人以下，但对资产规模没有标准。政府对商业及服务业在人数上的标准定义为 20 人以下。

与其他国家一样，韩国的中小企业在解决就业压力、增加产量、提高国民经济增长速度等方面都起到了推动作用，但与其他国家比较，韩国中小企业的发展却更多的是在自发的、与大企业相互竞争的、政府在经济初期政策支持不够明确下发展起来的，所以，韩国中小企业发展走过的道路是基于生活文化产生的"快"，在突出重工业发展时期的"慢"，1997 年亚洲金融风暴时期的"调整"及进入 21 世纪后的"加速"四个历史阶段。

为了配合中小企业的发展，自金融危机后，韩国中小企业银行也迅速做出了结构上的调整。如今，中小企业银行在韩国已有 362 家分行，在海外有 7 家分行，分别设在美国、日本、中国和卢森堡。特别值得一提的是，韩国中小企业银行已经在我的天津、青岛和烟台落户，中小企业银行全球员工总数为 7 200 人。

韩国中小企业银行是韩交所（KOSDAQ）上市企业。在韩国受到亚洲金融危机的冲击后，恢复最快的就是这家银行。在 2000 年底，各项经营指标就已经得到迅速的提升，当年该行资产收益率已经达到 1.07%，资本收益率为 20.89%，标准普尔当年对它的评级是"稳定"，短期信用评级为 A－3 级，韩国企业评级和韩国信用评级均为 AAA 级。

韩国的中小企业银行之所以取得出色的业绩，主要得益于优秀的组织管理和企业文化建设，中小企业银行以"人和、团结"著称，形成了良好的企业文化，员工具有很强的创新欲望。

进入 21 世纪后，韩国政府明确提出"21 世纪是韩国中小企业快速发展的时代，中小企业是韩国经济发展的动力"，在当今韩国经济发展过程中，中小企业已成为韩国经济发展中最为活跃的一支经济力量。

韩国住房银行及作用

韩国住房银行不仅是专门为其服务对象购买住房提供贷款的专业银行，也办理一些商业银行业务。它的资金来源除了类同于其他专业银行外，还有强制储蓄的作用。它的资金运用主要是购置住房贷款，特点是重点支持购房者以提高国民的自有住房率，政策对低收入者倾斜。这家银行后来在韩国金融体制改革时被兼并，但它完成了其历史使命。

五、 如何看韩国金融危机

导读：对于 1997 年韩国出现的危机，我始终认为不是危机，而是经济发展放缓。在 1997 ~1998 年《韩国商业周刊》对我的三次采访中，我谈了自己的观点（见附录 1）。一是韩国经济经过 30 多年的快速发展，已经形成了坚实的民族经济基础；二是韩国作为美国在亚洲的前沿阵地，美国不会坐视不管。国内报刊一边倒的负面报道，只能说明不了解韩国，也不完全了解美国的对外政策。实际上不仅限于韩国，美国对整个东北亚局势的变化都十分关注。因此，我们在分析韩国、日本经济现象的时候，应该考虑地区政治对大国全球战略布局的影响。世界最强大国家对东亚三国的关注程度远远不仅局限在经济领域，这与它对中东石油输出国家所采取的策略完全不同。

高负债发展模式下的骨牌效应

（日记片段，1997 年 11 月 3 日，星期一）

我一早就来到了位于钟路区的办公室，看到了一条重要消息。

今天韩元兑换美元已经突破 1 080 大关，成为历史最低点。随后的同一时间，标准普尔对韩国的信用评级也进行了下调，很多人感觉到韩国的"金融危机"就要开始了。

实际上，自从 1997 年 10 月下旬开始，韩国很多企业的资金供应链断裂问题就已经暴露端倪。继韩宝事件后，起亚汽车、三美集团、海苔公司、真露酒厂及纽考公司先后宣布倒闭或整顿。一时间，韩国人心惶惶，因为按照资产排名的韩国前 30 大企业已经有五分之一的企业问题被媒体公开曝光，韩国很多企业"马壮不死"的神话被打破了，人们甚至开始怀疑韩国最大的家族企业也会难免于这次危难。

我的一些在大宇集团、三星公司、LG 和现代公司的朋友整天看上去也是忧心忡忡，由于政府自 10 月开始对外汇市场干预，社会上的各种谣传更是一个接一个。韩国会出现一个什么样的情况呢？前景似乎是一片黑暗。

但是，我也看到，三美公司倒闭的问题主要是暴露在短期融资问题上，相信政府会通过干预手段，帮助面临危机的企业走出困境，这种手段很可能是通过政府担保，向国际金融机构张口。

早上看到《韩国时报》（*The Korea Times*）的头条消息后很是让我吃惊，又有一些海外金融机构宣布不拆借资金给韩国金融企业，我感到事情的严重性，立即给总行写了书面汇报。因为，韩国的一些银行以及更多的非银行金融机构将面临倒闭，人们多年的储蓄将会付诸东流了，一个国家如果发生这种情况，社会必将动乱。

下午，在《韩国商业周刊》（*Business Korea*）的朋友朴正焕来找我，希望我能谈谈对韩国经济危机的看法，采访进行了两个多小时。

我告诉他，当前政府面临的问题确实非常严重，但是，韩国经济只能说是放缓，不能完全描述成金融危机。我的理由有三：第一，韩国经过三十多年的发展，创造了举世闻名的"汉江奇迹"，有了一定的原始积累，这种积累不仅仅是财富上的积累，更重要的是拥有了一批现代化的工业财团，三星、现代就是他们的代表。第二，韩国已经成为世界第十一大经济体，工业经济正处在向高附加值产品方向转换，用不了三年的时间，韩国经济肯定会恢复的。第三，从国际政治角度分析，韩国是世界经济强国美国的盟友，更是其在东北亚地区的前沿阵地，美国政府绝不会坐视不管的。

为了稳定民心，韩国央行计划直接投入5亿美元入市进行干预，试图稳住剧烈波动的汇率。我通过电话与韩国央行的几个朋友和延世大学的朋友联系，发现韩国业内人士持两种意见，一种是政府必须继续干预，要不惜一切代价稳定社会的安定。另一种意见是，政府不应继续干预，应放任汇率的自由波动。这种局面令很多经济学者面临一道难解的课题。但韩国财经院的态度非常坚决，不惜动用一切外汇储备，干预到底。图1是事后统计的当时韩国经济增长与消费价格走势情况。

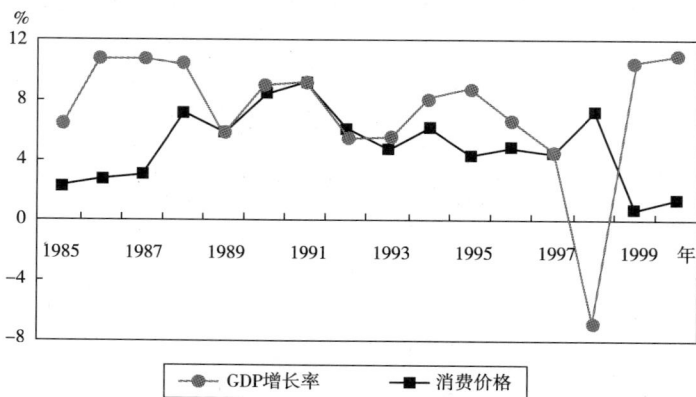

资料来源：韩国银行、国家统计办公室。

图1　1985～1999年韩国经济增长与消费价格走势分析图

其实，在看到韩国经济问题的时候，我一直在想着另一个问题，那就是经济学理论对于每一个个案是没有统一答案的。■

韩国经济是下降、不应看做是危机

面对亚洲金融危机，1997年12月2日，《韩国商业周刊》（*Business Korea*）的朴社长又一次来代表处找我，请我谈谈看法。其实，早在9月的那次访谈中，我在《韩国商业周刊》第九期上就已经发表了自己的观点，主要观点是"韩国经济是下滑、不应看做是危机。"（见附录1）。文章主要内容是这样写的：

韩国经济得到快速发展是众所周知的事实，这种成功发展模式被经济学家描述为"汉江奇迹"，而且一直延续了30多年。自20世纪80年代中后期以来，现代、三星、LG及大宇公司的产品在世界各地均能见到，韩国一跃成为亚洲"四小龙"国家。

但近期随着韩宝的倒闭，韩国经济结构性问题冒出了水面。

韩宝集团是韩国第14大集团公司，它宣布倒闭后，韩国第8大企业集团起亚也面临破产边缘，这些现象的出现，迫使韩国政府不得不考虑国家经济结构调整这一现实问题。为此，西方媒体和一些世界经济学家普遍认为，韩国出现经济危机将是无法避免的事实。

和朋友在韩国济州岛火山口（右一为作者）

金泳三总统在讲话中说，"1 000亿美元的预算赤字，对于韩国来讲是一个非常沉重的包袱。但是，韩国作为经济合作与发展组织（OECD）成员，应该勇敢地面对现实，迎接挑战。"

在我看来，韩国经济危机虽然不应看做是"危机"，但对问题还是要进行认真分析的。

韩国岁月话金融
—— 一位银行人士的海外工作随想录

在韩国经济快速发展过程中，整个经济被中央政府严格控制，政府干预存在于各个领域，包括市场定价、投资分配、信贷规模及配置方面，这是韩国经过 35 年经济快速发展后产生经济危机的主要原因。而韩国财阀企业扭曲的发展模式应该说是造成危机的另一个主要原因，从危机中人们清楚地看到了现代、大宇、三星、起亚、韩宝、三美等前 20 强韩国企业长期以来居高不下的负债率。据 1997 年前三个季度的统计，韩国前 5 大企业 70% 的营运资金来自银行的新增贷款，由于银企关系复杂，银行在审批贷款时做出了很多不正确的决定。

企业方面，获得资金的手段主要依靠财团内部建立的非银行金融机构的担保，形成一种关联投资、相互担保的韩国特有的信贷模式。在 1994 年到 1996 年的三年中，这种短期负债就分别上升到 590 亿美元、780 亿美元和 1 000 亿美元，因此，过多的短期负债最终使韩国企业的问题彻底暴露。

再有，韩国是一个民族主义极强的国家，在其经济发展过程中，排斥外资似乎成为人们热爱祖国的一种文化精神，与其他亚洲国家经济发展比较，韩国 1997 年引进外资的比率大大低于其他经济快速增长的亚洲国家，引进外商直接投资占 GDP 的比重很低，仅为 0.5%，而同期的马来西亚为 3.8%，印度尼西亚为 2.5%，泰国为 2.4%。排斥外资和外国先进文化使韩国企业和银行在经济快速发展进程中，视野变短、心胸变窄。

此外，韩国还有一种特殊的信贷模式，包括银行在内的企业在头寸紧张时，不惜高成本地向外部获得融资，这类拆借资金的利率非常高，最高可达 25%。这真是一种奇怪的信贷文化，如果我日后将汉城代表处升格成分行，是绝对不会这样做的。

韩国经济结构在宏观经济政策制定、公司结构治理和特殊的金融文化之间形成了一种怪异的"螺旋线"，看似紧密坚固，而实际上是非常脆弱的。

韩国的经济危机不仅仅是受泰国金融风暴的影响所致，其国家经济结构和传统的政府主导经济模式才是它爆发危机的真正原因，即使在 1997 年不发生，过后的几年也肯定会暴露出来，因为，韩国的危机从 20 世纪 90 年代初就已经显现出来。韩国的经济结构有很多方面的问题，一是金融监管机构不健全；二是企业发展模式（资金来源）主要依靠高负债达到扩张目的，比如：韩国前五大财阀的现代公司 1998 年的负债率为 450%，三星集团为 276%，LG 为 341%，SK 为 355%，大宇则更高，达到 526%；三是家族企业的文化影响，导致市场不公平竞争；四是不健全的公司治理结构（Weak Corporate Governance），企业高层过于强调民族主义思想，使企业远离国际市场；五是过度的政府干预经济和金融；六是僵硬及扭曲的用工制度等。另外，韩国虽遇到经济困难，但我认为这种危机是短暂的，无论是从政治、军事还是从美国对整个东北亚战略来考虑，美国都不会撒手不管。

当韩国出现危机后，也影响到中资在韩机构的决策。1998 年 3 月 20 日下午，我到中国大使馆商务处开会，经参处李凤庭公使组织中资驻韩机构负责人在经济商务处大会议室研究当前形势、分析韩国经济状况，准备向国内经贸部报材料。

与会的中资机构负责人来自企业、贸易单位和银行。中国化工集团、中铝公司、中国有色、中国银行、中国工商银行、中国建设银行等 20 多家单位的负责人参加了会议。从表面看，韩国经济不容乐观。因中国化工集团驻韩机构上个月关闭，中国有色公司总部对其在韩机构的存在方式和日后经营也做出了明确的调整，大有"撤离前的动员"之意。

会上，由三等秘书孟兵同志负责记录，绝大多数人发言中都把韩国经济发展看得非常悲观，李参赞讲"十年它（指韩国经济）也恢复不过来。"

在会上，我也做了简短的发言，谈出了自己对韩国经济的分析、判断和观点。我的观点与多数人的观点截然相反。我的观点如下：

第一，亚洲金融危机对韩国的影响是暂时的，韩国外汇储备虽然只剩40 亿美元，对外支付面临压力和危机，但我们应相信韩国政府能够筹措到足以应对支付的钱款，提供资金的机构也会全面分析韩国的国家实力。另外，出于地缘政治的考虑，世界政治强国和经济大国是不会坐视不管的，美国也绝不会放弃韩国。

第二，韩国经济经过 35 年的快速发展，已经打下了坚实的工业基础，其制造业、电子工业的发展不容忽视。韩国的机械制造、造船、电子工业、石油化工、重型机械等都是世界生产和加工能力较强的国家，企业一旦有了过渡的短期资金，生产会很快启动，解决现金流应该不是问题。其实，钱本身并非财富，记得在《广场协议》后，日本资产泡沫破裂，在1993～1997年间，日元在国际储备货币中的占有量每年都下降一个百分点，这些现象验证了经济学鼻祖亚当·斯密说过的话："货币本身并非财富，一个国家的富裕程度不在于流通中的货币数量，而在于生活必需品的丰富"。韩国的机械制造、电子产品等不就是当代的"生活必需品"吗？

第三，韩国人的民族精神是世界上少有的，说正面些是爱国，说负面些是强烈的民族主义，凭这种精神，韩国垮不了。因此，建议给国内写报告时，要全面分析形势，不应跟着国内舆论跑。韩企的主要问题是企业内部的公司结构治理管理严重缺失。

从政治、经济相结合的方法分析，1997年韩国出现"金融危机"，国家外汇储备仅剩40亿美元左右，很多人认为韩国政府会破产。当时，我判断韩国政府不会崩溃的主要理由除了上面的陈述外，我把经济与国际政治结合起来作出分析，这种分析方法，需要多方面的知识结构。我一直认为，作为美国在亚洲的前沿阵地，韩国出现任何问题，美国都不会坐视不管。

在1997年12月至1998年6月，国内报刊对韩国一边倒的负面报道，只能说明其不了解韩国，也不完全了解美国的对外政策。实际上不仅限于韩国，美国对整个东北亚局势的变化都十分关注。因此，我们在分析韩国、日本经济现象的时候，应该考虑地区政治对大国全球战略布局的影响。世界最强大国家对东亚三国的关注程度远远不仅局限在经济领域，比如，1997年亚洲金融危机对韩国冲击后，美国很快就对韩国给予了帮助，美国政府官员频繁访问韩国，在美国主导下，国际货币基金组织一次性给韩国提供了580亿美元的贷款。又比如，2013年韩美、日美分别在采购F35A隐形战机方面达成合作。根据协议，美国将向韩国提供40架F35A隐形战机，向日本提供42架F35A隐形战机，虽然战机价格昂贵，每架2.45亿美元，每份订单都上百亿美元，但不能仅把它看做经济关系往来。这与美国对中东石油输出国家所采取的策略完全不同。

六、 经济秩序整顿与效果

> 导读：1997 年年末，韩国外汇储备仅剩 40 亿美元，很多人认为韩国将崩溃。但我不这样认为，一是 IMF 很快给韩国提供了 580 亿美元的贷款援助，估计韩国在 1～2 年内就能还清贷款本息。二是韩国与东南亚农业国家经济有着本质上的区别。韩国有坚实的工业基础，有自己研发的高附加值产品，韩国不会倒下。三是韩国的电子工业发展已经起步，扬起了追赶日本电子工业的风帆。

接受《韩国商业周刊》朴正焕社长的访谈

在 1998 年 12 月和 1999 年 3 月，《韩国商业周刊》（*Business Korea*）的朴正焕社长来代表处找我访谈了两次，讨论话题是"韩国企业章鱼式扩张后带来的整顿"。

自 1997 年 8 月 20 日他第一次来代表处找我访谈后，我已不知他来过多少次了，反正韩国经济一有风吹草动，他就先来找我，似乎是很相信我的判断。我们之间频繁地接触，使老朴和我成了好朋友。

在这两次的访谈中，他又问了我很多的问题，其中包括："你怎样评价韩国当前的经济形势？"，"如何建议韩国政府解决当前的经济问题？"，"你怎么看金融改革？"以及"你怎样看人民币走向？"等，我都一一作了回答。访谈进行了两个多小时。

第一，我告诉他韩国的经济金融体制已经到了非改不可的时候了；第二，人民币不会贬值，中国政府是负责任的，维护地区的稳定局势是中国政府的一贯立场，我们中国人绝不做落井下石的事情。

在后两次我的谈话观点中以及几年后韩国通过对大宇的整顿，证明了当时我在接受访谈时，对韩国经济未来的判断是正确的。韩国曾是亚洲"四小龙"之一，经济起飞于 20 世纪 70 年代，快速发展阶段在 80 年代后期，90 年代成功地向高科技工业产品转型，其产业结构是以大型综合企业为主的体制，大宇公司就是这些韩国大企业的典型代表。1997 年亚洲金融危机前，大宇集团公司是韩国仅排在现代集团公司之后的大企业，是韩国和世界著名的制造业企业，经营的行业包括造船、汽车、电子、重型机械、航空工业、军工、家电、轻工等。

与现代集团比较，20 世纪 80～90 年代，大宇在海外的子公司发展速度较快，触角延伸到世界五大洲，一度被经济学界人士描述为韩国企业走向世界的象征，称这种发展模式为"章鱼式扩张"。1997 年亚洲金融危机爆发前，大宇公司还被美国《幸福》杂志列入世界 500 强企业，在美国企业以外的大企业名单中，大宇公司排名第 75 位。1998 年大宇公司的收入达到 135 亿美元，净利润 3 700 万美元，雇员 10 万人，是世界知名的大企业集团。

但金融危机爆发后，由于企业内部相互担保形成的企业高负债经营，人们对韩国经济发展模式产生了质疑。截至 1999 年 2 月，大宇公司负债达到 340 亿美元，巨额的负债经营和筹资的困难迫使大宇公司进行重组。

1999 年 1 月整顿初期，韩国对大宇公司进行全面改组的计划开始实施，大宇公司产生的不良资产（NPL）由韩国资产管理公司（KAMCO）打包出售，改组后的大宇公司从此以后形成三部分，即"大宇国际公司（Dae - woo International Corporation）"、"大宇工程建设有限公司（Daewoo Engineering & Construction Ltd）"及"大宇会社（Daewoo Corporation）"。

在新组建的三个公司中，"大宇国际公司"最受国际社会关注，它不仅是大宇集团重组后的旗舰，更因为该公司业务主要涉及境外的债务、债权，影响较大，是集团公司能否继续以"大宇"品牌存在的象征。"大宇国际"是韩国股票市场（KOSDAQ）上市公司，原大宇集团海外 103 家公司全部划归该公司所属，这 103 家海外子公司分布在世界各地，其中在亚洲最多，共有 62 家，中国有 35 家，在欧洲有 15 家，非洲有 10 家，中东有 6 家，美洲有 10 家。

重组后的"大宇国际"主要股东均为韩国的商业银行和非银行金融机构，其中，韩国资产管理公司占比达到 31%，为其大股东。此外，韩国的一些其他金融机构，比如，汉城保险公司、大宇资本有限公司、韩国友利银行、韩国外换银行、韩国第一银行、朝兴银行、韩美银行、现代信用卡公司、重组金融公司等对大宇国际公司都持有一定比例的股份，大宇整顿后效果明显。

在金融危机期间，大宇公司的流动性也曾出现严重问题。整改以后的大宇国际，流动性已经逐年好转，2001 年至 2003 年，公司的速动比分别为 106%、98%、78%，这种改善表明大宇国际以现金偿还其流动负债的能力明显提高。

大宇国际目前在韩国 KIS 的评级为 BBB（等同于标准普尔的 BBB，穆迪 BAA）。四年来，重组后的"大宇国际公司"企业结构得到明显改善，2001 年负债率为 464%，2002 年为 330%，2003 年为 270%，2004 年预计为 235%，也呈逐年下降的趋势。

在产品销售方面，大宇国际情况也越来越好，呈逐年增加的趋势，2001 年至 2003 年销售额分别为 52.8 亿美元、53.6 亿美元和 54.2 亿美元，2004 年计划将达到 57 亿美元。

再次发展规划

大宇公司被中国百姓所了解还应追溯到 1990 年北京亚运会期间，当时，大宇总裁金宇中先生向中国组委会赠送了一批大宇公司自己生产的汽车。自那时起，"大宇王子"开始在中国街头出现。在以后的 7 年里，大宇在华投资企业如同雨后春笋般地迅速发展起来，大宇公司先后在沈阳建立了电视机生产工厂，在烟台建立了大宇装卸机械生产厂、汽车配件厂和手机生产厂，在山东日照建立了水泥厂，在牡丹江建立了大宇造纸厂，在天津建立了大宇运输，在上海建立了大宇贸易等，涉及众多行业。

从行业角度分析，大宇公司在中国的子公司从电子、汽车配件、轻工业到建筑业、运输业等样样都有，比较杂。从地域方面分析，分布较广泛，从我国的胶东湾到东北三省，从东部、南部沿海城市到西南地区都有。从经营状况分析，这些企业经营状况普遍良好，即使是在韩国金融危机期间和大宇总部整改期间，大宇在华企业的生产仍保持正常，经营效益良好。

四年来，重组后的"大宇国际公司"企业结构得到了明显的改善，负债率呈现逐年下降的趋势，经营状况也越来越好，但距离国际良好企业的要求还有一段漫长的路要走。而作为与之有着长期业务往来的建设银行来说，一定要在密切关注市场变化的前提下，发展调整与这些前"大宇集团公司"、现"大宇国际公司"附属企业间的关系。只有这样，才能做到进退自如。

韩国商业银行的兼并与重组

1997 年亚洲金融危机后的韩国企业发生了频繁地兼并及重组现象，包括商业银行在内的众多韩国企业进行了分立重组，一些经验值得我国借鉴。

韩国政府于 1998 年底对原有的《韩国商法》进行了修正，对公司的分立和重组做了大量的法律条款补充。韩国通过借鉴欧美发达国家的有关法律条款，在增加了这方面的内容后，使韩国的商法得到了进一步的完善。

亚洲金融危机后，韩国的商业银行重组较频繁，在韩国商业银行的重组中，出现了以下三种现象：现象之一是商业银行在短期内发生了频繁地兼并，银行资产快速膨胀，比如"韩一银行"与"韩国商业银行"的合并，合并后的银行起名为"韩汇银行"。一年以后，"韩汇银行"又被"友利集团"收购，改为现名"韩国友利银行"，由于资产和服务网点方面的优势成为当今韩国第二大的商业银行。现象之二是专业银行与专业银行合并成商业银行，如韩国"住宅银行"被"国民银行"兼并，成为韩国资产规模最大的商业银行，原专业银行的名称不复存在。现象之三是出现了首次向外国金融机构出售股权，这种现象初期不能被民族主义极强的韩国民众所接受，当时被描述为政府出卖经济主权，比如"韩国第一银行"被美国的"NEW BRIDGE 资本"的收购谈判由于来自"爱国主义"方面的阻力，经历了两年多的时间才最后签订协议。"德国商业银行"以参股方式加盟"韩国外换银行"又是一例"出卖经济主权"的案例。以上这些变化，都是在 1998 年修改《韩国商法》的基础上进行的，韩国在分立、兼并、重组上的做法是先立法、后改革，使改革有相应的法律可循。综上所述，韩国对原政府主导型商业银行体制的改革特点可以概括为以下三种形式：

1. 企业分立后，根据不同情况可设立一个或多个公司。

2. 通过兼并，多个企业在较短的时间内分阶段逐步合并成立新公司，比如现在的"韩国友利银行"。

3. 公司解散后，以原企业名称进行重组，成立数个新的公司，按照业务划分，接收原企业的债务债权，比如，现在的"韩国大宇国际"接管了原大宇集团的全部海外子公司的经营权及债务债权，并通过金融机构的参股，使其海外子公司得以继续发展，但仍保留原企业品牌。

"公司治理结构" 是公司发展的前提

（日记片段，2004 年 1 月 2 日，星期五）

今天，我利用新年假期，研究了韩国企业的"公司治理结构"①，写入了日记，主要围绕震荡后韩企的公司结构治理这一话题。

全世界成功企业的发展证明了一点，"公司治理结构"是建立在先进的企业管理文化基础上的，上市企业的"公司治理结构"是指以市场为导向、以董事会为最高决策层、由 CEO 全权负责经营的现代化企业的管理模式，用英文表示会更确切些，就是"a market – based corporate governance"。无论是银行还是制造业企业，它都是一种市场经济体制下的先进管理模式。

在完全市场经济国家，市场约束是公司治理机制的重要组成部分。市场约束主要是通过市场对公司经营管理者行为的制约，减少所有权与经营权分离导致的代理成本，促使经营管理者服务于股东利益。而所谓内部治理机制是通过设立一套规则去协调公司所有者、经营管理者和其他利益相关者的利益关系，激励和调整公司经营管理者的行为，从而实现公司的整体利益和股东利益最大化。

内部治理机制不仅影响公司内部经营管理者的行为和公司运营效率，更重要的

---

① "公司治理结构"或称"公司结构治理"，是近年来企业管理者们常常挂在嘴边的热门话题，其目的就是对公司管理及资产管理进行科学的结构性治理，它源自英文的"Corporate Governance"。

是会影响公司与外部投资者之间的关系，特别是会影响外部投资者对公司投资的信心。因此，公司内部治理机制的设计非常重要。市场经济国家的公司内部治理机制主要表现为公司所有者和董事会对公司经营管理者的激励与约束。

因此，可以说，上市公司无论是在什么样的市场经济体制下运行，影响其发展的因素主要来自四个方面，即股东、经营者、社会和金融市场。这几个方面既是企业健康地走向市场经济的要素，也是境外投资者最为关心的问题，更是企业管理者要处理好的问题，这就是常说的"公司治理结构"。

在美国，投资者在做出投资决策前，不但要求这些企业财务报表必须透明、符合 GAAP 标准，还要求企业向投资者说明近三年或五年的公司治理规划，因为投资者关心的是即将上市企业的管理能力和上市后股市的表现。如上所述，"公司治理结构"涉及多方面的利益，那么，如何正确处理好股东、社会、债券持有者和资金市场之间的关系是企业管理者需要考虑的几个问题。

对于股东，企业管理者要做到想股东之所想，以创造股东投资收益最大化为经营的管理目标，并以此制定业务发展战略。对于社会，尽量降低社会成本，正确处理好各类矛盾，做到合法、合规和稳健经营。对于债券持有者，需要增强他们的信心，保证企业发行新债券时有更多的人来购买，达到不断拓宽融资渠道的目的。对金融市场，应尽可能多地收集外部信息，并认真进行分析，避免由于信息误导可能做出的错误决定。因此，公司治理结构成为当代企业能否持续稳定发展的关键。

但由于地域经济发展及不同国家的政治、文化差异，形成了公司治理的不同模式，这些模式正随着各国政治经济体制的变迁而不断演进。正是这种不同的模式和经验，为我们提供了有价值的各类参考模型。同时也提醒我们，"公司治理结构"的模式选择必须要符合国情，适合自己的，才是最好的模式。

在发达的市场经济国家，"公司治理结构"的模式也有差异，比如：美国和英国的模式是一种单层结构，即：由股东大会、董事会和经理层组成。德国和法国的公司内部治理则是一种双层董事会结构，由股东大会、监事会、董事会、经理层组成。在美英模式下，董事会一般只对重大事项的决策负责并监督经理层，而经理层在经营管理中权力很大，具有一般决策权和执行权。在德法模式下，董事会的权力很大，负责企业重大决策的制定，而总经理则负责具体的贯彻和执行。

韩国在 1997 年金融危机以前，经济发展和金融特征是典型的政府主导型金融与经济快速增长的商业模式，也就是我们常说的"官制金融"体系，主要表现为政府对金融机构的控制和对资金的支配。在韩国推广现代公司治理结构前，韩国的经济模式是以大家族（chaebol）管理文化为背景，这些企业包括现代、三星和 LG 集团等。长期以来，前 20 大集团企业几乎控制了韩国经济，他们与银行之间有着一种特殊的关系，当时的银行管理在某种意义上处于一种服从大企业发展需要的位置。

亚洲金融危机后，韩国的企业和银行在公司治理方面比我们先走了一步。韩国在 1998 年将 Six Sigma 管理模式推广应用到各行各业，甚至在每一个加油站都能看到 Six Sigma 的宣传标语，各大学的商学院也将其作为一种新的管理文化介绍给学生。截至 2002 年底，韩国企业的公司治理已经基本完成，尤其是银行，通过引进外资和高管人员，为企业带来了新的文化和管理模式，并取得了实效。

韩国的 11 家商业银行经过五年多的公司治理，各项财务指标均达到了世界先进银行的管理水平。近年来，韩国的银行经营保持在相对稳定的状态，自有资本充足率平均超过了 10%，资产回报率（ROA）明显提升，均在 1% 以上，股权回报率（ROE）平均达到了 17% 的水平。

改革后的韩国企业中层以上管理者都能在职权范围内主动关心企业发展，家族影响不再是唯一能够左右企业决策的要素，其变化主要表现在以下几个方面：①人人关注公司财务报表；②推进企业 R&D 管理，向董事会不断提出新的管理理念；③利用网络技术和资讯，掌握更多信息，为正确决策提供保障；④不断完善公司股权结构，建立了有效的内部制衡机制，加强了上市公司信息披露的真实性、准确性和及时性的制度建设，建立起了外部投资者对公司管理质量和经营绩效的评价和反应机制；⑤增强了公司内部对经营管理层的激励机制；⑥要求上市公司会计监督委员会把一般可接受的会计原则包括在以后的审计标准中。韩国的实践使我更清楚地认识到，"公司治理结构"需建立在良好企业文化的基础上。公司治理既是企业管理者的责任，也是全体员工的责任。员工必须明白一点，企业是员工的家，无论规模大小，都应将自己放在一个长远的时间段来思考企业管理与发展问题，只有立意高远，才能行动卓越。管理者必须清楚地知道，只要你的组织能够让员工确立一种"这是我的公司"的信念，你就一定能够打败所有其他竞争对手。

日本进行公司治理前，企业也是在原家族企业模式（Zaibatsu）基础上发展起来的。战后，日本经济发展的指导思想形成了银企相互合作、谋求共同发展的文化，比如：清水公司、三菱集团、丸红公司等，这些企业在 20 世纪 70 年代末的发展达到巅峰，成为行业齐全的世界著名的综合性企业。当时，这些大企业是日本商业银行的大股东，形成了日本银企之间的一种利益驱动关系。

银行通过不断增加投资支持企业扩张，虽然使日本产品在全球的市场份额占有率达到最大化，但投资效益较低，在 20 世纪 80 年代后期，加上其他因素的影响，这种问题逐渐显现出来。由于一家企业拥有另一家企业的股权，日本企业高层代表在做出决策时总是首先考虑自己所属企业的利益。在这种体制下，产生争议时，董事们之间总是持观望态度，而不是通过妥协向大股东让步。这种体制带来的负面作用是，董事间相互猜疑、不能正确运用权力，企业管理效率低下，最终造成经营者在管理上扭曲了方向。

20 世纪 90 年代初，日本开始对企业和银行进行整顿，允许外资参股，当时，雷诺公司通过合作方式成功救活了濒临破产的日本尼桑汽车公司，被业界称为公司治理转型的成功案例。当时，法国人不仅给日本企业带来了资金，更重要的是为尼桑公司引入了先进的发展理念和企业管理文化。如今，多数日本企业在公司治理结构性调整后，在发展战略、企业文化、市场定位、管理体制与机制等方面都发生了较大的变化。

日本企业实行"公司治理结构"后，主要有以下几个方面的变化：①强调不断改革和创新是完善公司治理结构的重要途径，不断完善公司股权结构，建立有效的内部制衡机制，强调了少数股权利益；②突出了机构投资者和战略投资者的作用，同时改变了信贷文化，建立了具有独立性和权威性的内部监督机制；③公司最高管理层决策方式得到改进，在审计委员会报告中增加了审计员必须把其偏爱的审计处理方法与公司的审计规则进行比较；④加强对外部中介机构的约束，建立了有力的外部监督机制；⑤企业内部法律环境明显好转，财务透明度得到提高。

可以看出，"公司治理结构"的核心是公司治理结构的再设计，"公司治理结构"就是指公司治理机制的构成，它是现代企业制度的重要组成部分，也是现代企业增强竞争力和提高经营绩效的必要条件和前提。尽管治理模式受各国历史、文化和制度的制约而不尽相同，但 20 世纪 90 年代以来，世界各国的"公司治理结构"趋同之势明显。

进一步讲，"公司治理结构"是现代公司的所有权与经营权分离，从而产生所有者和经营者委托代理关系条件下，设立的一套调整和平衡公司各参与方权利与利益关系并对公司运营进行监督的制度安排。公司治理结构的目的就是从降低代理成本的角度，对公司各利益相关者制定一定的行为规则和程序，给予各利益相关者适当的激励，促使各利益相关者为实现公司整体利益和股东利益而勤勉工作，并对公司的有效运行提供监督，从而促进公司的健康发展。

总之，为使上市公司良好运行，实施有效的"公司治理结构"可概括为四个方面的内容：第一，建立内部的管理体系，这种体系的最高管理层由一些董事组成；第二，设立独立董事，监控企业审计、结构治理和风险管理，独立董事应起重要作用；第三，发挥董事们在董事会内各自的专业知识作用，包括会计体系监控系统和法规的建立；第四，制定出适合企业发展的战略和政策等。■

引进外资、 快速整合、 规范决策机制
（日记片段，2002 年 3 月 12 日，星期二）

1999 年、2000 年、2001 年是韩国转型的关键三年。三年来，韩国对商业银行进行了有史以来"最大的手术"，改革取得了可喜的业绩。商业银行数量减少，管理逐渐透明。具体体现在同业恶性竞争减少、产品创新迅速、服务效率提高等方面。

体制改革前，韩国商业银行主要存在以下几方面的问题：①国企、财政、国有控股银行构成了国家经济的"三驾马车"体系，②国有企业亏损、资不抵债时一般不采取破产程序清算，因而加大了银行的负担，③一个带有行政垄断色彩的国家控制的专业银行组织制度，形成了一个不断扩大的庞大而低效的银行体系，④以存贷款利差收入为主的收入结构。韩国在经济金融改革前，以上几个问题非常明显。

截至 2001 年 4 月，韩国经济转型已经整整三年了，自国际货币基金组织 580 亿美元贷款支持以来，韩国经济结构转型取得了很大的成就，这些变化主要体现在对外开放和全球化进程方面。

在 1998 ~ 2000 年的时间里，宏观经济方面改善明显，GDP 从 – 6.7 变成 8.8，个人消费从 – 11.4 上升为 7.1，固定资产投资由原来的 – 21.2 变成 11.0；失业率从 6.8 下降到 4.1，通胀率从 7.5 降为 2.3；IT 等高附加值产业占 GDP 比重大幅上升，从 1997 年的 7.7% 上升到 2000 年的 15.3% 。

金融市场领域，利率逐渐恢复平稳，债券评级从 BBB – 级被调整为 AA – 级，信誉大幅回升，国外直接投资呈现出增长态势，汉城股票市场从最低的 200 点稳步攀升到 600 点。政府通过关闭 5 家非银行金融机构、重组上市几大问题银行，使金融体系逐渐市场化，内部管理趋向透明，规范了决策机制。

在银行机构重组改革中，由韩国住房和商业银行（Korea Housing &Commercial Bank）收购了东南银行（Dongnam Bank），东华银行（Dongwha Bank）被新韩银行（Shinhan Bank）收购，韩一银行（Hanil Bank）和商业银行（Commercial Bank of Korea）合并成韩汇银行（Hanvit Bank），哈纳银行（Hana Bank）收购了 CC 银行（Chungchong Bank），朝兴银行（Chohung Bank）并购了江元银行（Kangwon Bank），大东银行（Daedong Bank）和长信银行（Korea Long Term Credit Bank）并入国民银行（Kookmin Bank）。

政府通过上述一系列的兼并重组，使那些经营不善的银行退出市场，勾画了未来市场新版图，也使韩国专业银行转向商业银行，前 3 大银行的股权资本得到增加，总资产的增大可在世界 1 000 家银行中看到韩国的银行。危机后，韩国在放大银行资产的同时，通过减员提高了银行的收入。表 2 是韩国国内商业银行资产规模及人员变化统计情况。

表 2　　　　韩国国内商业银行资产规模及人员变化统计情况　　单位：亿韩元

类别	1997 年		2000 年		平均增长率（%）
	总数	平均数	总数	平均数	
总资产	606 552.90	18 380.40	588 038.60	26 729.00	45.40
股本	18 142.60	549.80	22 066.80	1 003.00	82.40
实收资本	9 751.00	295.50	17 819.60	810.00	174.10
分支机构数量	5 987.00	181.00	4 709.00	214.00	18.20
员工数量	113 994.00	3 454.00	70 599.00	3 707.00	−7.20

资料来源：韩国金融监督院。

其实，韩国根本就没有必要存在 33 家的本土银行。我相信今后随着韩国改革的不断深入，韩国的一些银行还会被撤并。

经过三年的整改，最大的突破就是韩资银行及金融机构被迫向外资开放，从以下统计中，我们可以看到外商投资对韩国金融机构的冲击。

表 3　　　　　　　外资参股韩国国内金融机构的情况统计

银行	1997 年		2000 年	
	外国人的股权份额	主要股东	外国人的股权份额	主要股东
住房商业银行	41.2	政府（22.4%，第一大股东）	65.4	纽约银行（13.1%，第二大股东）荷兰国际集团（10%，第三大股东）

续表

银行	1997 年		2000 年	
	外国人的股权份额	主要股东	外国人的股权份额	主要股东
国民银行	37.0	政府（15.2%，第一大股东）纽约银行（8.4%，第二大股东）	58.2	高盛投资公司（11.1%，第一大股东）
韩国第一银行	0.1	韩国人寿（4.9%，第一大股东）	超过51.0	美国新桥投资集团公司
新韩银行	23.4	居住在日本的韩国人（42.9%，第一大股东）	48.9	居住在日本的韩国人（27%，第一大股东）
韩美银行	29.4	美国银行（18.6%，第一大股东）	61.5	凯雷财团（40.1%，第一大股东）美国银行（10.1%，第二大股东）
韩国交易所	2.7	韩国银行（47.9%，第一大股东）	26.4	德国商业银行（31.6%，第一大股东）
哈纳银行	21.3	教保人寿（7.7%，第一大股东）	20.3	安联集团（12.5%，第一大股东）国际金融公司（2.8%，第三大股东）

在金融产品创新方面，自 1999 年底开始，金融机构开展了 ABS、CBOS 和 MBS 业务，建立了 SPC 体制。在金融交易服务方面，电子金融服务需求大增，截至 2000 年底，电子交易量从 1998 年占全部交易量的 4% 上升至 62%。

在工业领域，六大行业增长快速，这六大行业是：半导体、IT、汽车、造船、钢铁和纺织业。其中，造船业首次超过日本及荷兰，总吨位列世界第一。汽车制造和钢铁总产量（2000 年达到 5 000 万吨）分别列世界第五和第六位。国家产业结构得到了调整，韩国正朝着向高附加值产业前进，参与国际同业竞争。在 2001 年，根据贸易交易量，韩国跃升为世界第十四大经济体。

韩国的一些大企业在改革、转型中经营也得到很大改善，这些企业开始接受外国文化和投资，比如：雷诺汽车与三星汽车的合作；通用汽车投资大宇汽车；戴姆勒入股现代汽车等都足以说明这种变化。"身土不二"的强烈民族主义文化受到了冲击。

韩国企业通过外来文化和资本的引入，通过公司结构治理，管理水平不断上升，最明显的表现就是负债率出现年年下降的走势，比如：现代集团的负债率就从 1997 年的 572% 下降到 1999 年的 181%；三星同期从 366% 下降到 166.3%；LG 从 508% 下降为 184.2%；鲜京集团从 466% 下降到 161%。这 4 家大企业的连带担保拆借也分别从 31.7%、22.8%、84.0%、51.1% 全部降为零，使企业管理走出了经营的怪圈。

经历了挑战后的韩国，使人们看到了从计划经济向市场经济转型的端倪。在金融危机中，除了 1997～1998 年韩元汇率波动较大外，在后三年，韩元汇率还是比较稳定的。图 2 反映了 1997～2000 年韩元、美元汇率波动及外商投资情况的变动。

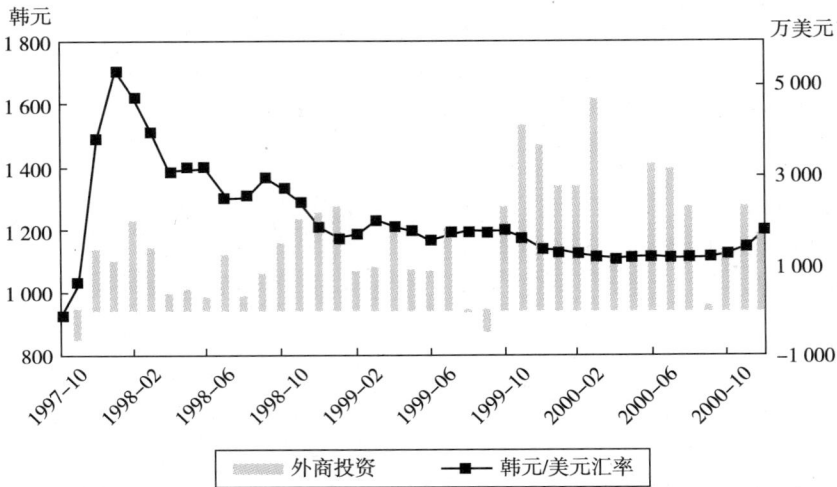

资料来源：商务部、工业部、能源部，韩国银行。

图 2　1997～2000 年韩元、美元汇率波动及外商投资的变动情况

韩国治理金融危机后的第三年还有一个明显的变化，这就是资金从其他非银行机构又重新流回商业银行，人们从投资投机心理再次回到稳健投资的理性思维轨道。表 4 是 1997～2000 年的金融机构存款增长统计。

表 4　　　　　　　　　　1997～2000 年的金融机构存款增长统计　单位：亿韩元,%

	1997 年	1998 年	1999 年	2000 年	2000 年底余额
商业银行	28.5	27.7	66.6	91.7	415.1
银行信托账目	17.1	−30	−38	−42.2	75.1
投资信托公司	10.9	39	−8.4	50.2	133.3
商人银行	5.1	−5.4	−8.2	−4.2	11.7

资料来源：韩国银行。

只有为股东创造财富的企业才能生存和发展

（日记片段，1999 年 5 月 31 日，星期一）

经济整顿后，韩国企业建立了非常有效的绩效考核机制，开始应用 EVA 进行考核。

从 1998 年开始，韩国企业大多转向使用经济增加值（EVA）来考评企业经营人，当然，也包括商业银行。

EVA 计算法是一种测算资金成本的全成本概念的计算模型，它起源于古典经济学中的"剩余收益"理论，时间可以追溯到 19 世纪。这种模型突出强调了"经济利润（收益）"，类似于古典经济学中所研究的"剩余收益"理论。英国著名经济学家艾尔弗雷德·马歇尔（Alfred Marshall）于 1890 年在解释"股东回报理论"时进一步阐述了这种理论，他对"经济利润"曾做过类似于 EVA 计算方式的阐述。他说"企业资本按照现行利率扣减利息支出后剩余部分才可称为经营管理中的收益"，也就是我们现在说的利润。20 世纪又有三位美国经济学家在对"企业价值"做评估时，进一步发展了马歇尔的理论，这三位学者是 30 年代的欧文·菲舍尔（Irving Fisher），50 年代末 60 年代初的诺贝尔得主弗兰科·莫迪利安尼（Franco Modigliani）和默顿·米勒（Merton Miller）。概括起来讲，马氏的理论通过对投资资金"机会成本"的测算，突出强调了真正的利润，类似于今天所说的 EVA，是当今 EVA 理论的起源。

当今，EVA 已经被很多企业以不同的内涵方式应用于各自不同的管理中。在市场经济国家，企业经营人的经营宗旨就是利用股东投资为其创造财富，也只有经营人为股东创造了财富，企业才得以生存和发展。但 EVA 真正作为一种财务管理的技术手段，被正式应用于公司财务管理是在 1982 年，当时 EVA 商标由乔尔·斯特恩（Joel Stern）和贝内特·斯图尔特（G. Bennett Stewart）两人以 Stern Stewart 公司的名义注册，该模型再次突出解释了"经济收益"的概念，而"经济收益"概念又是从"经济利润"概念逐渐演变而来。

EVA 方法与传统会计计算利润方法的区别。

EVA 是英文 Economic Value Added 的缩写，即"经济增加值"。EVA 强调的是一种"经济收益"，与传统会计上描述的利润是有区别的。传统会计主要强调税前收益（EBIT）、息前/税前/折旧及摊销前收益（EBITDA）和净收益（NOI），而 EVA 则通过对投资资金"机会成本"的测算，突出强调了真正的利润。它所强调的"经济收益"可以概括为以下两点：①评估企业是否盈利、创造了财富，首先要分析企业对股东资本的回报是否超过了资本的"机会成本"；②只有在经营者对股东做出承诺，并在计算出正的净现值的基础上做出的投资决定才能被认定为经营人为企业创造了财富。

使用 EVA 评估方法还要求会计上的很多科目必须做出调整，根据日后使用 EVA 分析法的第一波士顿银行和高盛公司的说法，在使用 EVA 模型时，约有 150 多个会计科目需要调整，本文对于复杂的会计科目的调整不进行深入讨论，但为了便于理解，可以得出计算 EVA 的简单等式：

EVA = 税后利润 −（加权平均资本成本 WACC）×（负债 + 股东投资），或 EVA = 调整后的收入 − 资金的机会成本

从以上公式可以看出，理论上，EVA 就是通过对企业税后利润与企业包括股权资本和企业其他负债在内的总的资金成本做出全成本概念分析后，对企业管理者在一段特定的时间内进行经营绩效考核的强调"经济收益"的一种方法，而传统会计计算法忽略了普通股股权成本，从而可能使净利润被夸大，歪曲了企业的真实业绩，因此，EVA 方法认为"会计收益"根本就不是"经济收益"。

在具体实践中，对于企业经营人来说，首先要力求实现 EVA = 0，也就是投资的边际贡献为零，换句话说只有在 EVA > 0 时，才是企业经营人为股东创造的超出其期望值的价值，这就要求企业经营人在其可控制的范围内采取各种手段来达到较高的 EVA，这些手段包括通过减少开支、增加收益和扩大销售、降低股本成本或者通过减少对股东资本的过度依赖等方式方法来加以实现预期目标。

EVA 方法的应用与特点。1993 年 9 月 20 日，美国《财富》杂志以"创造财富的关键"为题隆重介绍 EVA。"经济增加值"概念随后成为财务管理讨论中最热门的话题，它作为一种经营理念逐渐被一些企业所采纳。

当今，美国很多企业都使用 EVA 模型，这些公司包括：Coca – Cola 公司，AT&T电信公司，CSX 铁道机车车辆公司，Quaker Oats 饮料食品公司和 Briggs & Stratton 内燃机公司等。我们可通过下面三个案例分析 EVA 在美国企业经营管理中的应用，并通过分析了解美国企业财务状况的改善和价值的提升，确定 EVA 分析法能够为改善企业结构和经营效益产生积极的作用。

[案例 1]

1988 年初，在约翰·斯诺（John Snow）将 EVA 概念引进 CSX 公司后，发现公

司大量的资金被分散地投在了不同的产品上，如：机车、驼背集装箱和铁道车辆等产品上，公司的市场份额占比虽然快速上升，但边际效益很低。当时，美国铁路正面临着来自海运和公路运输的前所未有的挑战，斯诺经过 EVA 全成本核算，发现公司的 EVA 为负的 7 000 万美元，也就是说通过计算，公司不但没有盈利反而亏损了 7 000 万美元，他将分析结果告诉了他的团队，他说"到 1993 年公司经营必须打平，否则就要被迫清盘出售"。随后，斯诺领导下的管理团队又将公司的状况告诉了全体职工，这时大家方如梦初醒，CSX 公司通过上下动员，确定了 5 年业务发展规划，将货车年产量提高 25% /年，同时卖出集装箱、拖车和机车生产厂及设备，做到集中投资，以此方法去应对其他运输行业的挑战，从而大大降低了资金分散占用的成本，提高了公司的效率和竞争力。通过对 CSX 公司的财务分析，还发现在斯诺引进 EVA 理念前，CSX 公司的股票价格为 28 美元，5 年后的 1993 年上升为 82.5 美元。

[案例 2]

Coca – Cola 公司正式引入 EVA 是在罗伯特（Roberto Goizueta）出任公司 CEO 的 1981 年，同 CSX 公司一样，EVA 理念不但改变了公司的经营方式，也大幅降低了资金成本，使公司股票价格从 3 美元上升到了 57 美元。

[案例 3]

1998 年高盛公司的科恩（Cohen）和诺伯里塔若（Napolitano）两人把 EVA 与标准普尔 400 种工业指数相结合做分析，他们发现在资本投资回报增加的同时，这些公司的加权平均资本成本也相应地减少了，因而，EVA 不仅仅是一种业绩评价指标，它还是一种全面财务管理和薪金激励体制的框架。

以上案例可以看出，EVA 最大的优点就是企业经营与"经济收益"直接的联系以及它与公司股票价格的挂钩。由于 EVA 方法重点强调了对资本的净现金回报，所以它可使投资人不再只关注由"公认会计准则（GAAP）"方法测算出的"纸上利润（paper profits）"。因此，不仅仅是大股东，少数股权投资者也发现，用 EVA 分析企业业绩比单一的每股收益、边际效益、股本回报方式更能全面掌握了解企业的财务状况。正因为如此，现在很多美国专业公司（或经纪人）就是凭 EVA 分析的结果，帮助引导股民投资，由此看来，EVA 也已经成为股票分析家手中的一个强有力的工具。由于 EVA 可以分析出在计算净收益中被忽略的本应该计入的那部分成本，它也为会计师提供了测算收益的更为准确的方法，还为投资人提供了判断企业经营人业绩的新思路。

怎样看待 EVA 及其应用？

相对传统会计方法而言，EVA 评估法无疑是针对企业内部经营绩效考评的一种较新的、较全面的财务评估理念和方法，它能够准确地评估出股东价值及财富的增加，是判断企业财富真正增长的理想手段，是一种防止可能摧毁股东投资货币价值的好方法。正如《财富》杂志所说，"EVA 评估模型使完成价值创造从单纯的口号向有力的管理工具的转换有了希望，这一工具也许最终将使现代财务管理走出课堂而进入董事会会议室，或许走进商店店堂。"实践证明，在股份制企业管理中，管理者如果注重 EVA 分析法，将可使其管理理念与股东价值最大化之目的不谋而合。

但也有学者建议要用 EVA 和 MVA（market value added 市场增加值）结合起来研究企业的收益与发展之间的关系，因为企业的市场价值与存在是建立在通过对企业未来资产增长的预测估计所产生的现金流推断基础上的，EVA 与 MVA 的区别就是前者是在研究企业过去一段时间内的表现后，为日后政策的选择提供依据；后者则根据市场外部环境的变化（比如"利率"等因素）来预测企业的未来收益、确定企业的发展方向。

客观地讲，任何事物都有它的另一面，EVA 评估法在一定程度上限制了企业的市场拓展，因为决定企业经营成功的因素比较复杂，既有内部因素，也有外部因素不断变化的影响。再有，公司价值或财富的增长只能是在一定条件下，相对一段时间内的持续增长，这或许也是一些公司不愿采用 EVA 评估法的原因。比如，Holt Value Associate 公司使用"现金流比率法（CFROI）"分析投资收益，BCG/Holt 公司坚持用"全业务回报法（TBR）"，而 LEK/Alear Consulting Group 公司则采用了"股东价值增加值法（SVA）"。由此看来，EVA 确有它自身的局限性，正如利伯威兹和科格曼在 1991 年发表的论文中所指出的那样，"经济增加值的增加是与风险和资金成本及企业放弃一些发展机会有着紧密联系的"，CSX 类制造业企业如此，CISCO 等高科技公司也一样。

总体上看，EVA 的作用的确非常诱人，它通常被企业上层管理者作为管理指标的主要依据，向其所属分支机构分配资本，计算包括利息在内的全部成本。但也应该看到，由于企业性质不同，资本成本的不同，EVA 模型也有它需要完善的地方，没有统一的标准。人们（无论是决策者、管理者还是投资者）的愿望总是希望使过去"企业经营状况好的表现"能够无限期地延续下去，但是，其结果往往与人们的希望有很大的差距。因此，从企业整体战略发展的角度思考，EVA 计算法有待完善。

　　EVA 模型的缺点突出表现在不具有比较不同规模企业的能力，例如规模巨大的"宝钢股份公司"的经济增加值是 83 万元，而规模小得多的"五粮液"是 64 万元，我们很难说哪个公司的业绩更好。另外，对于集团公司来说，如果用一个统一的 EVA 模型评估所有的子公司，似乎不能让一些管理者所接受，第一，各子公司建立的历史背景不同，发展历程不同；第二，各子公司所在地域经济差异可能会很大；第三，总公司对各子公司市场定位有区别。所以，用统一的 EVA 模型评估集团内所有企业，将会限制集团企业整体战略的布局。

　　美国加州大学的菲利普·乔恩（Philippe Jorion ）教授在他最新出版的《风险价值》一书中指出，"任何商业的发展都有其周期性，EVA 模型忽略了对企业整体战略发展的考虑。比如，一段时间里看起来是低收益的分支机构的业务可能会给集团内其他分支机构的业务发展带来相对长期的益处，因此这类机构的存在是有价值的。"此外，EVA 也有许多和投资收益率一样误导人的地方，例如处于成长阶段的公司"经济增加值"较少，而处于衰退阶段的公司"经济增加值"可能较高。在计算"经济增加值"时，对于什么应该包括在投资基础内、净收益应做哪些调整以及资本成本的确定，一直存在着许多争议，这些争议不利于建立统一的 EVA 规范，而缺乏统一性的业绩指标，只能在一个企业的历史分析及内部评价中使用。也就是说，只有做到"量身定做"的"经济增加值"评估模型，才能比较符合某个企业的具体情况。

　　那么，怎样正确理解、应用 EVA 呢？我想是否可从两个不同角度探讨这个话题，才能正确理解效益与发展之间的内在联系。①对于成熟经济体制下的企业而言，需要在激烈的竞争中，结合市场变化，通过发展及产品的不断调整和阶段性目标市场定位来追求企业价值的最大化；②对于转型经济体制下的企业来说，在突出强调投资回报、规避风险的同时，要求既不能丢掉市场和企业的发展机会，又要追求更高的和安全的经济收益。因此在具体的实践中，需要不断加以调整完善 EVA 的内涵及应用。■

七、 韩国商业银行的产品创新

导读：伴随着 IT 技术的发展，我国金融服务业正在发生着变化，人们把这种变化戏称为"蝙蝠"（BAT）现象，BAT 是百度、阿里巴巴和腾讯英文第一个字母的组合。在韩国，"网上银行"的应用早已非常普遍，很多事不用出门即可办成。此外，韩国人对金融产品的认识也很超前，比如，企业把信用证作为一种短期融资工具，银行把信用证业务作为一种中收的主要来源之一。而在我国，同类金融产品只被作为结算工具。

"虚拟交易"与银行服务的变革

20 世纪 90 年代的韩国，"网上银行"已经非常普遍，很多事不用出门即可办成。银行的服务渗透到居民小区乃至家庭，人们的生活很方便，这类服务包括社区 ATM 的设立及网银等服务手段。

所谓"网上银行"简称"网银"，源自英文 Internet Banking 或 E - Banking，指以银行的计算机为主体，以银行自建的通信网络或公共互联网络为传输媒介，以单位或个人计算机为入网操作终端的"三位一体"的新型银行服务形式。通过 Internet，银行向客户提供开户、销户、查询、对账、行内转账、跨行转账、信贷、网上证券、投资理财等传统服务项目，使客户可以足不出户就能够安全便捷地管理活期和定期存款、支票、信用卡及个人投资等。可以说，网上银行是在 Internet 上的虚拟银行柜台。在美国、欧洲和亚洲的韩国，网银交易量非常大。在我国，人们把它描述为"网上银行"，也有人把它称为"网络银行"、"在线银行"或"电子银行"等。

我在韩国工作时发现，网上银行是韩国的银行为企业提供现金管理（Cash Management）服务的渠道之一，它包括系统支持、产品设计、定价、促销谋略、品牌理念、营销手段和观念等，其业务范围有账户结算、资金归集与划拨、流动性管理、贸易融资、资金增值管理等。该项业务是银行拓展服务与改变收入结构的重要领域，它是包括授信在内的所有短期投融资的综合性业务。据最新预测，网上银行已经成为银行业未来的主要发展方向之一。

如今，信息技术的飞速发展，使人们的支付习惯发生了根本性的改变。如今，越来越多的人已经开始从柜面交易的习惯转向银行的网上服务，可以说，网上银行服务已经深入到了我们日常生活之中的各个角落。"电子货币"、"虚拟交易"、"电子商务"和"网上银行"的普及带来了支付领域的一场变革，使得作为经营货币的银行，在业务产品及业务处理方式上，也必须要做到不断地更新与创新，才能跟上时代快速发展的脚步。比如，伴随着 IT 技术的发展，我国金融服务业正在发生着变化，人们把这种变化戏称为"蝙蝠"（BAT）现象。BAT 是百度、阿里巴巴和腾讯英文第一个字母的组合。

在巴塞尔协议中，将"网银"定义为"通过电子渠道、提供零售与小额产品服务的银行服务。"从世界上先进的银行所经营的业务范围看，其产品和服务包括银行卡存贷、电子收支、账户管理、金融顾问及资金保值增值等。由此看出，传统银行服务方式或手段正在面临挑战。

"网银"服务有许多优点，由于它实现了无纸化交易，使经营成本大大降低，且交易简单，它使得服务更加方便、快捷、高效及可靠。

"网银"7×24 不间断的服务，使支付不再受时间和地域的限制，实现了"3 A"服务，即：任何地点（Anywhere）、任何地方（Anyplace）和任何时间（Anytime）的全方位服务。人们发现，利用电子化手段不仅缩短了资金的在途时间，更提高了资金的使用效率，提高了整个社会的经济效益，同时，在成本管理上也比传统的支付渠道低。根据美国有关方面的统计，"网银"的经营成本只相当于柜面经营成本的1/3 左右。

具体地讲，"网银"服务的内容十分广泛，包括主动收款、到进账、批量收款、代发代扣、B2B 支付等各类电子商务都属于其业务范畴。"网银"服务还能给客户提供非常便利的账户信息查询服务。此外，"网银"服务在集团理财、国际结算方面可为客户提供经济高效的一条龙服务。

由此可见，在通信技术日新月异的时代，尤其在中资银行股改上市后的转型进程中，能否为客户提供更好的一体化金融服务也就成为检验一家银行转型是否成功的一项标准。

美国是世界应用"网银"最早的国家，韩国是学习后应用最快的国家。早在1995年10月，"安全第一网上银行"（SFNB）出现在美国，随即吸引了世界各金融机构的关注，这种新型的客户服务方式随后迅速成为业内关注的焦点。在以后的几年里，"网上银行"在发达国家发展速度极快，年均增长速度达到了50%。

在美国推广"网银"业务的初期，为了打消客户的疑虑，确保系统能够提供高水平、安全、可靠的服务，负责监管的政府部门（金融监管机构）几乎都参与了进来，比如：国家货币监理署、美联储（FED）、财政部储蓄机构监管局（OTS）、联邦存款保险公司（FDIC）和联邦金融机构检查委员会（FFIEC）等。

在我国，现代化的支付系统是CNAPS支付应用系统，它包括大额支付系统（HVPS）和小额批量电子支付系统（BEPS）等。在对个人服务方面，电话银行（Telephone Banking）和家庭银行（Home Banking）的服务需求越来越大，人们希望不用走出家门，就可以完成生活中的一些交易。当1998年招商银行率先推出网上银行业务"一卡通"服务后，中行、工行、交行、光大银行等随后也纷纷推出了各自的网银服务平台，并将其很好地与原有系统有机地结合，使得服务产品和手段得到了极大的提高，在社会上树立了银行服务的新形象。

但我们也应该看到，任何事物的发展都有它的另一面。"网银"服务虽然为人们的需求带来了诸多便利和好处，但应用新技术也会产生新的风险，尤其是在相关法律尚不健全的国家和地区。比如，在我国就有一些不法分子利用民众的疏忽进行网上资金诈骗；通过手机短信诈骗持卡人资金；通过盗窃他人密码冒领现金使客户遭受损失等。

在美国，为了防范风险，主要从三个方面加强了管理：一是从技术上逐渐更新；二是建立了金融机构完整的内部风险控制体系；三是从消费者方面进行风险控制。

与美国、韩国相比，我国该项服务由于起步较晚，无论是从技术水平还是从服务意识上，都有待迅速提高。此外，从"网银"所处的外部环境看，相关的法律也需要尽快出台。从监管方面看，银行的上级监管部门、信息产业管理部门和公安管理部门等也需要对这种服务有更深刻的认识，逐步建立起完善的、多层面的风险监控与管理的安全服务体系。当然，民众的法律意识和防范风险意识也需要同步得到提高。

面对金融业全面开放的冲击，使用网上银行开展银行业务，无论从产品创新、服务多样化，还是从防范风险方面，我国的商业银行都面临着机遇与挑战。

现金管理是韩国的商业银行业务创新的又一表现形式。现金管理业务，指银行协助企业对现金、银行存款及货币等价物等广义现金进行统筹规划，在保证流动性的基础上，使客户减少财务费用，提高资金使用效率，使财务控制更易实现的一项综合性金融服务。现金管理业务包括为客户开立账户、收/付款结算、资金的流动性管理、提供账户信息报告、短期贸易融资、资金保值增值及相关短期融资安排等。好的现金管理服务，对企业，能增强企业资金的流动性、降低风险，还能控制好流动资金成本、规范企业的财务管理；对银行，则能产生巨大的非利息收入，是银行中间业务收入的重要来源。

目前，作为一项较为成熟的金融服务，现金管理已经发展成为国际大型商业银行公司业务的一项重要产品，现金管理服务已经成为银行间竞争激烈的平台，一旦银行向企业提供了完善的解决方案，就能获得比较稳定的大客户资源。

现金管理业务是适应经济全球化、满足客户个性化和综合化的现代金融服务。在日益竞争激烈的金融市场，谁能够设计和实现满足客户个性化需求的资金管理方案，谁的产品手段更先进、功能更齐全，谁的业务处理系统技术更先进、网络更发达，谁的业务处理效率更高，价格最优，谁就能赢得客户、赢得市场。

与传统业务比较，现金管理业务对银行从业人员的要求比较高，它具有专业性强、涉及面广、实施复杂、周期性较长以及与客户黏合度高等特点；能体现出银行构建自身不可模仿的竞争优势；是维护与客户长期稳定合作关系的重要手段。正是因为这样，加速推进现金管理服务，就成为上市后我国商业银行维护老客户、开拓新客户资源及推进我国商业银行经营模式转型的重要话题。

从形式或理念上分析，利用网银开展现金管理业务与传统银行业务不同。传统银行业务经营观念局限在地理位置、资产总量、物理网点数量等方面，而通过电子渠道实现的现金管理是银行从依赖利差收入转向其他收入的一种转型，其经营理念在于如何获取信息并最好地利用这些信息为客户提供多角度的金融服务，有利于体现"以人为本"、方便客户的金融服务宗旨。当前，通过网银为企业提供的现金管理服务已经成为各家商业银行开展金融服务竞争的新领域。

从市场需求上分析，企业现金管理需求日趋旺盛，集团公司现金管理的需求就更为迫切，比如，浦项钢铁集团、现代汽车、三星电子、东洋商社、LG 化学等企业及日拜尔韩国、ABB、巴斯夫、博世等跨国公司企业都向韩国的商业银行提出过利用电子渠道实现企业现金管理的需求。说明此项业务市场需求越来越大。企业之所以这样迫切需要银行提供现金管理服务，主要是财务主管发现：集团下属公司实行独立财务核算体制，总部只有事后才能了解下属公司的财务状况和经营情况，而且，由于各下属企业开立账户非常分散，使得集团公司内部的资金划拨要占用很长的在途时间，这样一来，造成了有些公司账上有充裕的资金没有用上，而有些公司由于临时资金周转不足还需向银行寻求借款，增加了企业筹资成本，整个集团内部资金的使用效率低下。需要说明的是，以上仅仅是在实行现金管理初期阶段企业的基本需求。

从专业角度上分析，现金管理业务具有专业性强、涉及面广、实施复杂、周期性较长以及与客户黏合度高等特点，是银行构建自身不可模仿的竞争优势、维护与客户长期稳定合作关系的重要手段。因为这一业务能为银行带来巨大的中间业务收入和低成本的资金来源，是银行改变对公业务盈利模式、实现收入结构转型的重要途径。

通过对外资银行现金管理及解决方案的分析，发现韩国企业通过网上银行实现的现金管理业务在规模上非常庞大，发展空间和潜在市场巨大。

所以，谁能抢先拿出企业满意的现金管理综合解决方案，谁能为企业设计出具有个性化需求的金融产品，谁的系统能够实现集中化管理、运行更稳定，谁的市场份额就会迅速地扩大。此外，谁在商业银行收入结构的转型中也将会取得迅速的进展，谁的品牌效应也就能快速得到提升。目前，韩国中外资商业银行共有56家，经营着各自的经营性网点。从以上情况可以看出，网银服务与现金管理业务为商业银行创造出了新的竞争优势。

从产品方面分析，韩资同业现金管理业务的发展步伐已经很快，且取得了明显的效益。可以说，产品名称的更新让人眼花缭乱。因此，过去曾经把计划经济下形成垄断局面的银行经营模式描述为"酒香不怕巷子深、皇帝女儿不愁嫁"的观念已经显得过时，竞争形势迫使众多韩国商业银行在开展现金管理业务上积极进取。

我发现，当前现金管理业务发展速度之快已远远超出了人们的预料，一家一流的商业银行若想领先于同业，实现收入结构的转型，首先需要整合渠道，以此来规避风险。与此同时，还必须要不断地加快产品创新及业务流程的梳理。通过实践发现，结合韩国企业长期以来形成的组织架构和文化特点，商业银行要想在现金管理业务领域有所发展，考虑搭建统一的平台是利用电子渠道深入、有效地开展好现金管理业务的前提。

韩国商业银行的电子支付

韩国从1975年就开始给银行配备自助柜员机（ATM），这种自助柜员机的推广大大节省了银行的经营成本，也为银行带来了巨大的中间业务收入，同时还方便了民众。

韩国商业银行的自助柜员机很早就实现了跨行交易，包含了存取款功能、资金转账功能。自1995年以来，这种自助柜员机可以保证24小时服务。由于韩元面值大，在服务形式上，韩国的自助柜员机不仅可以处理现金，也可处理本票，本票面值分10万韩元、20万韩元、50万韩元、100万韩元、1 000万韩元及更高的根据需要而设定的金额面值。

在1996年，韩国建立了EFTPOS电子资金转账销售系统，EFTPOS作为同业间网络系统，在商业银行资金往来中被广泛地应用。这个系统的推广，使韩国从城市到乡村之间的资金交易变成零距离，在商品买卖和服务方面，信用卡的使用逐渐代替了现金交易。

与我国人民银行的大额、小额交易处理系统不同的是韩国银行金融电信网络（BOK－WIRE）是银行同业间唯一的一个联机网络，通过这个全额实时结算系统，资金以电子方式经韩国银行开设的往来账户进行转账或交易，一旦资金转账经 BOK－WIRE 结清完成，它们就成为不可撤销和无条件的。另外，该系统的行间还有一个现金管理服务系统（CMS），这个系统使有几个账户的企业在多个银行可通过电子方式完成收付款和转账。

传统的支付手段通常有现金支付、贵金属交易、支票转账等，但随着科技的发展和社会的进步，自 20 世纪 90 年代后期以来，在世界工业和金融发达的国家，电子银行业务越来越受到用户的欢迎。在美国和韩国，电子银行服务就非常流行，服务手段也很先进，且产品多样。电子银行业务不仅为用户提供了方便，同时它也为银行带来了可观的收入。

所谓电子银行服务从广义上讲就是通过利用高科技手段为用户提供 24 小时的便利，这种服务包括小额零售交易、大额资金划拨批发性业务及短期信用贷款等。从业务范围分类，有自助柜员机（ATMs）服务、呼叫中心（Call Center）服务、个人计算机终端（PC）服务、可视电话（ST）服务等。

事实上，20 世纪 80 年代后期以来，电子银行服务主要产品有银行同业及银企贸易项下的大额资金转移和支付，这种服务越来越多地使用 CHIPS 和 SWIFT 完成交易。在美国和韩国，除了以上两项，电子银行服务所提供的金融产品还包括存取款、支付、用 ATM 汇款、贷款及购买基金等。

在管理上，美国用户的借记卡每月可通过自助柜员机提款 16 次，每次收费 1~2 美元。在韩国，一般的自助柜员机提供 12 小时的服务，每次收费 300~1 000 韩元不等，取款额度根据用户信用由银行发卡时确定，每两年根据以往信用情况调整一次信用等级。根据美联储的统计，美国人利用电子银行提供现金服务的占电子银行业务的 75%，仅有 6%的用途是用于购买支付。而根据韩国银行监督院（FSS）的统计，利用电子银行提供现金服务的量是用于购物支付的 10 倍以上。

从美国和韩国的实践看，电子银行服务之所以非常流行是因为它为人们提供了便利的服务、手续简单、收费合理。人们可以节省更多的时间去办更要紧的事，而没有必要花在往返银行的路上，更没有必要在银行排队等候，因此，人们自然也就愿意接受这种服务，自愿支付极少量的手续费。对于银行的将来，这种手续费将积少成多，银行的投入只是一次性的设备投资、日常维护及软件更新。

当然，同其他行业一样，完善的法律制度保障，高科技的支持，一个良好的社会信用体系等是电子银行业务能否办好的前提。

韩国商业银行的赊销业务

在韩国，商业银行的产品创新和应用都要比我国的商业银行跑得快，赊销业务就是其中的一个。

金融危机后，韩国的商业银行越来越国际化，国际贸易中的赊销（O/A 及 C/S）结算方式成为经营中的新产品。

自 20 世纪 90 年代后期以来，O/A 及 C/S 结算方式在国际贸易往来中逐渐呈现出增多的势头。对于商业银行来说，这种结算方式已经成为银行与企业建立初期业务联系的必要途径或手段，这项业务对于长期从事和经营国际贸易融资业务的中国银行、韩国外换银行来说已经不算什么新鲜的产品，但对于原专业银行转型后的商业银行，比如，韩国产业银行、前韩国住宅银行和我行来说，了解掌握这项业务，是这些银行在未来国际贸易业务中能否为企业提供全方位服务的形象问题，也决定了这类银行在未来国际贸易融资市场上的份额。

根据统计，与中国银行相比，我行这块业务市场占比非常有限，不及市场份额的 5% 或更少。随着我行股份制改造步伐的加快，业务品种的多样化已经成为我行在发展中需要重点考虑解决的战略问题，建设银行突破过去自己不曾熟悉的商业银行业务迫在眉睫。扩大社会影响和商业银行结算业务市场份额急需研究，贸易融资信贷业务就是其中的一个领域，O/A 及 C/S 融资结算方式是这类金融新产品之一，结合汉城分行的情况，在海外分行的贸易融资中，根据客户的要求，这块业务会越来越多。因此，了解掌握国际贸易结算中新的金融产品，无论是从开拓市场的角度，还是从防范风险之考虑，或是对股改后的建设银行在国际商业银行业务范围内能否提供全方位服务来讲，都是非常重要的。

1. 什么是 O/A、C/S 融资结算方式

O/A 英文全称为 Open Account，C/S 的英文全称为 Consignment Sales，中文分别是"开设专项清算账户"和"寄售"的意思，是本世纪初以来颇为流行的进出口贸易融资结算方式。目前，在国际贸易交往过程中，商业银行根据企业需求，为企业提供贸易融资服务已经成为开展银企合作的重要一环，成为能否加强和扩大银企合作关系的重要因素。

在国际贸易融资业务中，银行既可对出口商提供融资服务，也可为进口商提供融资服务。银行传统的贸易融资方式多种多样，这些方式或金融产品包括押汇、福费廷（Forfaiting）、信用证（L/C）及贴现（D/C）等。但还有一种较新的方式是我们过去尚不太熟悉的 O/A 和 C/S 产品，在银行贸易融资业务里，它属于一种短期贷款融资，在融资作用上也可以被视为押汇的延伸，但与押汇有区别，它是银行按照商定好的条件收取本金及利息的一种融资付款/结算方式，多用于进出口频繁的企业间的贸易融资及付款结算业务中。如果前面提到的多数金融产品被定义为一种无追索权的贸易融资买断方式，要求银行在决定买单时必须格外小心、严格审单的话，那么，O/A—C/S 则是一种通过银行垫款的资金融通方式，银行有追索权。当银行垫款不能按期收回时，银行可要求担保方（第三方）还款，这是它与单据买断的根本区别。此外，在期限方面，福费廷、L/C、贴现及汇票承兑等融资工具的期限一般为 30 天至 90 天，O/A—C/S 方式通常为 30 天至 180 天，母公司与子公司之间的期限会更长些。

由于 O/A 与 C/S 方式可为企业节省相关手续费，它已成为当今国际贸易结算较流行的做法，深受进出口企业的欢迎。比如，进口布匹的 A 公司与出口商 B 公司合作多年，彼此间已经建立了一定的互信，企业出于节省、频繁支付银行信用证相关费用之考虑，经协商，同意在以后的订货和结算业务活动中采用 O/A 方式取代信用证方式，也就是出口商 B 公司根据

与进口商 A 公司签订的供货合同，负责将货物装船发运，货物单据将在月末或每次发货后送达 A 公司，B 公司接受 A 公司以光票买入方式或是以简单地按照发票币种和金额开出的票据签单方式日后进行结算，这就是 O/A—C/S 融资结算方式。

2. O/A—C/S 结算方式增长的原因

O/A 方式通常由进口商提出、由出口商牵头通过出口地银行融资，在母公司与子公司之间的贸易中，由总部（出口商）提出，它属于赊卖的一种，多适用于出口商的老客户或母公司向子公司销售商品等。O/A 通常与 C/S 混在一起使用，说得明确一点，C/S 就是在 O/A 基础上的延续。C/S 是由出口商向国外代理商（进口商）发运货物，要求他们按照合同价格出售（如果代售中能做到实现最高价格，根据市场行情，进口商可自定销售价格），由于货物出售前的债权人仍是出口商，原则上出口商要承担商品的库存管理成本和汇率风险（但在母子公司之间，这种成本通常没有被列入）。根据当前国际贸易发展趋势属买方市场的现况，进口商有很大的主动权，他们最愿意采用的结算方式就是 O/A — C/S 方式。对出口商来说，采用这种方式比以往常用的结算工具要多承担一定的风险，所以，出口商往往寻找一家银行合作。

3. 使用 O/A—C/S 方式的利弊

O/A—C/S 方式融资结算的好处在于它比传统的通过托收（Collection）和信用证方式为企业结算节省费用。如果进出口双方的信任度更高，干脆直接采用寄售方式，寄售方式不仅不要求进口商在购买货物时立即付款，货品还可以作为出口商的债权，由进口商保管存放。对于出口企业来讲，使用这种结算方式操作简便，能节省相关手续费用；对于出口方银行来讲，出口方经办银行只是按照短期融资方式先垫付货款，日后，从进口方收回本金及按照银企之间事先商定好的利率收取资金占用费。对于进口商来讲，不用每笔交易先交定金或货物售出前可暂不付款，解决了资金周转问题；对于进口地银行来讲，产生了汇款业务，如果出口地银行在进口地设有经营性分支机构，那就直接为该分行带来了包括汇款在内的各项业务，起到了境内外联动作用。

银行的目的是通过此项业务扩大银企间更广泛的合作，企业的目的是通过合作的银行进行短期资金融通，对于企业来说，除业务必须要委托一家商业银行经办外，在某种意义上，企业还可以转移风险。

O/A—C/S方式最基本的要求就是进出口商之间必须建立在长期合作且相互信任的基础上，否则就会给出口商及出口地经办银行带来风险，这种风险主要有：①进口商信用风险；②出口方银行定价风险；③进口方经办银行的经营风险；④进口方国家有关外汇政策变动带来的风险；⑤汇率风险；⑥不同的法律及商业习惯风险；⑦经济风险；⑧折算风险；⑨欺诈风险等。

4. 风险防范措施

为了找出相对应的风险防范具体措施，下面简要概括一下O/A—C/S方式增长速度过快的原因：

（1）迅速增长的国际贸易；

（2）进口商所在国家信息透明度的改善；

（3）出口商急于出口产品的需要；

（4）出于国际、国内市场竞争之需要，出口商为了销售货物，不得不接受O/A—C/S融资结算方式；

（5）国际贸易市场为买方市场发展趋势，买方要求用O/A—C/S方式结算。

所以，在O/A—C/S业务经办过程中，出口方银行职员要注意以下几点：第一，银行在考虑企业需求时，根据企业评级，做到准确定价；第二，准确掌握进口方的信用；第三，尽可能了解进口方银行的现金流状况；第四，随时了解进口方国家的相关政策变动与调整的信息；第五，要建立自己的企业专用监督控制系统，与出口方所在地海关保持信息互享，防止欺诈行为；第六，提出有可能获得相关机构对进口商付款所做出的书面担保；第七，有关分行必须掌握在一定的范围内，根据授信权限正确使用额度。

最后，还需要提示一点，就是O/A—C/S融资结算方式在非集团内企业与集团内企业的进出口业务中是有一定区别的。对于非集团内企业的进出口业务，可能出现的风险是出口商与进口商之间的信用风险关系。交易中，如果当出口商认为进口商不能足额按期支付全部货款时，出口商防范风险的常用做法是要求进口商预付一定比例的现金（定金）作保证，或采用获得进口商通过进口地信誉良好的银行提供的信用证方式作担保。但对于属于同一集团内企业的进出口业务而言，进出口双方利益一致，O/A—C/S 潜在的风险是该集团企业与银行之间的风险关系，因为，这类业务中对进口商支付能力提供信用担保的通常是其母公司，所以，要求出口地银行在做到上述对进口方各个方面的全面了解的同时，更要做好对整个集团企业资信状况的调查，还要注意全球该行业的发展动向。

保理业务
（日记片段，2001 年 3 月 29 日，星期四）

何为保理业务？"保理"英文为"factoring"，国际上将它描述为"买卖双方将应收账款转让给商业银行或非银行机构保理公司的一种为国际贸易提供服务的金融产品。"

在韩国，一般是由商业银行的有关业务部门来处理这项业务，比如：外换银行的公司业务部，友利银行的国际业务部等。但在国际上，银行也可通过设立保理公司开展此项业务，美国富国银行旗下的富国贸易资本公司（Wells Fargo Trade Capital），日本瑞穗银行旗下瑞穗保理公司（Mizuho Factors Ltd），法国巴黎银行旗下的巴黎银行保理公司（BNP Paribas Factor SA）等就是这样，可以说，银行设立保理公司有利于银行和保理业务的共同发展。保理业务在欧美等发达国家经过多年的发展，已形成了较为完备的保理服务体系、完备的法律基础、相当数量的客户群体、多层次保理服务机构等。

从国际贸易结算收付款来看，20 世纪 80 年代以来，货物买卖市场格局发生了巨大的变化，逐步由卖方市场转为买方市场，产品质量和价格竞争的余地越来越小，卖方之间的竞争逐步由品质、价格的竞争转为销售条件方面的竞争。因此，绝大多数的买方不愿再继续使用信用证（L/C）收付货款方式，转而要求卖方接受赊销的商业信用付款方式，这就产生了受理保理机构和服务。

保理业务是保理商在国际和国内贸易中对买卖双方提供的一项贸易服务综合性

产品，在国外也被称为应收账款买断、应收账款承购、保付代理等，指在以赊销或承兑交单（D/A）为贸易条件的情况下，由保理方向卖方提供的包括贸易融资、销售分户账管理、应收账款催收、信用风险控制与坏账担保等项目的综合性金融服务。

通常卖方应收账款的收款风险由保理商来承担，保理商定期催收、管理应收账款，有效地帮助卖方采用赊销的贸易方式来开拓市场，获取利润。总之，保理就是买卖双方将应收账款转让给银行的一种业务，保理业务机构可以是银行，也可以是非银行机构。

在韩国，尤其是 1997 年亚洲金融危机后，德国商业银行等外资银行入股韩国本土银行，不仅带来了资金，还带来了经营理念和新的产品，保理业务因此开展得有声有色。韩国的一些银行学习了先进国家的经验后，还计划建立自己的保理公司来处理这项业务。可以说，保理业务在促进韩国经济发展中发挥了重要的作用，主要表现在以下几个方面：

一是开展保理业务有利于韩国中小企业的发展。在韩国除了几大财团外，多数企业是中小企业，它们为大财阀集团提供配件，在韩国国民经济中发挥着重要的作用。但是，由于这些中小企业信息的内部化和不透明，如要使企业快速发展壮大，使其寻找贷款和外源性资金时无法向银行提供令人满意的信息，说明其偿还贷款的能力弱。所以，韩国中小企业普遍面临融资难的困境。

韩国相当多的中小企业是出口导向型企业，产品出口世界各地。它们需要这项业务服务，因为保理业务主要依据贸易双方综合财务状况、应收账款的历史履约记录、付款记录和违约记录等来判定买卖双方的信用风险水平，对抵/质押等担保条件要求较少，因此保理业务更适合于难以提供抵押品或保证人的韩国中小企业的贸易融资需求。

二是韩国中小企业可以通过保理融资改善自己的财务报表。企业的应收账款和银行贷款在财务报表上都表现为负债，而通过保理融通资金不但不增加负债，反而表现为应收账款减少、现金流增加。

三是由于在赊销方式下，卖方销售货物时要承担较大的风险，卖方在货物发运后，能否顺利按期取得货款，就完全取决于买方的信用和支付能力。而在保理业务中，买方发生信用风险无力支付或无理拖欠货款时，保理商将承担担保付款责任，保理商将按协议约定的时间向卖方无条件支付货款，且对卖方无追索权。这样就可以帮助企业管理赊销方式下应收账款的商业风险。

四是保理业务有助于企业获得银行融资，加快资金周转。在保理业务中，卖方可以在货物装船后立即将发票、汇票、提单等有关单据提交给保理商，由保理商买断全部或部分的应收账款。由保理银行来承担买方的信用风险，卖方融资银行在购买应收账款时着重审查应收账款的质量和历史履约记录等，而不过多地审查企业本身的资金实力，通常也不需要企业提供额外的担保或抵押，有助于缓解企业资金周转的压力。

五是保理业务有利于企业提高市场竞争力。国际实践表明，商业银行可以设立专业保理公司来提供保理服务。在韩国，商业银行机构保理业务部门为企业提供的是包括结算、担保、信用评估、销售账款管理、客户关系管理、风险管理甚至保险等多方面的服务组合，这种服务组合需要保理商拥有一支包括前台营销、中台业务处理、后台技术支持在内的专业化团队，并建立进行业务处理和风险控制的专业化电子平台等，对于这些，韩国的商业银行都做到了。■

备用信用证是一种改头换面的信用工具

（日记片段，2001 年 4 月 17 日，星期二）

在韩国，信用证使用非常普及，而我们的中资企业，很多人还不太清楚它的作用。如今备用信用证在韩国已经成为一种成熟的金融产品，一种改头换面的信用工具，被韩国的商业银行和企业普遍使用。

什么是备用信用证？备用信用证是战后美国首先发展起来的一种信用工具，英文名称为 Standby Letter of Credit，这种信用工具实际上是一种银行担保。根据笔者在我行驻外机构工作时的经历和处理过多笔与信用证有关的纠纷中的体会，深感在我国商业银行强调收入结构转型、努力扩大增加中间业务收入占比的转型阶段，在推广和使用国际化金融产品时需要具备的防范风险的意识，因此，银行一线人员非常有必要了解备用信用证的功能和作用。

第一，备用信用证是改头换面的信用工具。

1933 年美国经济大萧条后颁布的美国银行法律限制了商业银行开立保函，所以，美国的银行将保函改头换面以信用证的名称和形式出具。在日本，战后的银行法律也和美国类似，日本的商业银行采取了同样的变通办法开展此项业务。人们通过实践发现，备用信用证的用途非常广泛，除用于买卖契约项下货款的支付外，还可用在投标、还款、履约保函、预付货款及赊销等业务中。

韩国岁月话金融
——一位银行人士的海外工作随想录

由于备用信用证在商业中被广泛应用，1999 年 1 月 1 日在法律上出台了"国际备用信用证惯例（ISP98），明确将其定义为一种担保工具。其中，第 106 条 A 项条款是这样描述备用信用证的，"备用信用证自开立后即成为一项不可撤销的、独立的、要求单据的、具有约束力的承诺。"从这条不难看出，它对开证行未来的付款行为具有一种强制性的约束力。

备用信用证是信用证的一种，美联储的有关条款把它定义为"备用信用证"，不论其名称和描述如何，它都是一种信用证或类似的工具。备用信用证一旦开出，就构成开证行对受益人的担保义务；其次，备用信用证明显的特点就是它的备用性。备用信用证先是由债务人（开证申请人）履行其义务，如果基础契约履行顺利，备用信用证就在未被使用的情况下自动失效。换句话讲，只有在开证申请人不履行义务时，才由受益人开出针对其行为的声明连同相关单据向银行要求付款。因此，备用信用证具有保证开证申请人履行其义务的作用，从这个特点可以看出，备用信用证有着与保函相同的作用。

第二，它是一种成熟的金融产品。如今，颇为流行的现代担保工具——备用信用证在国外已成为一种成熟的金融产品。从 1999 年以来，全球备用信用证与商业信用证的业务量之比就已经超过了 8:1，备用信用证的开证金额也大大超过了商业跟单信用证。2004 年，按照资产排名的前 25 大银行开出的备用信用证就占据了美国市场 70% 以上的份额。在日本和韩国，备用信用证使用得也非常普及，根据 90 年代中后期笔者在汉城代表处工作时的研究，韩国本土银行在对外经贸活动中使用备用信用证的程度远远超过外资银行在韩国的分行，比如，现代建设、东阳建筑、大宇建设等企业在中东地区的投标、招标中，都是使用备用信用证，说明在与国际接轨方面，日韩企业超前我国企业至少 10 年。

在保守的欧洲，备用信用证的使用也在日益增加。形成这种态势的原因很简单，那就是当今国际贸易中的商业关系和银行业务往来关系，有很多都涉及美国的企业和金融机构。

第三，国际化要求我们更多地使用备用信用证。客观地看，我国多数的商业银行由于国际化程度不够，对备用信用证的接受程度远远落后于先进的市场经济国家的企业，我们的商业银行主要还是倾向于用保函的形式为客户提供担保。与备用信用证等结算金融产品比较，传统的银行保函没有统一的格式、国际化程度较低、业务涉及的主体较多、法律关系复杂、风险隐蔽、风险控制难度较大、要求文件较多、办理手续繁杂、实际操作较难把握等。备用信用证在经济功能上与银行保函虽类似，但两者之间经济功能方面的类似性和区别就体现在备用信用证的"备用"上。现在，越来越多的人士已经认识到，备用信用证格式规范、申请手续简易、使用方便、在跨国经济活动中被对方接受的程度高。

在我国银企跨国业务日益剧增的情况下，如与美国、欧盟、日本和韩国这四大贸易伙伴，双边贸易额都在 1 000 亿美元以上，研究和发展备用信用证，对促进我国银企国际化的发展有着非常紧迫和特殊的意义。■

八、 保护委托人的利益是社会稳定的基础

导读：建立国家商业银行存款保险制度是一个国家经济发展进程中必须要考虑的重要一环，美国有 FDIC 制度，韩国在出现危机后也建立了相应的制度，我国早晚也必须建立这样的制度，因为只有把权力关进制度的笼子里，才能做到真正意义上的社会稳定，制度是维护社会稳定的平衡器。

美韩存款保险公司体制比较

建立国家商业银行存款保险制度是一个国家经济发展进程中必须要考虑的重要一环，韩国在经济快速发展的后期也建立了这种制度。韩国存款保险公司经营模式是从美国那里学来的吗？

成立于 1933 年的美国联邦存款保险公司（FDIC），当时主要作用有两个，一是当银行倒闭时，由其出面保护存款人的利益；二是保护每个社区、州和国家避免由于支付体系崩溃可能带来的灾难。实践证明，自从设立联邦存款保险公司这种机制以来，FDIC 在处理支付危机方面发挥了不可替代的作用，参保的存款可以得到 100% 的赔付，一般性存款也可得到99% 的赔付。

在 FDIC 经营初期，由于美国本土银行多达几百家，各家银行交付的保险费是其资金的来源，每家商业银行需要缴纳的具体数目由 FDIC 在每年年底根据有关规定核定。

20 世纪 90 年代初，由于金融机构数量及业务限制的一些变化，美国又推出了《联邦存款保险公司改善法案》，该法案英文缩写为 FDICIA，法案规定，获得监管机构最佳评级的资本化处于良好经营状态的商业银行每100 美元存款交 23 美分的保险费，获得低评级的资本化低的商业银行每100 美元存款交 31 美分的保险费。90 年代中后期，这种保险费又略有不同程度的提高。

　　FDICIA 的内容说明美国进一步加大了监督管理的力度。根据美国地区（州）商业银行地理分布及主营业务相对较单一的特点，美国新法律还要求 FDIC 等监管当局对资产超过 1 亿美元以上的银行每年都要进行一次或一次以上的现场检查，其检查范围包括贷款文件、内控规章制度、管理信息体系、新增房地产业务、利率风险敞口及工资、分红等。要求对银行资产低于 1 亿美元的银行也要至少一年半检查一次，以便对境内的所有商业银行实行更为严格的监控。

　　当 FDIC 发现经营不良的银行时，通常采取以下五种方法处理：①偿付存款；②收购兼并不良银行；③帮助银行融资；④按照存款保险国家银行（DINB）章程处理；⑤重组不良银行。

　　上述五种方法的具体运作就是：第一，对已保险的储户，FDIC 一周内对单一储户可保证最高额达 10 万美元的支付，剩余部分（包括其他债权人的偿付）待清盘后再由 FDIC 按比例支付。第二，直接由另一家经营效益良好的银行收购不良银行，由 FDIC 通过招标选择、确定中标者，然后参与安排两家银行联姻事宜。如果发生两次以上的上述①、②中所出现的情况，FDIC 将直接采用③~⑤的方法处理，对于经营不良的银行的融资（注资），只限定在给予暂时的帮助范围内。根据 FDIC 的安排，在经营不良的银行正式关闭或被兼并前，这类银行先由 DINB 接管，最后，由债权人重组这类银行。在以上五种方法中，第二种方法使用得最多。但这里需要强调一点，就是当发现银行资本与风险调整资产总额的比率下降到 2% 以下时，不良银行将直接被政府接管，由政府进行拍卖。

　　随着时代的发展，银行交付的保险费已不能保证 FDIC 的正常运作，美国政府为了支持 FDIC 的工作，国会在 1991 年 12 月 27 日通过的 FDICIA 法案中，还允许 FDIC 向财政部的借款额最高可达 300 亿美元，借款将在以后的 15 年内用银行征收的保险费偿还。同时，美国政府也给予了 FDIC 一些其他政策支持，比如，FDIC 可以资产作担保对营运资本进行再筹资（借款），这类借款额度可高达 45 亿美元，允许 FDIC 通过出售倒闭银行资产的收入偿还借款等。

　　通过以上对美国 FDIC 机构作用的分析，我们可以看出美国这个世界经济第一强国，在其 200 多年的发展历程中，就是通过对各项法律、法规制度的建设及不断完善和相关机构的设立来防范金融风险的。美国的经验与做法对一些经济转型国家也产生了不同程度的影响，成为当今市场经济体制下，很多国家学习效仿的榜样，韩国在金融体制与结构的改革中是这类国家的典型代表。

韩国在 1997 年的金融危机后的改革中，很多做法就是从美国那里学来的。1998 年底，韩国也是先对《商法》和《公司法》进行了修改，在被修改后的法律中，突出强调了以下几点：①增强企业的透明度管理；②增强董事会的作用；③给予股东更多的发言权；④通过兼并重组，激活市场。韩国照搬了美国的做法，具体运作方式也是先立法、后改革。

在商业银行结构改革方面，在 1997 年 12 月至 2000 年 12 月的三年多时间里，韩国的商业银行发生了一系列的兼并重组，令人眼花缭乱，当民众还没有记住"新"银行的名字时，该银行又从韩国商业银行的名单中消失。

纵观韩国商业银行改革全过程，可概括为以下三种形式。第一，短期内频繁发生银行兼并重组。比如，1998 年先是"韩一银行"与韩国"商业银行"合并改名为"韩汇银行"，一年多以后，这家银行又被"友利集团"收购，改名为现在的"友利银行"。第二，专业银行与专业银行合并成韩国资产规模最大的商业银行，比如，原"住宅银行"被并入"国民银行"，使其资产接近 1 500 亿美元，根据 2003 年亚洲银行以资产排名的顺序，这家韩国的商业银行排名紧随在日本、中国的大银行之后，成为亚洲第 13 大的商业银行。第三，允许向外资出售金融机构，比如，韩国的"第一银行"被美国的"新桥资本"收购；"德国商业银行"以参股方式加入"韩国外换银行"等。

在对商业银行的监管职能分工方面，韩国的中央银行，也就是"韩国银行"的主要职能被一分为二，除了韩国银行外，1998 年以后还陆续成立了"金融监督院（FSS）"、"存款保险公司（KDIC）"等新机构。韩国央行只负责宏观政策调控和货币政策的制定与调整，从央行分离出的金融监督院负责对所有商业银行的经营进行核批、检查及监督管理，由存款保险公司对包括外资银行在内的经营性金融营业机构收缴保险费。

但韩国的做法与美国的做法有一些区别：第一，当金融机构倒闭时最高保兑金额为 5 000 万韩元（约合 4.2 万美元），为美国的 40% 左右。第二，存款保险按照存款的 0.1% 比例收取。此外，商业银行还需要按照资本金的 1% 一次性交纳"贡献费"。

从美国和韩国金融体制在经济（金融）危机后所发生的变化看，一方面，将商业银行的监督管理职能从央行分离出来，成立专门的银行监督管理机构和存款保险公司无疑是金融体制改革的一种正确的选择，这种体制要求商业银行的管理者必须认真地、全力以赴地管理好自己所经营的银行，否则，该企业就不能继续存在。但另一方面，由于国家制度及外部的政治经济环境有区别，各国的金融体制改革也要根据实际的国情及外部环境制定相关政策及法律，因为各国经济转型时的经济基础不一样，金融监管体制的完善和商业银行结构的转型的正确方法和所需要的时间只有通过实践才能得到验证。

日韩金融控股公司对比

美国的保尔森曾多次敦促亚洲国家进行金融市场改革，开放金融控股权。而在亚洲，经历了 1997 年亚洲金融风暴的冲击后，日本、韩国的金融企业率先向金融控股公司靠近，这一转型比中国早了 6 年。日本政府于 1996 年就启动了"金融大改革"计划；在韩国，友利金融控股公司是由 14 家包括商业银行、证券公司及保险公司等金融机构在内的经济实体联合组建的。

日本战后金融体制初期是美国式的形式，商业银行的业务被严格限制，不允许经营证券、信托及保险业务。但到了 20 世纪 80 年代中期，日本允许银行经营证券业务，也可以发行债券及从事政府债券的交易活动。反过来讲，证券公司允许办理大额存单业务，开展与中期国债有关的资金综合业务，还能参与日元承兑汇票等，实际上走回了混业经营的道路。

20 世纪 90 年代中后期以来，日本经济增长萧条，出现了金融机构竞争力和抗风险能力大大下降的局面，这种情况迫使政府下决心进行金融改革，国外学者将这种改革描述为"Big Bang"式的改革。在这次日本式的金融改革中，政府彻底废除了对分业经营的限制；对租赁公司资金筹措也不再有更多的约束；对非银行金融机构开放了清算服务系统；对金融控股公司解禁；取消了资产运用及金融商品的设计限制等。

从1998年开始，日本的金融机构通过收购、兼并组建金融控股集团公司的热情日趋高涨，出现了日本本土的金融机构兼并、重组一浪高过一浪的现象，当人们还没有记住新机构的名字，又一家新的银行名字就出现了，日联、瑞穗银行股份公司就是最好的两个例子。截至2006年3月，瑞穗控股总资产排到了全球金融控股集团公司之首，总资产达到9 980亿美元。2006年底，东京三菱又并购了日联，资产规模超过了瑞穗，总资产突破了10 000亿美元。

与日本相比，韩国的银行按照资产计算要小得多。朝鲜战争后，韩国金融体制的形成是计划经济的产物。自1962年韩国实行第一个"五年计划"以来，为了贯彻政府发展民族经济的指导方针，韩国的银行成了政府借助其实现经济高速发展的工具，因此，也就形成了特有的以专业银行为主的金融体系。但是，韩国自20世纪80年代以来一直在探索金融改革。在改革进程中，无论是在法律法规调整方面，还是在管理透明度方面，韩国都取得过一定的成绩，但在改革中，也面临过许多挑战与质疑。

80年代中期，韩国虽然没有正式宣布放弃银行、证券公司、保险公司三种金融业务分业经营的基本架构，但实际上，银行经营范围早已超出了法律规定的范畴，比如，票据的销售、信用卡业务、代理业务、信托业务、可转让存单业务等。此外，1997年亚洲金融危机前，韩国的非银行金融机构如同雨后春笋般地迅速发展，使这类机构在数量上猛增，令人眼花缭乱。

虽然这类机构的出现活跃了市场，方便了民众，但同时也暴露出很多问题，使韩国政府在1998年后不得不下决心进行大整顿，国外学者将金大中政府采取的韩国金融大改革称为"Big Deal with IMF"。如今，韩国的银行都能开展投行业务、经营各类商业及贸易票据业务。韩国人学习了美国方式后，积极、大力开展现金管理与服务业务，使收入结构发生了较大的变化，银行表外收入占比猛增。反过来讲，如今在韩国，证券公司也可以从事回购协议下的所有种类的债券销售及从事政府和公共债券的柜台销售业务。此外，拥有大量实收资本的证券公司还获准从事商业票据业务，并能为公司提供担保。

事实证明，日本、韩国的银行在进行组建金融控股公司的进程中，通过引入外资，对企业产生了三项重大意义：第一是完善了公司治理结构；第二是提升了银行的经营管理水平；第三是业务经营实现了多元化，增强了核心竞争力。截至 2004 年底，日韩两国的商业银行 ROA、ROE 都达到或超过了世界先进银行的平均比率。

从日韩金融改革的实践看，世界上还没有一个国家能够无须强健的资本市场而拥有成功、可持续和平衡的经济，保尔森本人也不相信一个面对国内外竞争不开放市场的国家能够取得上述成就。

从 REITs 在美日韩发展所想到的金融信托业

亚洲金融风暴后，"房地产投资信托"（Real Estate Investment Trust）业务被引入韩国，韩国资产管理公司（KAMCO）、商业银行都着手开展此项业务，韩国发展研究院（KDI）研究生院还专门设立了此专业课程，由毕业于麻省理工学院（MIT）的欧秉赫（Oh. Byungho）教授给攻读金融 MBA 的硕士班讲授 REITs 课程。

为了学习新业务知识，我参加了欧教授的研究课题组。我在研究小组认真学习了该项金融业务。通过学习，我认识到"房地产投资信托（REITs）"名称上有多种，例如，泛地产信托、房地产信托基金、房地产投资基金及房地产证券化。这些是运用信托的原理和功能特点，通过证券市场募集社会资金并投资于收益性房地产，投资人从中分享地产经营收益的金融工具和金融行为，本质就是证券化的产业投资基金。

REITs 通过证券化的形式，将流动性较差的房地产资产转化为流动性好的 REITs 份额，提高了房地产资产的变现能力，缩短了资金的占用时间，使资金的利用率得到提高。

这种房地产信托投资基金业务资产证券化的形式，其运作方式就是原物业所有者或贷款人将拥有的经营性物业或抵押贷款打包设立专项基金，然后均等地分割为若干份出售给有意愿投资的实体或个人。之后，以经营性物业或抵押贷款每年产生的租金，按照利息计入收入来源，最后定期向投资人派发收益。

房地产信托投资基金业务在美国、澳大利亚等国家发展已有几十年的历史，在美国已经成为一种金融产品受到投资者的接受和欢迎，美国有几百种 REITs，管理的资产总值超过 3 000 亿美元，其中多数在证券交易所上市进行交易。

亚洲金融危机后，日本、韩国、新加坡、中国香港等国家和地区也引入了这种金融产品。欧教授说："发展迹象表明，在今后几年里，亚洲地区可能会成为全球该项业务增长最快的市场"。但当时我国尚未引入这项业务。2002 年，我在完成该小组的研究工作后，给总行递交了我的研究报告，希望将这项新的房地产投融资方式介绍给国内的同事。后来，总行国际业务部把研究报告编入了《中国建设银行海外调研报告手册》，印发全行。

REITs 对于美国来说，其基金的来源可以是机构投资者，也可以是个人。机构投资者指在证交所上市的公司，个人投资者可以是朋友组合、家庭联合或商业协会等组成的私人股份投资公司，后者也可被视为机构投资的另一种形式。

在与美国比较后，我发现 REITs 在美国起始于 20 世纪初。当时，一些新到来的英国移民希望能够从炒得火热的房地产业中赚钱，在美国的马萨诸塞州开始经营这种行业。一开始的时候，这种托管业务仅限于富贵阶层、只能在指定的州经营，诸如波士顿等地。

其实，美国人起初也不太懂得该项投资，但随着 REITs 的发展，普通人也逐渐加入到其中。使美国的 REITs 投资活动逐渐向西部扩展，延伸到芝加哥、奥马哈和丹佛等地。

正当这项产业处于快速发展之际，1930 年美国经济大萧条却给它带来了巨大的冲击。在 1935 年，由于美国高等法院规定 REITs 公司必须缴纳公司税而使该产业处于历史上的低谷阶段。REITs 产业在经历了 20 多年的动荡后，1950 年开始渐渐恢复，美国法律最终也认可了它存在的价值。20 世纪 60 年代末，REITs 在美国最终获得成功。自艾森豪威尔入主白宫数月后，就开始研究美国房地产投资法案，调整了房地产投资的有关税项，允许并鼓励个人投资者参加房地产投资，使得 REITs 产业在 1962 年上半年迅速上升到 3 亿美元的交易量，刺激了股市。

1960 年，美国国会又颁布了新的《房地产投资信托法案》。当时，当选总统约翰·肯尼迪将它作为击败共和党候选人理查德·尼克松的武器之一颁布了该项法案，以确保艾森豪威尔总统制定的经济政策的延续性和对经济增长速度起到调节作用的灵活性。为了从法律上得到这种保证，美国在 1975 年和 1976 年先后修改了 REITs 的税项规定。在 1978 年、1986 年和 1997 年又分别对上述税法进行了多次修改与完善，达到了鼓励个人投资者参与的目的，保证了其资金使用的安全性、流动性和高回报性。

值得注意的是，以上法律的修改是在 1993 年的证券交易法和 1934 年的证券交易法的基础上作出修改的，因而可以看出美国 REITs 是在不断完善的法律制度的前提下，走过了 70 多年的发展历程。

美国 REITs 政策调整主要体现在对中小投资者所能提供的税收优惠待遇上，便于他们可以参与大项目的投资活动和高回报的不动产投资。美国采用的方法是将几个小额资本组成资金池，并保证其高回报、低成本地从事商业活动，即：使美国民众利用有限的收入受惠于房地产投资是美国当时公共政策的具体体现。

日本的 REITs

REITs 在日本市场的发展始于 2000 年。20 世纪 90 年代后期，日本经济开始出现急速下滑，1997 年 GDP 增长为负的 0.4%，加上已经延续了 50 年的通货膨胀所产生的经济泡沫，给日本带来了灾难。

日本战后经济的快速复苏和高速增长所形成的日本经济发展模式主要是受惠于"二战"后的美国外交政策。然而，20 世纪 90 年代由于日本经济结构等问题所产生的负面作用使日本变成了经济学界关注的焦点，具体体现在商业银行出现的巨额不良贷款上。比如 1998 年日本第二大汽车生产厂商"尼桑"公司几乎倒闭，使富士银行出现了大量的坏账就是一个例子。日本政府虽然做出包括利率调整为零的一些经济调整政策，但几年来没有见到成效。日本 2001 年 GDP 增长率仍是 -0.5%。

之后，日本政府又将刺激经济复苏的重点转到房地产上。日本为了增加投资和达到保持资本流动性的目的，也是从立法入手，规范房地产业务的发展，2000 年颁布了 SPC 投资法案。

日本的 REITs 也被称为 J-REITs（即：日式 REITs），与其相关的法律主要有四项，即：《投资信托法（ITL）》、《TSE 准则》、《公司税法（CTL）》以及《特别税法（STML）》。

日本的有关法律规定：J-REITs 公司不可以持有他人（其他公司）50% 以上的股权；J-REITs 公司之间不可以相互参股进行投资；每个财政年度末，必须保持有一半以上的原股东或合格的机构投资者；最大的三个股东持股份额不得超过总股权的 50%；前 10 位股东不可超过总股权的 75%；至少有 50% 的收入来自房地产收入；至少将总资产的 75% 投资于房地产或相关项目；至少将 90% 的税项收入用于红利；分红作为指出扣减；购买房地产的转移注册税从基金中扣除；不允许出现售后的"递延税项"；对个人股东的征税规定同税法一样；不许重复列税；不包括房地产租赁业务和房地产开发等。

韩国的 REITs

在韩国，REITs 先是在东海的亚运会城市开始，后来在汉城、釜山等地展开。如果是在东部沿海推广 REITs，韩国平昌市迟早会获得冬奥会的举办权，因此，投资韩国 REITs，10 年后收益会非常可观，只是我的任期快到了。

韩国 REITs 的三种表现形式为：①以不动产作抵押的小额商业贷款投资；②房地产作抵押的非政府担保投资；③政府担保的抵押投资。

与成熟市场美国比较，韩国还需要时间完善法规。美国 REITs 的推广成功主要是美国通过立法规范了它的发展。

韩国是在 1997 年亚洲金融危机后的 2001 年引进 REITs 的。韩国的政治制度虽然不同于社会主义国家，但其经济发展模式却类似于社会主义国家，即：集中一切财力和人力，发展国家重点行业。因此，在讨论前，我们需要先回顾一下韩国的经济发展所走过的路程。

在房地产行业，2001 年韩国颁布了房地产投资法案，内容主要包括：REITs 公司由交通部审核批准；公司资本金不得低于 500 亿韩元；创办人要有 10% 以上、30% 以下的出资额；公共资金在 30% 以上；单一股东资本不得超过总股权资本的 10%；在财政年度末，房地产投资至少要占公司资产的 70% 以上；公司可用低于其资产的 30% 投资新的项目，将 90% 的年收入用于分红；公司必须使用房地产投资专业人士提交的分析报告；公司经批准后，首发上市前，须在韩国证券协会登记；REITs 公司已经批准，将被视为资产管理公司类别，由交通建设部统管，登记注册后可享受税收优惠待遇。

通过对美日韩 REITs 发展的研究，我发现美国的法律法规较多，且经过 40 多年的不断修改基本上已经完善，日本有四项法律，韩国目前只有一项法规和一项操作规程，这项操作规程需要立法及国会的批准，在没有形成法律前，韩国对法规的可调空间要大些。

在法律保护方面，美国最强，韩国次之，日本最弱。但是，如果韩日的 REITs 公司社会可信度高、数量少（垄断）、市场稳定且可盈利的话，法律法规的多少不一定就是亚洲国家 REITs 产业发展的首要问题。相反，如果房地产市场波动大，强有力的保护或许会减缓 REITs 产业的发展进程。

美日韩三国 REITs 的共同点是都强调了股东的多样化，说明了 REITs 公司的特点。但由于美日韩三国地理面积、人口和经济规模的差异，韩国 REITs 公司可以接受 10 个股东以下参加的形式存在，美国则要求不少于 100 个股东，日本要求至少 50 个股东。美日韩 REITs 公司的另一个特点是都强调了分红这一点。

美国 REITs 运作是最成功的，主要特点有四个：

第一是产业成长发展健康，法律较完善。虽然已经走过 40 多年历程，但仍有发展空间，1 548.986 亿美元只占到全美住房商业贷款的 3.9%，而且只占全美房地产投资的 12%（1999 年为 10 340 亿美元）。

第二是投资回报稳定，REITs 收益高于同期美国政府债券 4.25% 的收益水平。1996 年到 2002 年，REITs 的收益率分别为 6.22%、5.73%、7.81%、8.98%、7.71%、7.38% 和 6.65%。

第三是 REITs 在美国属于低风险高回报的投资，1981～2000 年美国长期政府债券的平均回报率是 11.99%，而 REITs 的平均回报率是 12.43%。根据 IBBOTSO 1972～2000 年的研究报告，40% 债券 + 50% 股票 + 10% 短期国债的平均收益率和风险分别是 11.8% 和 11.2%；35% 债券 + 45% 股票 + 10% 短期国债 + 10% REITs 的平均收益率和风险分别是 12% 和 10.9%；30% 债券 + 40% 股票 + 10% 短期国债 + 20% REITs 的平均收益率和风险分别是 12.2% 和 10.8%。

第四是小额投资者可以接受。美国 REITs 的股东没有最低投资额的限制，股东的数量多少是衡量单一投资规模的方法。

但是，从日韩的情况分析，我国将来在引进 REITs 时也必须小心谨慎，找出有利于 REITs 健康发展的商业运作模式，使之成为一种真正可以利用的、能够达到执行公共政策目标的并且行之有效的金融投资工具。

第三部分
透过半岛看世界

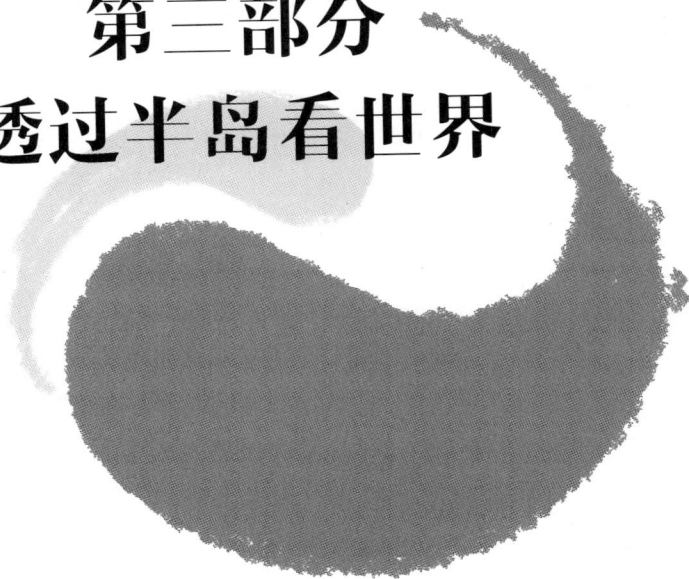

一、 他山之石，可以攻玉

导读：一个国家的商业银行到本土以外去经营有很多好处，概括地讲就是在世界各国均以美元为主要储备货币的体制下，商业银行"走出去"经营显得十分迫切，尤其是当本国经济发展到一定阶段后，商业银行去国外开设经营性机构就显得更加迫切了。日本的商业银行在20世纪70年代是这样做的，韩国的商业银行在80年代也是这样做的，欧美跨国经营的商业银行更是先行一步。

从日韩银行的跨国经营与发展所想到的

日本工业企业全球性的发展与银行支持密切相关，明显特点有两个：其一是公共政策的制定把企业发展与银行发展联系到了一起，银企发展相互配合；其二是各行业在海外的业务拓展中，银行为企业提供了全方位的金融服务与支持。

在20世纪60年代和70年代，日本的商业银行海外网点得到快速发展，其银行服务宗旨就是企业发展到哪里银行服务就跟进到哪里。

日本的商业银行海外机构在当时得到迅速发展，不但为日本民族企业走向世界作出了贡献，银行自身也得到了发展。当时，第一劝业银行、住友银行、富士银行、三菱银行、三和银行、兴业银行和东海银行等在境外设立的分行和代表处遍及世界五大洲，有力地支持了日本企业的海外拓展。尤其是日本在1999年成立的日本国际协力银行，对日资企业向世界各地的能源市场进军，给予了有力的支持。

韩国商业银行海外机构网点的建设时期也正是韩国家族大集团公司快速发展时期。韩国的银行海外分行开到了美国、欧洲和亚洲，为现代汽车、LG化学和三星电子公司提供了全方位的金融服务。

韩国的银企海外发展阶段是同步进行的，韩国大企业集团公司海外机构发展是在相对独立的金融机构的基础上成立一个中央机构进行统一协调与合作，使企业与银行发展构成一个整体，就连当时政策性职能明显的韩国产业银行也在美国成立了分行。

在 20 世纪 70 年代和 80 年代，韩国的各家银行海外机构发展非常迅速，几乎将分行和代表处开办到世界各地，这些韩资银行除了与日本银行一样获得了同样的业务拓展机会外，最明显的收获就是在欧美等发达国家金融监管宽松的时期进入了当地市场，抢占了滩头。此外，韩国银行从业人员还学到了欧美银行的先进管理文化和经营理念。

日韩的银行海外发展模式，给了我很大的启示，那就是中国也应考虑建立自己的"国际协力银行"。

自 2000 年以来，随着区域合作的发展及一些国家的经济结盟与跨区域合作，我国许多企业也都纷纷走出国门开展国际业务。据统计，在我国"走出去"的企业中，大约有 70% 的企业在海外投资的行业是矿产和能源，且民营企业已经成为先头部队。我在巴西和非洲都看到了这种现象。虽然，国家有关部门目前对于这类企业的具体数量、性质和资产尚无确切的官方统计数字，但据我多年从事基金投资管理的经验判断，我国在国外投资矿业和能源的各类民营企业（或投资者）不少于 1 万家，且多数为民企。

在去非洲出差的飞机上，我看到了来自东北地区前往那里投资金矿和钻石矿的中资企业人士。有人告诉我，在撒哈拉以南各国首都的酒吧和餐馆里，到处都充斥着中国东北、山西和内蒙古口音的商人，话题往往都与资源有关。在蒙古的乌兰巴托和南戈壁省，到处也都可以见到中国商人的身影。我在蒙古出差时获悉，那里体外流动的人民币每天都有 10 亿元左右。即使在投资成本昂贵的澳大利亚，也有不少于 1 000 家的中资公司在那里开展矿业投资业务。相信未来将会有更多的中国矿业商人，把能源目标市场拓展到发达国家，比如美国、加拿大等国家。

相比之下，我国自己的银行金融机构，却是远离我们自己的企业。有的大银行虽然在海外设立了分行，但发挥作用有限。归集起来，原因有三。

第一，虽然几大银行从 1992 年就开始建立自己的海外机构，但它们的商业敏感性、灵活性和适应性却远远落后于民营企业在海外的拓展。我们的民营企业在海外资源战场上，正面临着强敌——其他国家的"正规军"的围剿，因为它们得不到母国金融机构的延伸服务与支持，难怪几年来，这些成为业内基金经理们议论最多的话题之一。中国企业海外资源战的胜率不足10%，民营投资者的胜率或许更低。

第二，我们的几家大银行在海外建立分行服务面有限，经营思路也有问题。这些海外分行有的是通过盲目扩充资产，达到短期账面收益，形成日后的坏账。更有个别经营者，在海外分行的经营中，好大喜功，决策频频失误。经营者采取欺上瞒下的手法，给国有控股银行造成了巨额的坏账，而其个人却达到了升官的目的。还有的是经营业务单一，金融产品创新滞后于市场发展，他们没有贴近服务于我国"走出去"的企业。

第三，更有一些海外分行干脆变成了接待站，违背了建立银行海外经营性机构的初衷。

中国企业在海外需要什么？一是法律保护；二是金融支持。今天很多国家的商业银行都在积极拓展境外分支机构，如果商业银行对在境内注册、已经走出国门经营的企业不能提供金融延伸服务，必将面临这些客户流失的挑战。

实际这样的局面已经开始形成：无论是东南亚、非洲还是拉丁美洲，以及澳洲甚至北美，中国资源企业的足迹已遍布世界各地。在这个资金规模巨大、影响国家经济安全和全球经济最关键的领域，中国金融机构是可以大有作为的。我的一位朋友曾对我说，"为什么我们自己的国有控股银行却如此木讷呢？"答案是"因为距离"。

其一是思想的距离。中国金融界的思想观念因守旧，使其服务于国内的国企需求更能明哲保身。其二是制度距离。美国、澳大利亚的市场经济制度、东南亚和拉美的腐败市场经济体系以及非洲的特殊社会经济背景，都不是开开会、读读文件就能适应得了的。其三是物理距离。我国金融机构在海外的网点过少，根本不能跟着企业的脚步前进，结果，我们自己的海外企业只能把银行业务交给外国银行来做。

结合我国海外企业生存与发展的需要，中国金融服务业突破国土和僵化思维与制度约束是必然的趋势。去世界各地与我们自己的企业一道并肩作战，在国际政治舞台为我国政府争取到更多的话语权。

我看投资银行业务的发展趋势
（日记片段，2004 年 3 月 30 日，星期二）

投资银行起源于 19 世纪，但它真正的、连贯的历史应当从第一次世界大战结束前后算起。投资银行源自欧洲，发展于北美洲，其业务范围几乎涉及各行各业。如今，世界上成功的投资银行大都是来自美国，像摩根士丹利、美林、第一波士顿、高盛、所罗门·史密斯及 J.P. 摩根等不仅是美国的投资银行，更是世界著名的金融企业。

投资银行在 20 世纪初期，也就是说在第一次世界大战期间，在欧美国家的经济活动中为资本的形成发挥了重要的作用，其业务得到了快速的发展。到了 20 世纪 90 年代，随着国际竞争与日益一体化的资本市场的发展，耸立在美国银行业两个领域之间的高墙开始倒塌，银行业混业经营的趋势使"法案"名存实亡，美国银行、花旗银行等很多商业银行开始经营投行业务。

进入 21 世纪以来，全球大部分地区的商业银行与投资银行之间的界限变得越来越模糊起来，因而，了解研究和掌握投资银行的运作以及它的企业文化是越来越多的商业银行从业人员所经常谈论的话题，商业银行职员学习投资银行理论与实践已成为历史发展的需要。

证券承销是投资银行的最本源、最核心的业务，是投资银行的一面旗帜，也是投资银行区别于传统商业银行业务的最本质特征之一。因此，投行从业人员在当代金融领域很多方面都具有超前意识，与商业银行从业人员比较，他们更了解行业状况。

另外，投行从业人员国际化程度高，他们熟悉各国的资本市场、国际金融市场、投资法律和公认会计准则（GAAP）；国际金融的很多新概念、新工具、新产品大多来自投资银行。此外，投资银行的公司治理也总是在不断地改进，世界上最早开始提倡建设银行的企业文化也是出自投资银行，因此，掌握投行知识、学习投行经验对于我国金融企业股份制改革和投融资体制的改革必会有很好的借鉴作用。

在产品方面，与传统商业银行经营的金融产品不同的是，投资银行业务不像商业银行那样通过吸存放贷进行经营。在美国，投行所执行的经济职能主要是稳定美国资本市场体系，投资银行是销售证券所获资金的使用者和投资公众之间的中介者。作为中介机构的美国投资银行主要服务于股票和债券市场上的买卖双方，在帮助企业筹措资金、上市及在兼并重组方面向企业提供咨询服务。

通常，投资银行的业务（产品）包括以下领域：企业金融（Corporate Finance）、兼并重组（M&A）、基金、资产管理（Fund & Asset Management）、项目融资（Project Finance）、股权出售（Equity Sales）、固定收入的经营（Fixed Income Sales）、债券销售（Underwriting）、商人银行业务（Merchant Banking Business）、股权掉期交易（Debt – Equity Swaps）、股权及固定收入研究（Equity & Fixed Income Research）、抵押证券业务（CMO）、金融工程和产品创新（Financial Engineering and New Financial Products）及风险投资（Venture Capital）等，除此之外，投行还有很多业务集中在一些特殊领域。由此看来，投资银行经营范围包罗万象。

由于金融仍然是促使货币资本形成和积累的强大工具，在这个过程中，投资银行一直在发挥着巨大的作用。投资银行是一个重要的金融机构，投资银行复杂多样化的经营主要体现在两个方面，一方面是资产负债和所有者权益的增减变动，另一方面是其经营成功的确定和利润的分配，所以，投资银行为有抱负和希望实现理想的人们提供了展示管理才能的平台。自 20 世纪 80 年代以来，世界上许多卓有成效的领导者都出自投资银行。

综上所述，投资银行业务反映了 20 世纪金融企业的潮流和 21 世纪金融企业的发展方向。从国际金融发展角度分析，发展直接融资、培育资本市场是一种发展趋势。更有很多专家学者认为，21 世纪的国际金融就是投资银行起主导地位的世纪，因此，可以说未来十年也是中国投资银行业迅速发展的黄金岁月。■

汇丰银行加速拓展在韩零售业务模式的启示
（日记片段，2004 年 5 月 7 日，星期五）

今天，汇丰银行的多年好友老朴给我打来电话，他说很想我，我很高兴。

在 1998 年，当我开始调研将建设银行汉城代表处升格为汉城分行的时候，在我走访过的外资银行中，我调查了汇丰银行（HSBC）的海外经营战略，先后去过汇丰银行汉城分行和釜山分行。

当时，我之所以在汇丰银行的调查上花了很多时间和精力，主要是因为这家银行是外资银行在韩国经营最好的外资银行之一，我想通过对汇丰的解析，探索未来建设银行汉城分行的发展方向。另外一个原因是我在延世大学的同班同学朴 J.K 是汇丰银行在韩国的主要负责人，这为我拿到所需要的信息提供了便利。韩国的社会关系和我国差不多，有熟人好办事。

下班后，我请朴先生在江南的烤肉店共进晚餐。闲谈中，他告诉我汇丰银行打算在韩对其经营战略做出新的调整，汇丰银行等外资银行对韩国经济看好。

汇丰银行和花旗银行是进入韩国本土市场最早的两家外资银行，这次对其在韩经营战略做出调整的目的是"大力拓展在韩的零售银行业务"。从表面上看，汇丰的新战略似乎有些激进（Aggressive）。但是，汇丰有它的充分理由：

第一，自三年前汇丰银行进入韩国零售银行业务市场以来，它在韩国的 8 家分行的零售银行业务增长非常快，截至去年年底，其零售业务市场占比已经达到了1.5% 的份额。第二，汇丰银行通过在新产品研发、推广应用后，为其带来了可观的收入，并预计在今年年末，该行的零售业务市场占比会提高 35%。

对于汇丰的这种进取战略，我问了老朴一个问题，"如果外资银行从批发业务转向零售业务"的发展，你们对于该项业务的投入产出比是怎样考虑的？"我问他这个问题是出于考虑到未来建设银行汉城分行的业务发展计划。

老朴告诉我说，"外资银行在韩国的业务如果仅仅放在批发业务上，未来市场业务占比会萎缩"。他的话很有道理，因为在韩国的外资银行有 59 家，加上韩国监管机构对单一客户和集团客户信贷规模的限制，今后在韩国发展资产业务肯定会遇到挑战。这种挑战主要是从三个方面分析后得出的结论，一是对分行资本金的限制；二是韩国效益好的世界 500 强企业你很难打得进去；三是韩国的中小企业风险难以估计。汇丰的盈亏测算把其拓展零售业务的产出时间定在了 2009 年，因此，建设银行的海外分行也要找出有建设银行特色业务发展阶段的战略和亮点。■

跨国经营的急先锋——渣打银行
（日记片段，2005 年 5 月 23 日，星期一）

渣打银行（Standard Chartered Bank）是一家在国际上知名度非常高的商业银行，也是在全球新兴市场占有重要地位的国际性商业银行。渣打银行的总部设在英国伦敦，在英国本土设有分行，但其收入中的大部分却来自境外分行，这些分行主要分布在亚洲、非洲和中东地区，2004 年仅在非洲国家分行的税后利润就达到 5.8 亿美元，说明渣打银行的经营模式非常独特。

渣打银行由苏格兰人詹姆斯·威尔森（James Wilson）在1853年创办，是世界上商业银行成立后，能够在最短的时间内迅速开展跨国经营的银行。它的经营方式就是通过在其他国家开办分行来服务于本国的商人，这些境外分行承揽的业务包括存款、贷款、贴现、发钞、汇票买卖和抵押等。当今，渣打银行凭借丰富的经验和先进的技术，已成为全球运作规范的、具有鲜明特色的商业银行。

追溯历史，我们发现亚太地区、非洲是渣打银行开展跨国经营最早的地方。第二次世界大战后，中东产油国家又成为渣打银行积极拓展业务的市场。此外，渣打银行还是香港三家发钞行之一。这些足以表明渣打银行发展战略定位的特征，其经营模式使它在海外的知名度甚至高出其在本土的知名度。

渣打银行是最早与中国建立关系的外资银行，早在19世纪40年代，以詹姆斯·威尔森为代表的闻名于英国的工业资产阶级最先建立了英国银行与中国的联系，英国商业银行的到来，冲垮了一度曾垄断中国地区商业贸易的东印度公司的格局。应该说，是早期的跨国经营为今天的渣打银行奠定了自己独特的经营模式。

从渣打银行的境外网点可以看出，它是国际性商业银行开办海外机构的急先锋。1858年，渣打银行在成立5年后，就先后在加尔各答、孟买和上海开设了分行。当时，渣打进入中国市场的金融营业性机构名称有两个，一个是麦加利银行，即麦加利印度、澳大利亚和中国的特许银行（Chartered Bank of India, Australia and China），另一个在中国当时被称为有利银行的印度、伦敦和中国特许商业银行（Chartered Mercantile Bank of India, London and China）。通过它们在上海建立的分行，使渣打银行成为外国金融资本最早进入中国、经营时间最长的外资银行。

渣打银行有一套开拓发展自我天地的手段，在19世纪，它是殖民统治者的买办。在公平竞争的今天，它靠其先进的技术支持和现代化的服务手段求得了发展，分享了市场。渣打银行的发展战略由新的离岸金融市场、新的投资方式、新的支付工具、新的金融技术、新的管理理念及管理方法等构成，渣打银行的品牌是"眼见为实"。在世界各地，哪里有贸易，渣打银行就会出现在哪里，其海外经营模式非常成功，它的境外分支机构发展与经营主要有以下几个特点：

第一，与其他欧美银行相比较，它的海外分行在人员编制上精巧，不追求大而全，海外单个分行的职员平均数在40人左右，而汇丰银行每个海外分行的职员数是它的4~5倍，花旗银行是它的10倍以上。在资产规模上，依靠股东资本直接投资的海外分行不追求过大，前3年的资本金平均不超过3 000万美元。

第二，渣打银行长期以来一贯重视技术更新，以确保提供高质量的服务，它的经营特点之一就是不断通过技术升级和便利的服务赢得市场份额，也正是这种战略使它成为 21 世纪全球最有影响力的商业银行之一。

第三，重点突破区域发展是渣打银行的发展战略。它在亚洲、非洲和中东地区的业务优势和发展速度尤为明显。在东亚国家和地区，渣打银行建立了 95 家分行，雇员 6 077 人，去年净收入为 8.15 亿美元，人均年利润远远超出其他欧美国家跨国经营的银行，排在世界第一。

在中国，渣打银行初期的业务主要围绕珠江三角洲城市展开，平均年收入以 30% 的速度递增，它在中国的分行已经有 5 家获准经营人民币业务。现在，渣打银行正在计划向长江三角洲地区城市拓展，今年年初，渣打银行购买渤海银行 19.99% 的股权框架协议已经签订。由于渤海银行是第一家在发起设立阶段就引入境外战略投资者的中资商业银行，所以，渣打银行如能成为渤海银行的创办伙伴和唯一的外资股东，这将成为中国银行业史上的一个里程碑，渣打银行为外资投资中国银行业开创了投资模式的先例。

在印度，它拥有 82 家网点，雇员 8 800 人，去年净收入为 4.7 亿美元。在中东，它设有 88 家分行，仅在阿拉伯联合酋长国，渣打银行就设立了 9 家分行，雇员超过 1 000 人，去年税后利润达到 2.7 亿美元。而其在美国和英国的分行总共也才有 17 家，雇员 1 600 名，去年的利润为 6.6 亿美元。这些情况充分说明了渣打银行区域性定位的发展特点，这就是"走出本土，走向世界"。

第四，为客户选择好的合作伙伴（Right Partner）是渣打银行在海外发展中的又一特点。这种特点就是看准时机，通过兼并手段，重组某个国家的某个商业银行。渣打银行今年 1 月以 33 亿美元的价格，收购韩国第一银行就是一个例子。第一银行是亚洲金融危机中受到重创的韩资银行，之后被美国新桥资本收购，现已经恢复元气，2003 年股本回报率已经达到 13.4%，批发和零售业务在兰地及国际市场都有一定的优势。渣打银行看准这一点，出巨资将其收购，以此方式展开了它在韩国与拥有 11 家网点的花旗银行和拥有 9 家分行的汇丰银行的竞争。从这次收购可以看出，渣打银行在海外分行的发展方式上是多样的。用渣打银行 CEO 的话说，就是"我们的目标很简单，我们要把渣打银行建设成为全球最国际化的银行"，这种战略符合 21 世纪金融企业的发展，它的战略很具有前瞻性。

第五，渣打银行的国际化程度非常高，因此，重视民族文化是它的一个特点。渣打银行在全球的分支机构涉足 56 个国家和地区，遍布 550 个城市，雇员 33 000 人，由 80 多个民族组成。渣打银行经营团队是金融企业的联合国，队伍结构实现了"世界民族大团结"。特殊的员工队伍形成了特殊的企业文化，也正是因为渣打银行对不同种族人民的尊重，才使其海外分行的经营取得成功。渣打银行 2004 年年报封面设计就能说明这一特点，与其他欧美银行不同，渣打银行的年报封面是肯尼亚黑人马拉松选手托马斯·米戈威（Thomas Migwi Kamau）在 2004 年香港马拉松比赛中冲刺时的情景。

第六，渣打银行在发展中不断调整经营理念。2003 年 11 月，渣打银行制订了新的全球发展战略，这种战略或者可以说成是它的经营理念有个明显的特点，那就是"我们已经开始长途旅行，而在这漫长的跋涉过程中，各项业务经营目标的实现，靠的是各个经营实体、不同岗位上的每一位职员的努力"。也就是说，在以人为本的今天，人人为企业着想，企业更要关心每位职员。在具体落实中，渣打银行要求每位员工都必须知道自己在企业中所扮演的角色和自己对企业的贡献度。渣打银行就是通过这种理念的培育，使每位职员明确了工作目标，更好地理解总行战略，并通过努力工作，为股东创造财富。截至 2004 年底，在经营效益方面，渣打银行税前收入同比增长 39%；净利润增长 13%，达到 54 亿美元；股票面值每股增长 40 美分，每股分红 57.5 美分；股权回报率（ROE）达到 20.1%，资产规模控制在 1 500 亿美元以内。从其资产规模和收益水平分析，渣打银行的资产得到了有效地配制。

事实证明，渣打银行的经营模式是商业银行跨国经营的成功典范，渣打银行在 2004 年获得多项殊荣足以说明这一点，它被《环球投资杂志》评选为亚洲、太平洋地区最佳跨国金融服务企业，被《亚洲银行家》杂志评选为香港最佳零售银行，被《环球金融》月刊评选为非洲服务最佳的外汇业务银行。渣打银行还获得了中东地区最佳技术服务奖，阿拉伯联合酋长国迪拜市副市长主持了颁奖仪式，由阿联酋财政部部长亲自为渣打银行颁奖。

渣打银行的发展模式向我们展示了"地球村"里最佳的银行就是要靠技术、服务、时机的把握、产品定位、网点和管理知识的不断更新才能在激烈竞争的跨国经营中取得成功，渣打银行的成功模式推动了全球一体化的发展进程。■

花旗银行的经营秘诀

（日记片段，2005 年 5 月 31 日，星期二）

花旗银行，这是一家 100 多年前中国人就知道的美国银行，其总部坐落在纽

韩国岁月话金融
—— 一位银行人士的海外工作随想录

约曼哈顿南部华尔街 55 号，它的历史可以追溯到 1812 年。这个最初叫纽约城市银行的银行，只是一家为大股东管理个人资产的私人银行，规模十分有限，仅仅为纽约的一些商户提供金融服务。它是美国金融中心华尔街最老的银行之一。由于最初的几任总裁富于进取，不断开拓业务领域，20 世纪初即已成为纽约颇具实力金融机构了。作为一家推行全球业务战略的银行，花旗银行成为世界最大的金融服务公司花旗集团"红伞"下的主要成员。如今的花旗已经赢得"金融帝国"的美誉。在花旗银行 CEO 的办公室里，挂满了花旗银行在世界各地分行的"全家福"，从上海到孟买，从华沙到布宜诺斯艾利斯，颇像一幅活生生的世界地图。

历经近两个世纪的潜心开拓，花旗银行已成为当今世界规模最大、声誉最响的全能金融集团，尤其是它的跨国经营在全球已经成为金融企业走向成功发展的典范。花旗银行的经营性分支机构遍布世界各地，拥有员工近 30 万人，业务产品齐全，其经营领域涉及个人银行业务、公司业务、投行业务、资金业务、保险业务、年金管理及资产管理业务等。查看花旗的财务报表后，发现在花旗银行的发展进程中，收支管理也非常成功，2003 年同比收入与支出增长均在 3% 左右，在发展中做到了产出均衡。世界三大评级机构近年对花旗银行的评级都在 AA 级以上。花旗之所以取得长盛不衰的奇迹，除了它始终奉行开拓创新的发展战略外，还和它卓越的企业文化所产生的"文化生产力"分不开。

花旗银行提倡企业文化的目的是为了引导职员从思想上认识客户导向战略的重要性，所谓客户导向战略就是以市场为目标，以客户为中心，以品牌为手段，在客户面前始终保持全新的企业形象。花旗银行的经营成绩显著，2002 年和 2003 年花旗银行的纯利润分别创下了 153 亿美元和 180 亿美元的业绩，人均年利润接近 7 万美元，股权回报率分别达到 18.6% 和 19.8%，是巴塞尔协议最低要求的两倍以上。

花旗银行在其整体战略发展上，海外业务成为其经营的重点，也是其成功的重要原因。同时，众多的海外员工又构成了花旗独特的企业文化，截至 2004 年末，花旗银行的海外机构所控制的资产和业务所带来的利润都超过其集团公司总资产和利润的一半以上，海外员工人数占到职工总数的 47%，多元化的经营模式分散了花旗的经营风险。在美国本土和世界其他地区，花旗银行的信用卡几乎无人不知，打出了花旗品牌。当今，花旗银行能够发展成为真正的"世界金融超市"和"金融航空母舰"，应该说，重视企业文化起到了非常关键的作用。

那么，花旗银行企业文化的特点是什么呢？第一，它把围绕金融产品创新、提高服务质量等作为企业发展的战略，通过它不断提升"花旗"品牌。第二，根据工作需要，对包括高管人员在内的所有职员制订继续教育培训计划，提倡终身教育。第三，反对官僚主义作风，反对个人英雄主义，鼓励团队精神，强调集团管理的重要性。第四，管理模式采取开放式，用人所长而不是靠论资排辈。同时，采取绩效管理，重视价值观的培养等。

花旗银行价值观培养的具体内容主要包括六项：①诚实与正直，要求职员作风正派，做事要光明磊落。②提倡完美精神，以向客户提供最优服务为荣。③花旗银行的企业文化贯穿于发展战略和服务形式，鼓励创新。在战略方面，花旗银行确信转变性与大胆性的决策是企业突破性发展的关键，相信如果你能预见未来，你就拥有未来。也就是说，创新要永无止境、从不间断。④企业内部人与人之间必须相互尊重，工作成绩的取得要靠团队，注重人才的培养和使用，也就是说确立"以人为本"的企业发展战略。⑤要求人人都要有对股东负责的态度，把股东的利益当做自己的利益，一切行动都要做到以围绕股东利益为出发点。⑥不断改进、提高管理艺术，不管是在办公室还是在社区，相信只有正确的领导艺术才能受到职员的尊重。

花旗银行"文化中心"的结构不是一个孤立的专设部门，企业文化的创新与精神贯彻等由多个部门组成和参与，也包括高级管理层人士，即担任最高领导职位的首席执行官和首席运行官，要求他们在工作中能不断提高长期和阶段性所必备的管理能力和领导艺术。花旗银行"文化中心"包括风险管理部、技术运营部、审计部、投资部、全球风险控制部、企业事务部、法律部和人力资源部等。它要求银行各级新任领导到任前，必须接受上岗培训，这类培训包括集团战略、收入来源、财务管理、会计知识、风险控制等。

花旗银行经营之所以能够成功，应该归功于良好的企业文化的建立。至于经营成功秘诀，用花旗银行员工的话讲，就是"花旗是我们的家"、"银行是大家的企业"，这具体体现在花旗银行内部从高层管理人员到基层职工，都认同文化也是生产力这一定律。

花旗银行提倡职员终身学习的企业文化精神，产生了企业内部巨大的凝聚力，对外创造了全新的形象，更带来了业务持续稳定和健康的发展，为股东创造了最大的回报。可以说，花旗银行的成功秘诀是对企业文化的高度重视产生的结果。花旗成功地树立了一个学习型的企业文化，一句话，花旗企业文化的不断升华就是花旗银行保持长盛不衰的真正秘诀。■

经营有方的美国银行

（日记片段，2005 年 6 月 23 日，星期四）

在韩国工作时，就知道有几位延世大学的同学在美国银行工作，回到总行后，建设银行吸引境外战略投资者的首选竟然是这家银行。

美国银行在美国本土的经营思想很明确，用中国的成语描述就是"君子爱财，取之有道"，据说美国银行是美国吸收个人存款最多的银行。在美国银行的海外发展战略中，2005 年打算参股建设银行是其重要的战略之一，将使其成为第一家外资银行入股我国大型国有商业银行的外资金融机构。

美国银行有很多鲜明特点。在美国，除个别地区外，美国银行的网点到处可以看到，服务可谓一流。当你进入美国银行的经营性场所时，你会发现为客户分类设置的柜台非常醒目，因为，差别化服务是美国银行的一大特色。当顾客走到柜台前，银行职员总是面带微笑，他们彬彬有礼的问候使你感到非常舒适。

在收费方面，美国银行有自己的规定及收费标准。美国银行经营上严格按照规定操作，比如：对定期储户的提前支取存款的要求，收费较高，按照金额不等制定标准，通常为活期存款储户的 7~10 倍。但对活期存款日均余额低于 300 美元以下的储户，每月只收 3 美元的维护费。有章、合理的收费不仅完全可以让储户接受，也体现了美国银行的收费原则。从活期存款规定方面看，与其他银行相比，美国银行服务象征意义大于盈利目的。因而，很多人认为"美国银行不是那类舍本逐末、因小失大、生财无道的银行"。

美国银行经营有方的另一特色是靠新的金融产品和服务手段的不断改进来吸引客户。在电子技术日新月异的今天，美国银行随时都在改进服务手段，以满足客户不断增加的需求。在美国，客户可通过美国银行的网站，输入自己的密码后，任何时候都可以查阅到自己的账户资料，每笔消费的金额、日期、地点和支票账户存款余额等清晰可见，包括利息在内的各类存款资料清清楚楚，一目了然。

在日常经营中，美国银行的客服部还要求对客户进行细分，按照职业、性别、年龄段，提供不同的金融产品。美国银行总是在想尽一切可能的办法为客户提供优质服务，并通过金融工具的不断创新创造收入，美国银行的丰厚利润就是通过提升服务质量积累起来的。

在美国银行的营业厅内，每当顾客办理完业务后，柜台职员一句"祝你拥有美好的一天"的简短问候，让你感觉到去美国银行是一种享受，这就是美国人眼里的美国银行。

美国银行对发展中国市场信心十足，它是在中国内地较早开设经营性分支机构的美国银行。1981年美国银行在北京开设了代表处，1991年在上海开设了分行，其后，又在广州和北京两地开设了分行。美国银行在上海的一家支行就坐落在上海最繁华、最时尚的南京路上，人们可在中国经济最活跃的城市的最繁华的街道看到美国银行的品牌、体验其最佳的服务。

对于发展中国市场业务，一位美国银行高管人士认为，"美国银行存款主导策略将着眼于积聚人民币存款上，他认为，如果没有充足的人民币存款，外资银行将很难扩展信贷业务，中国市场人民币需求非常大，增加人民币存款是非常重要的。"由此可以看出美国银行在华经营的战略。美国银行本土化、本币化经营特色体现了美国银行对中国的政治经济所持有的乐观态度。当然，防范风险及要求中国企业真实披露财务信息是美国银行放贷的前提。

由此可见，美国银行在国内外激烈竞争的环境中之所以能够发展壮大，秘诀就是不断创新、经营规范。用美国银行CEO刘易斯先生的话讲，"美国银行的服务宗旨是建立和谐社区，帮助人们实现梦想，为了达到这种服务目的，美国银行必须不断地努力提高服务，创造好的业绩，美国银行的目标是服务于客户、股东、社区，共建繁荣社会。"总之，美国银行的服务可以概括为16个字，即：定位准确、品牌服务、合规经营、取财有道。■

高盛投行文化
（日记片段，2005年9月6日，星期二）

回国一段时间了，当我去北京金融街英蓝中心营销客户时，竟然见到了10几年前的老朋友，他叫洪宁，在高盛高华工作，我们谈了很久。当年在韩国汉城工作时，我看过里莎·埃迪里奇（Lisa Endlich）写的《高盛文化》（*Goldman Sachs, The Culture of Success*）一书。通过今天的交流，我更多地了解了高盛文化。

在美国华尔街，高盛可谓经验丰富、实力雄厚、文化超前的金融机构。高盛还在世界20多个国家设立了分支机构，汇集了世界一流的精英，在香港、伦敦、东京和法兰克福还设立了地区总部。高盛之所以能够成为世界金融领域的优秀企业，最重要的就是高盛公司自成立之初就非常重视人在企业发展中的作用，也就是长期以来以人为本的优秀企业文化的建立。

高盛业务的发展是建立在良好的企业文化基础上的，自 1869 年起，高盛公司就建立了"客户至上、团队合作、诚信守法、追求完美和开拓进取"的企业文化。1999 年 Lisa Endlich 所著的《高盛文化》一书，向我们详细介绍了高盛投资银行的先进管理经验，使我们对高盛文化有了进一步的了解。在内部交流中，高盛公司始终灌输给职员一种团队精神，在高盛，部门职员之间进行交流时要说"我们（We）……"而不是开口闭口地说"我（I）……"高盛坚信"团队精神是企业的核心竞争力所在"。正因为这样，"高盛文化"一度还被各国高校选为 MBA 课程。

高盛文化的内容主要体现在高盛内部管理原则上，共有 14 条准则，即：①客户第一，强调为客户提供好服务就能给公司带来效益；②高盛资产就是员工、资本和声誉；③经营宗旨是为股东创造高回报；④项目要求做得最好，而不是追求最大；⑤鼓励员工进行业务创新；⑥不断为公司补充最优秀的人员；⑦建立多元家园文化；⑧工作上发扬团队精神；⑨突出奉献是成功的保证；⑩服务要不断改进，满足客户需求；⑪永不满足、积极进取；⑫保守公司秘密；⑬投行业务竞争虽然激烈，但必须公平竞争；⑭做人诚实正直。

高盛公司的治理结构被视为企业文化的重中之重，高盛认为这是企业经营成功的关键。为了提高工作效率，2005 年 1 月，高盛修改并重新制定出了自己的"公司治理结构指导方针"。"指导方针"明确规定了公司治理结构委员会和高管人士提名委员会的工作程序和义务，进一步明确了董事会的职责、独立董事的地位，对每一位董事更是提出了 8 项具体要求。这 8 项要求是：①明确了董事会成员的责任；②规定参加董事会会议是每位董事的义务；③董事必须对公司忠诚；④非雇员董事必须持股 5 000 股；⑤规定了董事会成员的法律义务；⑥董事和 CEO 之间可在任何时间就公司管理问题进行交流；⑦对外行动要统一；⑧保守公司秘密。

此外，重视风险控制是高盛公司文化的又一个重要组成部分。在具体操作上，每季度末高盛都利用"声频再播"通信手段，通报各地区业务和每项交易的进展情况，以便在不同国家工作的高盛职员能够及时了解到公司的经营状况，做到公司内部的联动和风险的及时防范。2005 年 7 月，公司重新修订了"交易对手"风险控制手册，进一步完善了风险管理、监测和强调财务数据透明的管理体系。公司要求风险控制委员会的人员每年至少两次与区域风险控制负责人以正式或非正式会议方式进行交流，使防范业务风险的平台前移。

强调发挥人的主动性是高盛文化的又一特点，因为高盛公司是一个文化多元化企业，高盛的员工来自 150 多个国家，在全球 20 多个国家设有 50 多家办事机构，用 84 种不同的语言进行交流。高盛以"海纳百川"的强大包容力，不断融合着世界一流的知识精英。现任董事长亨利·鲍尔森认为，只有致力于创造一种领导素质和多元化并重的企业环境，才能推动实现企业内部的融合，这样培养出来的员工对工作和生活所在的社区才能有强烈的责任感。

高盛也非常重视员工的技能培训，高盛可为员工提供的事业发展机会要比其他公司多，进程亦较快，提升的条件取决于能力与业绩。高盛认为，"最优秀的员工拥有无穷的潜力，能承担最艰巨的职责。"随着全球市场环境竞争的不断加剧，针对公司客户的需求找到最具创新精神的解决方案是高盛公司过去和未来最重要的一个竞争优势。一位高盛员工自豪地说"高盛的悠久企业文化使我们在众多出色的公司中脱颖而出，成为吸引世界一流人才的巨大磁石。"这就是高盛文化产生的效果和影响力。

高盛在吸纳优秀人才上，确实下了工夫。洪先生就是一位非常优秀的投行人士。■

生于亚洲长于亚洲的星展银行
（日记片段，2006 年 7 月 21 日，星期五）

我在建设银行汉城分行工作时，与这家银行汉城分行的行长刘先生关系很好，从他那里我对 DBS 有了一些了解。今天，老刘带着家人从新加坡来北京看望我，他告诉我说，他也到期被调回总行。我请他全家共进晚餐，话题自然离不开银行经营。

"星展银行"的英文缩写是"DBS"，它是一家贯彻以市场为导向、以客户为中心经营理念较好的银行。中国有句古话，"山不在高，有仙则名；水不在深，有龙则灵"。评估一家金融机构的经营业绩，不能只看其短期内资产的快速膨胀和盲目的机构发展，而是要分析资产到期后的状况会怎样，也就是说，要做到对经营风险的有效控制，避免急功近利的做法，给银行日后经营带来损失和风险。为股东创造理想的投资回报才是最好的银行，而驾驭这家银行的人，应具有战略眼光和丰富的专业知识及经营经验，才能使企业在发展中不断壮大，在竞争中求得生存。在这方面，星展银行应该说是一家经营定位明确有方的有着良好业绩的区域性银行。

DBS 总部设在新加坡，是亚洲最大的金融服务企业之一，在 15 个国家（地区）

韩国岁月话金融
—— 一位银行人士的海外工作随想录

设有分行，按照资产排序，它在新加坡是最大的银行，在银行众多的香港排名第5位，在亚洲前200家大银行中排名第11位，在亚太地区5大零售银行中列第3位。

2005年，DBS资产总额为1 800亿新加坡元，同比增长2.58%，但投东资本回报率（ROE）达到11.8%，资产回报率（ROA）为1.1%，不良贷款比率（NPL）2.1%，资本充足率达到了14.8%，一级资本达到10.6%，远远高出监管要求。标准普尔和穆迪给DBS的信贷评级分别是"AA－"和"Aa2"，是亚洲银行中的最高级别评级。

新加坡是东西贸易线和南北贸易的交汇点，DBS就是利用了这种优势，在地区金融服务中扮演了积极且非常重要的角色。在通信科技飞速发展的时代，DBS更是成功地实现了从传统商业银行盈利模式转向综合性金融服务模式。自20世纪90年代以来，DBS就开始研究零售银行业务、电子银行业务和投资银行业务的拓展。比如，无论你是在新加坡还是在中国香港或是其他东南亚国家及地区，DBS的自助柜员机随处可见，因为DBS是新加坡最大的信用卡发卡行，处理ATM交易总量大约50%的交易。在银行业竞争激烈的香港，DBS信用卡占比量也达到了10%，居当地第4位。为此，DBS被《环球金融》（Global Finance）评选为亚洲最佳互联网银行、新加坡最佳互联网消费银行和世界最佳互联网银行等称号。

DBS的良好形象和具有成效的管理为企业带来了众多的荣誉称号。在2005财政年度，DBS被《亚洲金融》（Finance Asia）评选为亚洲最佳银行，被《亚洲银行家》（The Asian Banker）评选为亚太地区三大杰出银行，被《欧元》（Euromoney）和《财资)》(The Asset）评选为新加坡最佳投资银行，被《国际私人银行家》（Private Banker International）推选为亚太地区杰出的私人银行，被《环球投资人》（Global Investor）评为亚洲最佳托管供应商。以上荣誉称号不但表明DBS是一家优秀的综合性银行，更说明它是世界上管理一流的金融服务企业。

DBS的经营方针非常明确，主要有以下特点：①在市场定位方面，力求"掌控现代亚洲动力，为区域资金流动搭桥"；②在客户关系处理上，"尊重传统、融入本地社区，建立互信关系、不断了解和满足客户需求"；③在产品创新方面，积极掌握全球最新的金融产品动向，并能将其迅速地运用到自己的经营之中。比如说，DBS的信用卡就为客户提供了便利与优惠，可满足不同生活方式群体的需求，"日惠卡（POSB Everyday Card）"可让用户每天受惠，因为，人们使用这张信用卡处理日常账单时能即刻获得现金回扣。

DBS非常重视职员的培训和内部企业文化的建立，鼓励多元文化和团队精神，牢固树立"实现理想，融入当地社会/社区"的理念，在 2005 年 1 月，香港 DBS 分行就给当地红十字会为南亚赈灾捐款 153.7 万港元。

在 DBS 最高管理层（董事会）的 12 名董事中，只有一半是新加坡人，另一半则来自英国、马来西亚、中国、美国和加拿大等国家。DBS 高管层多元的文化为企业经营带来了无限的财富。在 DBS 推行的管理行政协理计划中，人力资源部经常组织来自新加坡、中国、印度、越南及泰国的年轻职员共同参加职务轮岗培训，确认职员培训与发展的重要性，确保培养出熟悉地区经济和文化的银行专业人才，使他们拥有正确的原则和价值观。在培训中，学员们始终被一种强烈的区域定位思想左右，就是"DBS 生于亚洲，长于亚洲"。在这个当今世界充满活力和增长最快速的地区，DBS 已经准备就绪，并将以其专长亚洲银行业务的优势为客户提供满意的服务。

DBS 积极为区域资金流动牵线搭桥，业务包括个人金融服务、资金业务、资产管理、证券承销、融资等金融服务领域。5 年前，DBS 在新加坡还推出了第一个房地产投资信托（REITS）业务，成为亚洲继日本、韩国后又一个开展 REITS 业务的国家。DBS 高管层始终都向职员灌输一种思想，那就是位于东南亚的新加坡正在处于崛起的中国、印度和中东地区的交叉点位置，上述三个国家和地区完全代表了亚洲经济增长的趋势，所以，DBS 把其业务主要定位在亚洲。

星展银行通过独资的"唯高达证券公司"，在东南亚广泛开展投资银行业务并取得了成功，在马来西亚推出的"升喜产业投资信托"首次公开发售总值达到 1.4 亿美元，在马来西亚成功上市后，获得了 9 倍的超额认购。因此，星展银行开展投资银行业务及其他中间业务收入的成功经验，对我国正在进行转型的商业银行来说有许多可以借鉴的地方。

众所周知，世界著名的投资银行有高盛、美林、摩根士丹利、BNP 等，其经营领域包括企业融资、兼并重组、股权出售、银团贷款、IPO、债券发行和担当企业财务顾问等。但商业银行开展投资银行业务并不是一帆风顺的，从美国 1933 年的《格拉斯—斯蒂格尔法案》的出台，到 20 世纪 90 年代后期该法案的不复存在，商业银行经营投资银行业务经历了由混业到分业的过程，又从分业走回混业经营的发展历程。

与成熟市场经济国家金融体制相比，我国金融体制转型较晚，自 20 世纪 90 年代中期"中金公司"成立以来，出现了投资银行业务几乎被该公司垄断的情形。"中金公司"几乎包揽了中国电信、中石油、中石化、中国联通、中国移动等大企业的海外上市。但随着中国金融市场化发展的进一步深化，一家投资银行垄断市场的局面正在被渐渐冲破，比如，德意志银行参与了中国人寿、民生银行、神华集团、东风汽车等企业的证券承销。此外，高盛高华证券有限公司的成立，也使其成为外资银行将亚洲总部设立在中国内地的第一家全球金融集团企业。

在世界著名的金融机构中，花旗集团、瑞士信贷集团、美国银行等的投资银行业务收入占银行总收入的比重都很高，它们中有的全部收入中的 **40%** 以上来自投资银行业务。因此，随着我国加入世界贸易组织后金融市场全面开放步伐的加快，更多的外资金融机构开始抢占我国资本市场，参与瓜分我国资本市场迅速成长带来的丰厚收益，以获取新的收入渠道。

但从总体上看，我国商业银行由于受历史因素的影响，同西方发达国家的商业银行经营业务创新方面比较差距较大，主要表现在金融品种单一、金融工具偏少、金融创新速度较慢、人才短缺等方面。在外资银行在我国大力发展投行业务的竞争环境下，在很大程度上制约了我国商业银行的盈利能力和综合竞争力。为此，学习星展银行的经验，大力发展投行业务，加快金融业务的创新步伐，提升我们的核心竞争能力是建设银行亟待解决的问题。

如今，随着客户需求的不断增加及银行竞争的日益激烈，我国商业银行开展投资银行业务越来越显得重要，银行在面临客户不断提出的综合金融服务需求时，必须为客户提出一揽子解决问题的方案，否则，商业银行将会丢掉客户。此外，商业银行开展投资银行业务不仅要能够在传统业务基础上创新和创收，更重要的是还能够使商业银行开拓优质信贷市场、优化增量贷款的重要工具。新加坡星展银行、中国工商银行的发展都说明了商业银行开展投资银行业务是加快业务和利润结构调整的必然。

实际上，我国的很多商业银行也非常重视投行业务。招商银行在 1995 年就成立了投资银行部，是国内首家在总行成立的投资银行部门的商业银行。随后，上海浦东发展银行总行也设立了投资银行部。中信银行和光大银行则通过中信证券和光大证券介入了投资银行领域的业务。在建设银行成功上市后，在已经取得的成绩基础上，还应继续加快改革与发展的步伐，尽快赶上同业。比如养老金基金投资管理业务、房地产投资信托基金（REITs）业务等。

我认为，建设银行应充分利用现代信息网络技术给银行业带来的发展机遇以及建设银行在大中城市的网点优势，积极推动金融产品、金融业务和金融服务的创新。同时，为业务发展提供保障，我们需要建立有效的金融业务创新机制，以促进

各项业务的快速、有序、健康发展，充分体现以市场为导向、以客户为中心的经营思路，不断寻求金融市场发展的新机遇。■

我看澳大利亚联邦银行的管理效应

（日记片段，2006 年 4 月 26 日，星期三）

前些年，我曾多次去过澳大利亚，今天旧地重游是为了考察建设银行在当地设立分行的可行性。上午一下飞机，匆忙吃口饭，立即前往事先约好的当地金融机构。我们在悉尼第一家拜访的银行是澳大利亚联邦银行，收获很大。

澳大利亚联邦银行的领军人物是约翰·舒伯特（John Schubert），他是一位卓有远见的领导者，在他的领导下，澳大利亚联邦银行 2005 年各项经营成果再次取得突出的成绩。截至 2005 年 6 月 30 日，联邦银行总资产规模达到 3 290 亿澳元，税前利润 41.3 亿澳元。各项主业更是取得了骄人的业绩，居民住房抵押贷款几乎占到澳大利亚全部市场份额的 1/4，信用卡业务市场占比猛增至市场份额的 22.9%，居民储蓄市场占比达到 29.8%。与此同时，近 3 年来，银行的经营成本支出逐年下降。联邦银行所有这些成绩的取得都应该归功于约翰·舒伯特领导下的董事会为公司制定的发展战略、正确的公司治理结构目标以及内部良好的企业管理文化。作为一家金融服务机构，澳大利亚联邦银行做到了客户满意、股东满意、员工满意、政府和社会满意。

约翰·舒伯特领导的董事会为澳大利亚联邦银行制定的公司结构治理目标及建立的良好企业管理文化，主要从以下四个方面入手开展工作：①进一步完善公司结构治理；②投资改造银行的客户服务系统建设；③制定切合实际的海外业务发展战略，做到找准定位、迅速拓展；④营造全新的企业文化环境。

在完善公司结构治理方面，董事会全权将银行发展战略的落实委托 CEO 全面负责，明确了董事会与行长在企业内的职责，银行的战略发展由董事会提出建议，行长负责战略的实施和银行的日常经营与管理，并负责定期向董事会汇报经营状况。

在客户服务体系的改进方面，联邦银行各网点为了方便客户，对 127 家分支行及 250 多个网点在一年内全部进行了改造，尤其是新信息系统的建立，使联邦银行能够每周全天候地为客户提供各种服务。联邦银行要求网点的每笔业务必须在 2 分钟内受理完毕，这项改进受到客户的广泛欢迎。此外，从客户对银行的贡献度角度考虑，约翰·舒伯特在董事会上始终坚持强调单一客户对银行的重要性，使管理层

韩国岁月话金融
——一位银行人士的海外工作随想录

在产品创新方面形成共识，做到不断创新，在银行业激烈竞争的环境下，澳大利亚联邦银行的各项业务市场份额做到了稳中有升。

在海外业务定位与拓展方面，他继续贯彻落实澳大利亚联邦银行区域经营的传统优势，战略政策做到了准确定位。约翰·舒伯特把眼光瞄准了中国内地市场，他认为，由于国际政治经济发展中的平衡，近年来中澳经贸关系发展会非常迅速；在企业利益方面，澳中双方开展贸易的互补性很强，具有很大的发展潜力。所以，自他上任以来就积极倡导澳大利亚联邦银行加入到中国经济建设中去，特别是中国中西部地区经济建设，澳大利亚应在金融、经贸等各个领域与中国广泛开展合作。约翰·舒伯特的判断是正确的，如今在经贸领域，中国已经成为澳大利亚第二大货物贸易伙伴和第二大出口市场。2005 年，中澳双边贸易额达 272.4 亿美元。

约翰·舒伯特还积极支持继续扩大澳大利亚联邦银行在印度尼西亚的业务拓展，试图通过联邦银行印尼分行的经营覆盖整个东南亚市场业务。他认为，这样做既能节省管理成本和股东资金的投入，又能够快速地开展印尼周边国家的业务。

在企业文化建设方面，他积极鼓励各级员工继续学习，澳大利亚联邦银行内部建立起了学习型的文化。他曾告诉一位朋友说，"员工是联邦银行的最大财富。"在联邦银行的管理实践中，他提倡并做到了"以人为本"，他要求银行的有关部门为每一个员工设计职业发展规划，使员工的自尊心最大限度地得到了满足，同时，联邦银行职员的业务水平每年也都在提升，银行员工对企业的忠诚度大大提高，"自

总行考察团成员悉尼合影（后排右二为作者）

尊"和"忠诚"在联邦银行的管理中被完美地结合在了一起，员工感受到个人与企业每时每刻都在同呼吸、共命运。在澳大利亚联邦银行股东和员工的心目中，约翰·舒伯特不仅是一位金融家、战略家，更是一位优秀的管理者。

早在 2003 年 9 月，联邦银行就推出了"客户愿景"服务计划，这项"客服计划"的实现是围绕让员工树立"设身处地"为客户着想和"简化操作程序"的新经营理念。为了支持"项目计划"的顺利进行，董事会批准了在 2003～2006 年的

三年时间里，划拨专项预算 14.8 亿澳元用于支持该项计划的实施。其中，6 亿澳元用于项目的一般性开支，6.2 亿澳元用于系统及程序简化所需的 IT 支持，2.6 亿澳元用于培训各分支机构不同层次的银行职员。应该说，改善公司治理结构是联邦银行近年来经营获得成功的最重要原因。实践证明，通过计划的实施，如今澳大利亚联邦银行的生产力提高了 6%，业务市场营销成绩显著，股东分红翻了一番。联邦银行真正做到了客户满意、股东满意、员工满意、政府和社会满意。

在澳大利亚联邦银行公司结构治理过程中，他们从四个方面进行了治理。第一，要求董事会管理有规可循。澳大利亚联邦银行董事会章程中规定，每位董事在董事会中的作用都是相对独立的，而每位非独立董事的作用是监督引导银行经营。在董事会内部，澳大利亚联邦银行建立起了高管层人员继续学习的计划，强调董事们必须不断学习、更新知识，以便适应因行业发展变化给银行经营带来的挑战，为最高决策层提供有价值的服务。

第二，为了保证审计工作的公正性和独立性，澳大利亚联邦银行近年来完善了审计程序和制度的建设。为了保护每个股东利益，澳大利亚联邦银行董事长不许兼任审计委员会的主席，审计委员会每年至少要与外部审计部门正式交流两次，内审主管必须支持和配合外部审计的工作。此外，外部审计由内审部门推荐，报董事会同意后方可行使职权，行长要更换内审主席必须先经审计委员会同意。

第三，1997 年亚洲金融风暴后，澳大利亚联邦银行加强了对经营中风险的管理，强调了银行风险管理委员会的职能与作用。根据集团公司 2001 年制定的管理章程，风险管理委员会业务主要包括三部分，即信贷风险管理、市场风险管理和经营风险管理。风险管理委员会将资产组合与集团企业预期风险/回报相结合来评估管理者的经营绩效，及时做到向最高管理层和股东提供银行的经营状况，保证银行经营管理者与股东之间的对话渠道畅通无阻，使股东随时随地都能了解和掌握银行的经营状况与财务变化。

第四，澳大利亚联邦银行更加重视和不断发展"以人为本"的企业文化，使员工与企业战略目标的实现过程中可能引发的冲突与矛盾降到了最低点。

澳大利亚联邦银行经营之所以能够成功并使员工忠诚于企业，可概括为以下几点：管理透明度高、计划切合实际、高管人员经营理念具有前瞻性、企业公平待人、晋升机会平等、员工感到在澳大利亚联邦银行工作安全可靠、实行了有效的绩效管理与股权激励机制、人与人之间的相互认同、不断培养员工的职业生涯与发展理念、投资鼓励员工学习、更新知识等。∎

探究国外银行评估经营绩效的方法

（日记片段，2006 年 4 月 30 日，星期日）

几天来，考察了几家澳大利亚的银行及外资银行在悉尼的分行后，我看到了很多的银行将"经济增加值（EVA）"、"风险调整后的资本回报率（RAROC）"和"股东价值（SVA）"等方法引入到评估银行的经营管理中，很值得我行学习。

"经济增加值（EVA）"、"风险调整后的资本回报率（RAROC）"和"股东价值（SVA）"模型是市场经济国家商业银行评估经营管理者绩效的三种方法和重要手段。这三种方法已经被设定成模型，且被世界大多数发达国家的商业银行所采用，用来分析各经营性分支机构占用股东资本的使用效益。

1982 年，EVA 真正作为一种财务管理的技术手段被正式应用时，着重解释了"经济收益"的概念，使经营者对使用股东资金的成本有了清楚的概念，因为 EVA 强调了运用股东资金的真正利润。当今，EVA 已经成为包括商业银行在内的现代工商企业管理的重要理念，成为使股东财富最大化和评估企业是否真正为股东创造了财富的应用工具。计算 EVA 时，通常可以用下面的公式表示：

EVA = 息/税前收入（1 – T） – （负债 + 股本）（资金成本％）

相比而言，RAROC 模型突出了总行对分行经营者风险的防范，对预期损失和经济资本给予了充分的考虑，它强调了风险成本和风险收入管理。这种方法包括两个方面的内容：①风险管理；②绩效考评。任何一级分行在运用股东资本的经营活动中都存在着风险，所以，做好总量调控、完善资金配置结构是关键，利用模型做贷款风险评估，就是为了及时识别和衡量风险。

在风险管理中，企业的负债率、速动比及行业比较分析常被视为参考数据，RAROC 模型正是利用了一切可参考的数据进行评估，所以，RAROC 是考虑资本配置的理想工具，也是业绩考核的一种较科学的方法，它着重强调了股权投资所要求的最低回报，可保证股东投资预期的最低回报。

RAROC 模型是美国信孚银行对信贷风险管理的理论贡献，不同于"资产回报率/年（ROA）"，它强调了风险成本与风险收入匹配原则，要求对预期"收入"、预期"损失"等进行细分，用公式表示如下：

RAROC = 单笔贷款年收入 / 贷款（资产）风险或风险资本

美国信孚银行在运用 RAROC 模型过程中，要求各分行在一个财政年度的经营活动中，对总行的资金安全度必须达到 99％，这就要求分行管理者在经营中只有通过其他金融产品的开拓、全面提高服务质量、尽可能地降低经营支出和提高综合管理效益才能做到真正的创收，实现总行的整体经营目标。

实践证明，如果分行负责人不改变传统经营思维，单一地靠总行资金频繁注入，并通过资产膨胀寻求发展，短期内盲目地扩充资产，追求规模经营，就会在一定时期内掩盖住可能发生的流动性风险，这种做法将会给日后带来更大的风险，产生新的不良资产（NPL）。

当前，由于 RAROC 被普遍认为是保证股东投资最低回报且较综合的考评方法，世界上大多数商业银行都采用 RAROC 方法管理下属分行，取代了过去常用的单一指标式考评方法。之所以这样做，第一，因为 RAROC 方法要求经营者在满足股东投资最低回报时，不能再简单地仅仅用"会计利润"做解释；第二，RAROC 理念明确了对经营者考核的具体内容，管理内容甚至包含了分行的营业用房的租赁、人员招聘、管理成本支出等。

所以说，RAROC 是以计算经济利润为宗旨、保护股东利益的一种计量方法，对于防范风险和防止摧毁股东价值来讲，是一种较理想的模型。通过使用这种方法，总行可以有效地控制资源，评估分行经营人的业绩，其风险值的确定是根据威廉姆·F. 沙坡（William F. Sharpe）"资本资产定价（CAPM）模型"预测市场风险。

资本资产定价模型提出以来，在美国、欧洲等国家的商业银行中已经得到全面推广，1997 年亚洲金融风暴后日本和韩国的商业银行也分别在 2002 年和 2003 年先后开始应用，在原经营模式转型过程中，日本和韩国的银行家学会了怎样对自己的存贷款价格做出决策，其计算预期回报的公式如下：

$Ra = Rf + [\beta x (Rm - Rf)]$（Ra 是预期回报；Rf 是预期持有资产期间的无风险利率；β 是风险系数；Rm 是多种资产组合回报；Rm - Rf 是市场溢价。）

1998 年，美国大通银行在兼并化学银行后，又推出了 SVA 模型，要求所有分行负责人从净收入中必须扣减占用总行（股东）的资金成本，当时该行确定的占用总行的资金成本按 13% 计息，从而使各分行经营者的收入与股东价值直接挂钩。当年年底，该行经营发生了显著变化，全行收入增加 15%，各分行对总行（股东资本金）的占用明显减少，股东资金得到更有效的配置，边际利润从 11.2% 上升到 13.7%，股价上升 30%。

由于 SVA 更多地考虑了企业不同阶段的经营表现和发展，它要求在计算得出正值的净现值（NPV）后，方可决定投资，要求有较完整的历史数据积累。所以，包括商业银行在内的企业在选定投资项目时，首先要做的事情就是对预期回报和预期损失进行测算，达到风险成本与风险收入相匹配的目的。也就是说，如果投资不能为企业带来预期的回报；投资不能按照预定期限为企业带来分红或资本没能用在整体战略发展上（如收购重组等），这个投资项目就不可能被董事会批准。

SVA、EVA 及 RAROC 所追求的目标一致，都是为保证使用股东资金的安全，以达到最有效地使用资金之目的。三种分析法都强调了使用股东资金的成本、真实的收入和利润。简言之，EVA 重点强调的是在特定时期内为企业所创造的价值，也是对一定时期内企业是否真正创造了利润的评估方法。RAROC 则突出强调企业股本金的使用成本，内涵更为广泛。SVA 更是一种复合式的综合评估法。

结合我国情况，我们的商业银行在经济转型时期，在经济结构的调整过程中如何恰到好处地运用模型？还必须做到密切关注国家产业政策的调整，行业发展的趋势和企业在行业发展中的位置，加重这些因素在资产定价和经济资本分配中的权重。

坦率地说，在国有商业银行境外经营性分支机构管理方面，我们还缺乏这方面的分析与运用，这就对各总行管理人员提出了新的要求。我们的各级管理人员必须要尽快转变观念，在业务扩张的同时，更要注重对风险的防范，从源头上防止急功近利经营模式对企业日后发展带来的风险和损失。特别是在决定使用股东资金投资时，要用上述三种分析法测算并进行比较，才能对投资做出正确的判断。

商业银行内有关部门只有把 EVA、RAROC 和 SVA 结合起来，才能为董事会提供准确的信息，使决策层在做出决定前更全面地掌握有关信息，避免误导，在促发展、保经营的过程中掌握好平衡，做到稳步发展和稳健经营。■

二、 跨国经营是全功能商业银行发展的必然选择

导读：在韩国和建设银行总行国际业务部从事银行海外机构网点建设工作时，我用大量时间研究了外资银行的海外经营模式，觉得中资商业银行走出国门经营非常必要。在机构设立形式上，可以自建分行、子公司，也可以考虑参股国外经营较好的金融机构或直接收购当地的银行，中国工商银行几年前在印度尼西亚就是通过收购在该国落地的。这样做有三个好处，一是对银行的外汇资产进行保值，二是到海外经营可锻炼队伍，提高商业银行职员的国际化程度，三是能贴身服务于本国"走出去"的各类实体经济企业。

从外资银行经营看金融企业跨国经营的必要性

长期在海外分行工作，我经常思考一个问题，那就是我国的商业银行如何才能走向国际？如何才能做好跨国经营？

2006 年 5 月，我在国内报刊上发表了自己对我国商业银行走出国门经营的观点。我认为，一个国家的金融对外开放，从机构建设方面讲有两种形式：一是本国金融市场对外资银行的开放；二是本国银行到海外建立机构和发展。自 20 世纪 70 年代以来，全球具有竞争力且国际化的银行都十分重视其海外机构的建设，并将其发展列入整体战略发展规划之中。

以美国为例，1950 年，美国只有 7 家银行在境外有 95 个分行。但到了 20 世纪 70 年代，美国有 75 家银行在境外设立了 536 家分行。截至 1990 年底，美国商业银行境外资产已经达到 5 000 亿美元。此外，在美国也有 290 多家外资银行广泛开展各类金融服务，其资产总额达 8 000 亿美元。

在 1971 年至 1976 年期间，按资产排名世界前 50 位的银行在国外的分支机构增加了 60% 以上，到 1976 年底，它们的国外分支机构合计增加到了 3 300 家。因此，一家全功能的商业银行到本土以外开展经营是发展的必然。

韩国岁月话金融
——一位银行人士的海外工作随想录

　　我国商业银行到国外建立机构是非常有必要的，因为海外分行的经营除了在当地资本市场进行运作和开展跨国公司业务外，对于我国企业在境外的信贷支持和金融担保服务也有着特殊的意义。

　　在现代经济组织中，跨国企业拓展与经营成为人们争论的焦点，无论是在母国还是在东道国，跨国企业一直是企业总部领导层广泛争论的中心，因为，除了发达国家的企业外，世界上越来越多发展中国家的企业也开始进入跨国经营的行列。跨国企业尤其是跨国金融企业则更为各界所关注，究其原因，主要是因为银行在他国设立经营性机构会对东道国的政治和经济发展产生重要的影响。从企业自身发展来讲，银行企业通过跨国经营不但可以获得投资回报，分散集团公司的经营风险，更重要的是能够扩大企业在该行业的影响力，也可为企业在快速发展、保持收入稳定与增长中找到平衡。

　　从外资银行在我国建立机构方面分析，它们在我国设立机构已有100多年的历史。自我国改革开放后，来自世界各国和地区的包括商业银行在内的外资金融企业先后来我国建立自己的分行或代表处，截至2005年底，外资在华营业性机构已经超过230多家，外资银行在华资产总额约有600多亿美元。这些外资银行依靠其先进的技术、不断创新的金融产品和良好的服务，不但为其本国各类企业在华经营提供了金融支持，也为东道国企业和居民提供了优质的服务。

　　尤其是我国加入世贸组织后，外资银行来华建立经营性机构的步伐进一步加快，2006年春节刚过，加拿大皇家银行就在北京金融街开设了分行，3月14日，汇丰银行又在中关村新开一家支行，据了解，该支行以个人业务的卓越理财服务为主，对本地居民开展外汇投资理财服务，为外籍和港澳台人士开展人民币及外币服务，它们正在同我国的银行展开全面的竞争。

　　放眼全球，从一些大型国际化银行在海外的成功经营，可以看出银行跨国经营的必要性和重要性。以渣打银行为例，其在海外的跨国经营就很成功。在东亚国家和地区，渣打银行建立了95家分行，雇员6 077人，2004年净收入为8.15亿美元，人均年利润远远超出其他欧美国家跨国经营的银行，排世界第一。在印度，它拥有 82 家网点，雇员 8 800 人，2005 年的净收入为 4.7 亿美元。在中东，它设有 88 家分行，仅在阿拉伯联合酋长国，渣打银行就设立了 9 家分行，雇员 1 001 人，上年税后利润达到 2.7 亿美元。而它在美国和英国的分行总共也才有 17 家，雇员 1 600 名，2003 年的利润为 6.6 亿美元。上述情况充分说明了渣打银行区域性定位的发展特点，这就是"走出本土，走向世界，为客户选择好的合作伙伴"。

除了自建机构的方式外，渣打银行拓展境外网点还有另一种形式，这就是看准时机，通过兼并手段，重组某个国家的某个商业银行。渣打银行 2005 年 1 月以 33 亿美元的价格，收购韩国第一银行就是一个例子。韩国第一银行是亚洲金融危机中受到重创的韩资银行，之后被美国的"新桥资本"收购，现已经恢复元气，2003 年股本回报率（ROE）已经达到 13.4%，批发和零售业务在当地及国际市场都有一定的优势。渣打银行正是看准这一点，出巨资将其收购，以此方式展开了它在韩国与拥有 11 家网点的花旗银行和拥有 9 家分行的汇丰银行的竞争。从这次收购可以看出，渣打银行在海外分行的发展方式上是多样化的。用渣打银行 CEO 的话说，就是"我们的目标很简单，我们要把渣打银行建设成为全球最国际化的银行"。它的这种战略选择非常符合 21 世纪金融企业的发展。

多角度看银行跨国经营的重要性

我们还可换个角度谈银行的跨国经营与发展，从中也能找到商业银行需要"走出去"经营的理由。

当今，金融外交已经被纳入各国外交政策的组成部分，因为，国际金融的主要职责是最大限度地发挥资本的边际效用，银行的国际经营造就了各国之间的相互联系，成为国家力量盛衰的一个重要体现。而且，现在世界上很多产品都是以美元为换算单位，1 万多亿美元主导世界石油市场长期以来并没有受到实质性的挑战。再有，世界上多数国家的外汇储备多是以美元计价，而且我国已是世界第一大外汇储备国，外汇储备达到 8 500 亿美元。所以，在当今很多产品与美元挂钩的情况下，商业银行应该"走出去"，直接在外经营美元。

在金融跨国企业发展海外投资过程中，政治考虑必有其重要性，国有控股银行在境外建立机构也是落实国家外交政策的一种形式。我国政府非常重视周边国家对外关系，在我国外交政策中，突出强调了经济外交和金融外交的重要性，即："大国是关键，周边是首要，发展中国家是基础，多边是舞台"。所以，在当今世界单边主义抬头的形势下，发展和增进同周边国家的经济金融联系尤显重要，比如，考虑在乌克兰、蒙古、印度、越南、马来西亚、菲律宾及印度尼西亚等国家建立银行的分支机构。因为，在上述一些国家中，人民币已经成为可兑换币种，但绝大部分是在黑市交易，我们的商业银行在这些国家建立经营性机构后，可将这部分资金纳入到体内循环，规范交易。此外，我国政府每年对发展中国家的金融援助，不但扩大了同这些国家的经济联系，也为银行到当地去开展业务提供了另一业务平台。所以，不失时机地把握机会，发展商业银行的海外机构，应是我国商业银行发展战略的一种考虑。

进入20世纪90年代，世界各国商业银行机构和业务的国际化发展继续加快。截至1995年上半年，日美两国的银行业在海外的分行已分别达到了1 010家和1 091家，跨国银行的国际性资产规模也迅速增长。根据经济合作与发展组织的统计，1995年银行跨国资产数额比这之前的15年增长了4.5倍，如果用占世界经合组织成员国国内生产总值总和的比例来衡量，1994年的银行跨国资产由1980年的20%上升到了35%。据国际货币基金组织（IMF）的统计，1996年国际银行贷款中以美元计价的存量为3.2万亿美元，以包括英镑在内的其他欧洲主要经济体5种货币计价的贷款存量也达到了2.3万亿美元。这些都说明商业银行开展跨国经营是大势所趋。

我国商业银行"走出去"经营是银行发展的必然选择

"随着包括银行在内的金融机构资产的快速增长，对其跨境服务的要求也就越来迫切，因此，世界全功能商业银行海外机构的尽早布局是其首要研究和解决好的战略问题"。① 如今，我国经济发展对世界经济的影响已越来越大。因此，我国的商业银行走出国门经营有很多的理由：第一，当今世界贸易总量早已超过 10 万亿美元，国际贸易的迅速发展和国际市场的不断扩大需要我们的商业银行在国外建立机构。第二，我国企业跨国经营的快速发展对国内银行"走出去"服务的需求越来越强烈，中国国际航空公司、海尔、中兴、TCL、联想、华为、中粮油、中石化、中海油、中石油、中纺、神华集团、中交集团、中建总公司等大型企业和地方经济合作公司及中小企业的海外项目已经遍及世界各地，在项目融资和其他金融产品及服务方面对我国银行业的服务要求与日俱增。如果我们的银行服务不能及时跟进，面对外资银行的竞争和挑战，我们将会丢掉客户。加上我国与世界各国间迅速发展贸易及其他经济往来产生的大量的国际结算和资金融通服务，都需要我国的商业银行在当地有相应的配套服务。第三，欧洲货币市场的发展使跨国银行在资产、负债及其他方面的管理更为方便和灵活。空前的国际资本流动，使各国银行打破国界，加速开展跨国经营及网点建设。第四，国际金融领域的变革促进了跨国银行业的发展，越来越多的银行认识到从事跨国经营的比较利益，包括直接设立海外分行、子银行等都是影响一家商业银行国际业务发展和形象的关键。第五，在银行的国际业务中，银行为国内客户开出的信用证及各类保函等，多数是在海外执行的，我们需要到境外经营也是为了了解他国的法律环境，使银行在开展国际业务时，减少由于纠纷而给银行可能带来的损失。第六，一家国际全功能商业银行如果不开展境外经营，那它对外界和竞争对手就不会有深刻的了解，银行的发展和管理必将受到制约。

与亚洲新兴工业国家比较，我们的银行转型较晚，我们的商业银行在海外跨国经营发展方面需要时间。坦率地讲，我国的商业银行无论在管理上还是在海外营业性机构发展方面都是滞后的，除了中国银行靠其传统优势在海外占有一席之地外，我国其他商业银行在海外几乎都没有什么太大的影响。假设我国某家商业银行的总资产达到 7 万亿元人民币，按照资产

① Roy C. Smith and Ingo Walter, *Globaal Banking*, Oxford University Press（2003, p. 245）.

排名可进入世界前 40 大银行，但如果其海外经营性机构资产不到总资产的 10% 或者更少，那么就会与其向国际化全功能银行发展的目标不相适应。

与外资银行跨国经营发展比较，我国的四大国有商业银行除了中国银行外，其他银行开展国际业务起步均较晚，工商银行、农业银行、建设银行三大国有控股商业银行几乎都是在 1988 年介入国际银行业务，并在 1991 年开始在境外设立代表处的。

在 20 世纪 70～80 年代世界跨国银行业快速发展时期，美国的商业银行在境外开设的机构多时高达 789 家；20 世纪 70 年代末，英国、法国、加拿大等国家银行的海外分行、附属行、联行分别达到了 1 101 家、391 家和 295 家。日本银行的国外分支机构在 80 年代初也达到了 465 家，1980 年日本金融机构的对外贷款余额达到了 425 亿美元；德国商业银行的境外机构发展也相当快，80 年代初，其经营网点遍布 34 个国家和地区，拥有海外分行 75 家，这些商业银行海外分行的业务量在 1973～1977 年增长了 3.3 倍。

随着我国企业跨国经营的发展，我国商业银行"走出去"经营发展的空间很大。第一，我国跨国企业对银行服务的需求越来越大；第二，当前也是我国商业银行"走出去"经营的好时机。我们应充分利用我国商业银行股份制改造的大好时机开拓境外机构的建设，在世界重要的国际金融中心和贸易量较大的周边国家建立机构。因为，我国三大银行（中国银行、工商银行、建设银行）的各项财务比率都达到了《巴塞尔协议》的监管要求。我国经济和金融体系经过 30 多年的改革，商业银行应该将服务延伸到海外。从交通银行 2005 年在汉城开设分行，2006 年 3 月招商银行获得国内有关部门的批准，开始筹备纽约分行，建设银行自 2011 年以来对海外机构建设的提速等情况分析，进一步说明了我国银行"走出去"经营的必然性和迫切性。

我国商业银行跨国经营的益处

结合我国金融企业的发展，我认为，在海外建立机构对于正处于股份制改造中的我国四大国有商业银行来讲好处众多。第一，我国商业银行可通过海外机构的建立，分散资产过于集中的风险，使资源分布趋向合理。第二，我国商业银行有选择地在海外建立机构可以跟进对企业的服务，并通过海外机构开展与国内分行的联动，带动国内分行跨国公司业务的开展，实现整体营销。第三，我国人员在海外工作可以学习到先进国家商业银行的管理经验和产品创新的技能，并为我所用。通过人员在外的轮换，可以达到锻炼银行队伍的目的，缩小在管理上、知识上我国商业银行与外资银行及各类金融企业之间的差距。第四，我国商业银行通过海外网点布局，对自己日后的国际评级会带来积极影响和正面的效应。第五，我国加入世贸组织后金融市场开放的过渡期还剩不到一年的时间，面对外资银行的竞争和挑战，熟悉世界各国的法律及企业经营文化对银行工作人员来讲已迫在眉睫，如果在这些方面我们不能及时更新知识、快速积累经验，那么无论是在银行管理还是在业务拓展方面，都会跟不上时代的步伐，被别人甩在后头。

近年来，工商银行海外机构发展迅速，且经营良好，工商银行在纽约、多伦多、伦敦、法兰克福、卢森堡、阿拉木图、新加坡、印度尼西亚、悉尼、东京、汉城、釜山、澳门等地都设有分行。同时，工商银行还采用多种方式发展世界金融中心城市网点，在香港不仅有"工银亚洲"，还有"工银东亚"，前者开展商业银行业务，后者开展投资银行业务。工商银行甚至在监管严格的世界金融中心英国伦敦，在2002年就以全资子公司的方式建立起了自己的经营性机构，达到了在当地开展经营与发展的目的，工商银行跨国经营的网络正在逐渐扩大。

如今，工商银行已经成为继中国银行之后在境外最具影响力的来自中国的商业银行。以工商银行卢森堡分行为例，截至2005年底，经营六年后的资产已达7亿多美元，累计实现经营利润2 533万美元。而工商银行汉城分行把握进入韩国市场的时机非常好，1997年开业，当年就实现盈利，第二年又创700多万美元的盈利。工商银行的实践打破了我国商业银行在境外建立营业性机构"一年亏、二年平、三年盈利"的定式。

目前，我国商业银行的良好形象已经逐渐树立起来，汇金公司注资后，国有商业银行的自有资本充足率得到提升，超过《巴塞尔协议》8%

的最低要求，加上它们在香港上市后几十亿美元甚至上百亿美元的融资，美元资产出现过剩。因此，各家商业银行应该充分利用这个良好时机走向世界，并以实现股东价值最大化为目标，制定出包括海外机构发展在内的相对稳定的发展战略。

如何管理、健康发展海外分行

对于我国的商业银行来说，实施积极"走出去"的战略和全面增强自主创新能力的要求为国有商业银行的海外机构扩展提供了良好的发展机遇，因为，我们所处的时代是一个政治经济每天都在发生剧烈变化的时代，特别是高科技的发展使我们感觉到自己的知识总是跟不上时代发展的步伐。

要想使企业在跨国经营中不断发展，第一，国有商业银行就要彻底摆脱行政机关式的经营管理模式，向股份制银行学习，制订出以市场为导向且相对稳定的海外机构发展战略，明确目标，并努力去实现；第二，银行内部各级干部对银行企业的发展要有责任心，外派人员对待工作必须有勇于奉献的精神，愿为银行的跨国经营做出尝试与努力；第三，干部队伍的视野必须开阔、知识必须不断更新，不断提高管理能力；第四，在机构设立方式上，不局限于自建分行一种形式。

经营中，应注意对一些新问题的研究和探讨。要认真研究银行跨国经营中各类金融产品的风险管理，针对分行的经营状况，要使用 ROA、ROE、SVA、RAROC 和 EVA 等比率进行比较研究，特别是与外资同业、中资同业在当地的经营情况进行比较分析，找出一条健康发展的道路。

三、 我看俄罗斯金融改革与实践

导读：在 KDI 商学院读研时，我特别关注俄罗斯的经济转型，班上同学瓦西里亚夫就是来自俄罗斯央行的干部。回国工作后，我把这项研究进行了整理。俄罗斯是我国周边最大的邻国和重要的经济转型国家，在金融和银行业的改革进程中，经历了危机与逐渐复苏的历史过程。在俄罗斯的经济改革中，金融改革成为经济体制改革中的最重要的一环，也是全世界金融界所关注的焦点。俄罗斯银行制度转型的目标明确，模式清晰，就是要建立一种类似于西方市场经济的制度模式。

从俄罗斯银行体系的改革看金融转型

前苏联的银行体系是单一的结构，在国家银行体系下，设立五个专业银行，即：外贸银行、建设银行、农业银行、住宅和社会发展银行及储蓄银行。前苏联的建设银行主要从事资本投资贷款，工业、建筑、通信等国家基础设施的信贷投放及核算。储蓄银行和外贸银行也都发挥着与其名称一致的单一职能。

前苏联解体后，俄罗斯金融体系转型采取的是"休克疗法"。国家从计划经济向市场经济转轨后，俄罗斯将集权式的银行体系一分为二，分成中央银行和商业银行（包括其他信贷机构）的金融体系。在改革后的20世纪90年代，俄罗斯彻底打破了银行的垄断局面，实施了抑制超大型银行的政策，各类银行一度发展到 2 000 多家。俄罗斯自 20 世纪 90 年代以来，先后颁布了《中央银行法》和《商业银行法》，央行仅行使其监管和货币发行的职能。之后，随着市场自由化的发展，申请开办银行的手续越来越简化，众多商业银行的出现形成了百花齐放的局面。

在改革初期，俄罗斯央行的职能有了明确的界定，除了货币发行权、对商业银行经营的监管权、负责银行间的结算、代理政府管理国家债务、发行债券、代理政府收支外，还对商业银行有行使最后贷款人的权力。对商业银行实行再贷款的管理体现了俄罗斯央行在经济转型过渡时期调节货币供应量的手段,这种贷款包括信贷拍卖方式、质押方式及再贴现方式。之后,随着监管的改进,到了2005年底,一些经营不善的银行先后倒闭或被其他银行兼并,使俄罗斯的银行类金融机构逐步转向专业化和规范化的方向发展。

俄罗斯银行体制改革后有两个明显的结果,第一是银行资产规模在缩小,第二是外资银行开始进入俄罗斯市场,并成为俄罗斯自由市场经济体中的重要一员。俄罗斯银行业改革的目的是为市场经济搭建了相应的金融体系平台,使俄罗斯的银行改革迅速实现了所有制的多元化。从银行业目前的所有权形式看,俄罗斯银行包括国有银行和股份制银行、地方企业控股银行、外资银行四大类。从俄罗斯商业银行治理的有效性结果看,由于有效地采用了先进的西方商业银行管理模式,在银行内部公司治理结构、积极培育银行业的市场机制和资本市场的开放方面都是比较成功的。

此外,俄罗斯银行业改革后的支付体系服务效率也有了很大的提高。改革前主要是通过中央银行进行清算,1994年这一过程平均需要一个月,而在莫斯科和西伯利亚之间则常常需要两个月的时间,但很快(1997年)银行之间可以直接进行清算,平均周期缩短为4天。[①] 如今,俄罗斯银行体系的清算系统比较先进,央行支付系统和SBERBANK网络系统构成俄罗斯的两大支付体系。目前,俄罗斯银行的收付系统主要通过七种方式实现,这些方式是:电子方式、票据方式、现金及现金托收、银行卡支付、负债方式、信贷(信用卡)方式和ATM(柜员机)方式,其运作模式、产品创新和服务手段等都非常接近西方银行的做法。此外,俄罗斯的银行现金收付账户系统改革自动化程度得到极大的提高,截至2005年底通过电子方式支付的交易达到90%以上,而在2001年仅为60%。俄罗斯各家银行的产品与运作模式几乎涵盖了国际一流商业银行的所有内容,比如现金管理、国际化经营的贸易融资机制建设及租赁业务等。

回顾俄罗斯的银行改革,确实有很多经验值得经济转型国家借鉴。因

---

① [美]理查德·莱亚德、约翰·帕克著,Russia—Institutional Reform,1997。

为转型经济国家如何处理好改革与经济政策制定方面的关系是改革能否成功的关键。此外，一个国家的政府预算是政府职能的重要体现，在其组织预算收入、执行预算职能、管理预算赤子和国家债务过程中引导着国内和国外资金的流向，改变社会资金的分配结构，从而对宏观经济等都将产生重大的影响。现在西方学者普遍认为，俄罗斯成功进行经济改革后，重振雄风的愿景可在 2020 年前得以实现。

俄罗斯银行体系改革成果

从俄罗斯金融改革的进程分析，目前改革主要取得以下成果：

1. 银行领域走向分散化经营，建立起市场经济体制下的商业银行网络。除了原有的"外经贸银行"、储蓄银行、"建设银行"和"农业银行"外，各种经济主体都获得了开办银行的权利，如改革后新开办的主要为燃气总公司所有的"帝国银行"、"首都银行"等；

2. 建立了二级银行体制，新成立的二级银行成为为企业和居民服务的金融机构；

3. 银行经营被纳入了法律轨道；

4. 银行资本改革一步到位，实现了股份制，允许私人资本入股；

5. 银行业务实现了商业化、规范化与国际化，服务范围、产品创新和质量都得到很大程度的提高；

6. 其他非银行金融机构的产生使国家金融实现了多元化。

据俄罗斯激进派改革人士的观点，这种方式是俄罗斯金融改革的唯一选择，因为前苏联的工业化发展政策使国家实现了工业化，国家具备较强的经济实力，比从农业经济向工业经济转型的国家提前完成了经济结构转型。另外，俄罗斯的国民教育水平远高于其他转型国家，在世界上也是属于最前的国家行列之中，为激进式的金融改革奠定了基础。

特别值得注意的是，俄罗斯储蓄银行的前身是苏联中央银行所有的储蓄银行，其规模之大远非国内任何一家银行能比。苏联解体后，俄罗斯中央银行全面接管了储蓄银行。其他商业银行之所以无法和储蓄银行平等竞争，还因为储蓄银行拥有一个特殊武器：个人储户在储蓄银行的存款拥有百分之百的保障，一旦这个银行出现问题，国家将代替银行向储户支付存款。

俄罗斯其他商业银行，尤其是众多私人银行对储蓄银行所占据的特殊垄断地位非常不满，认为这是俄罗斯金融系统无法和世界接轨的严重阻碍。俄罗斯政府和中央银行也意识到，银行之间的不平等待遇不利于俄罗斯金融领域的健康发展。

2004年8月初，俄国家杜马通过一项新的法律，取消了储蓄银行享受多年的优惠政策，它的个人储户在10月以后到储蓄银行存款，将不再享受从前的绝对安全保障。但即便是这样，俄罗斯的老百姓还是非常信任储蓄银行等国有银行。

在俄罗斯，注册银行不是一件非常复杂的事，当个银行家也不太难，因为银行的最低注册资本只有120万美元，更何况俄罗斯的银行注册本身就有漏洞，拆东墙补西墙是蒙混过关者惯用的手段，据说在俄罗斯有400多家银行的注册资金资本不足120万美元。

有些俄罗斯企业为了资金周转的方便，同时也不想让肥水流入外人田，干脆就自己成立一个银行，这类银行的服务对象很窄，很多时候只有银行所有者一个客户，银行的生死存亡因此也就系在它背后的企业身上。

俄罗斯银行之间相互借贷非常普遍，在排名靠前的100个银行中，这种信贷关系特征尤为突出。外人很难想象得到，看似相互独立的很多银行原来都有借贷关系，一旦危机来临，无关的银行也会因借贷关系而受到间接的影响。但经历了1998年、2004年两次金融危机后，俄罗斯的银行进行了大规模的重组，自然地形成了优胜劣汰的机制。从2004年下半年起，俄罗斯的银行已经开始走向良性循环的轨道。目前，俄罗斯银行的资产结构得到很大的优化，实体部门贷款成为银行资产增长的源泉，包括现金管理在内的综合性服务类收入在银行全部收入中的占比越来越大，银行资产质量大大提高，控制风险的能力得到了加强，多数风险得到了有效的控制，俄罗斯银行体制转型使其进一步实现了向市场经济制度的转轨。

如今，俄罗斯市场的成功转型吸引了世界500强中的很多跨国公司的投资，法国电信、英国电信、ABB、奥蒂斯、飞利浦电器、百事可乐公司、可口可乐公司、世界五大知名的会计师事务所、42家西方主要投资银行及中国工商银行等都在俄罗斯建立起了自己的机构。因此，作为我国第一家在海外上市的四大国有控股商业银行的建设银行，研究开拓俄罗斯市场应该被列入战略发展规划。

　　据统计，截至2004年底，俄罗斯的银行有1 300多家，但实力最强的仍然是国有银行或者国家控股银行。储蓄银行仍是国有银行当之无愧的大哥大——吸收了俄罗斯全国60%的私人存款，存款总额高达1万亿卢布。

四、 重返中东话感受

导读：中东的海湾六国，是我较熟悉的一个地区，因为 20 世纪 80 年代我第一次出国时，就是去的海湾半岛国家科威特。回到总行工作后不久，党委公示我为中东经营性机构筹备组负责人，我又去了三次中东的海湾国家，考察建设银行在那里设立经营性分支机构的可行性。故地重游、触景生情，与 20 多年前相比，那里更国际化了，其金融业十分发达。

阿拉伯世界的"苏黎世"——巴林

我从海外分行回到总行工作初期，被安排在总行国际业务部海外处工作，参与了建设银行海外机构网点的设立工作。2006 年 5 月，我随总行工作团前往中东考察，去了科威特、卡塔尔和阿拉伯联合酋长国，因为建设银行打算在那里建立经营性分支机构。凑巧的是，在 20 世纪 80 年代初，我第一次出国就是被派到了中东的海湾国家科威特工作，此次故地重游，感受颇多。

重返科威特时与同事在科威特城留影（左一为作者）

从广义上讲，"海湾国家"包括中东更多的国家，历史界又称"波斯湾国家"，它们中多数位于西亚中部。

波斯湾东西长 984 公里，南北最窄处为 56 公里，最宽处 338 公里，面积 24 万平方公里。平均水深 25 米，最深处 110 米。霍尔木兹海峡是海湾的唯一进出口，通往印度洋的阿拉伯海，为重要的战略和经济通道。海湾周边国家有 8 个，按照领土面积大小依次是沙特阿拉伯、伊朗、伊拉克、阿曼、阿拉伯联合酋长国、科威特、卡塔尔和巴林，总面积为 474 万平方公里，总人口约 1 亿人。

巴林被誉为阿拉伯世界的"苏黎世"，世界上有 120 多家银行在巴国设有机构，众所周知，它已经成为国际金融中心之一。而阿联酋的迪拜自 70 年代后期以来已经成为国际著名的航空站和深水港湾，正在形成区域贸易和银行业的中心。

狭义上的海湾国家是指海湾六国，也就是海湾协作委员会成员国（GCC）。按照政治影响力和经济实力排序为沙特阿拉伯、阿拉伯联合酋长国、科威特、卡塔尔、巴林和阿曼。

上述国家在 20 世纪初宣布独立前，多数是英国的保护国，它们与我国建交分别在 20 世纪 80 年代中后期和 90 年代初期。它们传统的经济以畜牧业和渔业及珍珠采集业为主。现代化的工业形成于 20 世纪 60 年代后期，主要依赖于石油和石油产品，制造业和贸易转口等。

自从发现石油后，该地区在世界政治经济中的位置越来越重要。因为，海湾国家的石油储量占世界的 65%，产量占世界的 30% 左右，主要向美国、欧洲、日本、韩国和中国出口，是世界经济的生命线。单就储量来讲，沙特阿拉伯、阿拉伯联合酋长国和科威特已探明的原油储量分别为 345 亿吨、136 亿吨和 123 亿吨，排列世界前三位。除此之外，巴林、卡塔尔和阿曼的天然气储量也超过 3 000 亿立方米。巨大的石油及天然气收入极大地改变了海湾六国人民的生活，使其成为世界最富有的地区。经济利益的驱动和政治利益的关系，使中东吸引了世界最发达国家和地区的大银行、大企业安营扎寨，当地大企业和银行业的高层管理人员为清一色的欧美人。

在中东逗留期间，渣打银行、汇丰银行和花旗银行等世界一流商业银行的标识随处可见，它们以独到的服务，经过多年的发展，在海湾国家站稳了脚跟，据说其经营利润是非常丰厚的。此外，在中东国家，英语成为工作语言和法律文件语言已经有 150 年的历史。

阿联酋之行

（日记片段，2006 年 4 月 27 日，星期四）

在一周多的访问中，使我体会到新兴经济体国家的企业管理层从经营理念、金融产品到经营手段上，都是按照欧美发达国家的商业模式运作的。我们的银行如果进入该市场经营，初期肯定也会遇到 20 世纪 80 年代初期我国企业初次走出国门时遇到的一些问题，我们从思想上必须要有所准备。

我们考察的第二个国家是阿联酋。在那里，建设银行计划建立一家全资子银行。

在穆斯林国家，本地的商业银行与我们传统的商业银行在经营上有许多不同之处。例如负债业务中的企业存款没有利息，据说伊斯兰金融体系的基本框架是一套管理伊斯兰世界经济、社会、政治和文化事务的规律和法律，统称为"SHARIAH"。

当我们来到建设银行在棕榈岛参与的银团贷款工地时，到处可以见到大兴土木的场景。事实告诉我，中东国家正在发生历史性的巨大变化，已经进入了第二阶段的经济高速发展时期，他们的领导人已经预感到经济转型需要做出的努力与尝试。

在短暂而富有成效的考察后，我一直思考着一些问题。国际一流的商业银行海外机构网点建设应该采取什么样的模式拓展？我国四大国有商业银行上市后的海外发展战略应该是一个什么样的模式？中国建设银行的海外经营性分支机构应该走什么样的发展道路？是学习欧美发达国家的模式，还是走出我们自己的道路？

金融深化的国际化进程不仅是现代的、世界性的金融发展过程，而且是国际间的金融自由化过程，也是金融国际化在更高水平上发展的趋向。随着世贸组织成员国的扩大，意味着全球 90% 的金融市场将对外资金融机构开放，一个国际金融服务领域自由化的体制即将建立。在世界经济一体化的发展趋势中，生产经营跨国化将是我国商业银行，走向国际一流商业银行发展方向的必经之路。

在当前我们进军欧美国家世界金融中心城市受到一定限制的情况下，在那里直接设立全资子公司不妨也是一种考虑。但我认为，先开展区域一体化经营，在周边国家设立机构，在双边贸易量大的国家设立机构，有选择地在金融监管相对宽松的国家设立机构应是建设银行首选，因为前者需要的投入（资）要大得多，而后者所需要的资本金相对较少。再有，从在境外设立、管理全资子公司方面讲，建设银行尚无经验。

身为从事国际业务的银行职员，我们要为我国商业银行真正地走向世界思考问题，大胆提出想法，开创出新的局面。建设银行是第一家在香港上市的国有大型商业银行，我们只有尽快制定出海外机构发展战略，并将其列入议事日程，才能尽得先机。

建设银行要通过发展周边国家市场，逐步为海外网点建设及拓展奠定各个方面的基础，比如说，管理经验的积累、IT系统的建设与改造、人力资源的培养和使用等，努力使建设银行成为名副其实的管理一流、内控严密、经营有方、发展有序的国际上先进的商业银行。■

海湾的又一颗明珠——卡塔尔

（日记片段，2006年5月2日，星期二）

2006年5月2日，我们来到中东考察的第三站——卡塔尔。

一走出机场，我就看到卡塔尔与当年我在中东工作时比较所发生的巨大变化。如今，这里现代化的高楼林立，蔚蓝色的海湾随着海风给人带来一种新鲜的空气。由于多哈谈判会议多次在这里举行，卡塔尔已经成为世人皆知的国家。丰富的石油和天然气储量，使卡塔尔成为世界经济增长最快的国家之一。

卡塔尔是联合国成员国、石油输出国组织成员、阿盟成员、国际货币基金组织及世界银行成员，它也是海湾协作委员会成员国，在国际事务中扮演着特殊的作用。尤其是卡塔尔通过2001年在多哈举行的世贸会议和从韩国手中接过2006年第15届亚运会举办权等对一系列国际事务的参与，进一步提升了这个阿拉伯半岛国家在国际社会的知名度。

随着阿拉伯联合酋长国迪拜和沙迦的经济快速发展，为了在区域经济中体现出自身的价值，发挥主导作用，卡塔尔政府在2005年2月16日通过立法，决定在多哈建立国际金融中心及商业中心，其目的就是为了吸引国际金融机构和大型跨国公司来卡塔尔落户。

卡塔尔政府在通过的法案中明确规定，金融经济开发特区对所有外资银行及非银行金融机构开放，欢迎世界级的跨国公司来卡塔尔直接投资建厂，所有投资者都可享受税收等优惠待遇。在金融经济特区，所有法律法规均按照国际惯例制定，其宗旨就是要把多哈建设成为世界一流的国际金融中心城市，取代麦纳麦在海湾的位置，将多哈建设成为阿拉伯世界的苏黎世。

2005年5月1日，金融经济特区法律将正式开始实施，为了将多哈建设成为中东乃至全世界的国际金融中心，从一开始就树立起一个高效率的良好的政府形象，卡塔尔政府承诺为所有投资企业提供一流的服务。卡塔尔政府很快出台了相关法律，其指导思想是对外商投资企业提供一切尽可能的服务，其特点如下：①接到外资金融企业的申请后，必须在 5 个工作日内给予答复确认；②对审核批准的外资金融企业在三个月内发放营业执照；③为了鼓励投资，卡塔尔欢迎外资银行及非银行金融机构直接投资，在经营业务方面几乎没有限制，外资银行可以经营投资银行业务、公司业务、商业银行批发业务、电子银行业务、资产管理业务、基金业务、养老金业务、提供其他金融中介咨询服务等；④在金融特区设立的营业性机构如果需要经营特区外的业务，不需再次提出申请等待批准；⑤外资银行可在多哈建立（海湾或中东）地区总部，兼管在其他海湾国家分行的业务；⑥外汇的汇入、汇出没有任何限制。

卡塔尔在外资金融经营性机构申请程序方面完全国际化，外资银行在卡塔尔开办分行的申请需要提交卡塔尔有关部门的资格审查委员会进行预审，申请银行要尽可能地提供银行的全部信息，提交前必须拥有办公地点、电话、负责人、邮址等一系列有关资料，外资银行被任命的分行总经理必须用英文回答所提出的全部问题，财务信息必须折合成美元，并提供换算时采用的汇率，整个程序就如同在欧美发达国家所进行的程序一样。

在卡塔尔，**54%** 的投资流向能源开发产业，卡塔尔能源经济的发展带动了地区金融业的发展。我们通过现场考察得出这样一个判断，在未来几年里，多哈对银行服务、保险服务、资产管理服务、风险投资及私人股权投资的需求将会迎来一个快速的发展时期。

卡塔尔政府之所以制定出如此英明的开放政策，应该说 2001 年的"多哈会议"使皇室成员大大地开阔了视野。卡塔尔政府随后请来全世界的各类专家，制定了国家发展规划，发展国际金融特区就是这种政策之一。

卡塔尔政府的出发点主要出于以下四点考虑：第一，随着世界经济一体化潮流的扩展，区域性组织不断应运而生，比如，北美自由贸易区、欧盟、东盟＋3、澳新联盟、东北亚三国军事与金融合作等，这些区域国际组织的成立以及地区国家与国家之间的合作给中东国家做出了示范。第二，海湾战争和美伊战争使卡塔尔政府意识到要想捍卫国家主权不被侵犯，必须依靠经济和科技振兴国家，传统的依靠能源出口不能维持国家甚至本地区的长治久安，伊拉克入侵科威特就是一个教训，国家的经济发展必须转型。第三，建立国际金融特区可以加强与美国、欧洲和亚洲大国之间的联系，使卡塔尔逐渐融入国际经济体系，并通过经济往来加强与大国的政治合作关系，因为经济合作的多元化能够促进地区的政治稳定，使卡塔尔在世界经济发展中发挥更加积极和主动的作用。第四，通过金融经济特区的建立，提倡贸易和投资自由化与经济技术合作，并把两者摆在同等重要的地位。在双边与多边关系上，力求与各国互利互惠、共同受益。这样做能使卡塔尔完全融入全球市场，使其在石油输出国组织（OPEC）、海湾合作委员会（GCC）、联合国（UN）之间保持一种政治平衡和经济独立，以推动本地区和世界经济的共同发展。

卡塔尔是一个君主立宪制的酋长国，埃米尔为国家元首，掌握着国家的最高权力。时任卡塔尔国家元首埃米尔哈马德·本·哈利法·阿勒萨尼是前埃米尔哈利法的长子。他1971年7月从英国桑德赫斯特皇家军事学院毕业后，以中校军衔参加卡塔尔武装部队，历任武装部队总司令、王储兼国防大臣和国家最高计划委员会主席等。1995年6月任卡塔尔第9代埃米尔。

年轻的哈马德受西方文化观念影响较深，与其父在统治手段和内外政策上有很大的不同，特别对父亲处理卡塔尔与沙特阿拉伯、巴林两国边界争端及海湾战争和也门内战等问题上的软弱无为十分不满。他在处理国家事务上的风格很像前韩国总统朴正熙，他为人率直、作风硬朗且不愿妥协。

在政治外交方面，年轻的哈马德坚决主张国家应在外交方面拥有更多的独立性和自主性，执政能力很快就被美国等西方国家认可。作为国家领导人的哈马德与约旦国王阿卜杜拉·本·侯赛因一样，都是中东第二代领导人的翘楚，他的一个显著特点就是勤于政务、体察民情，知人善用，重视提拔有专业知识的年轻人。其锐意进取的风格以及任人唯贤、敢于改革的果断做法与中东国家老一代领导人沉稳、保守、循规守旧的工作作风截然不同。1997年12月23日，哈马德颁布命令，解除了卡塔尔妇女不能驾车的禁令，成为海湾六国继科威特、巴林之后第3个允许妇女驾车的阿拉伯国家。

在经济改革方面，哈马德凭着年轻人特有的充沛精力和改革热情，雄心勃勃地推进国家的工业现代化和金融改革，他挑选了一批从国外留学回国、视野开阔的人进入国家各个部门。尤其是在1992年9月2日的政府改组中，一批40岁至50岁之间的有知识、有能力、敢作敢为的年轻人被政府起用，这批文化层次高、思维活跃、充满热情的人入阁后，对哈马德的经济改革起到了积极的推动作用。

年轻的哈马德执政以来，大力推行经济多元化发展，在金融改革方面，他力图以尽快实现卡塔尔的工业化为目标，主张实行经济开放政策，大量吸引外资，目的是将卡塔尔建设成为类似阿联酋迪拜的中东金融贸易中心。在他执政初期，卡塔尔就重新修订了有关法律，设立了金融贸易自由经济区。自2000年起，新法令允许外商在卡塔尔所有经贸项目中可拥有超过50%的股份，在教育、旅游和医疗保健等方面的投资允许外商100%控股。这些举措，极大地鼓舞了外商投资企业来卡塔尔投资，成为卡塔尔政府通过努力对外开放政策取得的光辉业绩，并得到国际社会的普遍认可。

卡塔尔哈马德政府同我国关系友好，1999 年 4 月 8 日，应当时的中国国家主席江泽民的邀请，哈马德乘专机抵达北京，对我国进行了为期 4 天的国事访问，这是中卡两国自 1988 年建交以来，卡塔尔国家元首首次对我国进行国事访问。访问期间，随着双边签署的《两国政府相互鼓励和保护投资协定》等一系列经贸、文化协定的签订，中卡两国关系进一步得到加强。2002 年 3 月 4 日，在中外妇女喜迎"三·八"妇女节之际，卡塔尔埃米尔夫人、卡塔尔家庭事务最高委员长主席穆扎向我全国妇联捐款 50 万美元，象征着中卡友谊的不断发展。

在卡塔尔，到处可以看见中国人的身影，有建筑工人、工程师以及其他服务行业的人士。在那里，中国生产的服装、家电等更是到处可见，这些充分说明了中卡两国之间经贸往来的互补性和发展双边经贸关系的巨大潜力。

近年来，卡塔尔正在发出自己独特的光芒。卡塔尔已经成为世界经济增长最快的国家之一，2004 年 GDP 增长 9.9%，2005 年为 8.8%，2006 年预计

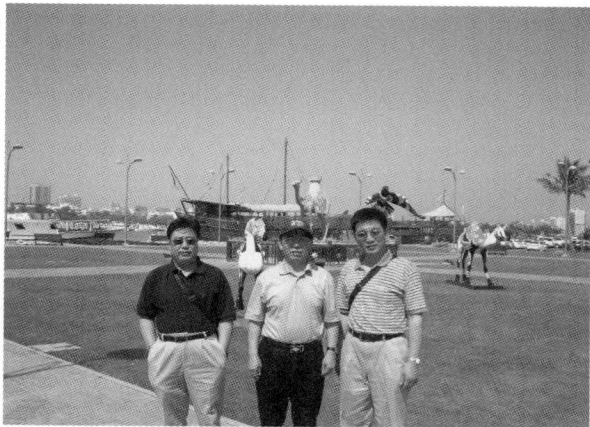

与同事在卡塔尔留影（右一为作者）

增长 9.3%。国家政权稳定，财政收入连年保持高速增长。标准普尔对卡塔尔的国家主权风险评级为 A＋级，穆迪评级为 A1 级，是整个中东地区国家中评级最高的。很多人认为，卡塔尔的迅速发展，将会使其成为又一个迪拜。■

五、 国际考察

导读：2005～2012 年，我多次被总行派往境外参加国际会议或考察工作，先后到过蒙古、意大利、西班牙、巴西、美国、瑞士和中国香港等国家和地区，每一次出国途中，我都坚持写日记，记录了自己所到之处的观察和感受。

蒙古印象①

2005 年 11 月，我被总行派往蒙古考察，目的是探讨在乌兰巴托建立建设银行经营性机构的可能性，在那里，我还参加了贸发银行的一个国际会议。

以前，在我脑子里，一提到蒙古就想到了成吉思汗，就是在电视剧里常常提到的那个"只识弯弓射大雕"的一代天骄，在他领导下，蒙古铁骑曾征服了欧洲。那么，今日蒙古发生什么变化了呢？

从政治经济、法律法规、外交外贸、金融改革等方面，我此行亲眼目睹了蒙古国政治经济改革后的变革及取得的成就，在蒙古的所见所闻都给我留下了深刻的印象，彻底改变了我对蒙古"游牧之国"的传统看法。

蒙古领土面积约 156.65 万平方公里，人口 253.32 万，根据已公布的资料，蒙古石油储量 1.5 亿桶、煤炭 1 500 亿吨、铁 20 亿吨、磷 2 亿吨、铜 5 000 万吨、钼 24 万吨、锌 6 万吨、黄金 3 000 多吨、银 7 000 多吨。从已经探明的储量分析，蒙古是一个矿产资源非常丰富的国家，而且已经吸引了大国对它的关注。大国在与蒙古的合作中，已经不仅仅是冷战时期军事上的一种考虑，而是当前经济上的一种选择。

在蒙古访问期间，恰逢美国国防部长拉姆斯·菲尔德对蒙古进行正式访问，据说他此行是为美国总统首次访蒙打前站的，仅从这一点就足以说明大国对我国周边国家政治经济发展与合作所给予的关注。

---

① 此文写于 2005 年。

20 世纪 90 年代中后期以来，在政治改革方面，蒙古效仿"西方式民主"体制，实行政治多元化，总统是国家元首兼武装力量总司令。十年来，蒙古实行政治改革后社会稳定。在经济改革方面，蒙古完全采用了前苏联及东欧国家的做法，即"阵痛式或休克式（Shock Therapy）"的改革，成效显著。如今，蒙古已经成为世贸组织成员，国家产业结构正在发生根本性的变化。

最近五年（1999～2004 年），蒙古经济增长速度较快且稳定，年平均增长率达 10% 以上，2004 年的经济增长率为 10.6%。在蒙古的改革中，最明显的就是金融改革，这种改革使蒙古彻底改变了计划经济的模式。现在，蒙古的利率、汇率完全市场化，央行不再加以干预；政府对蒙币以外的其他币种的汇入汇出没有限制。在法律方面，目前已出台两部金融法，即《中央银行法》和《商业银行法》，在这两部法中，对中央银行和商业银行的权利、职责等进行了详细的规定。外经贸方面，蒙古 2004 年外贸进出口总额为 18.65 亿美元，同比增长 31.6%。由于资源的利用和开发，一些经济专家预计蒙古以矿产资源出口为主的对外贸易在未来几年内必将迅速增长，GDP 增长率将会在 20% 以上。

蒙古在计划经济时期没有现代意义上的金融和银行体系。随着 20 世纪 90 年代初蒙古向市场经济的转轨，蒙古开始建设其金融体系，同时实行了对外开放的政策。1992 年，蒙古颁布了《中央银行法》，初步建立了两级银行体系。我在韩国 KDI 读研时，班上就有三名来自蒙古央行的同学。

"蒙古银行"是蒙古中央银行，负责制定和实施本国货币政策，同时负责监管商业银行的经营活动。商业银行一经蒙古银行批准，除了不能直接经营工业生产、办理保险业务和从事房地产外，其他业务都不受限制。蒙古现共有 17 家本土商业银行，除蒙古储蓄银行目前仍属国有外（正在计划进行股份制改造），其他 16 家银行全部为股份制商业银行。

随着蒙古经济结构的转型，外资银行已开始进入蒙古，合作方式有两种形式，一种是合作经营，比如：安泰（ING）以参股方式与蒙贸发银行合作、共同经营。另一种是直接建立分行的方式，比如在 2004 年，俄罗斯的"成吉思汗"银行直接在乌兰巴托市开设了分行，成为第一家在蒙古独资经营的外国金融机构。

长期以来，蒙古与我国有着紧密的地缘政治、经济和文化联系，双方有着 4 670 公里长的边界线，相互间已经开通了 4 个口岸，年货物通关量达 1 000 多万吨。据中国蒙古商会统计，截至 2005 年上半年，我国投资蒙古的企业注册资本已达 4.8 亿美元。根据我国统计，2004 年蒙古对华贸易已达 6.9 亿美元。当前，我国是蒙古的第一大贸易国、投资国。在蒙古，中资企业投资数量和金额都排在第一的位置，相信未来几年中资企业在蒙古资源开发性的投资活动还将会不断增多。

我国政府非常重视周边国家对华政策，我国外交政策突出强调了一点，即："大国是关键，周边是首要，发展中国家是基础，多边是舞台"。所以，在当今世界单边主义抬头的形势下，发展增进同周边国家的关系尤显重要，在这些国家中，蒙古国的重要位置是其他国家不可替代的。2003 年 6 月胡锦涛主席访问蒙古，承诺向蒙古提供 3 亿美元的援助贷款；2005 年 5 月，吴仪副总理访问蒙古，签订了 18 项经济文化合作协议，而且部分已经落实；2005 年 10 月，蒙古总统访问我国，签署了一系列合作协议都证明了这一点。

在经贸合作方面，更能看到中蒙双边关系的快速发展，据有关部门统计，截至 2005 年 5 月底，我国在蒙古投资企业已达 1 700 多家，其中，投资和计划投资上亿元人民币资产的企业有十多家，这些企业有大庆油田、胜利油田、神华集团、有色集团、包钢、首钢、鲁能集团、鄂尔多斯集团、中兴通讯、包头北方重型机械厂、内蒙古庆华集团等。此外，甘肃酒泉钢铁集团已经修建了通往蒙古国口岸的铁路，下一步将开发铁矿，中铁四局承包了蒙古 240 公里长的公路建设，北京城建局正在乌兰巴托进行城市改造施工。

在政策上，为了鼓励外商投资，蒙古自经济改革以来出台了许多优惠政策，比如，外国投资企业可享受国民待遇等。目前，我国企业在蒙古投资总额已达 4.8 亿美元，占在蒙古投资总额的 41%。如地质矿业投资 2 亿美元；贸易、餐饮投资 1.25 亿美元；工程建材领域投资 3 285 万美元；轻工业方面投资 2 402 万美元；农牧业耕种方面投资 469 万美元。由此可见，我国在蒙古投资领域已经进入到各个行业，特别是自2004年以来，在矿产资源开发利用投资领域的增长比例明显加快。相信随着我国经济的发展和需要，这种投资有进一步加速的可能。此外，蒙古居民每年到中国因经贸活动、旅游、看病就医、学生留学所支出的费用达10亿元人民币以上，中蒙之间这种纽带关系是一种无法被切断的关系。

如今的蒙古，劳动力充足，人员素质高。在首都乌兰巴托，每四人中就有一人在上学，每年留学欧美回国人员都在增长，年轻人普遍会讲英文、俄语、汉语和日语，80%的从业人员年龄在45岁以下，外语和计算机水平都很高。可以说，随着人们知识的提高和科技的进一步普及，蒙古经济向"完全市场化"转型的速度还会加快，蒙古工业发展的基础已经具备，未来十年蒙古是一个有待开发且蕴藏着无限商机的市场。

回到国内的第一周，经考察工作小组集体研究，我们向行领导呈报了《关于在蒙古设立代表处的可行性研究报告》。报告是这样建议的："调研组认为，综合考虑蒙古政治、经济的稳定性以及与我国的双边经贸联系，该地区经济发展潜力巨大。

作者2005年摄于蒙古

初期，建议设立代表处。待对蒙古法律、经营环境有了一定的了解后，应考虑设立经营性机构。"

难忘的收购亚洲商业银行之旅

2006年1月，在我国传统佳节春节即将到来的前夕，经常振明行长批准，我和个金部的陈宪平同志以及资债部的王冬同志被派往香港工作，此次赴港的任务是对建设银行拟收购的"亚洲商业银行（Asia Commercial

Bank）"进行现场尽职调查。

我们三个人各代表一个部门，这对于在香港开展工作非常有益，能从各个角度对计划收购的对象进行分析。

亚洲商业银行是在香港上市的银行股中规模较小的一家，截至 2005 年中的账面值约为 18 亿港元，主要资产偏重于传统银行业务（如贸易融资、工商企业贷款），个人银行业务有限，但整体资产质量良好，截至 2005 年 6 月底减值贷款比率仅为 2.62%。

由于银行业在香港竞争环境非常激烈，中小型银行的生存空间愈来愈窄。亚洲商业银行 2005 年中期纯利下跌 30%，只有 3 958 万港元，对集团贡献比率约 5 成，而集团的保险业务前景更佳。尽管如此，即将出售的亚洲商业银行作为全球范围内理想的被并购对象，还是吸引了不少人的眼球，多家买主竞购一个目标的激烈场面再一次在香港出现。

到香港后，我们了解到"大众银行"在香港的发展十分积极，2006 年 1 月第一周，持有 64% 的香港子公司日本信用保证集团（JCG）更名为大众财务（0626. HK），显示其发展香港市场的决心。由于大众财务只是有限制持牌银行，不能经营全部银行业务，在中国内地又没有网点，故此次收购亚洲商业银行的决心非常大。

对于建设银行来说，自 1994 年在香港设立第一家海外分行——香港分行以来（中资银行在香港的分行通常被视为境外分行管理），加上建设银行在香港的 3 个网点，建设银行在香港的网点非常有限，严重影响了建设银行在香港的竞争力。

香港亚洲商业银行（0662. HK）在香港有 12 家分（支）行，360 名员工，服务于香港 60 多年，在深圳有 1 家分行。早期的核心业务是国际贸易融资，但随着香港经济的发展，亚商也应客户所需进一步扩展了业务，包括发展商业及零售业务，扩展投资及公司银行业务等。

如果此次交易建设银行获得成功，建设银行在香港的物理网点可迅速得到扩充，可以迅速拓展国际业务及为内地客户提供境外金融服务。如果这家银行被非中国内地银行收购，外资银行并购亚商后，将有助于其拓展中国内地的业务。

参加这次投标的机构共有 10 多个，其中还有中国民生银行，在最后一轮中，除了建设银行外，还有马来西亚的"大众银行"及台湾的"富邦金融控股公司"等 5 家金融机构，可以说对其的"追求者"众多。

我们在香港工作了近一个月的时间，先后与建设银行香港分行介绍的会计师事务所、律师事务所进行了多次的意见互换。我们还拜访了香港亚洲商业银行的行政总裁（CEO）陈智思兄弟和他们的父亲陈有庆，到亚洲商业银行在香港的网点进行了实地考察。

陈有庆在香港身兼行政及立法两会议员，有一定的社会地位。我们在与亚洲商业银行高层的谈判中，陈有庆一家对我们十分热情，并承诺，在价格相差不多的情况下，愿意卖给中国建设银行。但说归说，在市场经济体制下，价格还是起了决定性的作用。

我们对拟收购对象进行了全面的调查，内容包括亚洲商业银行的运作模式、包括电子银行服务渠道在内的各种服务渠道、技术支持方式、董事会管理文化、对公及对私业务、风险管理以及近三年的财务报表比较分析等。

我们工作小组在香港做完尽职调查后，将情况上报给总行，建议根据市场价格，以超出其 2005 年上半年的市净率（股价对账面值的比率）两倍以上报出，最低约需要 36 亿港元，相当于 2005 年 6 月净值的 1.80 ~ 2.21 倍。

总行收到我们的报告后，有关业务部门指示我们以 1.5 倍的价格提出报价，但这个价格与市场实际价格相差较大，中标的几率几乎没有。在实际报价中，除建设银行外，其余 4 家的报价全都在两倍以上。

由于马来西亚大众银行以 2.5 倍的市净率出价实在太具有吸引力了，最终"大众银行"以出价达市净率 2.5 倍的价格中标，约需要支付 45 亿港元进行交割。交割后，"大众银行"可享受亚洲商业银行享有的 CEPA 优惠。

香港业内人士分析，亚洲商业银行出售后，香港有机会被并购的本地银行已不多，只有廖创兴银行（1111. HK）及大生银行（未上市）稍为有意出售，而东亚银行（0023. HK）、大新金融（0440. HK）、永亨银行

（0302. HK）及永隆银行（0906. HK）被出售的机会甚小。我判断，丢掉这次机会后，由于机构少了，今后在香港出售的香港中小银行价格将会更高。建设银行日后如果想再在香港收购中小银行，机会不会太多了。但是，今后建设银行考虑收购外资在香港的机构倒是另一种选择。

澳大利亚离我们越来越近了

从韩国回国后第二次出国的地点是澳大利亚，在我们一行九人当中，有两位董事和由国际部、计财部、人力资源部等多部门组成的中国建设银行海外机构考察团。

澳大利亚位于大洋洲，面积约 760 万平方公里，是世界上领土第六大的国家，人口约 1 875 万，居民大多是欧洲后裔。但根据最新的世界政治、经济、军事、文化和体育的地域划分，澳大利亚被划分到亚洲区，就连"世界杯"的分组预选赛，澳大利亚也被划分到亚洲，使它离我们越来越近了。

从经济层面分析，近年来由于经济利益的驱动，我国投资于澳大利亚的企业日渐增多。与此同时，中国游客也成为澳大利亚重要的旅游资源，澳大利亚成为我国居民继韩国旅游热之后的又一热点国家。澳大利亚方面也非常愿意与我国加强各项合作，2005 年第一季度末，应邀到访的澳大利亚旅游局行政总裁莫里森在北京的推广计划会上强调，目前中国已经成为澳大利亚在亚洲地区除日本外的最大旅游客源市场，澳大利亚在中国的海外"反季节"旅游中独领风骚，中国游客在澳大利亚全球七大客源市场的排位中列居第一。

澳大利亚是最早获取中国公民自费旅游目的地的西方国家，中国人喜好的"反季节旅游"是澳大利亚吸引中国游客的"法宝"。澳大利亚由于地理、交通、安全等方面的诸多优势，南半球的其他国家尚不足以撼动澳大利亚在旅游方面的优势。莫里森说，澳大利亚旅游局在中国的整体策略是：携手中国政府和澳大利亚旅游同业，为中国的消费者提供高品质的旅游体验，以实现该项业务能够保持长期稳定的可持续增长。如今，有迹象表明，更多的中资企业对开拓这个孤立于大洋洲中的古老土地兴趣越来越大，中资商业银行在澳的业务也在与日俱增，仅中国银行在澳大利亚就有3 家分行。

澳大利亚的本土银行经营很规范。澳新银行——全称澳大利亚和新西兰银行集团有限公司（Australia and New Zealand Banking Group Limited），始建于 1835 年，原名澳大利亚银行，在澳大利亚拥有 756 家分行，是亚太地区比较活跃的银行，也是世界知名的一流国际性商业银行和金融服务机构。

澳新银行开展国际业务的模式

自 1970 年澳新银行在亚洲其他国家和地区开展业务以来，在亚洲金融市场经营非常成功，对该行全球业务的发展起到了重要的推动作用。澳新银行经营性分支机构主要分布在澳大利亚和新西兰及亚洲太平洋其他国家和地区，它是亚太地区澳元融资服务的主要提供者。

澳新银行还分别通过其在英国、美国的分行将其业务辐射到整个欧洲和北美地区，它在世界各地的客户多达 580 万。截至 2005 年底，总资产为2 600 亿澳元，拥有员工近 3 万名。近年来，澳新银行经营状况一直很好，2005 年，澳新银行在澳大利亚被评选为最大和最成功的公司之一；在新西兰是排名第一的银行和规模最大的企业；在南太平洋地区银行中排名第一，是来自大洋洲最有影响力的银行。

澳新银行客户包括政府机构、企业和各类投资商，其环球市场部不断为客户量身精心设计各种服务方案、为客户提供全方位的金融服务。长期以来，澳新银行与其他银行的不同之处是通过其专业的技能和独特性为客户提供最先进的金融解决方案，用澳新银行高管层的话讲就是"我们的成功是因为客户时常会带给我们非常宝贵的经验"。

澳新银行的环球市场部是其开展国际业务的重要部门，其职能类似于我国国有商业银行的国际业务部，但又远远超过我们国有商业银行国际业务部的职能，就涉及的金融产品而言，有些像美洲银行的 GTS 部门。澳新银行的这个部门业务包括国际业务发展战略、结构性金融产品的经营与创新及投资银行业务。比如，袋鼠债、资产抵押债券、高级和次级债券的经营和与信贷挂钩的票据及各类金融衍生产品等。

新加坡是澳新银行亚洲业务管理中心，管理半径覆盖印度尼西亚、菲律宾、柬埔寨、越南、韩国、日本、中国。澳新银行充分利用地域经济的特点，在亚洲市场广泛开展贵金属、能源产品和农产品的期权业务，贵金属产品包括金、银、铜、镍、锌、铝、铅、锡；能源产品有石油和天然气、煤、电等；农产品有小麦、棉花、羊绒、蔗糖。

澳新银行 1986 年进入我国市场，目前已经分别于 1993 年在上海、1997 年在北京将代表处升格成分行，两家分行也是第一批获得我国政府批准可经营人民币业务的外资金融机构，能够提供 24 小时不间断的全球范围内的即期和远期交易，已经开展了人民币、外币即期交易服务，有权受理人民币存款并开办了金融顾问及理财业务。2005 年第一季度，澳新银行积极参与了由雷克·威尔斯（Ric Wells）先生领导的，澳大利亚外经贸部中国自由贸易协定工作小组及其团队的顾问工作，并向其提供关于澳新银行在中国的 20 年宝贵经验。由于 2006 年也是我国加入世贸组织过渡期的最后一年，金融业对外开放将进入新阶段。在中澳自由贸易协定第五轮磋商成功举办之时，也恰逢澳新银行庆祝在华开展业务 20 周年，澳新银行亚洲区执行董事赫纳里（David Hornery）先生表示："对于澳新银行而言，这是一个令人兴奋的时刻。"他说，服务业约占澳大利亚经济的 50%，无论是澳大利亚政府还是服务业界都认为此项议题是双方磋商的重点。从澳新银行在中国的漫长发展历程看，这一点突出反映了此项议题的重要性。

在第五轮磋商中，尽管中澳两国普遍认为服务业市场准入将是中澳自由贸易协定中具有挑战性的议题，但赫纳里先生仍期待在 2006 年晚些时候中澳举行的会谈中可以将服务业纳入探讨议题，同时欢迎能够签署包括金融服务业市场准入在内的全面自由贸易协定。

另外，作为落实中国金融业开放的一部分，中国银监会最终核准澳新银行购买天津市商业银行 20% 的股权。同美国银行、汇丰银行一样，澳新银行成为首批在中国的银行持股比例达到 20% 的外资银行之一。澳新银行方面表示，会委派人员出任天津市商业银行董事会董事，协助整个银行的战略和治理，并任命高级管理人员和顾问，负责零售银行、风险管理、贸易融资及环球市场业务。

据介绍，随着能源合作问题凸显在中澳政府的双边议事日程上，在具有划时代意义的中澳液化天然气合同中，澳新银行为此提供了全额融资，达250亿澳元。这是中国首次进口液化天然气，这项合作是中澳两国之间长达几十年的能源协作关系的完美延续。澳新银行中国区总裁麦格雷（Andrew McGregor）先生表示说："在中国投资并且建立分行网络意味着我们能够立足中国，并以我们专业经验帮助在华经营的海外和本土公司，同时能够为个人提供银行服务。我们认为中国是值得来的地方，澳新银行要在中国扎根。"

从澳新银行入股天津商业银行到与上海农信社的参股协商及计划入股济南商业银行的战略举措观察，说明澳新银行为扎根中国已经做出了积极的尝试。澳新银行亚太区总裁库柏曾表示，澳新银行很乐意在今年适当的时候，收购上海农信社19.9%的股权。澳新银行集团首席执行官麦克发伦称，澳新银行是一家在澳大利亚具有相当影响的银行，经营效益在全球名列前茅，其企业文化变革受到世界银行业的瞩目。目前，上海农信社已启动改制为商业银行的工作，并计划通过与理想的外资银行结盟，利用其在信用卡方面的产品和服务优势发展零售银行业务。

赴南欧半岛意大利参加国际会议

我曾去过意大利三次，但印象最深刻的是去罗马、佛罗伦萨参加全球银行现金管理国际年会，那一次是我第三次因公去这个南欧半岛国家，时间是 2007 年7 月。

会议结束后，组委会组织各家银行的与会人员到意大利各地观光游览，对于我来讲，算是故地重游吧。世界上几乎没有人不想来意大利。它那灿烂的历史文化，秀丽的自然风

参加佛罗伦萨现金管理年会（右一为作者）

光，先进的科学技术都散发着一种奇异的魅力，吸引着世界各国各界人士莅临这个地形酷似"长筒靴"的国家。

意大利的美食非常有名、种类繁多，但意大利面和意大利比萨饼不可不尝，当然更不能错过品尝海鲜味的比萨饼。在这里，喝酒当然要选托斯卡纳的经典红酒，这种酒可与法国的波尔多红酒相媲美。

我们先去的城市是佛罗伦萨，它是意大利最著名和富有传奇色彩的城市之一，她的英文为 Florence，意大利语是 Firenze，德语叫做 Florenz，以前曾译作"翡冷翠"。拥有富饶的亚平宁山区以及第勒尼安海水产的托斯卡那区各城市，至今还保留有美食的传统。用基亚纳峡谷产的基亚纳牛肉，制成的佛罗伦萨牛排闻名海内外，并不断运往世界各地，为众多美食家们所喜爱。据说，很久以前当世界其他地方的人们还用手抓菜吃时，他们就首先使用了刀和叉。

在人们的传说中，佛罗伦萨的餐桌上自古以来就摆满了来自大自然的食品。从山谷里猎回来的野猪、野兔等，以及红葡萄酒和最好的橄榄油，可口的材料分量都很足。从佛罗伦萨地方菜肴的味道，可以看出其简洁而高雅。而且还有一点不要忘记，作为世界第一大古城商人的后代，他们自称是意大利最俭朴的人，连已经变硬了的剩面包也能重新做得香喷喷。佛罗伦萨人很有经济头脑，据说连不识字的小孩也能计算食品价格。难怪14世纪中叶在这里诞生了商业银行，意大利是银行的鼻祖啊！

当华灯初上，古典的佛罗伦萨变得现代而充满活力时，本地及来自世界各地的游人，纷纷来到风情各异的酒吧里聚会畅饮。在阴雨绵绵的晚餐后，站在佛罗伦萨阿诺河岸旁的小山丘上，俯瞰这座有着悠久历史的艺术之城，那灯光掩映下的灰红色屋顶和阿诺河上的几座老桥，旧旧的，却透着无限的温婉雅致，那气质就像一位周身散发成熟魅力的女性，美得从容、美得安静。这就是佛罗伦萨，没有罗马的豪华气派，也不似威尼斯的热情奔放，像是一位多情的女郎，浪漫中带着几分感伤，见到她的人无不深深沉醉于她的亲切、温存和四处流溢的艺术气息。

我想说的是，佛罗伦萨不仅仅是商业、艺术等著名的城市，它的足球队几十年来出色的表现使这座城市更加出名，佛罗伦萨俱乐部曾 2 次获得联赛冠军、5次意大利杯赛冠军，向意大利国家队输送过几十名像恩里科·基埃萨、马雷斯卡等世界级的球星，是意大利四次获得世界杯冠军的摇篮。除了那里古老文化的吸引力外，热情好客、性格坦诚的意大利人总是展开双臂欢迎着来自世界各地的宾客。

佛罗伦萨距离罗马、米兰、威尼斯都不到300公里，交通十分方便。13世纪时，因羊毛和纺织业的迅速发展而崛起，成为当时意大利重要的城市。那时佛罗伦萨的政治权力由各行业协会所控制，1282年建立起共和国，国家的权力转移到最有权势的贵族手中。佛罗伦萨曾是意大利的首都，直到1871年迁往罗马。

佛罗伦萨有一条养育她的母亲河——阿诺河。它是一条贯穿城市的美丽河流，河上还有四座各具特色的老桥。每一座都有几百年的历史，可以上溯到文艺复兴时期。它们自上游向下游依次是格里兹桥、维吉奥桥、圣三一桥和卡拉亚桥。

在河岸边，可以欣赏到被夕阳映照得绚丽异常的古老建筑；还可钻进一家路旁的小画廊兼工艺古董店"淘金"。小店里的好东西很多，除了仿制得极为精致的大师素描外，店里还有一大堆用上好梨木精工雕刻打磨出的"领带"、"礼帽"、"衬衫"、"土豆"、"鸡蛋"……一件件妙趣横生的逼真作品，每件都要100~200欧元，真是不便宜。

维吉奥桥在四座桥中有些特别，被当地人称为"廊桥"。廊桥上有众多经营首饰的小商店，步入其中，果然一派热闹非凡的景象。这里店铺林立，人们在廊桥上休闲、购物、聊天、散步……据说当年年轻的但丁和他终生热恋的女子贝特丽齐也经常在这里约会。我想到如果现代的人们有幸和爱人一起在此游览，相信那份惬意和浪漫一定会成为两个人心间最珍贵的回忆。每晚当我看到当地的人们在这里悠闲地漫步时，给我的感觉好像是他们在"小巷深处觅但丁"和欣赏"廊桥故事"似的。

我想说，如果你没有亲身体验，就不能真正了解佛罗伦萨。但与十年前相比，这次来我也惊奇地发现，原来的十几家中餐馆仅有两家生存了下来，这说明，一种文化要想融入另一种文化的圈子是很困难的，名字叫"你好"中餐馆的浙江老板无奈地向我叙说了他艰难经营的历程。

全球银行机构的鼻祖应该是意大利的西雅那银行。在西方，类似于银行的金融活动最早出现在 12 世纪的意大利，最初业务仅限于货币兑换及存款和贷款，后来随着贸易的发展，又延伸到了结算业务。到了 15 世纪至 18 世纪中叶，长达三个世纪的意大利历史又与巨商梅迪奇家族的兴衰紧紧地联系到一起，尤其是在中部的西雅那和佛罗伦萨地区，其家族思想对后来的意大利乃至整个欧洲的政治、金融、经济及文化都产生了重要的影响。在 1300 年前后，意大利的佛罗伦萨取得了世界银行的霸主地位。卢卡的里卡迪家族贷款资助英爱德华一世征服了威尔士，弗雷斯科巴尔家族贷款帮助爱德华二世征战苏格兰，巴迪和佩鲁齐家族支持爱德华三世同法国进行了历史上有名的"百日战争"，因此，可以说意大利是世界银行业的鼻祖。

英文"Bank（银行）"一词就源于意大利文（Banci），意大利语的"Banci"就是"小桌子"的意思，也就是今天的银行柜台。在中世纪的欧洲，作为当时欧洲商业贸易中心的意大利，出现过一批商业银行，之后，银行才逐渐发展到欧洲其他国家。西雅那银行（Banca Monte Dei Paschi Di Siena S. P. A.）就是这批意大利最早的银行之一，因此，如果说意大利是世界银行业的鼻祖，那么，西雅那银行就是全球银行机构的鼻祖。

西雅那银行成立于 1472 年，总部设在意大利中部古城西雅那市。成立之初，由于教会文化的影响，该行从事的所有业务都是非营利性的，自身没有收入，经营是靠将个人及对公存款作为贷款资金来源（基金），同时利用各种捐款、赠款向百姓提供帮助，不收取任何利息。

回头看历史，在 20 世纪初，西方各国进入到帝国主义阶段，资本输出逐渐取代了商品输出，在西方对外经济交往中占据了主要地位，国际贸易的发展也推动了国际银行业的发展。当时西方各国的银行对殖民地及其他国家的信贷猛增，纷纷开始在殖民地、附属国、宗主国设立银行的分支机构，以便通过在当地提供金融服务来获取更大利益。因此，随着这类业务需求的猛增，1936 年西雅那银行修改了章程，从此变成一家公众性的金融机构。之后，在民族经济发展中，它在意大利金融界发挥的作用越来越大。1999 年 6 月，该行进行了第 3 次大改革，28% 的股票在世界主要金融市场成功上市，从此成为一家股份制商业银行。

韩国岁月话金融
——一位银行人士的海外工作随想录

在 2005 年刚从韩国回到总行工作时，好友朱钢给了我一份西雅那银行 2004 年年报，朱钢女士是西雅那银行在中国的负责人之一。从那份年报上看，截至 2004 年 12 月 31 日，西雅那银行总资产为 1 300 亿欧元，分支机构有 1 400 多家，其中在意大利本土设的分行有 800 多家，全球职员达到 22 000 人，在主要的国际金融城市都设有机构，比如：纽约、伦敦、上海、北京和新加坡等地。应该说，自 2004 年起，西雅那银行在业务转型方面迈出了更坚实的步伐，也就是它的第 4 次业务转型阶段。改革中，个人银行业务成为战略转型中突破的重点，西雅那银行对高附加值行业的研究投入较大，鼓励金融产品的创新，当年非利息收入就达到 8 500 万欧元。在对公业务领域，西雅那银行先是调整完善了组织架构，对市场进行了细分，根据需要，设立了大客户部、中型企业服务部、小型企业服务部及私人股权部，对各部门客户经理职责和业绩进行了量化考核，使该行能根据客户多样化需求的不断增加，为不同需求的客户设计出不同的金融服务模型。西雅那银行当年利息收入达到 14.9 亿欧元，股权回报率（ROE）同比增长 3.16%，成本收入比控制在 42% 的水平。

进入 21 世纪以来，西雅那银行在发展中更加重视国际业务的发展，并为这种发展制定了具体战略，其国际业务发展的战略目标就是为意大利企业客户的外国合作方提供融资帮助和各类金融服务，并能结合意大利企业的规模状况，突出强调对中小企业需求的金融服务。在这类服务中，西雅那银行的业务范围非常广，从专业服务、财务咨询到技术支持和系统更新都能做到急客户之所急、想客户之所想，各类金融产品齐全。

在银行文化建设方面，西雅那银行人力资源部在 500 多年传统文化的基础上，突出强调了"以人为本"的企业文化和银行对社会的责任与义务，在要求各项业务增长的同时，注重让职员从较高的视角看待金融企业价值的提升与社会和谐之间关系的重要性。西雅那银行通过战略、组织、政策、产品和服务多元化的组织文化的建立，使该行很好地维护了与客户之间的关系，在转型中保证了各类客户资源的有效维护和更广泛的合作。

在公司结构治理方面，西雅那银行继承了严格的授权管理制度，规定各分行超过授权的业务必须先上报总行，而不是事后才去补救。西雅那银行境内外的各家分行都有总行派去的内部审计人员，负责审核分行对外签署的所有文件、文本和协议，经营管理人员和监督人员各司其职，职责清晰，有效地防范了风险。

在中意合作方面，西雅那银行和我国的银行及企业有着长达近百年的良好合作关系，2005 年其广州分行筹备工作的启动是该行在华继上海、北京两个城市以外的又一目标市场，这说明西雅那银行对中国市场发展前景看好。西雅那银行在过去与我国的合作中，在向我国市场提供意大利政府出口信贷、商业贷款、贸易融资及国际结算等方面，西雅那银

比萨留影

行与工商银行、农业银行、中国银行、建设银行及我国很多的中小商业银行都有着良好的合作关系及众多领域的业务往来，使其成为中意两国金融、经贸和经济合作的桥梁。

巴西之行考察机构设立

2006 年 8 月，奉总行之命，我陪同顾京圃总监前往南美国家巴西调研建设银行成立经营性机构的可能性，我一直觉得在南美国家建立机构是建设银行拓展海外机构的一种前瞻性考虑。

我们考察团一行 5 人，先后到圣保罗、巴西利亚、圣路易斯、亚马逊河、萨尔瓦多、里约热内卢等地，实地考察了巴西的金融业、航空工业、矿产业和农业经济。

当飞机降落在圣保罗机场时，非常熟悉的巴西国旗展现在我的眼前，我们中国人熟悉这面旗帜，更多的是从世界杯球场上，巴西队是我最喜欢的球队之一。巴西国旗具有明显的象征，旗底面为绿色，中间是一个黄色

菱形，绿色象征巴西国广阔的丛林，黄色则代表巴西丰富的矿藏和资源。中间天球仪上的拱形白带将球面分为上下两个部分，下半部象征南半球星空，其上大小不同的白色五角星代表着巴西的 26 个州和一个联邦区。白带上用葡萄牙文写着"秩序和进步"。

巴西幅员辽阔，851 万平方公里的领土使其成为拉美国家中面积最大的国家。巴西东濒大西洋，海岸线长 7 400 多公里，领海宽度 12 海里。巴西国土 80% 位于热带地区，最南端属亚热带气候，北部世界第一长河两岸的亚马逊平原属赤道气候，年平均气温 27～29℃，中部高原属热带草原气候，分旱、雨季。

建设银行拟设机构的主要考虑是：第一，2005 年巴西国内生产总值为 2.1 万亿巴西雷亚尔（1 美元约合 1.7 雷亚尔），比上一年增长 5% 左右。第二，巴西是拉美第一大经济体，是美洲自由贸易组织成员国，它的政治和经济影响力在该地区处于最重要的位置。第三，巴西有较为完整的工业体系，工业产值居拉美国家之首。钢铁、汽车、造船等行业在世界享有盛誉，核电、通讯、电子、飞机制造等领域的技术水平已跨入世界先进国家行列，巴西成为世界第六大产钢国，钢材年出口量达 1 000 多万吨。第四，巴西其他矿产资源也很丰富，主要有铁、铀、铝矾土、锰、石油、天然气和煤等。其中已探明的铁矿砂储量为 250 亿吨，铁矿砂储量、产量和出口量均居世界第一位。铀矿、铝矾土和锰矿储量均居世界第三位。在未来的稀土开发中，中资公司有机会来巴西进行合作。第五，巴西石油储量丰富，截至 2005 年底，巴西已探明的石油储量达到 120 亿桶，从而使该国石油储量在南美地区仅次于委内瑞拉，排名第二。第六，巴西还是世界十大旅游国之一，旅游业早已

与巴西小朋友合影留念

成为巴西的主要创汇来源产业，来巴西旅游的中国人逐年增加。第七，中国与巴西有着百年交往史，在里约热内卢蒂茹卡国家公园的"中国亭"就是中巴交往的见证。

追溯历史，中国人最早在 1812 年就来到此地，大多数人是中国茶商。1974 年 8 月 15 日，中国与巴西建立外交关系。建交以来，中巴在政治、经贸、科技、文化等领域的友好合作关系得到全面发展。1993 年，中巴两国建立了战略伙伴关系，从此，两国合作不断深化。1999 年中巴联合研制的第一颗地球资源卫星发射成功，2004 年 7 月，中巴合作生产的支线飞机首次进入我国国内航空市场。截至 2005 年第三季度，巴西是中国在拉美最大的贸易伙伴，中国是巴西的第二大进口来源国和第二大出口市场。2005 年，中巴两国双边贸易额达到 233 亿美元。

巴西的农牧业也很发达，全国可耕地面积约 4 亿公顷，被誉为"二十一世纪的世界粮仓"。巴西还是世界蔗糖、咖啡、柑橘、玉米、鸡肉、牛肉、烟草、大豆的主要产地。巴西的甘蔗和柑橘的产量居世界之首，大豆产量居世界第二，玉米产量居世界第三。巴西是仅次于美国和德国的世界第三大糖果生产国，各类糖果产值每年达 800 亿雷亚尔，每年出口糖果 5 万吨左右。糖果业年产值为 5 亿美元。

建设银行考虑在巴西设立分行的地点是巴西第一大城市圣保罗。当我们考察小组从一家银行拜访出来后，就看到市区的"保利斯大街"上高耸众多的各类金融机构大厦。难怪来巴西之前，在外交部工作的同学对我说："圣保罗是巴西的金融、商业和制造业中心。"调查后证明之前考虑在巴西建立机构是对目标市场的正确选择。

在巴西利亚，听我在韩国延世大学的同学、现在巴西央行工作的雷萨斯介绍，建立公平制度征税和放款是未来 5 年巴西银行金融业竞争的关键。

根据一份来自国际清算银行（BIS）的报告，阿根廷出现的金融危机，也波及到了巴西，期间国家外汇损失高达 260 多亿美元。但在巴西却没有一家大型企业破产，也没有一家大型银行出现财务恶化，这说明了巴西经济结构与其他拉美国家的区别，更与巴西提前对金融体系做出的强有力改革举措有关。

1999 年至 2003 年，巴西的金融体系在阿米尼奥·弗拉加担任央行行长期间，对银行体系进行了大刀阔斧的改革并获得成功。目前，巴西的银行结算制度实现了无缝、无时间差的运作，央行随时都可对商业银行的现金流状况进行监测，从而使巴西央行能够掌握各家银行的实际经营状况。这种有效的监管，比韩国的金融监管要有效得多。

巴西拥有一套混合的零售金融制度，由于制度透明，国有银行与民营银行在一个平台上竞争。在巴西，银行间竞争场面在街头巷尾随处可见，只要有一家银行出现，另一家银行的网点肯定就在其附近。

巴西的中央银行于1965年4月成立，原名巴西共和国中央银行，1976年后用现在"中央银行"的名称，它受国家货币委员会直接领导，总部设在首都巴西利亚。巴西对金融体系的管理较为严格，所采取的手段与其他发达资本主义国家相似。其主要业务包括货币发行、提供窗口拆借、经营外汇，负责国家外汇管理，保管国家黄金和外汇储备，管理外资银行，监管全国的商业银行和其他金融机构的活动，实施国家货币委员会制定的各项政策等。与韩国银行业监管体制相比较，巴西央行把韩国的三家监管机构职能都放在了央行管理，使央行的权力和责任过于大了些。

当然，在巴西考察期间，我们考察团还参观了巴西的人类文化遗产，领略了巴西的风土人情，品尝了美味的巴西烤肉。出于好奇，我在烤肉师傅制作烤肉时，站在他旁边看了一会儿。我发现巴西烤肉与韩国烤肉完全不同，巴西烤肉主要有烤牛肉、鸡腿、香肠甚至菠萝也烤，方法是将原材料分别穿在一个长约一米带凹槽的扁平铁棍上，放在碳火上慢慢烧烤，期间要刷几次油，烤至两面金黄时，肉香扑鼻。而韩国烤肉则是在一个平锅似的器皿上或铁丝网上进行烧烤，沾调料后再包上生菜及大蒜一并送入口中，真是大千世界，虾有虾路、蟹有蟹招儿。

但最值得看的是巴西足球。当地银行界的一位好友，

在里约热内卢与巴西足球队队员合影（右一为作者）

在里约热内卢为我们安排观看了一场足球比赛，我在巴西实地体验了足球的魅力。足球运动是巴西民众的共同爱好，在世界杯取得的辉煌战绩是整个民族的骄傲。巴西职业球队众多，可谓世界之冠。据统计，在巴西正式登记注册的足球俱乐部已有两万个以上，从事足球运动的人数逾百万。难怪巴西足球队里奇才层出不穷，贝利、济科、罗纳尔多、里瓦尔多、罗马里奥等一大批世界级足球巨星都产自巴西。

奔赴浪漫之都巴塞罗那

2008 年 8 月，应欧洲现金管理年会主席卡诺琳女士的邀请，我来到西班牙代表建设银行参加巴塞罗那现金管理年会。总行批准我及考察小组参加巴塞罗那现金管理年会，目的是提升建设银行的综合金融服务水平，带队的是总行资金结算部的蒋曙明总经理助理。

随着集团公司总部对资金管理的需求，集团公司企业资金集中控制和统一管理集团内的现金收付和支出是个发展趋势，全球商业银行对这项业务的开展普遍给予高度重视，其竞争场面正在以如火如荼般的态势在全世界盛行起来。这对于我国商业银行的业务转型，提升银行的全面金融功能与服务能力来说，尤为重要。

巴塞罗那位于西班牙伊比利亚半岛东北部，面临地中海，与法国接壤，是我到过的又一个半岛国家的城市。

在驱车赶往会场的那天，我看到了市内罗马城

在巴塞罗那火车站候车

墙遗址、中世纪的古老宫殿和房屋与现代化建筑交相辉映的街景，铺砌着石块的古老路面及建于 14 世纪的哥特式天主教大教堂。

在返回酒店的途中，司机为了让我们多了解一下巴塞罗那市容，选择

了另一条路回酒店。当车子行驶在奥林匹克大道上时，透过车窗一眼望去，我看到窗外金色的沙滩大道将蔚蓝的海水与岸上墨绿色的橄榄树和松林连成一片，在夕阳的余辉里，令人恍若置身于仙境。

欧洲现金管理年会通常每年举办一次，先后在佛罗伦萨、上海、哥本哈根等城市举办过，我参加的这次年会是在西班牙的巴塞罗那举办。每一届年会都规模庞大，来参加年会的人主要是世界 500 强集团企业的财务高管以及全球商业银行的高级管理人员。

对于企业来讲，"现金管理"是集团公司企业通过对不同环节各种资产形成的资金流转及变化，为了加强对财务信息的有效管理，保证及时地向各子公司输送资源，保障各个经营实体的正常运转而开展的一种现代企业财务管理模式或手段。这样做的好处如同保证人体中的血液不断地为各个器官输送营养和氧气一样，达到协调运转的目的。一句话，在企业财务管理上，现金管理可以使企业的"三高"变"三低"，即将"高存款、高贷款、高风险"变为"低存款、低贷款和低风险"。

对于银行来说，现金管理是现代商业银行对企业资金管理需求而提供的一种数字化和网络化的专业金融服务，是帮助企业实现对现金流入、现金流出、现金留存等企业生产运营环节进行有效、科学管理的一种技术服务方式和新型的服务手段，产品服务内容包括"账户管理，收、付款管理，流动性管理，投融资管理和风险管理"等，服务渠道既包括传统的柜面服务，也包括网上银行等现代化的电子服务渠道。目前，这项业务的竞争十分激烈。

工作之余，我来到毕加索博物馆、高迪的家乡参观，两个博物馆场景的建筑如同图画一样逐幅展现，栩栩如生。在与当地人的交谈中，我发现，很多出租车司机和酒店工作人员都像是美洲人，或许是由于经济的复苏招来了大批的南美移民，他们操着西班牙语再次回到这里谋生，好似历史又回到西班牙那曾经繁荣昌盛时期"海上列强"的年代。

巴塞罗那曾经承办过 1888 年和 1929 年两届世界博览会，促进了这个城市的经济建设。1992 年成功地在这里举办了第 25 届奥运会后，使巴塞罗那市名扬四海，让全世界更多的人了解了巴塞罗那。从城市建设来看，那届奥运会对巴塞罗那和西班牙发展的推动作用不可估量。

闲游开普敦看连云

2006年圣诞节，我去南非休假。过去几年我在筹备汉城分行的岁月里，繁忙的工作使我一直没有机会享受年休假。

之所以来南非，是因为当年外交学院的同学张连云在德班总领馆任职，担任总领事。我们已经有十多年没有见面了，很是想念。记得自学校毕业后我们彼此间的第一次见面是在20世纪90年代初，那次是为他去印度尼西亚使馆当政务参赞送行。

一路上我的心情格外放松，终于实现了儿时就渴望能去一次世界陆地的最南端——"好望角"看一看的梦想。

到那里的第一天是我国农历入冬的日子，当祖国已进入寒冷的冬季时，南非的气候却非常宜人。

汽车在蜿蜒的公路上奔驰，路旁风景如画的美丽景色总是不断地从我的眼前闪过。公路的两侧布满了绵延不断的石灰岩层，道路下面坚固的基石全都是用花岗岩铺设，美丽而且坚固。还有1780年法国人建筑的防范英军的工事，碉堡及军营残址，这些奇特的建筑与美丽的自然景色相结合，构成了一道独特的风景线。

第二天，在我们驱车前往"好望角"的路上，随处可见狒狒和鸵鸟在公路的两旁走过，没人打搅的生活，使它们显得很自在。当我想给这些动物分享一些食物时，朋友告诉我，千万不要投食物喂狒狒，否则它们会喧宾夺主，钻进你的车内，直接拿取你的食物，然后，它们会毫无顾忌地打开你的矿泉水瓶饮用。

经过两个多小时的行程，我们终于来到了"好望角"。当登上"好望角"山坡时，远望可以看到风景秀丽的小镇"豪特湾"。据说，历史上第一个有关它的记载是在1607年，当英国的帆船"认可"号驶入"豪特湾"时，船上的大副约翰·查普曼将这个海湾命名为"Chapman's Chance"。在以后的年代里，荷兰人约翰·范瑞比克于1652年又登陆开普敦，在他的日记里，记载了这里有世界上最美丽的森林等语句。从此以后，范瑞将它重新命名为"豪特湾"，并且一直沿用至今，据说，"豪特"在荷兰语中意思为"木材",故得此名。

在"好望角"的山坡上,可俯瞰到这座美丽繁华都市的全景,眺望巍巍群山和南非异常宽广的土地,还可纵观印度洋和大西洋的交汇处,真可谓是"水天一色,烟波浩渺"。那一刻,我完全忘记了平日工作的劳累。当时,可能是触景生情的缘故吧,我试图探索着一种人类不断地遵循着的自然法则——生存与发展,几百年来在这片异常的土地上欧洲人和土著人相互斗争的场面又仿佛出现在我

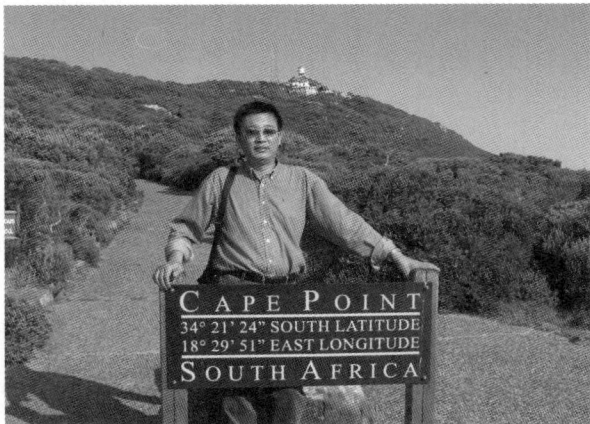

好望角留影

的眼前,因为最早登上这块陆地的欧洲人就是从"好望角"上岸的,因此可以说,开普敦这座世界名城是南非共和国的发源地,是今日南非的"母亲城"。

出于职业习惯的缘故,当即将离开开普敦时,我的脑海里一直想着一个与投资有关的问题。南非共和国——除了它那美丽的自然景色,以及丰富的矿产资源的开发与利用外,随着2010年在那里举办的世界杯比赛,定会提升包括开普敦在内的南非各个城市在全球的知名度。

南非在过去十几年的发展中已经证明,自1994年5月实行民主政权后,政治经济都得到很大的均衡发展。它已经成为非洲经济最具活力的国家,而开普敦——这座直线距离我们13 000公里之遥的美丽城市,其地理位置独特、海运便利、商机无限是南非最具吸引力的城市。

六、 友谊长存

导读：调回总行工作后，偶然的机会又让我见到了当初在韩国一起工作过的同事，久别重逢，格外高兴。大家相隔一段时间后再叙旧情，有很多话三天三夜也说不完。第一个从韩国来北京看望我的是建设银行汉城分行资金部主管安部长（Ahn byung man）。另外，在总行派我去澳大利亚出差时，在悉尼我见到了汉城分行贸易融资部的副主管朴智妏，这个世界真是太小了。

望京与"海棠花"

望京是北京机场路上一个新的、现代化社区，建筑规模很像韩国的"一山"卫星城。回国后，我发现那里居住着约5万韩国人。这里的公寓、商店等全都带有朝鲜半岛的文化。在这个社区，还有一些朝鲜人办的餐厅，"海棠花"就是这类餐馆中的一个，除了朝鲜半岛传统饮食外，那里还有浓厚的半岛文化。

2004年11月，建设银行汉城分行资金部的安部长（Ahn byung man）来北京出差，他来总行看我，我带他到"海棠花"餐厅吃"韩"餐，因为我知道韩国人通常是不能三顿饭都吃西餐或中餐的，必有一餐是韩餐，每天他们都需要闻到大酱汤那浓郁的味道。

与安部长在建设银行总行门口合影（右一为作者）

韩国岁月话金融
—— 一位银行人士的海外工作随想录

　　望京"海棠花"是一家典型的朝鲜半岛特色餐馆，五花肉、牛里脊、烤鱿鱼等应有尽有，但它不是韩国人经营的餐厅，而是朝鲜人经营的餐馆。这里提供的酒没有韩国的真露牌清酒、百岁酒等，而是具有平壤特色的金刚山酒。

　　餐厅内的装饰是典雅的朝鲜半岛式装修风格，传统半岛菜加上独创的多种特色菜品，为宾客提供着尽善尽美的优质服务，每一位顾客都可以在舒适、优雅的环境中尽情品味用餐的乐趣。我们在那里饱吃了传统饭菜后，有一些感受。

　　这个餐厅的服务员清一色地来自朝鲜，说话虽有点愣，但待人很热情。

　　这里的菜还不错，尤其是把生鱼片用海苔片裹了吃，与韩国的餐厅比较是个创新。

　　在那里，还有卡拉 OK 节目，大多是革命歌曲。中国革命歌曲也有，比如她们最拿手的曲目就是手风琴伴奏的"中国人民志愿军"军歌，可能她们知道多数中国

与朝鲜餐厅服务员合影

人都深知那首歌曲吧。当然，也有现代最流行的歌曲，比如青藏高原、黄土高坡等曲目。估计她们用这种方式，招引回头客。

　　餐厅里每位服务员长得都很漂亮，很清纯，很可爱，能说不很流利的中国话。她们能歌善舞，估计是从"希望党员"中挑选出来的，其化妆凸显了自然美，与韩国"美女"完全两样。

　　但那里的酒水昂贵的让人吃惊，一瓶金刚山牌酒要价达到 1 500 元人民币。

　　在北京，朝鲜人和韩国人一样开餐馆、办歌厅，以此来宣传半岛文化，朝鲜海棠花里的文化与韩国餐厅的文化相比较，朝鲜的半岛文化更传统些。

　　不仅北京的"海棠花"饭店代表了朝鲜半岛北部的文化与传统，在长春、沈阳、上海、济南、青岛、大连等地都有朝鲜人开的饭店。

　　我回到总行工作后，每次去上海住的上海通茂大酒店一层就有这样一

个风格的朝鲜饭店，该饭店位于浦东新区松林路 357 号，在陆家嘴金融贸易区。近几年，我每年至少要去上海出差十几次，每当我去上海出差，我不仅要到该饭店品尝半岛食品，而更多的是请上海朋友在那里一起欣赏朝鲜文化，Pan Ga Si Mu Ni Da（见到你很高兴）的歌声总是把我的思绪带回了平壤和金刚山旅游区。

当然，中韩建交后，随着朝鲜半岛南部电视剧的引进，我国百姓对韩国也有了更多的了解。今天当你问到我国的中年妇女时，他们脑子里对朝鲜半岛南部文化的了解更多的是来自电视剧《澡堂老板家的女儿》、《大长今》等影片，而现代中国青年人似乎对韩国的美容业和化妆品、激昂的现代舞等更为熟悉，比如，在北京西单金库的 KTV 里，点击率最高的迪斯科几乎全都是韩国"迪"曲。而我国的小学生们则更喜欢用韩国生产的文具，这种文具造型新颖，尤其是不干胶贴画。人们不但能够在北京的王府井、西单、阜成门，上海的淮海路、四平路见到韩国文具小商品店，在浙江的永康、山西的平遥也都能见到这类韩国文具店，这些充分说明中韩经贸往来的特点。

如今，随着中韩双边经济往来的不断深入，越来越多的韩国人愿意来中国工作，上海的虹桥区、北京的望京区是韩国人活动最聚集的地方，以萨拉伯尔为代表的韩国餐馆几乎遍及我国的各个城市，不仅仅在东北三省的城市，而且从北京到上海，从成都到太原你都可以找到这类韩国餐馆。

悉尼巧遇朴智奴

2006 年 4 月，我去澳大利亚悉尼出差，巧遇我在汉城分行工作时的部下小朴。在中国建设银行汉城分行工作时，我分管信贷部和贸易融资部的工作。

小朴全名叫朴智奴，性格非常直爽。来澳大利亚前，在建设银行汉城分行贸易融资部担任副主管，业务精通、英语好。

这次见面，除了询问各自的状况外，还回顾了我们在一起工作时的愉快时光。

小朴虽是韩国人，但她是在西方接受的大学本科教育，思维很国际化。

谈话中，我问她来澳大利亚工作的感受？她告诉我说，"在一个陌生的国家管理企业，外来人靠什么呀？就是要以人为本（people first），因为西方国家是一个较民主的社会。领导者在管理上更人性些、要讲仁义，不可以乱用权力，否则，会给企业及个人带来诸多问题。"

谈话中，她也问了我一个问题，她问我如果遇到自负的上级怎么办？

我随手送给小朴一本《弟子规》，让她了解一下王昭远说大话的故事。王昭远曾是五代时期后蜀的领兵人物，他吹嘘说"只要我手握铁如意，坐着就可指挥军队，一统天下"。然而，战争中，王昭远却

2006 年在澳大利亚与小朴合影

成了对方的俘虏，他的"一统天下"的大话成为后人的笑柄。《弟子规》告诉人们，企业经营和打仗一样，做人需要谦虚，不能狂妄。在东方国家，德行、言行、处事、文学与修养是民族的美德，无论走到哪里，东方人都不应该忘记老祖宗的教导。以德服人、宽厚仁义是管理者凝聚人心的关键因素。

和好友 Connie 谈瑞信的投资管理文化

我有一位同学好友 Connie，我们很谈得来。她是美国人，本科毕业于马里兰大学韩国分校会计专业，因为当时她在韩国服兵役。

从延世大学研究生院毕业后，她去欧洲工作，由于业务关系，每年来汉城出差数次。因此，我们有机会常在一起讨论银行的负债管理。通过与她的交流，我对这家银行的资产投资管理文化产生了浓厚的兴趣。当时，她已是瑞士信贷银行（Credit Suisse）投行部基金管理处的一名高级经理，

负责亚洲市场业务的拓展。

瑞士信贷银行是瑞士信贷集团的投行部，集团公司成立于 1856 年，是一个老牌的欧洲金融控股集团。后来，逐渐从一个主要以瑞士基础设施和工业建设与扩建提供融资的开发银行发展成为一个在全球 60 多个国家有经营业务的国际金融机构，很类似于建设银行的发展历程。

1998 年作者与同学 Connie
在韩国美军基地合影（左一为作者）

她告诉我说，瑞士信贷集团由四个银行部、一个保险部组成，集团是世界上最大的金融集团之一，资产总值达到 4 200 亿美元。当时按全球收入计算，瑞士信贷集团居世界第二位；按资本基础计算，瑞士信贷集团居世界第 16 位。集团的投资银行部 CSFB 是全球最大的五家投资银行之一；其在全球的影响力与摩根士丹利、高盛集团不分上下。

据统计，2011 年瑞信的私人银行部资产总值为 2 800 亿美元，居世界第二位。其下属的丰泰保险公司是欧洲第五大保险公司。整个瑞信集团雇员超过 60 000 人，其中 60% 在瑞士本土，其余则分布在世界各地。1997年亚洲金融危机爆发后，这家银行不但没有放弃亚洲市场，反而还加大了对亚洲新兴市场国家的投入，其服务于亚洲市场的人，主要聘用在亚洲国家高校毕业的且有一定工作年限、熟悉当地文化和市场的人员。

瑞信投资管理可细分为固定收益类投资管理（Fixed Income Investment Management）、权益类资产投资管理（Equity Investment Capabilities）、投资研究与管理理念（Investment Outlook，Investment Philosophy & Process）、综合金融解决方案（Institutional Multi – Asset Class Solution）及新兴市场投资管理（Investment in Emerging Markets and Global Investment Process）。

通过 Connie 的介绍，我感觉到瑞信在投资收益方面之所以获得成功，主要取决于以下手段：一是持续地对投资研究的投入。二是有效的全球组织管理架构，在这样的组织架构下，强调了投资管理的能力。比如，在固定收益类资产管理方面，按照币种进行资产分类管理，对全球所有交易对手实时进行评级调整。三是始终强调对通货膨胀的预期管理。四是对新兴国家市场机会的准确把握。

在固定收益类产品管理方面，瑞信非常注重流动性管理。

在基金投资、大宗商品、对冲基金、地产投资、PE、机构投资者等管理方面，瑞信有专业的服务团队，由他们负责对全球市场进行前瞻性的研究。

在权益类资产投资管理方面，瑞信非常重视产品选择和流程监控管理，而且，对在 KPI 考核方面的要求更贴近市场，奖惩远远高于固定收益类金融产品的投资管理绩效考核标准，这是瑞信能够长期保持投资高回报的基础。

七、 读书有感

导读：在每次出国或出差途中，我经常会带本书阅读或者到当地书店看书、买书，并利用空闲时间做好读书笔记，不知不觉这已经成为一种习惯了。在韩国工作的 9 个年头里，我是汉城两家最大的书店会员，这两家书店分别是"教保书店（Kyobo Books）"和"洋普书店（Young Poong Books）"。通过读书，使我受益匪浅。

读 《杰克·里维奇的管理艺术》
（日记片段，2003 年 1 月 26 日，星期日）

早上起床后发现窗外被大雪覆盖。穿衣向外望去，公寓外仍飘着雪花，可能是昨天半夜开始下的这场雪，从窗子向外望去，地上已经被盖上了一层白色的雪。由于我没有出去，不知道雪有多深。但看看树上，积雪压弯了玉兰树的树枝，估计外面的雪一定很厚。我在家里读了英文版《杰克·里维奇的管理艺术》一书，将感受写入了当天的日记。

杰克·里维奇 1962 年毕业于美国科罗拉多矿业学校，1968 年取得哈佛大学 MBA 学位，在 1987 年加入雷曼公司①前，曾做过航空航天行业的证券分析员、企业的 CFO 和 Paine Webber 资本公司的经理。他的夫人说"杰克·里维奇工作寻求进取，平时总是有一种激情，勇于创新，善于奉献。"

杰克·里维奇到雷曼公司上任，做的第一件事情就是强调要改变职员的工作作风。实际上，在他正式上任前的 1987 年 1 月的一个早餐会上，他就向公司领导班子介绍了自己的"7S"经营理念，也就是麦肯锡公司的 7－S 管理模式，即：为了使工作更有实效，企业必须从以下几个方面改进公司经营理念，这些方面包括战略（strategy）、组织结构（structure）、系统（system）、员工（staff）、技能（skills）、

---

① 雷曼公司虽在 2008 年金融危机中破产，原因是多方面的，但杰克·里维奇在管理上的创新还是被认可的，他为雷曼建立了学习型企业文化机制。

作风（style）和共同的价值观（shared values）等。里维奇告诉大家，只有做到这些，银行业务才能有所发展。

在改进形式上，里维奇建立了碰头会制度，要求职员在做介绍前，先以书面形式将报告发到与会人员手中。一名雷曼的职员在回忆里维奇的工作方法时说，"他改变了以前的例行公事式制度，这样一来参加会议的人员从被动到主动，每次参加完会议都感到有所收获。"雷曼公司总裁这样评价里维奇和他领导下的团队，"他们非常专业、头脑清醒、积极进取、作风务实，他们知道自己该做什么，他们的工作业绩非常出色"。

里维奇要求每位分析员每月至少要与 125 家客户主动保持业务联系，这些公司包括基金公司、航空公司等，他以这样的方式积极开展市场营销。在进行绩效评估时，里维奇改变了过去单向式的方法，他认为，单向式的方法会造成职员不注重工作实效，而注重与领导的关系。在具体交流时，里维奇首先要求职员谈出自己的意见或想法及建议，允许员工讲出自己的期望值，然后他直接参加讨论，制定出高标准且可操作的工作目标。每次讨论，里维奇都认真做笔记，按季度进行总结。在他头脑中，他知道每一位员工的工作进度，知道在每个阶段需要帮助员工解决什么问题。

在招聘新职员时，里维奇不仅考虑了应聘人的学历、能力和经验，更关心面试人和被面试人的品德，他总是设法去了解被面试人在面谈中由于紧张没有机会表现出来的"长处"，这种"长处"就是职员对企业的忠诚度。他欣赏做事光明磊落，要求工作团队人与人之间要搞好团结合作，反对树敌，强调团队精神。里维奇在工作中给每一位员工平等的表现机会，检查工作时以结果为依据。

里维奇还非常重视对下属的培训，他总是主动为下属寻找培训、提高技能的机会。曾担任过他秘书而今已经成为一名出色的分析师的 Taylor 是这样评价里维奇的，"我在给里维奇当秘书时，他总是让我先读商业计划书，还让我与律师及一些公司的经理直接交谈业务，他鼓励我参加继续教育学院的学习，在他的关心下，几年后我就从一名秘书成长为一名注册的投资银行分析师。在我的记忆中，他对每一个分析师提交的研究报告都认真阅读，并提出自己的看法。"

里维奇有着清晰的思路和管理理念，在研究部，他要求分析师必须深入了解所负责的行业变化，而并非只停留在表面上。在刚到研究部上任初期，他精心策划、制订了一项历时 13 周的培训计划，全部分析师都要求分阶段地参加培训。在当时，这种培训与其他公司的培训不同，比如说，它不是简单地帮助负责半导体行业的职员分析 Pentium 与 386 主机的区别，而是向职员介绍同行的先进管理经验，他还利用办学习班的机会，向大家介绍同业竞争对手第一波士顿银行和高盛公司的先进管理经验等，取长补短。

在里维奇任职期间，他还为雷曼创造了学习型的企业文化，定期要求在工作中做出成绩的职员向大家介绍经验，请工作有过失误的员工分析讲解产生问题的原因。通过学习，达到信息交流、经验共享的目的。此外，每周他还用三个小时的时间组织一次职员交流会，参加者有刚刚获得 MBA 学位走上工作岗位的新员工，也有已经从业近 30 年而且年龄超过 50 岁的有着丰富经验的老职工。通过这种方法，做到相互沟通信息、增进彼此了解和学习交流各种新的技能。

里维奇在管理上为雷曼公司建立了特有的机制和程序（systems and processes），即：绩效评估体系（performance evaluation）、职员培训计划（training）、创建了独特的企业文化（corporate culture），并通过人性化管理，使雷曼公司在 1988～1989 年各项业务中取得飞速进展。1988 年，里维奇领导下的雷曼公司产品研发部在全美金融机构排名中从第 15 的位置跃升为第 7 位，1989 年升到第 4 位，1990 年排到了第 1 的位置。

作为一家全球性的投资银行，雷曼兄弟公司已经是一个全球金融领域的创新者，也是国际投资银行界进入中国的先驱。据世界银行所发表的报告，在股本和固定收益的销售、交易与研究、投资银行业务、私人资本、资产管理和私人客户服务等领域中，雷曼均保持着领先地位。如今，雷曼公司涉及的项目包括电信、高科技、基础工业与房地产等众多行业。

杰克·里维奇在管理上为雷曼公司留下了宝贵的财富，他为雷曼作出的贡献已经被哈佛大学列入工商管理专业研究生课程案例。■

读 《赖斯传》 后与女儿交流
（日记片段，2003 年 3 月 8 日，星期六）

女儿莹莹来韩国读高中已经是第二个学期了，在"三八节"的这一天，我和以往的周末一样，带女儿到汉城的书店购书。在购买的图书中，有一本 Antonia Felix 出版的图书，书名是《Condi, the Condoleezza Rice Story》，我把它叫《赖斯传》。回到麻浦洞的家，我一口气将它读完，半夜起来和女儿交流体会。

女儿所在的学校是一所国际学校，坐落在汉城江北的延喜洞，毗邻是亚洲著名

韩国岁月话金融
—— 一位银行人士的海外工作随想录

的延世大学。在这所学校，我亲眼看到了新一代女性的特点，她们活泼可爱，品学兼优。汉城有两所国际学校，一所在江北，另一所在江南。延喜洞的汉城外国人学校不仅在韩国非常有名，在美国、加拿大也很有名气，北美大学很认可这所学校的成绩（GPA），这里的毕业生通过 SAT 等考试后，可以直接进入美国和加拿大的知名高校读本科。

女儿考上的这所学校已有 90 多年的历史，是美国传教士创办的，在亚洲和全球都排得上名次，很多毕业生都考上了哈佛、斯坦福、马里兰、麦吉尔和麦克马斯特等大学，是北美常青藤和一类高校的摇篮。

在她的同学中，大部分学生是外国驻韩使馆外交官的子女、外国商业机构的子女和韩国在美国和加拿大等地的侨胞，教学全部使用英语。母语国家的英文自然不用说，那些侨胞的英文讲的也和美国人一样。

与我们国家的学校比较，该校体制完全不一样，班级按照 1 年级到 12 年级设置，1 年级相当于国内的小学 1 年级，12 年级则相当于国内的高中 3 年级。

这所学校的教学与国内的学校不一样。按照美国人的教学方式，鼓励学生德智体全面发展，重视个人在学习中的创造能力，女儿不仅在这所学校的成绩排全年级前三名，胆小的她还学会了跳台跳水。

我们先后读完《赖斯传》后，对赖斯的成长和工作作风留下了深刻印象，女儿觉得对今后发展会有所启发，树立信心。

赖斯 10 岁那年，父母第一次带她去华盛顿旅游，她站在白宫前面的草坪上长时间地注视着这座别致的建筑物。当职业为教师的父亲问她"你在想什么"时，小赖斯的回答出乎父亲的所料，当时赖斯对父亲说"爸爸，我知道我之所以不能靠近这座建筑物是因为我的肤色，但总有一天，我会到它里面去工作。"正是这种雄心壮志，25 年后，她终于如愿以偿，她被布什总统任命为美国国家安全顾问。

赖斯童年是在美国的阿拉巴马州伯明翰度过的，伯明翰是美国南方民权运动活跃的城市，在那里，男性在社会活动中的主导地位特别突出，或许就是在这样的文化背景下，使得赖斯从童年起就树立了她人生的奋斗目标。赖斯弃教从政前，已经成为斯坦福大学的教授，而教授一职，在以市场经济为导向的国家地位是相当高的。

赖斯毕业于美国丹佛大学国际关系学院（GSIS），专业是国际政治学，她是国际问题专家，对苏联问题及东欧国家政治经济有较深入的研究。后经科贝尔教授推荐，研究生从师于乔治·勃里克里名下，毕业后曾回到丹佛工作，也曾在斯坦福和加利福尼亚生活。她最早是在美国的 Carnegie 公司工作，该公司是一家从事教育和国际安全研究的组织。赖斯还在美国第六大寿险公司（Transamerica）工作过，担任董事十年。1995 年，赖斯加盟 J. P. 摩根金融控股公司，协助舒尔兹的工作，担任国际事务委员会顾问。在这之后，赖斯成为斯坦福大学的教授。再后来，成为美国国家安全顾问。

赖斯与奥尔布莱特的人生经历有相像之处，她们童年时期曾有相同的经历，两人在其成长时期都是美国主流社会以外的人种。奥尔布莱特出生在捷克的布拉格，童年时代经历了战火的考验，四位祖父母中有三人惨死在集中营。赖斯则出生于美国南方的黑人家庭，在美国这个长期以来以白色人种为主导地位的社会，赖斯童年时内心深处过早地承受了白色人种孩子们不可曾想象到的生活压力。但是，她通过个人努力，像奥尔布莱特一样终于成功了，她成为当时美国历史上少有的女性国务卿之一。

赖斯之所以能担任美国的重要职务，除了她与布什家族的密切关系外，良好的教育背景、务实的工作态度和卓越的外交才能是她走向成功的主要原因。

赖斯在担任国家安全顾问期间，每天工作 14 个小时，似乎不知疲倦，她是美国外交政策的专家。2001 年 "9·11" 事件后，她担任白宫反恐首席发言人，坚定的政治立场备受布什总统青睐。此外，在她担任国家安全顾问期间，低调的处世方式得到同事们的一致认同，使她成为当今美国在鲍威尔之后的又一位黑人外交家。

在分析赖斯成功的原因时，有人认为她是靠聪明才智才能进入美国高层社会的，有人则认为她是靠与布什家族关系进入白宫的。其实，两方面原因都有。赖斯本人在谈到自己的成功时显得比较客观，她对朋友讲，我能发展到今天，主要是"我对一切事物始终都持有乐观的态度，我并不是什么天才；要说聪明，那就是我每天都努力想知道我所不知道的事情。"

人们常说，机会是留给有准备的人的，而赖斯就是这种有准备的人，可以说她对人生的正确态度与追求才使她获得事业上的成功。用先人的话讲，就是"活到老、学到老"，人们对自己的出生不能选择，但对自己人生的追求和奋斗目标时刻都不能停止。

在私人关系上，赖斯与布什家族的关系是建立在共同的理想上的。1987 年在斯坦福大学的一次晚宴中，赖斯有幸认识了现任美国总统布什的父亲老布什，从此，赖斯靠其清晰的政治思想，与布什家族结为挚友。用现任布什总统母亲巴巴拉的话讲，"这个可爱的黑人女孩子是我丈夫和我的书友（BOOK GROUP）。

在老布什执政时，布什总统、巴巴拉、前任美国国务卿斯考克莱福特就和赖斯合作，共同起草了《世界大事件》一书。1997 年，赖斯为该书的编撰频繁出入老布什总统的官邸，最终完成了此书的全部工作，定名为《变换中的世界》，并在1998年获得出版发行。

我曾读过那本书，该书主要描写了1989年到1991年世界历史上所发生的大事件，详细分析了从柏林墙的倒塌到冷战结束后的苏联解体及海湾战争，分析并提出了美国外交政策的走向和美国外交必须要面对的新形势。

1999年，当小布什计划参加美国下届总统选举时，他的父亲将赖斯介绍给他。从此，赖斯成为现任美国总统布什的外交政策的家教和顾问，两人很快成为挚友。

小布什非常喜欢与赖斯交谈，他们在一起谈论中东问题、谈论东帝汶事件、谈论台海局势、谈论朝鲜半岛核扩散问题和俄罗斯问题等。

长期的接触使他们成为朋友和政治合作伙伴，赖斯时常都提醒布什，冷战结束后美国所面临的挑战是恐怖主义，"9·11"事件后，充分验证了赖斯的判断能力。赖斯的政治头脑非常清晰，观点时常体现在她的演讲和谈话中，不仅仅是布什家族对赖斯的知识和能力给予充分肯定，美国的一些显要政治人物，包括基辛格、斯考克莱福特、舒尔兹、鲍威尔等对赖斯也都给予了很高的评价。

在布什对外政策中，国家安全顾问起了主导作用，那就是赖斯的作用。赖斯是形成小布什外交政策的思想来源。

最初在1998年，小布什通过交谈，对赖斯有了深刻的印象，两人在一些问题上观点近似。1999年底，经过多次接触后，小布什最终选定赖斯为其竞选美国总统外交政策的高级参谋。两人在外交政策上的一致点就是"美国为了其安全，必须建立导弹防御系统。"

赖斯做事情习惯亲力亲为、日复一日、策略性解决问题的方式。她对下属要求很严格，她讨厌废话连篇的报告，除了"行动报告"外，要求"情报"和"会议纪要"控制在一到两页纸以内就足够了。

当然，在美国，赖斯也一直是位备受争议的人物，但布什总统对她的评价是"品质、信仰与智慧兼备之人才"，这就足够了。

我告诉女儿，女人当自强，赖斯是榜样。■

读《巴菲特》体会
（日记片段，2004年2月5日，元宵节）

早上，去汉城麻浦区的中餐馆吃了一碗元宵，就算是过节吧，在海外工作就是这样，远离家乡和亲人。之后，我去了教保书店，买了一本英文版的介绍《巴菲特》的书，回到驻地，我一口气将其读完，还写了读后感。

从巴菲特的成长经历看，我更理解了"穷人的孩子早当家"这句话。

沃伦·巴菲特于 1930 年出生在美国内布拉斯加州的奥马哈，1951 年从哥伦比亚大学毕业后回到奥马哈，在父亲的交易部巴菲特·福尔克公司做股票经纪人。如今，在美国，巴菲特的名字与比尔·盖茨、格林斯潘和韦尔奇同被列入事业上最成功的人士。但与上述三人不同的是，巴菲特是靠股票投资成为富翁的，是美国有史以来最伟大的投资家。在近期美国《福布斯》杂志公布的全球富豪排名中，巴菲特名列第二，仅次于比尔·盖茨，其倡导的价值投资理论及安全边际理念更是风靡世界。

巴菲特童年时家境并不富裕，因为 1929 年美国经济大萧条，使他的父亲霍华德的工作陷入困境，当时他家里的生活非常拮据，巴菲特的母亲常常克扣自己以便让丈夫和孩子吃得更饱些，直到巴菲特开始念书的时候，这种状况才渐渐好转。经历了艰辛岁月后，巴菲特从小便产生了一种执着追求的愿望，未来生活一定要变得富有。

不停地追求使巴菲特的财富迅速增长，在 1962 年，巴菲特与合伙人合开公司的资本就达到了 720 万美元。1968 年，巴菲特公司的股票取得了它历史上最好的成绩，增长了 59%，而同期道·琼斯指数才增长了 9%。在之后的几年里，巴菲特掌管的资金上升至 1.04 亿美元。1994 年底，巴菲特公司发展成为拥有 230 亿美元的投资金融集团。从 1965 年到 1994 年，巴菲特的股票平均每年增值 26.77%，高出道·琼斯指数近 17 个百分点。事后有很多人都说，如果谁在 30 年前选择了巴菲特，谁就坐上了发财的火箭。

巴菲特的投资策略及理论是：以价值投资为根基的增长投资策略，看重的是个股品质，即价值投资的精髓在于质好价低的个股内在价值在足够长的时间内总会体现在股价上，利用这种特性，使本金稳定地复制增长。其具体做法是：买入具有增长潜力、但股价偏低的股票，并长线持有，利用复式滚存的惊人威力，为自己制造财富。

巴菲特通过大胆放手，实现管理上的控制，他在资本管理上就是贯彻了这种理念。巴菲特的领导艺术体现在他对下属的激励，而且总是不断地引导下属贯彻他的经营战略和经营理念。

事实证明，没有哪个人事业成功是偶然的。巴菲特之所以事业成功，主要就是

韩国岁月话金融
—— 一位银行人士的海外工作随想录

靠其经营理念。"如果资金回报率很一般，那么靠增加投入来增加收益，绝对称不上是在管理方面了不起的成就和业绩。"巴菲特说过"你一个人坐在摇椅上操作，也可以取得相同的回报率。"他做事最关注的是使企业成为拥有和经营高回报的实体，他最关注将利润用于再投资机会的把握。

作为经理人和投资人，在成长过程中，巴菲特亲眼见证和经历了太多的，因为相信学术界所说的有效机制，而在资本分配上犯下的根本性错误。巴菲特认为，它们在理论上是正确的，但是在实践中却是极端错误的。在资本管理上，巴菲特采取见怪不怪和务实的态度面对生活和真实面貌。

有人说巴菲特是投资天才，其实用简单的"天才"描述一个投资成功人士是远远不够的。巴菲特懂得能力范围和虚幻能力范围的把握，知道如何把自己的资本管理圈定在重要和可知这两个条件之中；巴菲特的能力范围让他具备了客观性，赋予了他一种能以某种程度的精确来判断价格和价值是否相等的预测能力；巴菲特与他的股东之间建立了相互信任的纽带关系，使有效的资本管理成为他管理理论的重要组成部分。

有人曾问巴菲特为什么想赚那么多钱，他的回答是"这倒不是我想要很多钱，我觉得赚钱，并看着它慢慢增多是一件很有意思的事。"难道是兴趣驱动了事业的发展？其实并不完全如此，更重要的是巴菲特总能努力做到，在人性弱点暴露出来时，就试图重新调整自己的思想，撇清虚幻能力的心理，认清真正的能力所在。或许，这就是他成功的"秘密"武器。

巴菲特，你是当今的股神！■

读 《企业文化》 一书有感
（日记片段，2004 年 7 月 31 日，星期六）

今天是个周末，女儿回国过暑假去了。

上午我在位于韩国汉城麻浦的家洗了几天来存下的衣服，下午去汉城市钟路区中国银行汉城分行楼下的"洋普书店"闲逛，这家书店是汉城最大的两家书店之一，另一个大书店就是"教保书店"，两家书店都是我常去的地方。

在书店里，我无意中看到了一本书，书名是《企业文化》（*Corporate Culture*）。回到家里，我一口气将这本书读完，感受颇深。

一家海外分行能否经营得好？内部管理文化建设是非常重要的因素。管理人必

262

须要有"情商"才能在海外分行树立威信，因为你管理的团队融合了两种以上不同民族的文化。什么是"情"，情是一种凝聚，是情感的情；情是一种环境，是情景的情；情是一种沟通，是情况的情；情是一种博爱，是感情的情；情是一种快乐，是情趣的情……不管是在国外还是在国内工作，管理人的"情商"在企业文化建设中显得十分重要。

建设银行汉城分行从 1999 年开始调研，2000 年开始进入筹备到 2004 年 2 月 25 日对外正式开业，整整经历了 4 年多的时间。在这之前，建设银行的任何一家海外分行都没有这么艰难。真可谓："合抱之木，生于毫末；九层之台，起于累土"。为了珍惜这来之不易的成果，我考虑需要在分行建立一种健康的管理文化。

我们中国银行人在境外经营分行，与在国内当分行行长不同。国内分行行长是分行主要经营人，而海外分行的主要经营负责人叫总经理。总经理能否经营好海外分行，主要取决于管理文化，我们在韩国经营分行碰到的第一个问题就是"文化"问题。

大家都知道，海外分行经营是在一个与国内文化截然不同的环境下进行的。比如在德国、卢森堡经营分行，我们首先需要了解日耳曼民族的企业经营文化。通常，德国和英国监管部门对外资银行在其境内的分行或子公司都有很多的要求，其中一个要求就是分行高管层中必须雇用一位德国或英国的专业人士参与分行的日常管理。

在日本，外资银行也需要聘用一位日本人担当高管职务。

在韩国，虽然没有刚性要求，但多数在韩外资银行都聘请了一位韩国人担当副总经理。建设银行汉城分行也不例外。当时，建设银行汉城分行聘用的李承浩副总经理就是一位曾在一家法资银行汉城分行做了 20 多年副行长的韩国人。与这样的人沟通，你必须抱有谦虚好学的态度。

学习什么？海外分行"管理文化"指什么？我总结了一下，觉得应该包括"商业环境"、"人的价值观"、"个人能力与表现欲"、"待人接物礼仪礼节"以及"分行员工内部工作环境与文化建设"等。

"管理文化"和"商业环境"的实现目标与分析是指通过对分行的有效管理和稳健经营，促使各项业务指标的最终实现。

"人的价值观"是人对分行信任度的信念，这种信念要发自内心，培养员工做事的自信心，就是鼓励员工做事时，要朝着成功的方向尽到全力。分行要有行为方式准则和标准，用于指引价值观的培养。

应当承认，"个人能力与表现欲"是任何一个人身上都具有的天性，只不过表现方式不同而已，有的表现方式外露点或张扬些，也就是我们通常所说的"高调"，有的则含蓄一些，或也可以用"低调"来描述这种行为方式。

多数情况下，美国人外露一些，中国人则含蓄一些，韩国人则激进一些。

"待人接物礼仪礼节"每个民族有每个民族的传统习惯，西方人、东方人、阿拉伯人有很大的区别。至于"分行员工内部工作环境与文化建设"，我们需要告诉他们讲团结、讲正义，个人服从集体，但可保留意见，任何小团体行为都会破坏和谐，短期获得利益，长期则对己、对他人都是有害的。

对于内派员工的管理，分行领导者必须以身作则，做出表率。我们的老祖先说得好："凡事之本，必先治身"，领导者需要不断提高自身的修养和道德素质。

中国的商业银行管理人员在海外分行的日常管理工作中，需要做到让外国人了解我们的银行管理文化，但他们不能主导、误导我们。我们的海外分行高管人员绝不能听他们的忽悠，经营管理中必须要有自己的思路。当然，我们也需要学习外国人身上好的文化以及他们对当地市场管理多年积累的经验，并使其能为我所用。■

读 《文明的冲突》 有感

（日记片段，2004 年 8 月 1 日，星期日）

每次乘坐飞机途中，我总是带本书看，多年来已经成为一种习惯。今天，请假处理家事后返回汉城，途中再次翻阅了几年前买的一本书，书名是《文明的冲突》(*The Clash of Civilizations and the Rethinking of World Order*)。

1996 年 Samuel P. Huntington《文明的冲突》一书出版后，迎合了西方政治经济学领域一部分学者的看法，也招来穆斯林国家的反感。在 1998 年乔治·布什和布兰德·斯考克莱特的著作《转换中的世界格局》一书中，从国际安全理论谈到了欧洲一体化进程，围绕"沙漠风暴"谈到了中东面临的诸多问题。那么，怎样才能做到从多个角度看我们今天的这个世界？

要研究这个课题，范围实在是太广泛了。但研究范围最起码应该包括国际政治格局、军事发展与地区冲突的处理、世界金融体系、区域合作、民族文化影响及全球经济和科技发展趋势等。

我是做银行工作的职业经理人，仅从经济、金融角度看，世界经济的发展应该是正在朝着区域化、国际化、全球化和一体化方向发展。

当今，在任何一个国家发生的经济、金融危机，都不可能仅仅是这个国家本身的问题，而是一个世界性或区域性的问题。1997 年的亚洲金融危机，导火索先是从泰国点燃，很快蔓延到了韩国。在这场危机中，中国和美国也都参与到危机的解决之中。国际货币基金组织、世界银行以及亚行都介入其中。

区域化发展的明显标志就是战后后期各个地区区域经济组织和军事同盟的出现，比如美洲贸易自由化组织的出现、东盟组织、欧元一体化的发展、新的韩美军事同盟关系等。

什么叫经济国际化？经济国际化就是指世界各民族、国家、政府（当局）为促进相互间贸易的发展而认同的市场的统一与融合，各方资本、劳动力、产品等生产要素间的相互自由流动等，尤其是双边没有外交关系的且存在着的实体之间的上述要素的自然流动。

全球化是在国际化的基础上，随着分工的深入和市场的发展，经济体之间经济相互作用、相互依存程度的扩大。出现这一现象的原因主要是跨国公司（MNC）的发展起到了推动作用，难怪学术界提出个新名词"地球村（GV）"。

一体化指世界经济体之间的发展形成的你中有我、我中有你的"谁也离不开谁"的新局面，是世界经济更高的发展阶段，一体化认为世界经济已经融为一个整体。

对于上述分析，我在延世大学的交流中曾提出过不同的看法。我认为"一体化"不能单独拿出来进行论证，必须要结合世界大国或强国的对外政策发展来分析这个世界，经济合作的国际化只是一个具体领域出现的现象。各国实际利益或得到的好处，是一个政府制定其未来外交政策的依据，军事行动是服务于经济需求的一种强硬手段。货币一体化是成员国共同需求的一种发展现象，不能被说成是一种发展趋势。欧元的形成有其文化的因素，但亚元就不一定能够形成，因为亚洲国家发展历史与欧洲国家是完全不同的。■

读《终点就是起点》有感
（日记片段，2005 年 2 月 6 日，星期日）

今天是我回汉城收拾东西的第七天，朋友 Stanley、Houbin 和小冯都来汉城麻浦的家里帮助我打箱子，我和女儿的衣物打了九个箱子，书打了十一个箱子，就这样，估计还丢弃了几箱子书，实在是带不走了，真有些舍不得。

韩国岁月话金融
—— 一位银行人士的海外工作随想录

因为这次是真的要完成任务回国了，虽然白天累了一天，但晚上我还是难以入睡，毕竟在朝鲜半岛工作生活了整整九个年头，我随手拿起了出来时带在身上、计划在飞机上看的一本书，书名是《终点就是起点》，这是一本关于银行业经营演变过程的书籍。其实，人生也是一样，一个时段的终点，就是下一段航程的起点。

自 20 世纪初以来，银行经营模式反复发生着变化，从混业经营到分业经营，又从分业经营走回混业经营，这个行业一直在变化中成长；从银行的一系列并购，到服务手段的日新月异；从存贷款利率的不断调整，到融资渠道的多样性，银行业的一场场变革悄然发生。

多年来的发展，使得银行与其他行业之间的分工界限变得越来越模糊，全球的银行都在面临着挑战。这些挑战是什么？银行应该如何去应对种种挑战开创自己的未来？这些已经成为 21 世纪银行高层考虑如何领导未来银行企业的新课题。

"我的终点，就是我的起点"，英国诗人托马斯·艾略特用这句发人深省的诗句来描绘人生。而在全球经济一体化发展的大趋势下，当银行面临生存与发展的挑战时，这句话或许也正是对全球银行业发展描述的真实写照吧。

过去，美国商业银行的收入主要来自住房抵押贷款服务，而现在，一流的美国银行收入的一半以上来自"中间业务"收入。在韩国和我国，长期以来银行的收入主要来自利差收入，而现在，面对加入世贸组织后日益激烈的竞争环境，银行产品创新与收入多元化已经成为银行在业务发展中最为关心的问题。虽然，近 20 年来全球银行业发生了翻天覆地的变化，但有一个事实从未改变过，那就是客户对金融服务需要的基本属性，需求始终存在。

Henry Engler 和 James Essinger 合著的《银行业的未来》一书，通过路透社记者对汇丰控股董事会主席、国际清算银行总经理、英国金融服务管理局主席、美国联邦储备委员会副主席、纽约证券交易所主席等 26 位全球顶级金融机构高层领导的采访，多角度地讨论了未来银行业的发展方向与经营战略等问题。

自 20 世纪 30 年代以来，美国及全球的金融机构和金融市场不断地发生着剧烈的变化，使人们越来越感觉到银行业的一场革命就发生在我们身边。那么，当代银行业的变化是什么呢？法律方面已经发生的变化可以清楚地看到这种变化的特点，美国从 1933 年《格拉斯—斯蒂格尔法案》到 1999 年《金融服务现代化法案》的出台，基本上说明了半个多世纪银行业发生的演变。

20 世纪 80 年代，通过跨国并购实现银行规模扩张是国际银行业扩张的明显趋势之一。也正是随着国际贸易的扩大、国际资本加速流动和区域经济一体化的发展带动了商业银行在全球范围内网络的扩张。到了 20 世纪 90 年代中期，银行已由单纯的融资中介转向综合性服务机构，并成为资本市场的双重参与者，商业银行的资本运作趋势越来越明显，这不仅表现在商业银行是资本市场重要的筹资者和投资者，还表现在商业银行是资本市场重要的中介机构和专业性服务机构，是资本工具的重要创造者。20 世纪 90 年代后期以来，网络银行潮流一浪高过一浪是银行服务业发生变化的又一明显的特点，技术就如同引擎一样，正推动着整个银行业向前发展。当今，互联网已经迅速渗透到全球的各个领域，对人们的生活和经济活动产生了巨大的影响，对银行的经营模式更是产生了重大的影响，电子银行业务成为银行创收和改善服务的最重要手段之一。"新进入者"对银行业发展发出了挑战。目前，世界上很多大企业集团都建立起了自己的金融性服务机构，比如，GE、三星等公司，企业内部非银行金融机构的快速发展，使企业融资渠道实现了多元化，融资成本也有所降低。因此，一些银行家把这类突然的"新进入者"或"新入市者"称为"不速之客"。在我国也是如此，中国移动、中国电信等企业信誉评级很高，现金流状况比银行还要好，它们给传统银行业所带来的冲击将会越来越大，一旦政策上有所突破，这些企业成立自己的银行或财务公司是金融服务业发展的必然趋势。

现在的银行和过去的银行无论是在社会职能上，还是在机构、产品及服务方式上都发生了深刻和巨大的变化，银行只有不断地培训职员的技能、更新管理知识、重视科技和金融产品的创新，才能掌握各个层次客户日益增加的需求及同业竞争所带来的挑战，并通过不断改善服务、留住客户。银行必须清楚地认识到它们只是服务于人类生产和生活活动之间的中介服务机构而已，也正是因为这样，在"终点"即将出现时，银行必须找到新的"起点"，找到新的收入增长点。■

读《金融外交》研究报告有感

（日记片段，2007 年 10 月 1 日，星期一，国庆节）

今天，韩国 KDI 的老朋友斯坦利教授来北京出差，晚上见面时，给了我一份他刚刚完成的研究报告《金融外交》。围绕这个话题，我们就经济与地区安全话题谈了各自的看法，给出了自己的观点，交谈中我得到一些启示，但我觉得金融与政治是紧密相联系的两个方向、一个话题。

韩国经历经济危机后，西方国家普遍认为亚洲国家金融部门与银行都很脆弱，

韩国岁月话金融
——一位银行人士的海外工作随想录

有人曾建议成立什么基金组织，用它的特殊作用来评估金融机构，并建立金融准则和标准。彼得·坎南（Peter Kenen）在 2001 年就提出过建议，建议由基金组织和世界银行与会员国签署 5 年的协议，目的是支持这些国家国内发起的金融改革。持上述观点的人认为，这种改革可以解决金融部门评估规划中确认需要处理的问题，原因是很多人已经对战后 1944 年形成的布雷顿森林国际货币体系的作用产生了质疑，希望找出能适应今天全球化的世界经济形势和国际资本运作规律。但我认为，这个问题不是亚洲国家金融部门结构与银行管理的问题，发达国家同样会出现金融危机，世界某国出现金融危机与大国的金融外交策划及现代金融外交定义的延展有着密切的联系。

什么是现代外交和现代金融外交？

包括韩国在内的亚洲国家在经历了亚洲金融危机后，对现代外交和现代金融外交有了更为深刻的理解。现代外交同古代外交有着共同性和继承性，但也存在着极大的差异，不可同日而语。古代世界是隔绝的，外交活动不具有世界性。现代外交活动则不然，它是随着 18 世纪初欧洲资产阶级国家兴起和它们向世界各地的扩张，"外交"逐渐具有世界性。今天，金融危机的破坏性，更说明了金融外交世界性的特点，"蝴蝶效应"是个最好的举例。由于现代外交的基础和后盾是综合国力的体现，而在综合国力中，金融实力和军事实力成为最主要的两个部分。当然，除了金融实力和军事实力外，综合国力还应包括政治、经济、科技、文化、情报、人口、地缘、对外关系、国内民心、领导力等因素。所以，有关外交的理论、原则、制度、惯例等成为学术界研究的范畴。那么，什么又是现代金融外交呢？

我们是否可以这样理解现代金融外交，金融外交是国家在和平时代追求其对外权力的一种战略手段。它的作用在于可以在不破坏国际关系基本准则的前提下，利用自身的金融实力与影响力，冲击其他国家的经济主权，以达到和平时期控制大多数国家命运之目的，实现其在全球建立稳定的世界霸权体系，在这方面，东亚国家感受最为深刻。在这里，我所说的金融实力是指一个国家政府把握金融形势的能力，绝非简单的数字统计。

100 多年前，西方国家登陆亚洲靠的是通过炮舰强行打开了东方国家的大门。而今，美国把美元作为"新式炮舰的炮弹"射向世界各地，目的是消化他国的金融实力，达到其主导世界经济的目的。比如，美国对日本的金融外交战役，可谓用心良苦。美国通过金融外交手段，削弱了日本的金融实力，使日本在 20 世纪 90 年代中后期，难以找回失去的荣耀，美国趁机成功地吸纳了失败的日本投资。1997 年亚洲金融危机后，美国使用金融外交的手段，又敲开了韩国大企业的大门，比如美国企业用1/3的价格，在韩国收购了大财阀的不动产项目，从中获得了巨大的经济利益，韩国企业的惨重损失，不亚于一场战争所造成的损失。韩国——这个具有强烈亚洲意识和亚洲价值的东亚国家，从1997年亚洲金融危机中吸取了教训，不再为"汉江奇迹"而沾沾自喜，也不为克鲁格曼式的挑战妄自菲薄。我们需要借鉴韩国的经验，必须认识到金融危机根植于国家政策导向、经济发展战略、经济增长模式、大企业发展规律和政府对金融企业的管理能力之中。

回顾近20年的历史可以看到，美国在金融外交的把握上一直是主动的。在1991年，美国债务为2 200亿美元，到了2001年达到了57 000亿美元，截至2006年末，美国外债规模上升到10万亿美元，估计5年后将会达到15万亿美元左右。美国利用高额负债，达到了对世界原油等能源的控制，发动了伊拉克战争和阿富汗战争，达到了国家外交目的。

相比之下，我们的金融外交政策需要及时做出调整。一方面，中国外汇储备按照美元计算约2万亿，而且绝大部分货币是美元，外汇储备币种单一。另一方面，中国持有的美国外债占全世界的11%，这个问题值得深思。当今，如果中国政府不能很好地管理好这笔资产，损失将会是巨大的。

处理好外债问题不仅是金融外交的主要表现形式，而且非常重要，因为它带来的后果，并不亚于核武器的破坏，应引起我国政府的高度重视。我国金融企业管理人的眼光要看得更远些，应该积极做出走出国门经营的规划，以配合国家金融外交政策的落实，尤其是到国外去支持中国已经"走出去"的能源企业，用美元为国家换回能源实物。我国应考虑把美元外汇储备投向中东、南美和非洲矿产资源丰富的国家和地区，这样才能使国家货币资产保值。■

读 《世界是平的》 有感
（日记片段，2007年10月2日，星期二）

离开我所熟悉的海外业务已经有两年了，但我仍然眷恋那近20年的从业经历，那段经历使我开阔了眼界，学到了知识，广交了朋友。在2007年，好友从法国给我带回一本书，这本书是托马斯·弗里德曼（Thomas L. Friedman）的名著《世界是平的》（*The World is Flat*）。记得在韩国工作时，在汉城建国大学教书的韩国朋友梁必承教授曾对我提过这本书，没有想到几年后这本书正在挑战人们固有的常识和对世

269

界事物的认识，广受欢迎，我在长假期间一口气将书读完，从中获得很多人生启示。

该书作者从资本、电子商务、技术、金融、国家安全等方面对全球背景下的环境进行了分析及描述。据说，该书从美国各个大学里的 MBA 学生到 IBM 等一些知名企业的全体员工人手一册。在半年内，《世界是平的》这本书销出 100 万册，成为世界十大畅销书，书的内容已经被全球 700 多家报纸转载。比尔·盖茨也说："这是一本所有决策者、企业员工都必须读的一本书。"在美国，各州的州长、国会议员也都在谈这本书。有的大学校长在毕业典礼上建议，新员工在进入公司前，应该先读该书。此外，一些美国的商学院甚至要求新生来报到前就要先读过它。

《世界是平的》把哥伦布苦心经营的理论推到一边，同时也让所有人津津乐道。这的确是一本令人欢欣鼓舞的关于全球化的著作，非常具有可读性，因为，伟大著作的标志之一是它可以让你从新的角度看事物。弗里德曼显然成功地做到了这一点，他在其具有挑战性的论述中，告诉了人们这个崭新的世界对我们来说意味着什么？世界的平坦化趋势是如何在 21 世纪发生的？从"9·11"到"伊拉克战争"；从企业跨国经营的高速发展到世界金融业的演变，从 IT 技术的不断更新到互联网，这个世界正在发生着巨大的变化。这种趋势对于国家、公司、社会和个人而言意味着什么？政府、企业与个人要做出而且必须做出怎样的调整以应付这种趋势？在书中，弗里德曼以其清晰和深入浅出的笔触描述了世界逐渐变平的过程，给出了他的应对答案。

弗里德曼将全球化分割成三个阶段，"全球化 1.0"主要是国家间融合，始于 1492 年哥伦布打开新旧世界的贸易大门，直至公元 1800 年前后，劳动力推动着这一阶段的全球化进程；"全球化 2.0"是公司之间的融合，从公元 1800 年持续到 2000 年，期间被大萧条和两次世界大战打断，硬件的革新扮演着主要的推动力——从蒸汽船、铁路再到电话和计算机的普及；而在"全球化 3.0"中，个人成为主角，肤色或东西方文化差异不再是合作或竞争的门槛，软件的不断创新让大洋两岸的人们可以通过海底光缆轻松实现自己的社会分工。再有，作者也详细地论述了全球化不只是一种现象，也不只是一种短暂的趋势，它是一种取代冷战体系的国际新体系。全球化是资本、技术和信息超越国界的结合，这种结合创造了一个单一的全球市场，在某种程度上也可以说是一个地球村。弗里德曼在书里用生动的故事、已有的术语和概念，描绘了全球化这种体系。

如果说五百多年前，哥伦布使用简陋至极的导航技术穿越海平面，并安全返航，以此证明"世界是圆的"。他们在茫茫大海中折腾了 71 个昼夜，一直到 1492

年 10 月 3 日凌晨，才发现第一块陆地。那么五百年后，弗里德曼同样进行了一次目的地为"印度"的旅行，但却对世界得出了与哥伦布截然相反的结论，他将自己比作现代版的哥伦布，却在有意无意之间犯下了一些与前辈异曲同工的失误——沉溺在自认为精彩的结论中以至于难以自拔。

当今世界已经变得越来越小，IBM、惠普、TI、路透、高盛、花旗、汇丰等已经全部都是全球化企业，世界正如弗里德曼描述的那样越来越向一体化方向演变，只有知识水平较高的人才能从容应对这种全球化。在技术和服务业领域，外包服务越来越盛行，世界跨国公司在世界生产体系中发挥出极大的力量，多数人不能再独立生存、自给自足，而是自觉不自

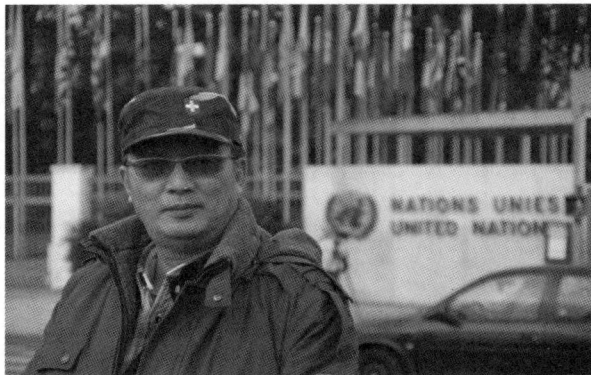

作者于 2012 年 11 月赴瑞士出差时在联合国机构前留影

觉地加入到了自由市场经济劳动分工体系里替大公司工作。人们已经能够轻易调动遍布世界的产业链条，每个人都可以在世界的任何角落里"即插即用"。弗里德曼发现，到了千年之交，各种新形式的企业和工作模式不断涌现，生产劳动被切割成无数碎片，分工合作的可能性大大增加，就连企业和个人的区分也已经打破，个人变得有能力抹平国际交往的障碍，参与到全球分工体系中。

在今天这个世界，资本固然很重要，掌握资本运转的信息更重要，资本可以支配生产，信息却可以支配资本，信息的自由传播模式打破了很多传统的贸易壁垒，资本不再是决定生产能力的关键要素。弗里德曼书里从头到尾论述说，"无论你是否愿意，都已经被摆到这个平坦的舞台上。障碍已被拆除，就很难再树立起来，我们注定要在这个平坦的世界上发挥才智，竞争才能获得生存"。

时代的变革已不由人做主，世界的发展趋势谁也不能抗拒。人们不能改变世界，只能改变自己的内心。

附　　录
英文文章摘录与访谈等

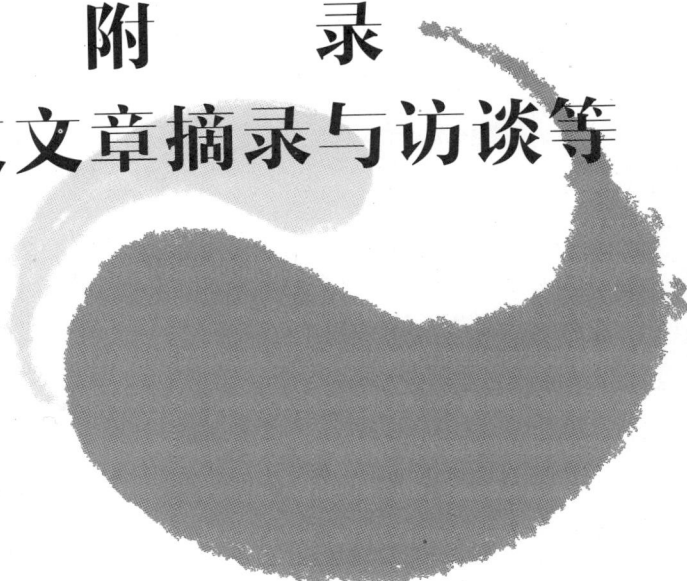

附录 1： 在韩国发表的英文文章摘录

Ⅰ.《韩国商业周刊》文章选载

A Slowdown, Yes··· But Not a Crisis

Interview by Business Korea（September 1997）

Korea's economic woes of late are signs of slow growth, and not a full – blown crisis.

It is well – known that Korea's strong economic development, which has been called the "Miracle on the Han River," has continued over the last three decades. Products manufactured by Korean companies such as Hyundai, Samsung, LG and Daewoo are found everywhere in the world. And this country has become one the four economic dragons in Asia.

The nation's economic situation, however, has deteriorated with the bankruptcy of the Hanbo Group, the 14th largest conglomerate, and several other giant business groups. And recently, the Kia group, the eighth – ranking conglomerate, fell into in trouble. This series of recent events, together with the international environment, calls for the Korean government to do something about restructuring the nation's industries.

It seems that the Western media and some world economists think an economic crisis of Korea is inevitable.

Undoubtedly, Korea's membership at the OECD brought additional responsibilities and new challenges to Korean enterprises. The budget deficit, estimated at about US $ 100 billion, is another heavy burden on the government of President Kim Young – Sam.

Will the current situation become a crisis? In my personal view, it will not lead to a crisis; as such a slowdown is normal for a nation when it has obtained great profits from rapid economic development.

韩国岁月话金融
—— 一位银行人士的海外工作随想录

In fact, Korea has achieved dramatic success in its economic development since the end of the World War Ⅱ. In fact, Korea's development has been introduced to many emerging countries has model for their own economies.

Also, Korea has become the world's 11th largest economy in just 30 years.

I agree that economic growth and globalization do not come without a price, and the fantastically condensed growth which fueled so many of Korea's successes over the years has created some structural imbalances in the nation's economy. New strategies are needed to deal with global realities now. I think the most important thing is how the government will face the current economic situation and adjust its major policies.

The general situation in Korea is that the gross foreign debt amounts to US $ 104.5 billion has of the end of last year, up 33% from US $ 78.4 billion a year earlier. The country's net foreign debt, which is calculated by gross debt minus external assets, was tallied at US $ 34.7 billion at the end of 1996, more than twice the US $ 17.1 billion tallied at the end of 1995. separately, the Bank of Korea reported Korea's foreign exchange reserves plunged to US $ 29.2 billion at the end of March, down from US $ 29.8 billion a month before. The figure was smallest since June 1995, when foreign exchange reserves stood at US $ 28.4 billion.

Korea's gross external debt, which stood at US $ 29.4 billion in 1989, surged to US $ 56.8 billion in 1993 and further rose to US $ 78.4 billion in 1995 and US $ 104.5 billion in 1996. Some economists estimate that the external debt would rise to US $ 130 billion.

There is no magic formula for what Korea needs to do. The U.S., in mid – 1980s and Japan in early 1990s, suffered economic slowdowns as well. And it seems that Korea is experiencing the consequences of a "burst bubble".

From the late 1980s through the early 1990s, Korea's asset pricing and real estate values soared to new levels. But, the nation should have initiated structural reforms during this time of prosperity.

Korea must also make sure to adjust to an economic structure that is effective and fundamentally sound. Structural change can be painful, but growing pains are inevitable after three decades of condensed growth.

The Hanbo incident underscored the need to further develop Korea's financial system. A comprehensive plan is being formulated to reform the financial system and market practices. A system stressing management responsibility and more rational bank lending practices will be instituted to prevent a repetition of such incidents. The Korean economy is thus facing a temporary and manageable disturbance, but it is not a crisis. And while there is no magic solution to the high – cost, low – efficiency economic structure, Korea is quite capable of overcoming these looming challenges.

It is true that Korean banks have had some difficulties raising short – term funds as a result of the bankruptcies of Hanbo and Sammi and several other near – bankruptcies. But Korea's economic situation is not so tangled that it cannot be unraveled. Although the Korean economy remains sound in terms of fundamentals, the problem of the so – called "high – cost and low – efficiency" structure, together with eroding competitiveness, could potentially threaten Korea's long – term economic progress. However, in my opinion, some foreign press reports have misconstrued and overstated the nature of some of these issues and events here in Korea. ▮

The Right Time for Reform

Interview by Business Korea（December 1997）

Talking about the Korean economic situation, Hang Chen, economist and chief representative in Seoul of China Construction Bank, said that it is the right time to carry out the nation's economic reform as well as financial reform excerpts:

How would you evaluate the current status of the Korean economy?

Spectacular changed in the Korean economic situation have been taking place since the bankruptcy of Hanbo Steel, Korea's second – largest steel maker, in January. The exchange rate soared to a record high of 1 235 won to the U.S. dollar and the stock market index plunged to below the 400 – point level at the beginning of December.

Now, Korea's economic issues have become the most important topic among economists not only in Korea but also abroad since it is well – known that Korea's strong economic development, which was called the "Miracle on the Han River," had witnessed constant growth for more than 30 years since the early 1960s.

How can the government solve the current economic problems？

I think the following points should be reviewed seriously. First, I think it is the right time for Korea to reform its industrial structure as well as its financial industry. Korea is a country with poor natural resources. The rapid industrial development during the last three decades has had both positive and negative results. The industrial reform should start from the pillar industries such as car manufacturing. Their production capacity is too big for the nation's domestic market. Electronics and textile industries might have similar problems, too.

What about financial reform？

The financial reform is vital for Korea. The IMF's bailout program can only solve the temporary decision to forcibly close some financial institutions and industry manufacturers. The government should close or merge some of the insolvent banks.

I thin the most urgent thing for Korea is how will the next government carry out the government's economic policy after December 18, 1997. In general, I am optimist about the future of Korean economy. ■

Yuan To Remain Stable

Interview by Business Korea（March 1998）

A Chinese banker says that the yuan would stay stable for the time being since the Chinese government is conscious of the fact that depreciation would negatively impact not merely on Asia's economy but the world's.

One of the hottest issues in the global economy is whether China will depreciate its yuan and if they really do, when it will take place. What do you think of this？

China would not depreciate Renminbi（RMB or yuan）. I have three reasons for that. First, China has its huge domestic market thanks to its economic development; secondly China's exports and imports take up less than 20% of the country's GNP and the Chinese government wants to promote stability in the area. As one of the members of the IMF, China has provided US＄1.9 billion in the package for the Southeast Asian countries. Likewise, I am sure that China will contribute to the political and economic stability in the region.

In mid – February , Moody's lowered Hong Kong's credit rating from "stable" to "negative." S&P also said it was watching China closely. Thus it seems very likely that the yuan is being hit by the foreign currency crises of neighboring countries in spite of China's efforts to stabilize the exchange rate. What do you think？

Moody's and S&P are authorized companies to evaluate the grade of the world financial institutions and they specialize in the field with rich experiences. Yet they should know more deeply about the financial situations in Asia. The market in the region has some specific factors to carefully take into account. I don't think the currency crisis will spread to China very soon. China's GNP reached about US $ 300 billion in 1997 and the government promised a high growth of GNP this year even if exports would probably fall. However, I can still predict that the country's economy could stay healthy and stable so that China will be able to survive the crisis.

Tell us about the economic interdependence between China and Hong Kong.

Vice premier Zhu Rongji said during the world bank summit last year that he would never put Hong Kong's money（foreign capital reserves）in his pocket, which I think represents the central government's policy to Hong Kong. I am full of confidence for Hong Kong's future since I believe that there will be only supports from the central government to Hong Kong, no interference. Hong Kong's stock market and the foreign exchange are stable till now. The ups and downs in any stock market are very natural.

The 1997 indicators for the Chinese economy were very good. What is your outlook in 1998？

I estimate that consumer prices will probably rise by 1% – 3% but electronic products in particular will decrease by 10% – 25%. In another area, the economic success will be affected by the harvest in the agricultural sector.

Poor management of inefficient state – owned enterprises（SOEs）is believed to have resulted in 40% of the total loans from government – controlled banks go south. Thus , the withdrawal of foreign capital could put the Chinese economy in a serious financial crisis. What is your view on this？

It is true that most SOE loans are coming from the former government banks, but the percentage of such loans has been reduced since 1996. And the idea of the "iron rice bowl" cannot last any longer. SOE's reform has a number of good effects; factories are busy in producing goods so that people find them attractive and wish to buy. Also, through SOE's reform, I am sure that workers will put more efforts into their jobs and find themselves rewarded with better pay.

The bad loans of government – controlled banks were caused by the old system and old policy. The banks were cashiers of the government. Yet at this time, all of the former major banks have been focused on their transfer to commercial banks. Both for banks and state – owned enterprises, therefore, the financial structure would be getting better.

I don't think foreigners would withdraw from the mainland because they cannot give away their interests in the markets. China is the single largest and fastest developing economy with huge market potential both for its domestic and foreign investors.

For example, Motorola, Nokia, GPT, etc., have been very successful in the telecommunication field, gaining great profits in the market. China is also a very attractive market for Koreans because of the short physical distance between the two countries.

I think what's important is that China is trying to protect foreigners' interests, which is evidenced in its measures to lower tariffs on imported products. Since 1978, the tariffs dipped down from 50%, 43%, 17% to recent 15%. In addition, China intends to invest 750 billion yuan in its infrastructure construction for the next three years.

A report of the US Congress had it that China will expand its influence in Asia while Southeast Asian countries are suffering from economic woes. How has China reacted to the economic adversities in Southeast Asia thus far?

AS I said above, China as a member of IMF, is doing the best for the crisis. But a certain country's economic problems must be solved by themselves. The IMF can give a helping hand, yet no more than that. I don't buy the assumption that China is trying to expand its power in the region. It is well known that Southeast Asian countries developed their domestic economies so well that they're collectively called "the Asian Miracle" and that some of them have continued their economic prosperity for more than 30 years. However, any economy has its cycles and this is just a normal thing. I argue that the main problems in those Asian countries result from conglomerates or the Chaebol, whose management was not free from cronyism, government collusion and political corruption.

Hang Chen is the chief representative of China Construction Bank Seoul Represent-ative Office. ▇

II．《韩国时报》文章选载

Don't Be So Emotional，My Friends

（The Korea Times，May 1，1998）

As a foreigner working in Seoul，I am really impressed with the spirit to keep forging ahead which is characterized by the Korean football team in its international matches. Their performances have left a very good and deep impression on me. I have a deeper understanding of the nation's spirit——that is "大韩国人，身土不二".

Today，most of Asian countries，including China，are studying Korean's economic success as well the financial storm currently plaguing the nation. Scholars have raised many different questions，but I prefer to study the Korean way of doing business from the perspective of some of the negative factors which affect relations between Korean and foreigners. Undoubtedly，a person's behavior can be affected by culture，ideology，historical tradition，political circumstances and even the weather. I want to investigate some cultural misunderstandings related to certain behaviors. It is true that people living in different places have their own different ways of doing business.

Korea is the closest neighboring country to China. Bilateral trade relations，through the efforts of the two governments and in the people，have increased rapidly since the establishment of diplomatic relations between the two countries. China and Korea are now listed in each other's trade tables in the 3rd and the 2nd place positions，respectively，as a result of this rapid development. You can find many Korean products in China now. For example：LG has established 68 factories in the People's Republic of China，and has achieved great success in Chinese territory. There are now thousands of Korean companies who have set up their branches and offices in China. About nine Korean banks have also established their branches or representatives offices in Beijing，Shanghai，Dalian，and Qingdao. Many Korean companies have benefited from this bilateral cooperation. Meanwhile，some disputes and misunderstandings have arisen between Korean and Chinese businessman after five year's cooperation as well. These disputes are a normal thing in the course of conducting business. Nevertheless, we should find the best way to solve them.

One Korean business practice that I cannot understand is the preference for solving disputes through lawsuits. The Chinese prefer to solve disputes through negotiation. You may often hear the word "man man lai" (slowly and don't worry please) from Chinese businessmen, and that is a common Chinese expression of harmony. No one can expect all problems to be solved in one night. Besides laws, there are also many other differences between any two nations, including culture, the way of thought, and the individual behavior of different people who have sharply distinct backgrounds.

I know that its highly developed economy has made the Korean legal system more developed than that of China. This system places Korea in - between the developed countries and the developing countries of the world. Too many Korean businessmen expect that all their disputes can be fairly solved by bringing a suit against his or her Chinese partner. I argue they are too emotional to solve their problems. They should learn more about the culture, environment, way of thinking, and private laws or local laws and regulations where they have invested, especially in the Yanbian region of northeast China.

I have lived in Seoul for 18 months. There are countless business disputes between Chinese companies and their Korean partners, especially in small companies. I am forced to get involved in the solving of disputes involving my branches or sub - branches in China. But my ability to solve all these disputes is very limited. There are 450 000 staff - members working in 3 700 of my bank's branches and sub - branches in every corner of the mainland. If a certain case cannot be solved for reasons of a long investigation, Korean people normally cannot wait. So I often face threats from Korean businessmen. They appeal to Seoul courts to freeze my company's accounts if the disputes cannot be solved in the manner they expect. At first, I didn't know how to deal with them. But I am accustomed to the threats of Korean businessmen now. On the bright side, I have learned a lot about the law from these experiences. On the other hand, I have often found myself wasting my time here because my main job is to enhance financial cooperation between the two sides. As a chief representative of the bank, I am not authorized to solve all these disputes because most of them happened several years ago in China rather than in Korea. Of course, the bank should conduct a deep investigation into the disputes, but this takes time. How can I solve a specific dispute within the limited time my Korean friends expect? What I have to tell my Korean friends is that "The Representative Office is just the Representative Office" When the Seoul court freezes my company's accounts in Seoul in response to appeals from Korean businessmen, my response is to let them do it because they have that right. But the disputes still cannot be solved in the manner that Korean businessmen expect until the court's final judgment on the case. The loser is always both parties. It only causes a deeper misunderstanding between the two sides when one appeals to a court. Because both Koreans and Chinese believe in the deep – rooted Confucianist ideology, we need harmony in our business dealings.

One of the most burdensome daily tasks I have is to solve Letters of Credit (L/C) disputes between Koreans and Chinese. There are complex and intricate reasons for these disputes. I would have to say that cultural differences, variable morals, misunderstandings, company mismanagement and intervention by local governments are the most common causes. I cannot solve all these problems through my personal efforts. I know I have to face the reality that I may not be able to persuade my emotional Korean friends to see things my way. What I can do is always keep 500 000 Korean won in my pocket to buy a plane ticket back to China when they cannot get their money back from their partners in China when my accounts are frozen. Korean businessmen are always anxious when they cannot get their money back from their partners in China. But they never investigate some of their staff's poor management practices in China or their wrongful decisions in selecting cooperate partners for their overseas projects. I am sure many of them have received considerable personal benefits from their projects, but their companies ultimately lost out on the benefits. I don't think the Chinese partners can be responsible for it. The Koreans have their responsibilities as well and they should not shift the blame onto others. The fact is that a company losing money while a few people gain is typical of East Asian countries' road to economic development. The poor performance of some Korean businessmen must not be ignored when a company head office receives a complaint directed at China. Often, they may shirk the responsibilities for making a bad investment and for the poor operation of their project and, instead, try to shift the blame onto their Chinese partners. Sometimes businessmen don't know that China has its own laws and different investment policies in different areas. They often haven't spent much time in the study of their final decisions. When they make money, they never visit my office in Seoul. But when they have trouble, they always come to me. How can I resolve some thing that happened in China several years ago in a short period of time? I'd like to know why their Korean head office did not ask their staff to solve the dispute when it happened. Is it necessary to bring these disputes back to Seoul court? Can the Seoul courts make a final and fair judgment on a specific case that happened outside of Korean territory without considering international laws and local laws?

The actions that Korean businessmen take in Seoul only shift the blame on to their parents and cause the Korean company to lose more money in pursuing a lawsuit. If the account of one of China's state – owned commercial bank's representative office is frozen by the Seoul courts, what will happen next? The specific dispute still cannot be solved, and China's local courts will probably make their final judgment according to the other side's appeal that the case happened on China's land.

Different people have different habits in doing things. My other concern about doing business with Korea is that I am often forced to change my daily business schedule because an appointment time suddenly adjusted or cancelled outright by my business partners – Korean businessmen. I will have prepared all the necessary documents for the meeting in the allotted time required by an emotional Korean businessman, but my secretary is told in a simple phone call that he has changed the time. At first, I was not used to these unexpected changes. I could not understand why Korean businessmen frequently changed the fixed meeting time, visit or details of some other business activity. Some of my closest Korean friends usually ask me if I know about "Korean Time" and advise me not to take such trifles to heart. Now I understand that my Korean partners are probably too busy to attend the meeting. You can see how hard Korean businessmen are working every day. They have to endure more pressure than Chinese. Korean men are running from morning to night. The principle of mutual benefits and peaceful coexistence does not only apply in the area of foreign affairs between countries, but can also be used in reference to doing business, at least I think so.

Anyhow I hope the end purpose for both sides is to enhance mutual cooperation and to increase mutual benefits rather than to debate in front of a judge. Bring an action against your partner causes both sides to lose their money. Of course, illegal activity is another thing and must be solved through lawsuits.

In conclusion, even within a country's own borders, there are examples of cultural stereotypes. One of the most widespread in China is that people from the southern part of the country are intelligent, and most of them have a gentle disposition. The northern residents, on the other hand, are said to have a forthright and candid disposition and to be more emotional compared to people from the south.

My father's hometown is in Anhui, in the southern part of China but my mother's hometown is in the northeast. They represent a striking contrast in temperament, but I have never caught sight of a quarrel between them. They are always respectful of each other's opinions at home. When I went to visit my parents after one and a half years working in Korea, I suddenly realized how my parents could have become accustomed to their lives together after they got married in Beijing, in the central part of China. Now, I believe deeply in the importance of mutual understanding. Understanding or mutual respect is the fundamental way in which people get along with each other, and the same goes for companies.

It is a fact of life that people living in different countries or just living in different areas within one country will have distinct difference in their behavior. The local habits are part of the local residents' cultural and if you feel uncomfortable about something you should try to get used to life there. As my mother always said "You cannot change others. What you can do is try to get used to the lifestyles of local people." This is an important principle which my mother clearly applied as a way to get along with my father, and which I am sure my father applied as well in getting along with his wife of 42 years.

There is an old saying in English that states "When in Rome, do in Rome as the Romans do." There is also an old expression in Chinese that says that "If you show respect for others, you'll earn their respect in return."

China is a really good potential market for Korea and Koreans and Chinese are best qinggu/good friends historically, but we have distinct modes of thinking and different ways of solving problems. As a result of losing touch with each other for 43 years during the Cold War ear, we have become unfamiliar with each other's business practices. But I believe that we will become well acquainted with each other again soon.

The Writer is chief representative of China Construction Bank Seoul Representative Office. ■

A Sweet Smile and A Forced Smile

（The Korea Times, June 18, 1998）

Seoul has become a famous busy metropolis following Korea's 35 years of rapid economic development. The city successfully hosted the 86 Asian Games as well the 24th Olympic Games in 1988. I watched the games in the Kuwait City, and I could not forget the song of "Hand in Hand" in my mind even to this day. Seoul is more well – known these days in the world.

You can find many amiable smiles when you are in Lotte and Hyundai Department stores and the other shopping centers in Seoul. The word like " …sumnida" is always ringing in your ears. I always have to stop my foot out of joy when I hear the cheerful music from the loudspeakers of Lotte department Store near Myongdong. To me this is Korea – a kind of vigorous spirit. You also can find the kindly Korean smile aboard Korean Air, Asian Air – line, the Korea National Railroad.

But my personal experience has seen that there is an exception to sweet Korean smile: the taxi drivers. I often see Koreans with a wry smile; ask one after another of the gray – painted taxis if they are going their way. I ask myself who is the God? God is the consumer rather than service men – the drivers. I never see this picture in my country and the other countries in the world. The Seoul municipality should establish a good supervision system for taxi service. The passengers have the right to complain about any taxi drivers who refuse to take him or her to their destination of choice. Taxi drivers' service is a kind of mirror of today's modern city.

I cannot speak in Korean. So, I prefer to take the black – painted taxi. This kind of taxi provides a better service including receipts. I don't care if they charge me more because I like their sweet smile.

Frankly, I am perplexed when I am refused by the taxi drivers in Seoul. But my classmates never stop calling "Shinchon, Shinchon, Shinchon and Shinchon…" until a taxi driver is willing to take them to the Yonsei University campus when we left a party in my apartment near Apkujong – dong.

Is this a culture of custom in Korea? Probably I have to learn from my classmates' patience to be used to life in Korea. But I believe Korean native passengers are unhappy, too. And their smiles are forced smiles or wry smiles. Those are not the real Korean smile. Gray – painted taxi drivers have put themselves in the position of "God." I have to say again the situation is very unique to Korean. The gray – painted taxi drivers are "Gods" in front of the passengers. The latter have no alternative to give a forced smile and settle for what they can get.

In other word, you will feel inconveniences in Seoul when you drive, because the drivers are allowed to stop their cars anywhere they want, especially the gray – colored taxi. I don't know why the traffic department doesn't make effective rules for designated places of stopping. My suggestion is that the drivers will not be allowed to stop at the crossroads, a fork in a road, "T" road crossing, the gate in front of any department stores and the bus stop, etc. Because the roads in Seoul are not wide enough even for any temporary stopping. My second suggestion is that car horns would not be allowed to use in Seoul's downtown area. I know Korean people are emotional. An emotional temper can make help Korea progress into 98 World Cup in France, b it is not good for driving during the 2002's World Cup to be held here.

I argue that Korea should improve the existing taxi service system and road management before 2002, the year of the world cup. Only in this way, can gray – painted taxi drivers' habit be completely changed. ■

Evaluation of Economic Development and the National Image (I)

(The Korea Times, July 18, 2001)

People know that the image is the most important thing for a nation and we often hear the words please preserve your image of please keep up your image in our daily life. But what is a nation's image? It is related to a state's political situation, education level, economic policy and certain other matters.

In Japan's history, the transition from the Edo to Meiji Era is now accepted as much more gradual than it had been supposed, even by the Japanese who in modern times have put too much emphasis on the Meiji Restoration. That was an important political event, and changed the traditional image of the Japanese. In economic and cultural terms, the elements of continuity from Edo to Meiji are very significant. In the same way as the belief that education was perhaps the major reason why the Japanese accepted their government's imperial policy.

In China, the economic reform initiated in 1978 has dramatically changed the nation's economic structure as well as its image. China's system is widely accepted by the international community now. Beijing was proposed as one of five candidates for 2008 Summer Olympics Games, and the city has been awarded to hold the Games. This will create a New Beijing and the Great Olympics. Meanwhile, the new image of Chinese will appear with the improvement of the political reform.

Also, China will be admitted as a WTO member very soon. So I come to the conclusion that a nation's image can be changed with politics and economic policy.

In the northeast Asia, Korea has become an influential country with its strong economic development. It has been called the "miracle on the Han River." That has created a good image of Korea in the world. Today, products manufactured by Korea companies are found everywhere, and this country has become the 12th biggest economic power in the global. That is the Korea national image at present. A newly industrialized Korea (NIK), as a rising star is playing an important role, both in world politics and economics. The Tokyo Olympics Games created Japan's image as a new industrialized country with products such as Sony, and Toyota and the 1988 summer Olympics Games held in Seoul showed developing countries. The group including South Korea, Singapore, Hong Kong and Taiwan have shown the whole world a new image of Asian people since the end of World War II. These four states are called "little Asian dragon" and all Asian people are proud of the success in their economic development.

I started to learn about Korea at my elementary school. The country left me – and all Chinese of my age – with the unforgettable memory in our teenager years of the

Korean War. This is due to the fact that about 30 percent of the films produced in China before its economic reform were related to the Korean War. They formed a part of China's revolutionary history. This is how I learned a lot about the peninsula, but I have to say it is only a part of all that is Korean.

I began to know about Korean companies when I worked in Middle – Eastern countries after I graduated from university in the early of 1980's. Hyundai Construction was one of my company's, China Civil Engineering Construction Corporation, competitors in that region. I have to say that the hard work and efficiency of Koreans left a very good and deep impression in my mind. Since then, I've got to know what Korea is really like.

At the end of 1996, I came to work in Seoul. In 1997, Korea suffered from a financial crisis, but the country managed to overcome this crisis. This brought out a new image of Korea under the leadership of President Kim Dae – jung. At the threshold of the 21st century, Korea has the chance to reinvent not just its economy or government, but to change as a nation. Koreans are now emerging as stronger than ever.

However, Koreans still need to improve the national image in terms of solving bilateral disputes, because a nation's image many be damaged by certain incidents. For example, the trade disputes about garlic and cellular phones between Korea and China last year caused the country to lose US $ 300 million within two months. The problem, I think, is related to Korea's domestic political issues. It is the result of the Korean political parties' struggle on the domestic farmers' policy. I am sure Korea has learned the lesson and will promote its trade relations with China in a healthy manner. If a nation wants to attract more foreign direct investment (FDI), it must improve its national image. When the government wants to make a decision, it must think it over carefully.

A Korean business practice I cannot understand is the preference for solving disputes through lawsuits. The Chinese prefer to solve disputes through negotiation. You may often hear the words "man man lai," which means slowly or don't worry please, from Chinese businessmen. This is a common Chinese expression of harmony. No one can expect all problems to be solved at once. Beside laws, there are also many other differences between the two nations, including culture, the way of thinking, and the behavior of people who have distinct lifestyles.

Korea's highly developed economy has made its legal system more developed than that of China. This system places Korea between the developed and the developing countries of the world. Too many Korean businessmen expect that all their disputes to be solved by bringing a suit against his or her Chinese partner. I argue that they are too emotional in their approach to solving their problems. They should learn more about culture, environment, way of thinking and, local laws and regulations where they have invested, especially in the Yanbian and Shenyang areas of northeast China. Korean should know that Korean – Chinese people are no longer Korean, they are now Chinese. They have combined the Korean culture with the Chinese way of thinking, especially since the Great Culture Revolution. I cannot judge who is right or wrong in the disputes between Koreans and Korean – Chinese is that they should be full of forgiveness.

China is a country with 55 national minorities, and the state could not be stable if they quarreled often. In Chinese history, Man Zu was the group, which controlled the mainland for 300 years and created the longest period of domination by one nation in China's history. China is now managed by the Han Zu and that is what I mean by forgiveness. According to my recent research at Beijing Language and Culture University, students from Korea constitute two thirds of foreign students who are studying there. Compare that with the number of Chinese students who are allowed to come to study in Seoul.

With rapid trade increase, China has become Korea's third largest trading partner and Korea has become the fourth biggest trading partner to China. The bilateral trade volume reached US $ 35 billion last year. In China, more and more people are studying Korea's economic success and experience, Scholars have raised many different questions, but I prefer to study the Korean way of doing business through some of the negative factors which affect relations between Koreans and Chinese. Korean politicians should know the national interest is more important than the concerns of the different political parties. ▩

Evaluation of Economic Development
and the National Image (II)
(The Korea Times, July 19, 2001)

Koreans should take good ideas from the Chinese, Japanese and American cultures, especially through their historical development and reform. It is important for any nation to be able to absorb foreign culture. The government's responsibility is to maintain stability in the country and encourage transparency in business. Individuals should accept new and good foreign ideas, and strictly abide by the law. According to prosecution statistics related on July 11, 2001, there is a serious violation of intellectual property rights（IPR）in Korea. A total of 42, 798 people in Korea were charged with IPR violation in 2000, up a huge 212.8 percent from 1995 when the state prosecution began compiling data. Such things damage the nation's image.

During the Asian financial crisis of 1997, Korea suffered damage in a number of ways including damage to the nation's image. What was the key problem in Korea's financial crisis? It was related to the way of thinking about the nation's image, and Korea's high economic development in the past three decades. In Asia, limited control of international finances as well as investments in chaebol will probably result in serious problems for the government.

In Korea, unlimited inside expansion in chaebol such as Hyundai, Samsung, Daewoo, LG and SK, has produced a strange and unique economic model. Chaebol have formed and dominated the Korean business image for quite a long time. The common feature in Korean chaebol is that all of them have similar industries, which comprise more than 90 percent of the country's heavy industries. The Korean chaebol compete against each other, but all of their automobile technology is copied from the Japanese. The mutual guarantees within chaebol have put them in very difficult financial situation. I've no doubt that chaebol created their own image, but their unlimited expansion caused the country's financial crisis.

As a foreigner living in Seoul, I am really impressed with the spirit to keep forging ahead characterized by the Korean national football team during their matches. Korean players have easily won against the Chinese national team in the last 20 years. How do they do it? I think sports spirit is the key reason. Chinese football fans often say the Chinese football team has fallen ill—the team id afraid of the Koreans（kong han zheng）—when there is a match between the Korean and Chinese team. Lorean businessmen should learn something from its national football team and unite to compete with foreigners rather than focus on domestic competition.

Furthermore, Korean people should also avoid excessive nationalism. I have a deeper understanding of the nation's slogan—people of this great nation should consume native products. Today's world is a global village. One can know anything in a second via e – mail. The people of a nation cannot survive without the existence of other people because of the way we now live.

A person's behavior is affected by culture, ideology, history, political circumstances and sometimes, even the weather. Food culture can also influence one's image. People who like to eat hot pepper are more emotional than the people who seldom or never eat chili. I want to investigate some cultural misunderstandings related to certain types of behavior. It is true that people living in different places have their own different ways of doing business, too.

When I first came to Korea in 1996, I could not find a Chinatown. I read about the nation's history, got to know about what happened in 1970's. So I started to discuss with my Korean friends the idea of trying to rebuild Chinatown to enhance friendly relations between the two countries. Korea is China's close neighbor. We share Confucianism, and should get to know each other better. There are now thousands of Korean companies including nine financial institutes, which have branches in Beijing, Shanghai, Dalian, Qingdao and Tianjin. Many Korean companies have benefited from this bilateral cooperation. However, disputes and misunderstandings have also arisen between Korean and Chinese businessmen. These disputes are usual in the course of conducting business. Nevertheless, we should find the best ways to solve them.

China is good potential market for Korea. Koreans and Chinese are, historically, friends, but we have distinct modes of thinking and different ways of solving problem. The Chinese and Koreans became strangers after the Korean War. It is urgent for us to get to know each other again as soon as possible. There is an old saying in China—long live the understanding. If differences could be solved based on bilateral negotiation, mutual understanding and mutual respect, both national images could be enhanced for both countries at the same time.

Korea's public service must be improved as quickly as possible because and service will have a negative effect on the whole nation's image, especially during the 2002 World Cup. For example, officials working in customs at Incheon International Airport are not friendly to Chinese visitors. Sometimes, my friends, colleagues, and family members are delayed for up to two hours afraid of the illegal Korean – Chinese rushing into the country, but most Chinese visitors are Han Zu, the richest people in China since the mainland's economic reform. How Korea can attract CDI（Chinese Direct Investment）has become a serious problem due to some officials' behavior. If the current situation at Korean international airport does not change soon, the officials' attitudes will have a negative effect on the Chinese visitors.

The Writer is chief representative of China Construction Bank Seoul Representative Office. ■

Ⅲ.《韩国先驱论坛报》文章选载

Restructuring Commercial Banks

（The Korea Herald, August 16, 2004）

Financial restructuring is a hot potato for governments with transition economies. The United States restructured in the 1930s, Korea did it in 1998 and China is now doing it. A ＄45 billion capital injection into two of the four Chinese state – owned commercial banks forced the government to pursue a further restructuring of all four.

In today's world, there are several models of banks. Different countries have different banking systems and different approaches to economic development, based upon their own culture. In the United States, except for a few full – service and "universal" banks, the majority of the banks are small and medium – sized retail or consumer banks that serve the credit needs of local communities. The size of banks in Japan and China is much bigger, measured both in assets and staff, and their domestic branches are spread to almost every corner of the country.

Among different banking models around the world, representing different approaches to economic development, are the Japanese model, or keiretsu approach; the German model, or universal – bank approach; the Anglo – American model, or capital – markets approach; the Korean model, or chaebol approach; and China's state – owned approach.

1. The U. S. restructuring model since 1933：

The U. S. Federal Deposit Insurance Corporation (FDIC) system was instituted in 1933 after the U. S. banking crisis that resulted from the Great Depression. The system has two policy objectives. First, deposit insurance is intended to protect depositors of modest means from bank failures. Second, the insurance is supposed to protect communities, states, and the nation from the economic consequences of a breakdown in the payments system. In 1991, the FDIC Improvement Act was enacted, allowing the FDIC to borrow up to $30 billion from the Treasury. The FDIC provides insurance of up to $100 000 for each depositor at a bank, examines the books of insured banks, and governs what assets they can hold. The current U. S. regulatory system provides that U. S. banking institutions are supervised by four federal agencies: the FDIC, the Office of the Comptroller of the Currency, the Office of Thrift Supervision, and the Federal Reserve.

The FDIC has a vested interest in bank capital adequacy. It insures the deposits held by approximately 98 percent of all U. S. commercial banks. When a distressed bank situation arises, the FDIC may handle it in one of several ways, such as paying off depositors, taking over the bank's assets, or providing financial aid. It frequently engineers the merger of a troubled bank with a healthy one.

2. The development structure of Korean commercial banks after 1997:

The Korean economic miracle was achieved over a short period, and the banking sector was one of the government's tools during the past 30 years. The top 10 Korean chaebol accomplished "octopus – arm" style expansion. We may say the large chaebol have maintained a closed ownership structure. Almost all the chaebol have their roots in the manufacturing sector, but many have expanded their activities into financial fields as well, including banking, insurance, and stock brokerage services.

Great changes have been taking place in Korea since the 1997 financial crisis. In the banking system these include the revision of accounting standards to improve management transparency, reform of the boards of directors through imposition of the outside director system, fortification of minority shareholders' rights, and the vitalization of the mergers and acquisitions market.

The speed of bank mergers and acquisitions has made it difficult to recognize the names of the commercial banks. For instance, Hanil bank merged with Korea Commercial Bank, resulting in a new institution called Hanvit Bank, which then was purchased by Woori Bank and is now part of Woori. Separately, the Housing and Commercial Bank was merged into Kookmin Bank. For the first time in history, Korean banks also were sold to foreign investors.

3. Commercial banks in China and China's financial restructuring:

Since 1984, the commercial banking business in China has been represented by four state – owned commercial banks. These four giants are Industrial Commercial Bank of China (ICBC), the Bank of China (BOC), China Construction Bank (CCB), and the Agriculture Bank of China (ABC).

The banking structure in China is unique because these big four dominate the industry and account for 60 percent of total bank assets, 84 percent of all branches, and more than two – thirds of bank employees.

I understand that the four hold personal savings accounts totaling about 8 trillion RMB ($980 billion). Most corporate business is also handled by this big four, all of which have significant shares.

For example, at the end of 2001, ICBC's corporate deposits outstanding totaled about 1.56 trillion RMB, up about 140 billion RMB, or 9.8 percent, from a year earlier. Corporate deposits comprised 44 percent of the total deposits outstanding. Meanwhile, ICBC's corporate loan portfolio totaled more than 2.4 trillion RMB, increasing by 160 billion RMB from the previous year.

China Construction Bank also has made corporate banking an area of strength, and it remains the largest part of that bank's business. CCB is also a major player in the real estate development and investment. The function of the bank is very similar to that of Korea Development Bank. CCB always been known for its mortgage lending business, making it a major player in China's real estate and home – building market under the guidance of Chinese government.

Corporate lending has been a primary supporter of economic development.

In 2001, significant shares of corporate lending went to 12 target industries including telecommunications, electronics, urban infrastructure, transportation, power generation, petrochemicals, autos, education, pharmaceuticals and tourism.

– The Reason for China's Financial Restructuring

韩国岁月话金融
—— 一位银行人士的海外工作随想录

Non – performing loans are a major concern for the Chinese state – owned banks' top management. China has established an evaluation system by introducing the rating agencies, Standard &Poor's, Moody's Investors Service, etc. In December 1999, a market – oriented system was introduced. China also set up four asset management corporations（AMCs）in which to deposit the state banks' non – performing loans. These are Xinda AMC, the Great Wall AMC, Huarong AMC, and Dongfang（Oriental）AMC. The problem is that a huge volume of additional bad loans appeared, and that became the main reason for the government to restructure the nation's financial system by introducing a shareholding system for the main four banks.

The first step adopted by the central government was to inject $45 billion into two of the four. Meanwhile, the restructuring forced the two to conduct initial public offerings, too. CCB is making substantial progress in rolling out a new risk – management system as well. The top management of the bank knows that if it should perform poorly on international capital markets, that could damage foreign investors' positive views of China.

From my perspective, I'm sure this reform will succeed because the four Chinese banks are nationwide banks rather than limited in size. The average assets of the four is up to $300 billion, That is four times larger than Korea's largest commercial bank and much more bigger than U.S. regional banks. The four banks are the pillar of the nation and the people.

The writer is the deputy General Manager of China Construction Bank, Seoul branch. – Ed. ▓

附录2： 筹备海外分行报表分析①

2001 年我对当地外资银行情况做的调查和对×××银行汉城分行经营做的假设分析。

表1　　　　　　　**×××银行汉城分行资产负债表**

Projected Balance Sheets

×××Bank，Seoul Branch

（Korean Won in millions）

Accounts	12/31/2003	%	12/31/2004	%	12/31/2005	%
Ⅰ. Cash and due from banks	2 030	2%	4 729	2%	6 573	2%
1. Cash	8	0%	18	0%	25	0%
2. Due from banks in Won	1 778	2%	4 143	2%	5 758	2%
3. Due from banks in foreign currencies	244	0%	568	0%	790	0%
Ⅱ. Investment securities	62 147	64%	72 458	33%	100 716	33%
1. Government	62 147	64%	72 458	33%	100 716	33%
Ⅲ. Loans	26 475	27%	133 063	60%	184 267	60%
1. Loans in Won	1 278	1%	6 449	3%	8 964	3%
2. Loans in foreign currencies	14 807	15%	74 744	34%	103 895	34%
3. Call loans	86	0%	435	0%	604	0%
4. Bills bought	10 464	11%	52 820	24%	73 420	24%
Allowance for possible loan losses	(160)	0%	(1 385)	−1%	(2 616)	−1%
Ⅳ. Fixed assets	1 672	2%	1 254	1%	836	0%
1. Business movables	1 595	2%	1 595	1%	1 595	1%
2. Leasehold improvements	495	1%	495	0%	495	0%
Accumulated depreciation	(418)	0%	(836)	0%	(1 254)	0%
Ⅴ. Other assets	5 080	5%	11 207	5%	15 578	5%
1. Key money	183	0%	183	0%	183	0%
2. Due from Head Office and branches	3 522	4%	8 208	4%	11 409	4%
3. Deferred income tax assets	271	0%	—	0%	—	0%

---

① 此报表未翻译成中文，是出于维持报表原貌的考虑，以及方便参与我国商业银行海外分行建设的人们参考。

续表

Accounts	12/31/2003	%	12/31/2004	%	12/31/2005	%
4. Others	1 104	1%	2 816	1%	3. 986	1%
Total assets	97 404	100%	222 711	100%	307 970	100%
Ⅰ. Deposits	2 310	2%	10 726	5%	14 050	5%
1. Deposits in Won	1 029	1%	4 785	2%	6 268	2%
2. Deposits in foreign currencies	1 281	1%	5 941	3%	7 782	3%
Ⅱ. Borrowing	11 591	12%	31 068	14%	38 760	13%
1. Call money	2 324	2%	6 228	3%	7 770	3%
2. Borrowings	9 267	10%	24 840	11%	30 990	10%
Ⅲ. Other liabilities	62 145	64%	158 253	71%	196 244	64%
1. Accrued severance and retirement benefits	68	0%	141	0%	310	0%
2. Due to Head Office and branches	54 241	56%	140 852	63%	175 057	57%
3. Income tax payable	—	0%	281	0%	1 374	0%
4. Others	7 836	8%	16 979	8%	19 503	6%
Total liabilities	76 046	78%	200 047	90%	249 054	81%
Ⅰ. Capital	22 000	23%	22 000	10%	55 000	18%
Ⅱ. Retained earnings	(642)	−1%	664	0%	3 916	1%
1. Legal reserves	—	0%	131	0%	456	0%
2. Unappropriated retained earnings	(642)	−1%	533	0%	3 460	1%
Total shareholder's equity	21 358	22%	22 664	10%	58 916	19%
Total liabilities shareholder's equity	97 404	100%	222 711	100%	307 970	100%

表 2　　　　　　　　　　损益表

Projected Income Statements

×××bank, Seoul Branch

(Korean Won in millions)

Accounts	For the year ended at 12/31/2003	%	For the year ended at 12/31/2004	%	For the year ended at 12/31/2005	%
Ⅰ. Operation Revenues	2 964	100%	9 886	100%	15 329	100%
(1) Interest income	2 900	98%	9 499	96%	14 558	95%
1. Due from banks	46	2%	157	2%	246	2%
2. Securities	2 066	70%	4 597	47%	5 524	36%

Accounts	For the year ended at 12/31/2003	%	For the year ended at 12/31/2004	%	For the year ended at 12/31/2005	%
3. Loans	735	25%	4 565	46%	8 506	55%
4. Due from Head Office and branches	53	2%	180	2%	282	2%
(2) Fees and commissions	64	2%	387	4%	771	5%
II. Operating expenses	3. 873	131%	8 038	81%	10 727	70%
(1) Deposits	1 080	36%	4 069	41%	6 332	41%
1. Deposits	40	1%	233	2%	413	3%
2. Call Money	51	2%	194	2%	296	2%
3. Borrowings	208	7%	784	8%	1 200	8%
4. Due to Head Office and branches	781	26%	2 858	29%	4 423	29%
(2) Fees and commissions	33	1%	34	0%	36	0%
(3) Other operating expenses	160	5%	1 225	12%	1 231	8%
1. Provision for loan losses	160	5%	1 225	12%	1 231	8%
(4) Selling and administrative expenses	2 600	88%	2 710	27%	3 128	20%
1. Salaries	1 365	46%	1 485	15%	1 747	11%
2. Retirement benefits	68	2%	73	1%	169	1%
3. Depreciation	418	14%	418	4%	418	3%
4. Depreciation on intangible assets	55	2%	—	0%	—	0%
5. Rent	331	11%	346	3%	361	2%
6. Others	363	12%	388	4%	433	3%
III. Operating income (loss)	(909)	−31%	1 848	19%	4 602	30%
IV. Non – operating income	15	1%	49	0%	75	0%
1. Other non – operating income	15	1%	49	0%	75	0%
V. Non – operal % ting expenses	19	1%	39	0%	51	0%
1. Other non – operating expenses	19	1%	39	0%	51	0%
VI. Net income (loss) before income taxes	(913)	−31%	1 858	19%	4 626	30%
VII. Income tax expense	(271)	−9%	552	6%	1 374	9%
VIII. Net income (loss)	(642)	−22%	1 306	13%	3 252	21%

表 3　　　　　　　　**在韩外资银行总资产统计表**

Total Assets Volumes of Foreign Branches

(Korean Won in 100 millions)

	Beginning of 1st year	Average of 1st year	Average of 2nd year	Average of 3rd year
(Total assets)				
Bank A（'97）	20	152	576	796
Bank B（'97）	30	38	43	49
Bank C（'97）	1 328	5 953	12 290	17 802
Bank D（'97）	180	220	2 270	2 919
Bank E（'97）	120	530	1 178	1 856
Total	1 678	6 893	16 357	23 422
Average total assets	336	1 379	3 271	4 684
(Increase rate of total assets)				
Bank A		660%	279%	38%
Bank B		27%	13%	14%
Bank C		348%	106%	45%
Bank D		22%	932%	29%
Bank E		342%	122%	58%
Average increase rate		280%	291%	37%
(Increase rate of total assets) - except for Bank D since the rate of Bank D is not normal				
Bank A		660%	279%	38%
Bank B		27%	13%	14%
Bank C		348%	106%	45%
Bank E		342%	122%	58%
Average increase rate		344%	130%	39%

（＊）银行 D、银行 E 为某中资银行汉城分行。

表 4　　　　　　　　　　**外资银行资产分布统计表**

Asset Portfolios of Foreign Branches

（as of December 31，2001）

（Korean Won in millions）

	Bank A		Bank B		Bank C		Average
Cash and due from banks	18 840	2%	13 500	2%	10 641	2%	2.12%
Cash & foreign currencies	67	0%	27	0%	65	0%	0.01%
Due from banks in won	15 085	2%	12 014	2%	10 119	2%	1.86%
Due from banks in foreign currencies	3 688	0%	1 481	0%	457	0%	0.25%
Securities	110 452	14%	447 979	58%	124 230	25%	32.50%
Loans	589 474	77%	281 014	36%	333 756	68%	60.28%
Loans in won	9 160	1%	3 000	0%	34 920	7%	2.89%
Loans in foreign currencies	206 563	27%	181 608	23%	247 014	50%	33.52%
Bills bought	369 251	48%	96 406	12%	51 773	11%	23.67%
Domestic import usance bills	0	0%	0	0%	49	0%	0.00%
Call loans	4 500	1%	0	0%	0	0%	0.20%
Other assets	11 973	2%	8 560	1%	7 764	2%	1.41%
Derivative assets	1 587	0%	0	0%	0	0%	0.07%
Other	10 386	1%	8 560	1%	7 764	2%	1.35%
Due from Head Office and branches	38 168	5%	22 881	3%	15 330	3%	3.68%
Total	768 907	100%	773 956	100%	491 721	100%	100.00%

（＊）银行 A、银行 B 为某中资银行汉城分行。

表 5　　　　　　　　　　**外资银行资金来源**

Funding Structure of Foreign Branches

（as of December 31，2001）

（Korean Won in millions）

	Bank A		Bank B		Bank C		Average
Deposits	130 152	18%	15 223	2%	5 709	1%	7.14%
Deposits in won	50 202	7%	15 190	2%	1 993	0%	3.19%
Deposits in foreign currencies	19 950	11%	33	0%	3 716	1%	3.95%
Borrowings	191 477	26%	92.827	13%	41 566	10%	46.60%
Borrowings	191 452	26%	92 827	13%	0	0%	13.24%
Call money	25	0%	0	0%	41 566	105	3.36%
Other liabilities	22 498	3%	12 886	2%	5 386	1%	2.09%

韩国岁月话金融
—— 一位银行人士的海外工作随想录

续表

	Bank A		Bank B		Bank C		Average
Derivative liabilities	2 766	0%	5 580	1%	0	0%	0.40%
Other	19 732	3%	7 306	1%	5 386	1%	1.69%
Inter – branch account	385 944	53%	567 624	82%	359 458	875	74.17%
Total	730 071	100%	688 560	100%	412 119	100%	100.00%

（＊）银行 A、银行 B 为某中资银行汉城分行。

表 6　　　　　　　　　　**外资银行办公室租赁情况**

Office Leases of Foreign Branches

（as of December 31, 2001）

（Korean Won in units, Pyung）

	Bank A	Bank B	Bank C	Bank D
Total occupation（Pyung）	268	414	211	670
Location	Namdaemoon – ro Jung – gu	Taepyung – ro Jung – gu	Sogong – dong Jung – gu	Seorin – dong Jongro – gu
Key money/Pyung	456 000	780 000	680 000	830 000
Monthly rent/Pyung	73 500	82 000	80 500	83 000
Maintenance expense/Pyung	15 800	32 000	30 500	31 200
（Average except for Bank A）（＊）				
Key money/Pyung	763 333			
Monthly rent/Pyung	83 833			
Maintenance expense/Pyung	31 250			

（＊）不包括 A 银行，因其房租价格较低。

表 7　　　　　　　　　　**外资银行的资本金情况**

Capital of Foreign Branches

（1ˢᵗ year ~ 2000）

（Korean Won in 100 millions）

	Bank A	Bank B	Bank C	Bank D	Bank E	Bank F	Bank G
1994							120
1995							120
1996							157
1997	20		30	1 328		180	198
1998	30	740	30	1 328		180	198
1999	30	740	31	1 328	300	180	198
2000	30	740	60	1 328	300	508	215

（＊）××中资银行汉城分行。

表 8　　　　　**外资银行的人员聘用与劳动力成本支出情况**

Manpower and Personnel Expenses of Foreign Branches

（Korean Won in units）

	Bank A	Bank B	Bank C	Bank D	Bank E	Average
General manager level						
Number of employees	1	3	2	3	2	2. 2
Total annual salaries	187 526 208	472 182 564	272 499 110	460 925 004	257 139 496	330 054 440
Average annual salaries	187 526 208	157 394 188	136 249 555	153 641 668	128 569 748	150 024 745
Deputy manager level						
Number of employees	5	10	5	5	6	6. 2
Total annual salaries	402 897 420	848 703 228	507 883 236	399 499 992	453 979 266	522 592 628
Average annual salaries	80 579 484	84 870 323	101 576 647	79 899 998	75 663 211	84 289 134
Staff level						
Number of employees	14	25	26	30	54	29. 8
Total annual salaries	429 393 432	1 418 406 300	1 388 929 098	1 124 508 987	1 766 478 928	1 225 543 349
Average annual salaries	30 670 959	56 736 252	53 420 350	37 483 633	32 712 573	41 125 616
Total						
Number of employees	20	38	33	38	62	38. 2
Total annual salaries	1 019 816 880	2 739 292 092	2 169 311 444	1 984 933 983	2 477 597 690	2 078 190 418
Average annual salaries	50 990 844	72 086 634	65 736 710	52 235 105	39 961 253	54 402 891

表 9　　　　　　　　　**平均贷款利率分析**

Analysis of Average Rates of Foreign Branches

		For the year ended 12/31/2000	For the year ended 12/31/2001	Increase rate	Average of 2000 and 2001
Due from banks in won		6. 52%	5. 41%	− 1. 11%	5. 97%
Due from banks in foreign currencies		5. 22%	4. 71%	− 0. 51%	4. 97%
Securities		7. 94%	6. 29%	− 1. 65%	7. 11%
Loans in Won		9. 19%	8. 18%	− 1. 02%	8. 69%
Loans in foreign currencies		7. 11%	5. 15%	− 1. 96%	6. 13%
Bills bought		7. 98%	5. 495	− 2. 49%	6. 73%

续表

	For the year ended 12/31/2000	For the year ended 12/31/2001	Increase rate	Average of 2000 and 2001
Domestic import usance bills	7.41%	5.35%	−2.07%	6.38%
Call loans in Won	5.36%	5.63%	0.27%	5.50%
Call loans in foreign currencies	2.93%	12.285	9.35%	7.60%
Due from Head Office and branches	6.12%	4.18%	−1.94%	5.15%
Average of interst rates	6.58%	6.27%	−0.31%	6.42%
Deposits in Won	5.58%	4.89%	−0.70%	5.23%
Deposits in foreign currencies	4.84%	3.50%	−1.34%	4.17%
Borrowings in Won	3.75%	6.73%	2.98%	5.24%
Borrowings in foreign currencies	6.52%	5.27%	−1.26%	5.90%
Call money in Won	5.40%	4.98%	−0.42%	5.19%
Call money in foreign currencies	6.13%	3.81%	−2.32%	4.97%
Due to Head Office and branches	6.20%	4.42%	−1.78%	5.31%
Average of interest rates	4.50%	3.99%	−0.51%	4.24%
Average difference of interest rates	2.08%	2.28%		2.18%

（＊）盈亏比率根据外资银行年平均值得出。

表10   劳动力成本分析表

Labor Rates

	1 month	3 months	6 months	1 year
（Actual）				
1992.6	3.922%	3.953%	4.125%	4.375%
1992.12	3.344%	3.453%	3.641%	4.078%
1993.6	3.203%	3.328%	3.563%	3.7815
1993.12	3.297%	3.375%	3.500%	3.813%
1994.6	4.563%	4.875%	5.250%	5.828%
1994.12	5.984%	6.500%	7.000%	7.750%
1995.6	6.079%	6.000%	5.875%	5.766%
1995.12	5.735%	5.657%	5.563%	5.454%
1996.6	5.516%	5.625%	5.844%	6.172%

续表

	1 month	3 months	6 months	1 year
1996. 12	5. 547%	5. 586%	5. 618%	5. 789%
1997. 6	5. 719%	5. 813%	5. 938%	5. 669%
1997. 12	5. 852%	5. 985%	6. 008%	5. 669%
1998. 6	5. 748%	5. 785%	5. 871%	5. 940%
1998. 12	5. 118%	5. 172%	5. 172%	5. 213%
1999. 6	5. 223%	5. 355%	5. 633%	5. 803%
1999. 12	5. 832%	6. 005%	6. 136%	6. 5085
2000. 6	6. 649%	6. 778%	7. 014%	7. 214%
2000. 12	6. 565%	6. 403%	6. 2085	5. 997%
2001. 6	3. 835%	3. 791%	3. 827%	4. 055%
2001. 12	1. 876%	1. 883%	1. 983%	2. 445%
2002. 6		1. 860%		
（forecast（＊））				
2002. 12		1. 760%		
2003. 6		1. 990%		
2003. 12		1. 870%		
2004. 6		1. 980%		
2004. 12		1. 830%		
2005. 6		1. 920%		
2005. 12		1. 680%		

（＊）预测部分利率采用 1995～1999 年平均利率。

表 11　　　　　　**外资银行贷款损失准备金分析**

Loan Loss Reserves of Foreign Branches

（Korean Won in millions）

	12/31/2000	12/31/2001
（Bank A）		
Total loans	1 356 408	888 960
Allowance for possible loan loss	27 680	18 132
Ratios	2. 04%	2. 04%

续表

	12/31/2000	12/31/2001
（Bank B）		
Total loans	524 482	329 027
Allowance for possible loan loss	6 000	4 729
Ratios	1.14%	1.44%
（Bank C）		
Total loans	199 246	144 044
Allowance for possible loan loss	4 163	2 909
Ratios	2.09%	2.02%
（Bank D）		
Total loans	109 652	24 870
Allowance for possible loan loss	2 951	209
Ratios	2.69%	0.84%
（Bank E）		
Total loans	201 828	323 410
Allowance for possible loan loss	3 993	6 467
Ratios	1.98%	2.00%
（Average）		
Ratios	1.99%	1.67%

表 12　　　　×××银行汉城分行资产负债表

Balance Sheets of the ×××Banks' Seoul Branches

（as of December 31, 2001）

（Korean Won in millions）

Accounts	Bank A	%	Bank B	%
Ⅰ. Cash and due from banks	13 522	2%	18 840	2%
1. Cash	27	0%	67	0%
2. Due from banks in Won	12 014	2%	15 085	2%
3. Due from banks in foreign currencies	1 481	0%	3 688	0%
Ⅱ. Investment securities	447 979	58%	110 452	14%
1. Investment securities in foreign currencies etc.	447 979	58%	110 452	14%
Ⅲ. Loans	276 515	36%	584 166	76%
1. Loans in Won	3 000	0%	9 160	1%

Accounts	Bank A	%	Bank B	%
2. Loans in foreign currencies	181 608	24%	206 563	27%
3. Call loans	—	0%	4 500	1%
4. Bills bought	94 406	13%	369 251	48%
Allowance for possible loan losses	(4 499)	−1%	(5 308)	−1%
Ⅳ. Fixed assets	465	0%	2 355	0%
1. Tangible assets	2 000	0%	3 515	0%
Accumulated depreciation	(1 535)	0%	(1 160)	0%
Ⅴ. Other assets	31 442	4%	50 142	7%
1. Key money deposits	653	0%	814	0%
2. Due from Head Office and branches	22 881	3%	38 168	5%
3. Deferred income tax assets	—	0%	113	0%
4. Others	7 908	1%	11 047	1%
Total assets	769 923	100%	765 955	100%
Ⅰ. Deposits	15 223	2%	130 152	17%
1. Deposits in Won	15 190	2%	50 202	7%
2. Deposits in foreign currencies	33	0%	19 950	10%
Ⅱ. Borrowing	92 827	12%	191 477	255%
1. Call money	—	0%	25	0%
2. Borrowings	92 827	12%	191 452	25%
Ⅲ. Other liabilities	580 753	75%	408 830	53%
1. Accrued severance and retirement benefits	235	0%	364	0%
2. Due to Head Office and branches	567 624	74%	385 944	50%
3. Income tax payable	148	0%	1 579	0%
4. Others	12 746	2%	20 943	3%
Total liabilities	688 803	89%	730 459	95%
Ⅰ. Capital	53 700	7%	31 100	4%
Ⅱ. Capital surplus	4 254	1%	907	0%
Ⅲ. Retained earnings	23 244	3%	3 704	0%
1. Legal reserves	2 623	0%	3 703	0%
2. Unappropriated retained earnings	20 621	3%	1	0%
Ⅳ. Capital adjustments	(78)	0%	(215)	0%
Total shareholder's equity	81 120	11%	35 496	5%
Total liabilities shareholder's equity	769 923	100%	765 955	100%

表 13   ×××银行汉城分行损益表

Income Statements of the ×××Banks' Seoul Branches

（For the year ended December 31，2001）

（Korean Won in millions）

Accounts	Bank A	%	Bank B	%
Ⅰ. Operating revenues	44 656	100%	54 650	100%
（1） Interest income	39 596	89%	46 582	85%
1. Due from banks	1 193	3%	1 737	3%
2. Securities	28 538	64%	8168	15%
3. Securities	9 263	21%	36 018	66%
4. Due from Head Office and branches	602	1%	659	1%
（2） Fees and commissions	1 225	3%	2 404	45%
（3） Other operating revenues	3 835	95	5 664	10%
Ⅱ. Operating expenses	35 969	81%	44 974	82%
（1） Interest expenses	23 635	53%	35 573	655%
1. Deposits	644	1%	4 375	85%
2. Call money	26	0%	—	0%
3. Borrowings	2 993	7%	7 633	14%
4. Due to Head Office and branches	19 972	45%	23 565	43%
（2） Fees and commissions	10	0%	65	0%
（3） Other operating expenses	9 288	21%	4 819	9%
（4） Selling and administrative expenses	3 036	7%	4 517	8%
1. Salaries	950	2%	1 650	3%
2. Retirement benefits	119	0%	127	0%
3. Depreciation	397	1%	237	0%
4. Rent	432	1%	1 457	3%
5. Others	1 138	3%	1 046	2%
Ⅲ. Operating income	8 687	19%	9 676	18%
Ⅳ. Non–operating income	245	1%	—	—
Ⅴ. Non–operating expenses	—	0%	388	1%
Ⅵ. Net income before income taxes	8 932	20%	9 288	17%
Ⅶ. Income tax expenses	1 521	3%	2 594	5%
Ⅷ. Net income	7 411	17%	6 694	12%

附录 3： 接受访谈话感受（2006 年）

从海外分行回到总行工作，国内一家金融期刊的记者来总行找到我，希望我能谈谈中国银行人到海外创业及经营的感受。虽然我长期以来为人低调，不愿意在媒体露面，但由于之前已经两次拒绝了人家，这次如果拒绝有点说不过去了。

谈话中，我被那位记者的敬业精神和他对中国的商业银行海外分行拓展的关心所打动，我们之间的访谈非常愉快。

记者：听说您自参加工作以来在国外工作的时间比在国内长？您能告诉我都去过哪些国家？怎样看自己的海外工作经历？

答：是的。我参加工作以来的大部分时间都是在国外度过的，先后到过几十个国家和地区，北非两赴埃及、南非走到好望角；北美曾几次去美（国）、加（拿大）；南美去过亚马逊；欧洲三下意大利、英国和德国；东渡四次去过日本；我到过最适合人类居住的瑞士和苏格兰；去过转型经济体国家的澳大利亚和韩国，这些工作访问都给我留下了难以磨灭的印象。最动荡地区约旦河西岸的亚克巴和巴士拉的劫难至今让我难以忘记；次大陆的印度、巴基斯坦和东南亚的泰国及菲律宾让我了解了文化的变迁；蒙古高原成吉思汗的故乡使我心境更加开阔、淡泊了名利。

自 20 世纪 80 年代初大学毕业后，我在科威特一干就是 7 个年头，90 年代在韩国一干又是 9 个年头，期间还在一些国家短期工作数月。长期的外漂生活，使我养成了独立思考的习惯，不管遇到人生中多么严峻的挑战，我的自信心都会让我能够正视工作和生活中所发生的一切。

在中东地区工作时，我亲身经历了两伊战争。在约旦出差时，驾驶的汽车在几乎看不到人的山路上竟然遇到了荷枪实弹的巴勒斯坦游击队的拦截，面对这些突发事件，我都能从容应对，冷静地处理了种种挑战与危机。

在韩国工作时，我经历了 1997 年亚洲金融危机，面对驻地被盗和账户被封的窘境，我审时度势正确处理，也顺利地度过了危机。

韩国岁月话金融
——一位银行人士的海外工作随想录

在国外长期工作，对于没有这种经历的国内同学和朋友们来说，被普遍认为是人生中非常难得的好机会，可有谁能知道由于长期在外工作使自己在国内的各种待遇及机会一次次地错失？我在评技术职称时，比国内在国家部委工作的同学晚了4年；晋升行政职称时耽误的年头更长。但不论怎么说，长期的海外生活，积累了我人生中非常难得的一段令人终生难忘的经历，增长了见识、提高了自己处理棘手问题的能力。

记者：听说您筹办了中国建设银行第六家海外分行——汉城分行，您怎样看中国人到海外经营分行？与东亚其他国家的商业银行海外发展比较，您怎样看我国的银行开展海外机构建设的必要性？经营人需要具备什么素质？

答：我国各类企业的国际化发展使商业银行到海外经营成为必然，因为银行就是服务于企业的。但我们"走出去"经营的路还很长，且艰难，说艰难主要是银行内部的战略制定与调整，说路长是因为我国的商业银行海外资产占总资产的比例非常低。我们通过近20年的发展，我们的商业银行海外经营性机构网点的铺设还是比较慢的，比如，建设银行海外分行（包括子公司）的资产还不到其全部资产的3%。

20世纪60年代日本的银行海外发展和韩国的银行在80年代的海外发展，都是银行跟着企业"走出去"，因为，商业银行到境外建立经营性机构是为本国企业提供金融服务的延伸。

20世纪80年代我在中东国家工作时，就看到了日本商业银行为丸红公司、清水公司、三井建设等企业提供金融服务。我看到了韩国的银行把海外分行开到了美国、欧洲和亚洲，为现代汽车、LG化学和三星电子公司提供了全方位的金融支持。

我认为，中国的商业银行巨额的美元资产应该投向海外，这样可以创造收入多元化，还可避免国际原材料价格变化和汇率变化可能给银行资产带来的损失。

我们应充分利用我国商业银行股份制改造的大好时机，积极开拓境外经营性机构的海外网点建设。目前我国三大银行（中行、工行、建行）的各项财务指标都达到了《巴塞尔协议》的监管要求，不良率已经降低到

4% 以内，自有资本充足率超过了 8% 的最低要求。所以，当前是我国商业银行走向世界的大好时机。

我国商业银行"走出去"经营发展的空间很大，各家银行应制定出包括海外机构发展在内的相对稳定的整体发展战略，并能够按照计划一步一步地狠抓落实。

我国经济和金融改革已走过了 28 年的历程，除了国有企业外，很多股份制企业的业务也已经发展到海外，如果银行服务不能及时跟进，这些企业在境外的融资只有去找外国的银行，我们将会丢掉市场、流失客户。比如：海尔集团、中兴、华为、中航技、中建等公司在海外的子公司遍布世界各地。所以，我们的商业银行也应该将服务延伸到海外。

关于经营人需要具备什么素质的问题，我认为海外分行经营人要有对股东投资负责的意识，要有敬业精神，要有国际企业经营经验，懂外语，知识必须不断更新，要熟悉当地企业文化，做老实人，在经营中绝不能急功近利。

在管理上，我们要靠制度约束人的行为，做到七分严、三分宽，要以人为本。

问：商业银行在国外建立机构具体工作有哪些内容？

答：商业银行在国外建立机构与制造业、建筑业、餐饮业等行业不同。

银行是高风险行业，海外分行在经营中必须接受当地有关监管机构的严格监督。比如，自有资本充足率、流动性比率等都必须达到《巴塞尔协议》的规定。但各地监管也有区别，有的国家在一些监管指标上，主要看总行的经营业绩，考核指标以总行的各项比率为准，不是仅看当地分行，比如韩国就是这样。但总行拨给的资本金亏空，必须要及时补上。

筹备一家海外分行，前期要做的工作是可行性研究，也就是一个经营周期的盈亏测算。这项工作相对来说是一种模式化的财务假设。当然，市场准入、监管、同业竞争状况等事先就应该全面了解。

在所提出的动议获得总行批准后，首先要与东道国的监管机构进行沟通，以确保顺利获得批准。随后开展的工作就是寻找办公地点、办公室装修、确定系统设备等。然后，订购设备、建立平台和搭建系统、软件调试等，最后是招聘人员、上岗培训。

分行开业后，按照计划寻找业务增长空间并制定内部规章制度，再下一步就是市场营销，这不仅关系到这家海外分行未来业务发展在当地市场的占比及影响，更重要的是它要给股东投资带来最大的回报。

问：在金融产品和服务方面，我国的银行与国外银行比较存在哪些不足？

答：国外银行的金融产品比我们多，实际上应该说可应用的金融产品比我们多。

他们的收入50%以上来自中间业务收入，有的高达70%左右，而非长期信贷业务，比如花旗银行、美国银行、渣打银行等。而我们的银行由于种种原因，利差收入仍然是银行收入的主要来源，在整个收入中占比一直很高，达到了90%。原因业内都很清楚。

国外银行非常重视员工的培训，银行内部始终使人感到有一种鼓励人们去创新的企业文化。比如，德国的商业银行每年用于职员在岗培训的费用相当于劳动力成本支出的30%。这样，在机制上，他们为产品创新创造了条件，银行职员在创新上有动力。

国外的教育方式是鼓励银行职员能积极创新外部条件，比如，美国式的中小学教育没有统一的课本，但有具体的要求，大学生必须达到某种目标方可毕业，也就是我们常说的宽进严出体制，西方人从小就树立了创新意识。

在服务方面，国际上一流的商业银行服务手段先进，在客户面前态度好，把顾客当成上帝。银行每个营业网点内的软环境也很好，使客户去银行办事感觉到是一种享受，而不仅仅是为了办事而去办事。而且，银行职员总是不断地向客户主动提供新的理财产品，想方设法使客户的现金资产增值，直到客户满意为止。

问：我国商业银行从业人员与发达国家的银行职员存在哪些差距？

答：我们在服务上有差距，尤其是在实效性方面更差。

给你举个例子，我的一位加拿大朋友 Don Drover，2005 年 9 月 28 日在北京昆仑饭店××银行的 ATM 上取款 8 000 元人民币，没有取出钱。但回到加拿大后发现账户资金被扣除，事后他先后三次为此事回到北京，他找中国的朋友与××银行有关部门及这家银行的客服中心联系多次仍得不到解决。

今年 3 月，我以银行职员的身份找到××银行，问题才得到解决，可时间已经过去数月。试想这样的服务人家以后怎么敢再到那家银行网点办理业务？我这只是给你举出一例。所以，我们不仅要从系统上进一步改造，避免这类事件的发生，更重要的是银行职员的服务意识必须跟上，做到急客户之所急，想客户之所想。

我还要强调一点，从管理层面讲，我们的银行职员知识应该及时更新，从事管理的职员如果更专业一点要比更"全面"些更能体现出银行的价值与服务以及管理水平。

问：您在朝鲜半岛辛勤工作了 9 年，筹办了建设银行汉城分行，有什么感受？

答：感受应分生活感受和工作感受。若谈生活感受，我一直觉得我是在志愿军曾经战斗过的地方生活。记得在中学时代，我学习过魏巍的《在朝鲜的每一天》那篇报道文学，多次看过电影《英雄儿女》、《上甘岭》，可以说这些对我意识形态的影响很大。但今非昔比，我虽没有经历那场"血与火的战争"，但却在朝鲜半岛——如今已是"没有硝烟的战场"上滚打了 9 年，这也是"战斗"啊。

我发现韩国虽然是我国的一个近邻，是一个儒家文化根深蒂固的国家，但它对于我们中国人来讲，感觉是既亲近又陌生，说它亲近是因为文化和肤色的相似。说它陌生是朝鲜战争后，彼此之间近 40 年的隔阂使我们之间在包括法律、思想及人与人处事等很多方面存在着巨大的差异。

有些韩国人为了恭维上级，通常是假话连篇。他们与少数的鲜族人一样，当你和他们接触多了，你就会发现他们骨子里的共性。他们在很多情况下是两面人，用大白话讲，非常会"装"。下级对有利益关系的上级总是表现出一种"奴性"，当然这种"奴性"会随着权力的转移而发生变化。

在朝鲜半岛 9 年的时间里，我经历了韩国金融危机，经历了筹办一家

韩国岁月话金融
—— 一位银行人士的海外工作随想录

海外分行的酸甜苦辣。我为自己能为中国四大国有商业银行之一的中国建设银行在海外设立分行做出自己应该做的一切而感到欣慰。

9 年的时间在历史长河中是短暂的瞬间，但对于一个在经济、金融战线上为国家工作的人来讲，却是一段难以忘怀的漫长岁月，在这个过程中，需要克服很多困难。

问：您什么时候开始决定研究在韩国创建经营性金融机构的？

答：自 1998 年起，我就开始为我行筹建这家境外分行做准备。在选址上，先是考虑了韩国的釜山，后又考虑了汉城，这期间除了外部客观环境的因素外，我们内部的政策导向使工作量大大增加，时间一年一年地被往后推。之所以考虑釜山，因为当时我行海外发展战略是"在中行、工行没有涉足的地方建立机构"，为此，我还拜访了釜山的白市长。

与中资同业相比，我们这家分行在筹备时间上花了双倍，甚至三倍的时间。对于我个人来讲，也花费了更多的时间和精力。

通常，一家商业银行的海外分行从调研、筹备到宣布成立，需要两年的时间，但我行汉城分行足足用了 4 年多的时间才成立起来，原因我刚才已经说过。

我们做事情必须从一点一滴做起。老子曰："合抱之木，生于毫末；九层之台，起于累土；千里之行，始于足下"。我们做银行的人，必须一步一个脚印，不能跳跃、好高骛远。

问：您怎样看海外分行经营这个问题？

答：我们在国外经营会碰到许多在国内想不到的问题。比如法律环境、文化差异、当地对商业银行的监管规定、金融产品创新与应用等。要想经营好一家商业银行的境外分行，在经营中，平时必须注意对一些问题的研究和探讨。

与国内经营比较，国外经营属于一个完全不同的环境，这种特殊环境不仅仅体现在法律和监管方面，更体现在对金融新产品的管理与应用方面。老实讲，与先进工业国家的商业银行比较，我们的商业银行到本土以外去经营，起步是比较晚的，经验是缺乏的。

银行业务的特性决定了银行是一个高风险的行业。在国外经营，有很多东西是我们以前完全不懂的，我们不能夜郎自大。比如，根据《巴塞尔协议》监管要求，任何银行的国外机构都不能逃避监管。因此，经营人必须熟悉《巴塞尔协议》的主要内容，包括对资本的分类，对风险权重的要求标准，对资本与资产比例的要求和对驻在国的金融法规的了解等。尤其是要避免盲目扩充海外分行资产的冲动，杜绝由于短期行为给日后可能带来的损失。

对于经营管理，必须按照国际惯例进行评估，比如使用 ROA、ROE、SVA、RAROC 和 EVA 等比率进行比较研究，特别是与外资同业、中资同业在当地的经营情况进行比较分析，你才能找出一条海外分行健康发展的道路。

此外，经营人还必须要时刻关注东道国的信用风险、系统风险、国家主权风险、地区政治风险、转移风险、汇率风险、利率风险等，在经营中把握好流动性，避免业务操作风险等。

经营海外分行，金融产品创新与应用是一个比较重要的方面。这些创新的金融产品很多都与表外业务紧密相连，运用得好，可能带来收益，反之，风险也是巨大的，甚至是灾难性的。对此，经营人必须熟悉这类产品，加强对行内员工的培训，这种培训包括业务培训和道德教育。

对"管理文化"、"商业环境"的实现目标与分析也非常重要，只有通过对分行的有效管理和稳健经营，才能促使各项业务指标的最终实现。

另外，还要学会与不同文化背景的人进行沟通，要抱着谦虚好学的态度。一是经营人既要树立对母国的股东负责，也要对维护所在国家的金融秩序负责的思想。要做到这些，我们必须视野开阔，不断更新知识。二是要建立良好的企业内部文化，在分行内部形成合力，而不是相互博弈。三是经营人绝不能有短期行为的思想。商业银行外派人员必须要忠诚可靠，具有强烈的责任感和使命感才能经营好海外分行。

对于总行管理部门来说，应避免由于信息不对称而带来的不必要的麻烦。

问：您对付出与回报如何看待？您对汉城分行未来经营如何看？

答：我在中国建设银行汉城代表处和分行工作近9年，可以说对自己一手筹办起来的这家分行特别有感情，这种感情就好像它是我的 BABY 一样，但我在汉城分行工作的时间只有很短的 1 年半，古人云，前人栽树、后人乘凉嘛。

为了筹办建设银行这家境外分行，我连续放弃了 4 年的休假。

在收入方面，境外分行的年收入肯定比非经营性机构——代表处要高很多。我的付出虽大于回报，但却积累了人生中一段非常难得的经历。一个人，只要你心态好，就不会感到委屈。只要你有能力，还可再创辉煌。

新中国外交在困境时不是有句名言吗？"东方不亮、西方亮"，我的心态是健康的，没有扭曲，但命运是曲折的。我知道"性格"决定"命运"，"心态"决定"人生"，但我更相信"观念"决定"前途"。

人生中不管遇到什么事，你都要正视现实。一个有教养的人必须要学会控制住自己的心态。当你遇到困难时，应把它视为挑战；当你遇到失败时，要想到如何走向成功；当你一时感到灰心时，必须提高自尊心；当你停滞不前时，要想到发展；在你不知所措时，要做到自我兴奋。但愿每个人都能做到善良、真诚。

说实话，作为一名中国的商业银行职员，能有机会完整地参加筹备一家国有大型商业银行的海外分行，这段经历在我的职业生涯中会终生难忘，是金钱买不来的，为我今后在事业上的发展积累了宝贵的经验和财富。

问：我还想最后问您两个与银行管理不相关的问题，您对韩国人是什么印象？

答：关于这个问题，您可以从我在韩国报刊杂志上发表的观点中找出答案。总体来讲，我对韩国人印象不错。韩国人善于学习、勤奋、工作也非常努力，他们很团结。记得在 20 世纪 80 年代末，当美国黑人袭击洛杉矶的韩商时，韩国人能够抱成团，拿起武器赶走黑人强盗。在这一点上，洛杉矶的中国商人就没能做到。中国在美商人当时也遇到黑人的抢劫，多数华裔商人不能有效组织反抗，他们把加固自家店铺的门作为防范的唯一措施和手段。

韩国人在碰到问题时，性格很急，容易产生由于一时冲动而酿成的悲剧，这种例子举不胜举。比如，我在韩国工作期间，就亲眼见到过一个韩商身缠炸弹到我使馆静坐，据说他被中国延边的朝鲜族欺骗了，投资血本无归。

还有一个事件至今仍使我无法找到谅解的答案。你知道是怎么回事吗？

我在韩国生活期间，经常请客人去延世大学新村的一家烤鸭店用餐，因为那个烤鸭店的主厨小金师傅是北京的朝鲜族，他娶了韩国人后，就移居韩国居住。

我喜欢小金有很多原因，一是因为他是北京人，一口亲切悦耳的京腔使我感到像回到北京一样；二是他做的烤鸭不比全聚德的味道差，因为他来韩国前是北京前门全聚德烤鸭店的一级厨师；三是他的哥哥是我读书的那所大学里的职工，在学校图书馆任职。每次我去那里，除了用餐外，我都会抽出时间和金师傅唠家常。

可我万万没有想到，后来我听说他在一次与韩国人发生的口角中，被对方刺杀身亡。我当时很气愤，从此以后我再也没有去过那家烤鸭店。当然，这或许只是个个案。

问：当今韩国人在宗教信仰方面是否与中国人有很大的不同？

答：是的，整个朝鲜半岛受西方文化的影响与我原来想象的不一样。

记得 1999 年我访问平壤后，必须先回到我国境内，然后才能回到汉城。到汉城的当天晚上，邻居敲门找我，约我第二天去明洞的教堂看看，她还给我送来一盘阿玛尼（韩语"妈妈"）亲手制作的年糕，这栋楼里的韩国邻居对我这个外国人十分友好。

自从一年前我从江北一期代表处位于平仓洞的、独立的别墅搬到江南的现代集团公寓以来，我每天与普通韩国人接触的机会便多了起来，与社区邻居们相处得非常好。前几次我都说忙于工作没有答应人家，可那一次我不好意思再拒绝人家了，第二天我和邻居一道去了那个基督教堂。进入教堂后，我发现所有程序和西方国家的程序一样，在教堂内，好像到了欧美国家一样。

来韩国工作前，我的脑海里始终认为韩国人的意识形态是以儒教思想为主，是一个根深蒂固的儒教文化影响的国家。我的这种判断出自于以下

韩国岁月话金融
—— 一位银行人士的海外工作随想录

两个主观因素：一是出于对地缘政治的浅薄认识。二是看问题的角度仅从汉字文化圈的范畴进行主观推测。但这次去过明洞的基督教教堂后发现当初的判断是错误的，韩国人的宗教信仰并非是我想象中的那样。在 18～19 世纪，西方传教士在朝鲜半岛的传教是成功的，第一个来韩国传教的人是 Rev. H. G. Appenzeller，他的到来给这个曾长期以儒教和佛教为主的民族带来了一种新的意识形态及信仰选择。之后，美国传教士 Horace H. Underwood 在汉城创办了延世大学，1996 年我入学时的考官就是传教士 Horace H. Underwood 的孙子，他当时是延世大学 GSIS 研究生院的院长。此外，查阅延世大学图书馆史料后发现，金日成主席的父母也都是虔诚的基督教徒。而在那个年代的我国，由于受"天津血案"等事件的影响，传教士在中国的传教是不成功的。

韩国在经历过几次大的动荡与战争后，早就变成了一个以佛教、儒教、萨满教和基督教思想混合为一体的多种思想组合的国家，人们的思想也已经随着时代的变迁而不断地发生着变化。比如，韩国人接人待物变得很西化，延世大学的同学相约吃饭时，全都是 AA 制，起初我不太习惯。

在现代韩国人的生活里，周末的一项重要活动就是去教堂。在韩国的城市，从商业区到居民小区，教堂随处可见。出于好奇，在韩国生活时我曾做过一项调查，写过一篇观察报道，被刊登在《建设银行报》上。通过调查我了解到，韩国的基督教教徒占到其总人口的半数以上，超过 2 400 万人，整个朝鲜半岛约有 6 061 个教堂。而与之相比，韩国的寺庙仅剩下约2 500 个，僧侣约 11 000 人，信徒约 1 500 万人，且前往的人多是老人，很少看到年轻人去寺庙。今日韩国年轻人受西方文化的影响更深。比如，在韩国每年的圣诞节要比其他节日热闹许多。1953 年 7 月，朝鲜战争结束后，美国文化对韩国人的影响很大。比如，在美国、英国等欧美国家最新出版的英文原著，在同一时间你就可以在汉城的书店里找到。

我再给你举个生活中的例子，我的很多韩国朋友餐前、餐后都习惯喝一杯咖啡，这个习惯与西方人完全一样，即使在韩国西海岸的一个偏远小镇，也能很容易地找到咖啡店。进入咖啡店，你会看到人们在那里品尝着咖啡、聊着天，好像是在佛罗伦萨一样。

附录4： 韩国养老金制度带给我们的启示

从海外分行调回总行工作后，多数时间我都在从事养老金业务，这是我国商业银行开展的一项新业务，行领导把它确定为"战略性业务"。同时，结合《韩国岁月话金融》一书再版的需要，参照当年在韩国工作时的日记，我将中韩两国养老金制度与基金的投资管理进行了比较，写下了这篇心得体会，愿与读者分享。

社会养老保障制度包括的范围非常广泛，一方面，通常意义上的"社会养老金制度"是指社会养老保险体制，是保障老年人基本生活收入的社会化制度安排，是解决人在年老的时候获得经济保障问题的一种制度。养老金计划是养老金制度的实际组织和运行形式，养老保险则是按照保险的原则而建立的养老金基金积累计划。另一方面，各国政府和金融机构都非常重视这类"特殊资产"的投资管理。对于委托人而言，这笔钱是基金缴纳人退休后保持一定生活水准的养命钱。对于受托人来说，管理好这类资产是关系到社会稳定的政治问题。因此，对于这类资产的保值、增值，政府政策制定及受托管理机构都有着直接的管理责任。我认为，一个国家不管在什么样的经济发展模式下，养老保险制度的建立始终是一个关系到社会福利制度不断完善的热点话题，因为"社会"是人们交互活动的产物，在生产、交换和消费发展到一定阶段时，就会有相应的社会制度产生。正因为这样，社会的进步就迫切地要求相应制度的产生，包括养老金制度在内的养老保险制度就是其中之一。2013年，全球养老金基金总量超过33万亿美元，养老金在美国的资产份额超过了商业银行的资产，养老金管理机构成为证券市场最大的机构投资者，占保险业收入的60%以上。在我国，包括企业年金在内的养老金资产也已达到数万亿元。那么，如何制定相关政策？怎样管理好这笔资产？国外的制度和基金投资管理模式是否值得我国借鉴？这一系列的问题不断出现在我的脑海中。作为金融行业的职业经理人，我觉得一生都需要学习、补充知识。

韩国岁月话金融
—— 一位银行人士的海外工作随想录

一、养老保险制度建设

（一）现代养老保险制度及起源

现代养老制度的产生，主要是由于伴随着近代工业发展而产生，因为发生在欧洲的工业革命带来了经济、政治、社会、法律和人口结构等方面的改变，而这些改变又促使着家庭养老保障方式向新的模式转换。在我国古代，养老制度建立得更早，我国历代统治者都推行了尊老养老的礼仪制度，比如"以利诸老养怡永年"制度。据《文献通考》记载，我国最早的养老金制度是"养老、五帝宪"制度。在周代，我国建立了"三老五更"制度；唐朝则建立了"九老会"制度；宋朝建立了"五老会"、"耆老会"制度。早在公元前2500年，孔子在其《礼记·礼运篇》中就提出了"大同社会"的理想，他说道："大道之行也，天下为公，……人不独亲其亲，不独子其子；使老有所终，壮有所用，幼有所长，鳏寡孤独废疾者皆有所养。"所以说，养老保险制度的建立与经济增长之间是一种紧密联系的互动关系，社会保障制度又是经济发展中不可或缺的组成部分。市场经济体制国家一般都建立了与经济发展相适应、可持续的养老保障体系，不论在什么样的经济体制下，在人的老年阶段，每个人都希望自己在物质上和精神上能有一个幸福的晚年，不希望自己的晚年生活陷入困境。经验告诉我们，凡是有关人与人之间关系的问题都属于社会问题，有了新的矛盾，就必须要用相应的制度进行调节。韩国现行的现代养老制度，就是产生于国家从传统农业型经济向工业化经济的转轨过程中。因此，养老金制度的建立对于一个政府来说显得非常重要。

多数国家的养老保险制度通常由三个部分组成，也就是我们常说的三支柱体系。第一支柱是由政府发起而建立的一种养老保险制度，其宗旨是保证从业人员退休后的基本养老收入和基本生活水准，该制度是一种公共养老保险计划，属于基本养老保险制度。包括企业年金、职业年金等在内的养老金积累方式属于第二支柱，这种制度是通过单位和个人对个人账户的缴费及对基金积累部分投资的有效管理，在员工退休后可一次性支付给委托人的养老基金，属于补充养老保险范畴。第三支柱则是个人自愿缴纳建立的养老保险制度。建立上述三个支柱体系的宗旨都是为了社会的公平和社会福利的需要，其价值取向对经济增长将会产生相应的影响。

当今，以美国为代表的世界很多国家的养老金计划基金积累和收益计发方式主要有两种，它们是收益确定型（Defined Benefit Plan，DB）和缴费确定型（Defined Contribution Plan，DC）模式。DB 型养老金计划是按照一个统一的标准，向计划的参与者提供一笔事实上与他（她）的其他收入或者是先前的收入没有任何关联的养老金收益。DC 型养老金计划的计发方式则是按照一定的公式，决定每个参与人的缴费，这样需要为每一位计划参加人设立个人账户，以实名制记录其缴费积累的情况，将来在他有资格领取养老金的时候，按照参加人的个人账户上的记录，决定向他计发养老金。实践中，各国社会养老金保险的承诺对象、给付标准、承包内容等是与该国的社会经济体制和国情密切相联系的。

（二）韩国重视养老保险制度建设的动因

在新旧制度的衔接上，韩国的做法值得研究。

韩国是指朝鲜战争停战后以"三八线"划分的朝鲜半岛南部地区，领土面积9.9平方公里，人口4 700万。1953年朝鲜战争停战时，韩国的GDP 95%以上依靠农业经济，工业经济除了日本统治时期留下的少量服装加工业外，几乎为零。韩国于1962年开始实行"五年计划"，开启了民族经济向工业化转型之路。20世纪80年代，韩国民族工业开始显现出优势。化学工业、机械加工、钢铁冶炼、汽车造船、电子工业等发展迅速，根据联合国有关部门的统计，现在韩国已经成为世界经贸十大强国之一，彻底实现了从传统农业型国家向现代工业型国家的转变。由于经济结构的转型，韩国的人口结构也发生了巨大的变化，随之而来的有关养老保障制度改革就始终没有停止过。在迈向工业化的道路上，养老金制度的建立和完善始终是韩国经济体制改革中的重要一环，对于韩国从其特有的经济模式下转轨后，在寻找新的衔接制度时，政府深刻地意识到它不仅是关系到民生非常重要的一个全新课题，更是关系到对韩国历届政府地位巩固的挑战，韩国人感到，建立和不断完善养老保障制度至关重要。

20世纪80年代后期，韩国基本上实现了从农业国向现代工业化国家转型的目标，截至1986年末，韩国农业人口已经从朝鲜战争停战初期的95%下降到10%以内。由于整个韩国教育水平的提高，在1982~1990年间，韩国的出生率持续走低，人口结构发生了巨大的变化。1990年，韩国14岁以下人口占全部人口的1/4，专家预计，2020年将下降到15.8%，65岁以上老年人口的比重从1990年的5%上升到2000年的7%，按照联合国有关标准，当时韩国已经提前进入了重度老龄化社会。对于正在经济转型中的我国而言，这种挑战将会来得更早、更快。因此，依靠"新人"供养"旧人"的养老金现收现付体制难以维持下去。

所谓"新人"供养"旧人"的养老金现收现付体制属于公共养老金制度的范畴，在现收现付的统筹模式下，在职员工缴纳的养老保险基金不是被储存积累，而是直接用于支付已退休员工的养老金，等到这些员工未来达到退休年龄时，政府再通过向下一代员工征收养老保险基金来解决这批人的退休金支付问题。面对基金积累不足的压力，在90年代初期，韩国政府中一些人提出了"建立可持续的养老保险制度"的理论。那么，由谁来解决这些新的社会问题？韩国人普遍认为，应是国家和政府的职责与义务，也是企业的社会责任。

韩国现行的养老金制度先是从法律制度建设方面入手，采取的是多支柱、广覆盖模式。在韩国政府中，很多人都是从西方著名大学毕业的精英，他们强调人权主义，懂得经济自由主义理论起源，了解亚当·斯密的理论。在《国富论》中，亚当·斯密论述了通过"看不见的手"来推动个体利益和社会福利的共同增长，进而实现整体社会福利水平提高的一种思想愿望。美国哥伦比亚大学的加拿大籍芒德尔（R. A. Mundell）教授就是研究20世纪70年代后期兴起的强调供给领域的思想学派的先驱。在当今韩国政府中，一些人就是在美国哥伦比亚大学和芒德尔曾执教过的加拿大的英属哥伦比亚大学（UBC）接受的教育，他们对政府养老保障政策的制定，起了引导的作用。比如，韩国在1988年建立的国民养老保险制度，是以一般国民为实施对象的基本养老保险制度。在财源筹措方面，国民养老保险制度实行单位、职工个人与国家三者负担的方式。此外，韩国还为军人等特殊职业的人建立了国家与个人二者负担方式的养老计划。

韩国通过相关制度的建立，使得被解雇人员再就业期间的生活保障等均由原企业来承担。我在中国建设银行汉城分行工作时，曾有一位姓曹的韩国朋友，他原是韩国外换银行职员，1957年出生，2002年被外换银行解聘后，一次性领取了1.8亿韩元（约合15万美元）的再就业补偿金，这笔钱足够他安排退休后的基本生活，更何况他还可以再就业。在他47岁那一年，被一家中资银行录用，在这家中资银行汉城分行又干了6年，退职后又领取到一笔可观的退职金。在曹先生两次就业期间养老金的积累过程中，90%以上是企业为他缴的费用，企业从经营利润中减掉基金缴费部分，这种做法与我们所说的企业年金类似。在韩国，企业承担了退休员工的养老金责任。韩国企业为退职员工建立的这种养老金制度为韩国社会带来了稳定，减少了政府的负担。

在职业年金制度建设方面，韩国同步实行了公务员养老保险制度。依据的法律是1972年的《国民养老保险法》，对18～60岁的全体国民实施，属于强制性与任意性并存的制度。到了1987年7月，韩国实行了养老新政策，该项政策的主要内容包括：抚养父母5年以上的家庭可享受免交100～200平方米住宅税的待遇。这项政策带有明显的东方民族特色，鼓励传统的家庭养老模式。由于狭义上的养老保障制度就是指经济保障，如果抛开不同国家养老金制度的具体形式，养老金计划可以以符合本国国情的具体形式体现，任何一项具体的养老金制度都是这些不同类型养老金计划的具体体现。自1988年后，韩国干脆改口统称为"国民养老保险制度"，这项制度的原则就是实行积累方式，设定9%的费率。由于考虑到计划初期会对劳动者当期收入的影响，韩国实行了分段进行的原则，前10年为6%，后10年逐步提升至9%。参加人和雇主同时承担缴费，类似于信托财产计划，具有很强的公共基金特征。此时的韩国政府认为，有效的公共养老保障制度是未来韩国社会的稳定器，是保障全社会人民生活的安全机制，传统养老模式不再是唯一的选择。

自1992年起，强制性养老制度开始得到加强和完善，实施对象扩大到未满 10 人或 5 人的单位职工，基金筹措延续单位、职工个人与国家三者共同负担的方式，特殊行业的人由国家全额承担。概括地讲，韩国的第一支柱是健康与福利部管理的机构和监督机构的计划；第二支柱是劳动部制定企业年金制度部门的计划；第三支柱是财政经济部和财政监督委员会监督部门的计划。总之，韩国现行的养老保障体系偏向于公共养老金制度建立的目的，其首要目标凸显了建立一个社会安全机制，保障退休人员的基本生活，为退役、辞职等人员再就业打下一个基础。同时，努力改变传统养老模式，以适应社会人口结构转型的需要。在这些措施的实施和推动过程中，政府均起到了主导作用。

（三）对我国的启示

近年来，我们党和国家领导人反复强调，中国的经济体制改革既是我们党领导的一场新的伟大革命、又是社会主义制度的自我完善和发展的过程，我们迫切地需要制定出台符合我国国情的对策，我国经济转轨过程中的城镇养老制度就是其中的一项。通常，经济学里的老年保障思想主要蕴含于其分配理论和劳动再生产理论，其内容主要涉及建立以养老保险基金为主的社会保险基金的必要性、社会保险基金的来源与性质以及养老保障的责任主体等。对于今天的中国，我们急需把几代社会主义劳动者进入老年后生活水平之间出现的不公平问题加以解决，其主要途径就是通过"社会养老金制度"的建立及不断完善制度来保障人们的晚年生活。因此，从政策制定层面分析，在我国养老保险制度改革初期，也是靠政府推动的。党和政府清醒地认识到，养老金制度建设问题已经成为我国急需解决的社会问题之一，这种制度的建立与完善是我国经济体制改革中的重要一环，是解决中国老年人口获得经济保障问题的一种保障机制，且十分迫切。对于我国从原来的计划经济模式转轨后，寻找新的衔接制度来说，它不仅是关系到民生非常重要的一个全新课题，更是关系到对执政党地位巩固的挑战。

实际上，自改革开放以来，国家有关部委就开始探索我国新的养老保障制度的建设。1978 年，国务院颁布了由原国家劳动总局会同有关部门起草的《国务院关于工人退休、退职的暂行办法》，对原来的退休、退职待遇规定作了较大修改。从保障形式上看，由企业按规定标准发放养老金，这种模式属于现收现付的待遇确定型制度体系。1984 年，我国开展了城镇企业职工养老保险费用社会统筹，开始由"企业保险"向社会保险转变，社会统筹在一些县市的国企开始试点并迅速推广，而个人缴费账户引入与保险制度的统一则产生于 1995 年的养老保险制度改革阶段。在 1997 年，我国养老保险制度改革有了历史性的突破，国务院颁布了《国务院关于建立统一的企业职工基本养老保险制度的决定》。

我国在 1997 年确立的公共养老金制度的统一模式使制度走向社会统筹与个人账户相结合的方向，属于统账结合混合模式。所谓社会统筹与个人账户相结合模式，包括公共养老金组成的两个部分，一是社会统筹部分，二是个人账户部分，把两个部分加在一起，组成了我国城镇职工的基本养老保险制度。统筹部分为现收现付制，根据国发〔2005〕38 号文件精神，职工退休时这部分养老金的月标准以当地上年度在岗职工月平均工资和本人指数化月平均缴费工资的平均值为基数，缴费每满一年，发给 1%。个人账户部分则实行了 DC 基金制。在补充养老金制度建设方面，原劳动和社会保障部于 2004 年颁发的第 20 号令——《企业年金试行办法》和第 23 号令——《企业年金基金管理试行办法》使我国的企业年金制度迈上了一个新的台阶，但在地方企业和私营企业推广上，远不及中央国资委所管的央企。一方面，在我国，各类企业多达 1 500 万家，而建立年金计划的企业仅有 6 万家。另一方面，我国很多省份的私营企业对该省的生产总值贡献已经超过 70%，但这些企业大多没有补养计划，这个问题需要我们认真面对，尽快出台政策，以解决私营企业职工的补充养老金问题。韩国的制度是否可以供我们参考。还有，2008 年我国的职业年金制度在国务院确定的 5 省市计划进行试点，但根本没能做起来，中国各省的差异太大是一个重要原因。

因此，我国急需建立符合各地区或不同行业的养老保险制度，这个问题困扰了我们 20 多年。就全面建立第二支柱补养的年金制度这个问题，我们需要结合国情尽快出台相关的后续政策。我国的情况比较特殊，第一，我国是一个13亿人口的大国，各地经济发展不均衡，在计划经济模式下形成的各省的产业结构差别也比较明显，不管是哪一类养老基金，如果制定统一的缴费标准，在公平待遇上存在争议是必然的，除非制度标准就低不就高。第二，职业年金制度的建立应该完全比照企业年金制度快速推进，至于事业单位的产权不清、费用来源等问题，有关部门需要制定政策、给予界定，否则，有的地区或单位先行、有的地区或单位观望将会使事业单位的职业年金难以真正动起来。第三，国家有关部门需要不断完善农民工的补养制度。随着国家城市化的建设，越来越多的农民工来到城市工作，成为城市企业和事业单位的一员，他们的补养、医疗、子女就学等一系列问题都需要解决，在这方面，我们也可以借鉴一些经济转型国家的做法，使在我们党的领导下的社会主义市场经济体制下的劳动者都能获得平等的待遇，为实现中国梦，减少社会矛盾，制定并出台适合国情的养老保险制度。我们从国家财政可持续发展的角度，大力发展商业养老和健康险等都是可选择的范畴，因为建立多支柱的社会保障体系，可减轻政府未来的财政负担。现在，欧洲有的国家已经发展到五支柱体系。

二、必须重视养老金基金投资的有效管理

（一）为什么要加强养老金基金的投资管理

欧债危机的教训告诉我们，希腊债务危机的爆发，最大的问题就是政府在社会福利和公共支出上作出了过高的承诺，国家财政满足不了到期的支出。在美国，2013年包括养老基金资产在内的保险资产为17.4万亿美元，而银行资产合计为13.6万亿美元，由于养老金基金等保险资产属于长期性资产，在金融市场上的作用举足轻重，所以，这类资产的管理长期以来备受美国联邦政府的重视。在我国，目前各类养老保险基金资产达到6万亿元，如何管理好这6万亿元的特殊资产？越来越得到业内的关注，也是我国养老金制度能否持续下去的重要问题。我国《信托法》及有关对养老金基金受托人指定的义务和职责同国外的《保障法》及有关受托人义务和职责还是有一些不同的，在尽职尽责、诚实守信及谨慎义务方面，与韩

国和美国的《保障法》中有关养老金计划受托人职责的规定所包含的内容基本一致，坚持了受托人的两个原则，即对养老金计划利益忠实义务的原则（Duty of Undivided Loyalty）和谨慎做事的原则（Duty of Care）。但是，我国一些大企业的养老金计划受托人是理事会模式，这种模式的管理人员没有管理基金的专业知识，只是一种强有力的行政管理模式。我国的法人受托机构，在管理基金时收取固定的手续费，如果管理的养老金基金财产亏了，我们没有惩罚机制。借鉴国外经验，我国需建立有效的基金投资管理机构退出制度，对于已经获得牌照的投资管理人实行优胜略汰制度。

（二）国外在特殊资产配置（Asset Allocation）方面的做法分析

养老金资产属于特殊资产，国外对养老金基金的投资管理非常严格，对投资收益要求也高。国外的养老金一般可投资的类别包括：现金、债券、股票、房地产等。在美国又可细分为大型市值企业股票、小型市值企业股票、长期美国政府债券、中期美国政府债券、长期美国公司债券、资产证券化的债券、外国债券等，因此，进行有效的资产配置是对基金资产保值增值的最重要一环。通常，发达国家对养老金基金资产的分类大体上分为两种，它们是战略资产配置和战术资产配置。战略资产配置一般指长期的资产配置安排，其份额分配根据企业养老金计划的福利目标、缴税义务和风险偏好来决定，战略资产配置策略通常根据企业养老金计划安排和可持续缴费能力等情况进行适时调整。而战术资产配置则是根据企业计划投资的能力和投资管理人对证券市场运行方向的把握及判断能力所配置的一种短期投资资产策略，因此，战术资产配置还被称为主动型资产配置。其配置目标就是试图通过持有短期的高风险资产，获得预期的高回报。战术资产配置对于机构的投研能力要求非常高。

在韩国，经营养老金计划机构的审批过程与一般金融企业不同，韩国政府有关条文规定，特殊资产基金投资比例规定债券不低于 60%，这类债券包括政府债券和三星集团等大企业债券，其他资产所占比例低于 40%，他们认为这样就保证了基金投资的安全性。1997 年亚洲金融风暴后，韩国对养老金的投资与回报更加注重其安全性，相关的法律也陆续出台。目前，韩国制定的法律有《金融法》、《特殊资产管理实施条例》、《基金投资管理条例与实施细则》、《劳动标准法》、《退休信托管理条例》等。韩国的做法告诉人们，养老金基金投资安全一是要靠其经济在良好运行状况下的固定收益类投资回报，二是靠通过建立相关的法律约束投资管理人的行为。

（三）对我国养老金基金投资管理的建议

几十年来，全球公共和私人部门管理的养老金基金资产爆发性地增长且数额庞大。虽然，在基金投资管理上，全世界有着不同的制度和制度结构，但不论什么样的社会制度或结构，养老金资金在委托人、受托人、托管人之间的流动过程中，其管理效益最终都将体现在给养老金计划参与者的回报分配上，养老金基金管理得好坏对社会的影响非常很大，因此，管理机构在资产配置、投研投入、产品创新、风险管控等方面的压力越来越大。

当前，我国各类养老金基金资产积累已经达到 6 万亿元，如何管理好这笔资产是一个挑战。笔者认为：

第一，人社部发〔2013〕23 号——《关于扩大企业年金基金投资范围的通知》虽然对基金投资比例有所调整，但基金的投资渠道仍需要进一步研究，才能保证基金资产的保值增值。比如，把固定收益类资产投资缩小到 50% 以内，股票投资从 30% 放宽到 35%，允许直接投资新兴工业化国家的债券市场等。

第二，从养老金基金投资管理看，基金管理机构一是要使投资债券的市场选择面更宽一些，比如对以石油美元支撑的中东国家经济体的投资要适当考虑，二是要管理好通胀预期，比如瑞士信贷银行就特别重视对通胀预期的管理，有效调整其在包括新兴工业化国家在内的全球债券市场的资产配置。

第三，要加强投资研究的投入，在这方面，瑞士信贷银行做得也比较好，他们有一个规模颇大的投资研发团队，对全球可投资的市场进行动态跟踪，平衡资产与收益间的关系。根据瑞士信贷银行 2012 年第四季度对全球通胀的报告，通胀最高的七个国家和地区是阿根廷（11%）、土耳其（7.1%）、印度（7%）、俄罗斯（6.5%）、印度尼西亚（6.1%）、南非（5.3%）、中国香港（4%），这份报告对美国、加拿大、韩国及我国的通胀预期分别为2.1%、2.3%、3.1%和3.2%，瑞信投资业务部投资决策的依据均来自这个团队的分析。

第四，借鉴国外养老基金运作主体改革的经验，对我国现行公共养老保险体制进行改革。一方面，可考虑鼓励私营部门与私营养老计划的建立，私营机构和直营经济在我国应得到鼓励，以实现良性循环，但这个问题比较复杂，涉及投资者、发起人及资本市场的关系。另一方面，养老保险包括的领域和范围非常广泛，有私人养老金辅助医疗计划及福利资源配置等，需要正确处理好福利增长同经济增长之间的平衡，正确处理好社会保险制度管理中的收支平衡等问题，建议其他的养老金计划可考虑由现收现付制转向完全基金制市场化管理及运作。

第五，由于任何一个养老基金计划都必须遵循收支平衡的原则，所以，随着全球经济一体化的发展趋势，包括对养老金基金投资管理在内的基金资产的投资，需要从更宽的投资渠道和更广阔的市场空间进行研究。比如，与养老有关的房地产投资、PE投资、对冲基金投资等领域也要允许进入。只有这样，养老基金的投资收益才能在一定程度上摆脱因国内经济的波动而带来的波动，避免2008年、2011年以及2013年5~6月由于国内股票及债券市场的波动给养老金基金资产带来的贬值。

2013年6月作者在中国
金融论坛发表演讲

作者在2014年中国养老金国际
研讨会上答中外记者问

附录5： 读《韩国岁月话金融》一书有感

边 哲

2014年春节期间，学生杭琛来晋阳大地省亲，他亲手送给我一本历时7年时间完成、由中国金融出版社出版的新书——《韩国岁月话金融》。我觉得这是一部很有意思的日记体专著，中国金融出版社对该书的编排也很有创意。它不仅以"日记片段"的形式真实、客观、鲜活、全面地记录了我国商业银行优秀职业经理人在海外艰苦创业的历程，更把作者通过观察分析后的观点巧妙地体现在书里。

身为一名知识分子，一位终生都从事教育工作的老者，现仅从如何写好日记的角度，谈谈我对这部日记体专著的感受。

（一）

人们常使用日记表达自己对所见所闻的感慨。在众多的各具特色、异彩纷呈的现代应用文类型中，日记可称得上是最具大众性、最贴近普通人的生活，也是最给人以亲切感的一种应用文。日记作为一种比较自由实用的文体，对于不同行业的人有着不同的作用。纵观古今中外文化史，不难发现许多政治家、军事家、文学家、科学家、艺术家以及名人学者们在事业上获得的成就，往往与他们擅长于写日记有着密切的关系。他们在写日记的过程中，往往很自然地把生活、学习、工作、阅读、观察、思考、分析、积累、回忆、反思、自省、治学、品德修养等有机地结合起来，融入到日记的写作之中，尤其在治学、品德修养方面效果尤为显著，古今中外人们的日记在这方面的实例与成就不胜枚举。

比如，《拉贝日记》记录了70多年前西门子南京分公司负责人拉贝和他妻子Dora在南京的亲身经历和所见所闻。又比如，2013年出版的《朴槿惠日记》一书，真实地记录了韩国首位女总统的心路历程。朴槿惠在她的人生遇到生死关头的十字路口时，在日记中写道："……为了国民，为了这个国家，我还有很多事情要做，从这个意义上说，我剩下的人生将是为国民、为国家而尽职尽责……"朴槿惠的日记告诉人们，绝望不仅没有击垮她，反而锻炼了她，使她更坚强。

在当今激烈竞争的商战中，优秀职业经理人的日记给了人们很多有益的启示。《比尔·盖茨管理日记》不仅使读者了解了比尔·盖茨善于抓住商机的聪慧及智商，也了解了他的直爽性格与高尚品德。

而杭琛的《韩国岁月话金融》则通过日记形式的理性思考，展现了中国银行人的思想精神。读者在字里行间能够体会到他们创建海外分行时所付出的艰辛及面对的挑战。

（二）

日记是一种带有强烈主观色彩的文体，主要记述个人生活经历和表达作者对生活的认识与感受。什么是感受？我认为感受就是你对生活中发生的事情的感觉、思考，进而得到启发和认识。

日记是一个人认识自我、认识世界、进行创造性表述的过程，日记是一个人思想、情感、文字表达能力的综合检验。日记写作被认为是最富创造性的精神活动，是最富个性的才华与风采展示。

从本质上说，日记是作者生活情感的外露，是其生命力、创造力的文字化表现，真实的个性生命之间，存在着独特性和丰富性。因此，作为个体生命的表现形式和日记本来就应是丰富多彩的，《韩国岁月话金融》一书做到了这一点。我把他在日记中的全部感悟与思考，梳理归纳为以下四个方面：他对世界、对社会观察与思考的结晶；对人生感悟与体验的结晶；对阅读与见闻收获的提炼；个人品质与情感的升华。

《韩国岁月话金融》的作者身为一名我国商业银行海外机构职业经理人，他的生活与工作有其独到之处。从建设银行韩国分行的筹备到建立所经历的艰苦历程来看，通过他的动议最终能够使这家建行海外分行诞生，其工作极富挑战性。杭琛在海外长达17年之久的特殊工作经历，不仅使他具有分析某个具体事情的宽阔视野，也磨炼了他坚韧不拔的意志。这些对于后继者们来说，有很多可以借鉴的经验。这种海外工作经历与机遇，并非人人都有。应该说，客观需要使他有了这种特殊经历，而主观努力使他从事的经济活动绽放出异彩、创造出辉煌。

合上手中的书，书中那些真切的话语、鲜明的分析观点及思考，仍历历在目。正是由于他善于不断从生活中提炼出精华，才能刻画出一条条人生思想的轨迹，一束束闪光的激情火花。这些都是引起读者共鸣的亮点。

（三）

日记原本是写给自己看的，是作者自己与自己的对话。一旦公开发表，就要对社会读者负责。日记是作品，是一种精神食粮，要给读者以营养。读者通过对日记的阅读，能从中获得正确的、积极的、有教育意义的思想内容。

当我细心地品读《韩国岁月话金融》之后，可以感受到的是，日记不是无情物。在这本30万字日记的字里行间，充分流露出来的是作者和他的同事们在筹备建设银行海外分行过程中的高度责任感与使命感。

从书里读者可以看到他对理想的追求，了解到他的喜怒哀乐，读懂他内心的独白，更能看到他勤奋好学，坚韧执着，纯真正义的品格。通过对汉城分行全过程的筹备，看到他脚踏实地工作、老老实实做人的态度；使读者了解到一位优秀的职业经理人是怎样去工作、去学习、去生活、去拼搏、去奋斗的。从中可以看到他在国外寂寞的生活中，是怎样通过读书使孤独郁闷变为快乐和有价值的生活；看到他通过努力，通过细致的市场研究，把被动变成主动；看到他又是怎样在不平坦的人生路途中，淋浴时代的阳光雨露。

《韩国岁月话金融》全书内容折射出人生意义与价值，展现出作者自身的人格修养、精神世界、思想感情，通读全书使人感到字里行间释放出的正能量。这一切的一切，也可以看作是一个参照物，对当代青少年的成长，具有现实的教育意义。

他的日记给人一种力量与不断的追求。在该书的字里行间，随处都可看到他每天都在检查自己的生命。他不仅以感性的形式、通过日记记载了生命的经历，而且用理性的态度来塑造自己的生命。他对自己生命的把握与创造，达到了一定的高度，难能可贵！

（四）

从日记史角度看，小而言之，《韩国岁月话金融》一书是作者个人的心灵史、成长史、成功史、拼搏史，因为日记记载的事务具有生动性、鲜活性以及富有强烈的冲击性是一般历史书籍不具备的。可以说，《韩国岁月话金融》一书是中国建设银行海外机构发展及走向国际化的一个缩影或剪影。往更宽的面上说，《韩国岁月话金融》一书是作者与读者交流思想的平台。这部日记体专著具有文献价值，是总结银行从业人员海外工作经验、研究我国商业银行走出国门经营脚步的宝贵史料。

《韩国岁月话金融》这部日记体专著是对我国金融企业走出国门经营的一种体验或体会的总结，从一个侧面反映了一个历史时期的特征，即中国的商业银行到海外经营是其国际化发展的必然趋势。

这部日记体专著也留下了那一时代的烙印。本书作者在韩国9年的特殊经历，使他成为中国建设银行韩国汉城（今首尔）分行筹建过程中全过程的参与者和历史见证人。一个国家的商业金融机构到境外开设经营性分支机构十分重要，对于正在深入改革的我国商业银行来说更为迫切。

读了《韩国岁月话金融》后，我深思良久。我认为，在当今全球政治经济形势动荡多变的情况下，包括银行在内的中国企业经营人必须要有时代感和紧迫感，在激烈的竞争环境中，要有拼搏意识，并通过认真研究和努力工作，为我国政府在世界舞台上争取话语权。

此外，这部日记体专著对于想了解韩国的中国人来讲，也有一定的参考价值。

我的学生杭琛能写出了这样一部出色的日记体专著，令作为老师和长辈的我感到无比的欣慰与自豪。俗话说，青出于蓝而胜于蓝，长江后浪推前浪。

我同时衷心希望其他学生也能从这部日记体专著中学习杭琛这种坚韧不拔、顽强拼搏、积极进取和向上的精神，在各自的岗位与人生路途中，创造出精彩的人生，为实现中国梦而努力奋斗！

附录6：《经济参考报》评价[①]

  《韩国岁月话金融》是作者杭琛先生海外金融工作与生活的亲历，因为身处其中，所以丰满深刻。据粗略估算，截至2013年底，我国大型商业银行已在海外设立一级分支机构上百家，地域覆盖了亚洲、欧洲、南北美洲、非洲和大洋洲的42个国家和地区。商业银行"走出去"，既是我国经济战线从业人员拓疆进取的成果，更是我国金融外交的有益尝试。笔者感到荣耀的是，身边就有不少为国家经济建设"舍小家保大家"、积极参与我国银行业海外分行建设的朋友。杭琛先生就是其中见地出众的一位。

  笔者与杭琛先生相识在很多年前的一次朋友聚会上，杭琛先生给人的印象儒雅健谈、开朗大方、平易近人、学识丰富、视野开阔。这大概与他17年的海外金融工作经历有很大的关系。

  据笔者所知，杭琛先生一直保持着勤思敏行善议的良好习惯。他把自己在海外工作生活的上百万字的感悟随笔经过仔细遴选梳理，集结出版成新作《韩国岁月话金融》。应该说，这本书是中资商业银行海外分行不断发展背景下的一部序曲，而中国建设银行汉城（今首尔）分行的筹建与发展，则是中资银行国际化的一帧缩影。阅读杭琛先生所著《韩国岁月话金融》，思想情不自禁地与中资银行开拓海外市场的脚步共振，同时对杭琛先生的工作和生活经历有了更加深入的了解和认识。

  《韩国岁月话金融》封面设计精美，构思巧妙，别开生面。在书的序言中，原中国建设银行行长周道炯先生写道："本书作者通过结合自己在韩国工作9年的特殊经历，为建设银行汉城分行筹备过程倾注了大量心血"。读者可以从书中铺陈的许多细节处，读出作者境外的工作、生活情况以及为了国家经济建设"舍小家保大家"作出的贡献。比如在《重任在肩》这一节，作者写道："长期出国对于一个成家后的人来说，需要克服许多的困难，而这些困难对于没有亲身体验过的人来说，是难以想象的"。

---

  ① 该篇评论以《中资银行"走出去"的脚步》为题，发表于《经济参考报》，2014 – 03 – 14。

但是，这些经历同时也是财富，用杨绛先生的话概括最恰当不过："一个人经过不同程度的锻炼，就获得不同程度的修养、不同程度的效益。好比香料，捣得愈碎，磨得愈细，香得愈浓烈……"

在一个人的职业生涯中，很多事情是无法预见的。而一个人当所热爱的事业遇到艰难时，没有回避，没有放弃，反而通过不懈的努力，最终获得了成功，更是难能可贵。这个道理看似简单，却折射出建行汉城分行筹建过程中的艰辛。1996年初至2004年底，作者经过反复调研和精心准备，最终将建设银行汉城代表处升格为该行在海外的第六家分行。通读杭琛先生的新作，全书带给人真实、客观、全面的感受，读后不仅对银行海外分行的创业与经营有所了解，更对我国企业界人士在海外的生活感同身受，同时还可以从不同视角洞悉更全面的韩国历史和文化，令人受益匪浅。

笔者感觉《韩国岁月话金融》有几大亮点：

真实——作者是中国建设银行汉城（今首尔）分行筹建的亲历者与见证者，参与了建设银行汉城代表处升格为分行的全过程。比如书中提到"汉城分行是计划外诞生的海外分行"，是因为"在建设银行历年海外经营性机构的计划里都没有提到过汉城分行，总行归口管理部门也都没有把汉城代表处升格为分行列入下一年的计划目标"。而作者经过多年的精心准备，利用总行领导访问韩国的机会，详细汇报了在韩国建立分行的必要性，最终得到总行批准，才使得建设银行汉城分行在2004年2月正式对外营业。作者在韩国工作期间，对不同阶段的工作均做了详细的记载，比如学习韩国的法律法规和会计准则，汉城分行的选址，财务测算报表的提供，与会计师事务所、律师事务所合作的经历等。

客观——在建设银行汉城（今首尔）分行的筹建过程中，始终伴随着各种变化。改革开放初期，受从事海外银行业务的人员短缺、经验缺乏等因素影响，建设银行海外机构发展规划在不同历史时期经历了不同的战略调整与定位，使汉城代表处从代表处升格为分行经历了曲折的过程。比如"在汉城代表处筹建初期，由于代表处人员对当地法律、法规缺乏了解，代表处被卷入到一场房地产纠纷之中"。又比如筹备过程中受到1997年韩国金融危机以及之后发生的半岛导弹危机的影响……总之，从汉城分行筹备所走过的历程来看，证明了一个道理——机会永远都是留给有准备的人。

全面——杭琛先生作为中资银行机构的代表长期派驻海外，对海外的生活和商业银行的海外经营有丰富的经验和感触。书中记录和反映了作者在海外工作与生活的点点滴滴。全书文笔流畅、图文并茂，不仅适合金融专业人士阅读，也适合一般读者欣赏，内容涉及银行海外分行经营、文化交流、风俗习惯、政治外交等方方面面，比较全面地表达出一个中资银行海外代表的所见所闻、所思所想。书中包含的内容广泛、资料丰富，对了解我国金融企业的海外创业与经营、异国他乡的风土人情以及银行经营人的哲学思想和理念等都有很好的参考价值。

读后掩卷，中国商业银行职业经理人的敬业精神和专业水平深深地印在笔者脑海中。展望未来，笔者相信中国金融企业将成为21世纪推动世界经济发展的一支重要力量，将为民族品牌在世界舞台上的崛起添砖加瓦，为中国政府在国际合作与交往中争取更多话语权。

附录7： 一位读者的读后感

朱 宇

　　读《韩国岁月话金融》一书是一种享受。它避免了对银行管理活动枯燥地描述，而是将银行的金融行为和金融决策，通过作者的眼睛和感受，运用优美通俗的语言描述出来，颇有西方金融传记或者专栏类文献的风采。当然，这些也都显示出作者对金融本质的深刻理解。特别精彩的地方是，1997 年亚洲金融危机深刻影响了东亚和东南亚的经济政治格局，韩国经济同样遭遇了重大的挑战。在建设银行设立汉城分行的评估和决策过程中，无论是舆论还是管理层，悲观者比比皆是。就是在这样的氛围和大背景下，作者以其独到而深刻的见解，为决策者提供了丰富而坚实，并在后来证明无疑是正确的评估意见。

　　在国际金融危机的背景下，在银行拓展海外机构这样的重大事件面前，好似一切都在作者的运筹帷幄之中，这是长眼光。作者也通过其多年的从业经验，丰富的直观感受，结合金融理论，在建立亚洲货币的问题上，提出了自己关于东亚三国建立共同货币的见解，非常值得理论研究者借鉴，这又是大格局。书中还不乏作者游历世界各国的见闻，包括发达国家、新兴经济体等，既有对当地经济发展和法律制度的介绍，也有对他国风土人情、文化景致的感受，这些都是中国银行业走向海外所必需的"开胃菜"和软材料。通篇读下来，作者那种雪中逍遥赏梅，豁达而积极的人生态度已深刻地感染着我，一路舟车劳顿似乎化解于洋洋洒洒的文字之间。《韩国岁月话金融》是金融类文献的上乘之作。

后　记

　　人生如何经营？人们有其各自不同的经营方式。作为商业银行的职业经理人，必须专业、专注地做好本职工作，为实现股东的战略去努力拼搏，为安全管理好股东资产，全身心地投入，尽职尽责。如果说沧桑催老了人们的容颜，经历却永远是人生中一笔无价的财富。本书用了大量篇幅，介绍了我在中国建设银行海外分支机构及参与海外分行工作时的经历。当一个人所热爱的事业遇到艰难时，没有放弃，而是通过不懈努力，最终获得了成功，只有经历过的人，才能得出这种特殊的感受。

　　中国建设银行汉城代表处从 1999 年总行决定撤销到 2003 年被升格成建设银行第六家海外分行，这种经历不是每一个人都有的。这段历程是通过一些事业心强的领导和同事们的关心与共同努力分不开的。我作为站在"三八线"前沿阵地的一名负责人，只是做到了一位职业经理人应该尽到的责任。在韩国工作 9 年中，我没有浪费时间、虚度年华，在工作和学业上获得了双丰收。在筹备汉城分行的漫长岁月里，我带领代表处两名助手玩命地工作，加班加点是经常的事，今天需要与会计师事务所商谈，明天又要和律师事务所商议，还要随时面对韩国监管当局的提问，这期间我们还接待了总行各类团组二十几个，工作量之大是可想而知的。其实，如果我不这么拼命地工作，日子会是很舒服的。因为，当时这个代表处从来就没有被总行相关部门列入重点的海外分行发展计划中。中国建设银行汉城分行的诞生，靠一次偶然的机会和代表处长达 4 年的不懈努力。

　　关于这本书的形成，主要内容是从我工作和生活近百万字的日记中挑选出来的，真实地记录了我在我国商业银行海外经营性机构筹备工作期间的体验和感受，希望这些经历能够对于那些即将奔赴海外分行工作的同仁有所帮助。因为，中国建设银行海外机构发展战略的具体实施已经开始提速，建设银行正在快速并入世界全功能商业银行的行列。

本书能够顺利完成，首先要感谢始终给予我理解的父母、妻子和女儿。还要感谢长期以来给予我工作上具体指导和帮助的领导、老师、朋友和同事，他们是：老行长周道炯先生、老朋友郑永禄先生（Cheong，Young Rok）、曲星院长、熊志勇教授、宫少鹏教授、斯坦利·保罗教授（Stanley Paul）、孙京丽老师、姚明珊大姐、杨昭主编、郭友监事长、朱洪波副行长、许会斌总监和冯丽英总经理。

在此，我也非常感谢中国金融出版社的戴硕先生和肖炜先生，根据他们的专业意见、热情鼓励，以及在审稿过程中的具体指导，我反复修正了书稿，本书才得以顺利出版。

最后，在本书收笔前，我愿以诗词一首，与情趣相同的朋友共勉。

心心相印　但凭尺素
一日不见　如隔三秋
无谄无骄　不愧不怍
有书有酒　乃武乃文
学而不厌　锲而不舍
志同道合乃赤松之俦俪也
昂首阔步黄山之石自雅欢
聪明人神机妙算吾不如也
载笑载言有兴自谈天下事
淡泊明志骑驴独赏雪中梅

黄山松

雪中梅花

杭琛
2015 年 1 月于北京